中 国 年 鉴 资 源 全 文 数 据 库 核 心 年 鉴

COSCO 2005

Container Lines Almanac

中远集装箱运输有限公司

年鉴

《中远集装箱运输有限公司年鉴》编纂委员会 编

主　　编　许立荣　吴树雄
常务副主编　徐政军
副 主 编　朱德璋　时国权
　　　　　郭　伟　谢志宏
执行副主编　陈　忠

上海人民出版社

2004 年 8 月 21 日巴哈马总理佩里·克里斯蒂一行来到远洋大厦，
受到中远集团总裁魏家福和中远集运领导的热烈欢迎

意大利总统钱皮在北京会见中远集运总经理许立荣（右）

2004 年 3 月 4 日上海市副市长周禹鹏（右）来公司调研 IRIS—2 系统和全球调度系统的应用情况

2004 年 10 月 28 日上海市人大副主任、上海市总工会主席陈豪（右 3）来公司调研、指导工作

2004 年 8 月 18 日中远集团总裁魏家福（前右）在中远集运与四川长虹集团签署战略合作协议

中远集团党组书记张富生来公司指导并作指示

2004 年 9 月 24 日总经理许立荣会见美国马萨诸塞州港务局总裁 Craig Coy

2004 年 3 月 11 日公司党委书记、副总经理吴树雄与德国 E.R.Schiffahrt 公司签署 3 艘 8500TEU 船舶期租协议

2004年2月25日公司同希腊COSTAMARE公司签署5艘8500TEU船的长期期租协议，中远集团总裁魏家福（右），中远集运总经理许立荣（左）和希腊公司主席兼总裁Vassilis三人合作愉快

2004年中远集运生产经营和经济效益取得历史性突破，领导与员工十分高兴

2004年5月18日上海泛亚航运有限公司成立，中远集团党组书记张富生（左）和上海市人民政府副秘书长洪浩（右）为公司成立揭牌

公司党委书记吴树雄经常深入基层，了解船舶生产、船员工作和生活情况

副总经理史美思（右）会见外国客人

副总经理韩成敏（中）会见美国佛州州长一行

副总经理周琥（左）会见来访的美国马里兰州港务局局长一行

纪委书记徐政军（右）给公司优秀党员颁奖

2004年9月1日公司团委召开志愿者事迹报告会，党委副书记蔡张德（右）会见全国十大志愿者标兵查文红（中）

公司工会主席房迪坤（前右）赞扬参加公司“劳务杯”足球比赛的陆产总公司队“你们赢了”

2004年5月14日公司团委召开纪念五四运动85周年大会

2004年4月15日公司召开保密暨调研督察工作会议

中远集装箱运输有限公司领导成员

许立荣
总经理、党委副书记

吴树雄
党委书记、副总经理

史美思
副总经理

刘昌龙
副总经理（1—6月）

陆富根
副总经理

周琥
副总经理

韩成敏
副总经理

邓黄君
总会计师

蔡张德
党委副书记

徐政军
纪委书记

房迪坤
工会主席

满载而归

8000TEU 的“COSCO SHENZHEN”轮

5400TEU 的“COSCO XIAMEN”轮

靠泊

待发

装卸

2004年8月4日，8000TEU的“COSCO LONG BEACH”轮首靠上海外高桥集装箱码头

第五代全集装箱船“COSCO SHANGHAI”轮能装5446TEU

“COSCO RAN（中远兰花）”轮

4215TEU的“飞河”轮

2004年9月28日"COSCO SHENZHEN（中远深圳）"轮在盐田港举行命名仪式

谨慎操船

2004年1月9日至10日，公司召开四届二次职工代表大会、2004年思想政治工作会议、2004年系统工作会议

2004年2月17日公司召开"廉洁从业、奉献远洋"动员大会

2004年2月6日公司召开安全生产动员大会

2004年7月9日至10日公司在苏州东山召开年中工作会议

2004 年 2 月 10 日公司在扬州召开长江流域集装箱运输工作会议

2004 年 6 月 16 日至 17 日，公司在上海奉贤召开船舶安全工作专题会

2004 年 12 月 26 日公司在海南召开全球销售委员会例会

2004 年 12 月 27 日中远集团在海南召开集装箱班轮工作会议

2004 年 11 月 16 日至 17 日公司在浙江嘉兴召开 2005 年航运主业工作务虚会

2004 年 12 月 22 日公司召开 2005 年党群工作务虚会

公司经常举办业务经理管理技能培训班

2004 年 12 月 17 日公司机关党委和团委召开机关员工与援藏干部座谈会

2004年7月13日公司工会召开年中工作会议

慰问船员活动动员会

2004年1月19日公司帮困结对“多助一”助学见面会

传承优秀文化，开创美好未来，领导祝贺演出成功

2004年5月27日公司领导接见中远韩国公司优秀员工访华团

公司领导亲切会见援藏干部及其家属

中国部上海分部货运接单组被国资委、团中央命名为“青年文明号”

公司职工方庆元（右一）资助贫困学生被上海市评为职工精神文明十佳好事之一

2004年8月28日上午8时50分“丽河”轮在渤海湾水域救起遇难船“津汉渔04045”号上的5名落水渔民，“丽河”轮二副金利斌、三管轮孙锋等6名船员奋勇前往

“丽河”轮船舶领导及船员与遇救的“津汉渔04045”渔船上的5名渔民（前排5名）合影留念

欧洲贸易区的员工经常对市场进行分析研究

中日国际轮渡有限公司被上海市评为2001—2003年度劳模集体

2004年3月3日BPS对海外公司人员进行IRIS-2系统业务培训

2004年11月30日公司对参加中远集团职工技能竞赛获奖人员进行表彰

2004年12月27日，工会主席房迪坤（左）与中远集运年鉴执行副主编陈忠在海南省海口市出席中国地方志年鉴奖颁奖大会，领取奖状。

2004年12月2日至3日，公司承办的上海市年鉴学会2004年年会暨第九次年鉴协作会在上海远洋宾馆召开

2004年春节前夕，中远集团领导与公司领导慰问困难船员家庭

公司机关党委、团委给援藏干部赠送书刊

职代会代表投票评议领导干部

献爱心捐款助困

2004年9月26日上海远洋运输公司召开干部大会举行新纪元揭幕仪式

上海远洋运输公司领导班子成员12人

中远集团党组书记张富生为上海远洋运输公司开创新纪元揭幕

上海远洋运输公司办公地址在长阳路1555号

2004年11月12日至13日，上海远洋运输公司2005年工作务虚会在上海远洋宾馆召开

2004年11月4日瑞典客人参观了上海远洋教育中心的实验室

2004年11月7日，东方航空集团总公司总裁、党组书记一行来公司“中远汉堡”轮参观指导

2004年9月13日上海远洋国际贸易公司在杭州时代广场开设第一家“奥西尼钻饰”专卖店

上远公司机关职工捐献衣被，扶贫济困送温暖

2004年2月13–14日中货系统(中国部)在北京召开2004年工作会议、思想政治工作会议暨一届三次职工(会员)代表大会

2004年6月23日，中国部在中国商报和中国国际货运代理协会共同举办的2003年度中国国际货运代理百强排名评比中获第二名

2004年6月30日中国部参加北京首届中国国际服务业大会和展览会

2004年6月10日中国部总经理陆富根（中）等领导为中货西藏分公司成立揭牌

厦门分部召开职代会、思想政治工作会、工作会

厦门分部员工"我为十个亿做贡献"演讲比赛

2004年8月6日"COSCO LONG BEACH"轮首航厦门港

中远集运领导到厦门分部调研

2004 年 12 月 25 日“深圳－南昌”
两地间开通“五定”货运班列

深圳分部举行迎春联欢会

2004 年 7 月 21 日中国部北京
分部召开年中工作会议

2004年11月28日中远集运粤深港第二届职工运动会在深圳举行

2004年12月10日中国部天津分部召开工作务虚会

2004年12月8日“煤代油”物流项目首批大件在湖南岳阳卸船启运

2004年12月15日香港分部下属公司召开年终工作会暨2005年工作务虚会

中远集装箱运输有限公司营运航线示意图

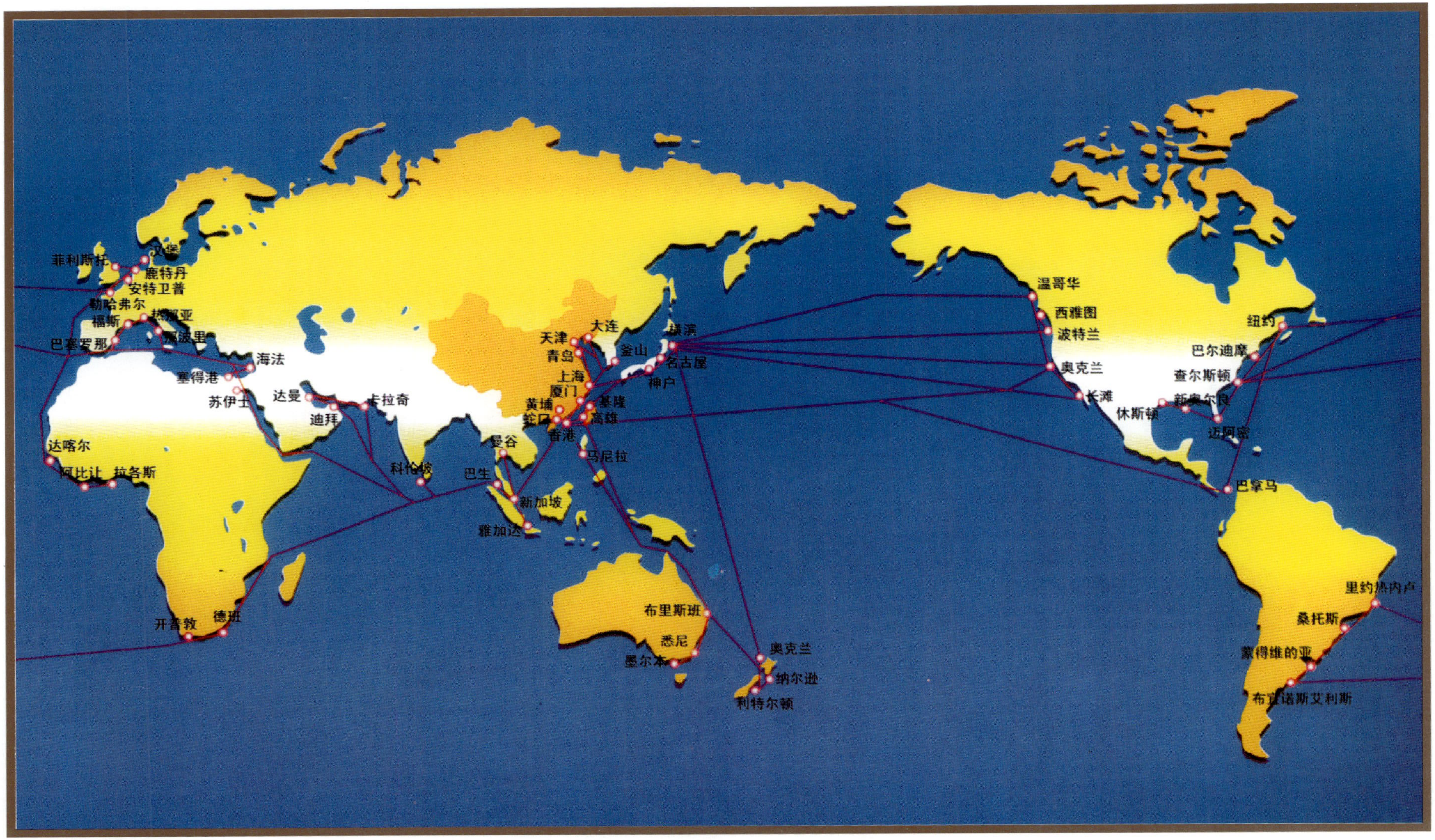

COSCON

《中远集装箱运输有限公司年鉴》编纂委员会

《中远集装箱运输有限公司年鉴》编辑人员

主　　　编：许立荣　吴树雄
常务副主编：徐政军
副　主　编：朱德璋　时国权　郭　伟　谢志宏
执行副主编：陈　忠
编　　　辑：陈　忠　鲍金发　朱生林　杨　琦
摄　　　影：陆　涛　陈　忠　李　劼　等

编辑说明

一、《中远集装箱运输有限公司年鉴》是一部按年编纂、连续出版的全面、准确、系统地反映公司物质文明、精神文明和政治文明建设的资料性工具书，是年度内公司各方面信息资料的总汇。本年鉴是公司年鉴编纂委员会主持编纂、自1998年以来连续出版的第8本年鉴，由机关各部门、泛亚公司、上远公司、计算机中心、海内外各区域部组织人员撰写条目稿，经各单位领导审阅后汇总，公司年鉴编辑部负责编纂工作。内容真实可靠，系统实用。

二、本年鉴以马列主义、毛泽东思想、邓小平理论、“三个代表”重要思想为指导，树立和落实科学发展观，坚持实事求是、与时俱进的原则，为领导决策和部门工作提供信息和依据，为公司加强经营管理、精神文明和政治文明建设服务。

三、本年鉴所记为2004年度内公司所发生的事情，少数信息涉及2003年及以前的情况，以作比较参考之用。有些机构条目中对其历史作简要回顾，旨在方便读者查检资料和保持内容的完整。

四、本年鉴在卷首设特载、专文、大事记、概况，之后按各部门、单位设置栏目、分目、子目、条目四级结构层次。条目为主要信息载体和基本撰稿形式。卷末设有附录与索引。

五、为便于阅读，将年鉴中有关单位简称说明如下：

“中国远洋运输(集团)总公司”简称为“中远集团”或“中远(集团)总公司”；

“中远集装箱运输有限公司”简称为“中远集运”或“中远集运公司”；

“上海远洋运输公司”简称为“上远”或“上远公司”。

六、本年鉴编纂过程中得到各级领导和有关人员的关心和支持，在此表示衷心感谢。由于编辑部人员水平有限，资料收集不尽齐全，难免有错漏之处，欢迎读者多提改进意见，编辑部全体人员愿为编成一流的年鉴而不懈努力。

Editorial Explanation

I. As a reference book and the information collection of COSCON, COSCO Container Lines Almanac is compiled yearly and published continuously, which reflects the material, spiritual and political civilization of COSCON. It's the 8th almanac compiled by COSCON's editorial board since 1998. Submitted by all COSCON departments, Pan - Asia Shipping Company, Shanghai Ocean Shipping Company, Computer Centre, China Regional Headquarters and Overseas Regional Headquarters and checked by the management at each department level, the articles are ensured to be trustworthy, systematic and useful.

II. The almanac is guided by the principles of Marxism - Leninism, Mao Zedong Thought, Deng Xiaoping Theory and the important thought of Three Represents. Establishing and implementing scientific development outlook, seeking truth from facts and advancing with the time, it also provides the management with basic information for decision - making and serve for the construction of the material, spiritual and political civilizations.

III. The almanac records what happened in COSCON in 2004. However, some of articles are related to incidents in 2003 or before for comparison and reference. Some articles briefly review the history so as to facilitate information search and to keep the content integrated.

IV. In the almanac you'll first find reports, essays, chronicle of events and survey. After that the four levels of columns, classified catalogues, sections and articles are laid by all departments and companies. Articles are the main carrier of information and the basic style of composition. There are appendix and index at the end of the almanac.

V. For the sake of convenience, the following are the names for short:

- China Ocean Shipping (Group) Company abbreviated as COSCO or COSCO Group;
- COSCO Container Lines Co., Ltd. abbreviated as COSCON;
- Shanghai Ocean Shipping Company abbreviated as COSCO Shanghai.

VI. We sincerely appreciate for all concern and support of the management and relevant personnel. Due to incompletion of all information required to compile this book, errors and lacks are inevitable. Readers' suggestions are highly appreciated. The whole members of our editorial department will endeavor to compile a top - level almanac.

目录

CONTENTS

一 特载 Reports

提升中远集运核心竞争力 实现持续盈利能力的增长

——在公司四届二次职工代表大会上的总经理工作报告

许立荣

（2004 年 1 月 9 日）

各位代表、同志们：

现在，我向本次大会作总经理工作报告。请与会的各位职代会代表予以审议，并请政工会、系统工作会代表和特邀代表提出宝贵意见。

2003 年的工作回顾

2003 年，中远集运全系统职工，聚精会神抓效益，一心一意谋发展，打了一场漂亮的集装箱运输效益翻身仗！

这一年，我们在“三个代表”重要思想和党的十六大、十六届三中全会精神的指引下，在中远（集团）总公司的正确领导下，抓住了全球经济走出低谷、局部回暖的有利时机，克服了伊拉克战争、油价上升、非典肆虐等不利因素的困扰，紧紧围绕经济效益这个中心，狠抓经营管理、体制改革和安全生产，取得了较好的业绩。

2003 年，中远集运共完成货运量 3786.82 万吨；箱运量 398.37 万 TEU，为年计划的 104.67%；重箱量 297.72 万 TEU，为年计划的 104.1%；周转量 1692.62 亿吨海里；平均箱位利用率 69.2%；综合准班率 95.36%，达到集团总公司考核要求。

2003 年，我们所做的工作，主要体现在以下 12 个方面：

（一）建立积极的航线扩张和退出机制。公司建立积极的航线扩张和退出机制，强调运力调整的市场性和变化性、航线调整的竞争性，以及服务和效益优先原则，实现航线的弹性调整，培育了市场，规避了风险，达到提高效益的预期目的。如 PNW 航线在年初租船市场处于低位的时候，及时租入 3 艘 2800TEU 船舶经营，替换原来 5 艘 1700TEU 船舶，每周增加舱位 520TEU，每年节约成本 900 万美元；淡季停航 12 周，共减少 2 万 TEU 的运力供给，节约燃油费、港口使费 300 万美元。海湾航线用 6 艘 2700TEU 船舶替换 7 艘 1900TEU 船舶，单箱成本降低 160 美元。大西洋航线每周减少舱位 1133TEU，提升了经营效益。大西洋航线、近洋航线适当缩减运力后，公司出租 24 艘老旧小船，租金收入达到 5 亿元，同时又租进 7 艘大船，改善了船队结构，降低了舱位成本。

（二）恢复运价水平提升中远集运品牌。各贸易区同中国部各口岸及时沟通，密切协作，动员一切力量，抓住一切机遇来恢复运价。全年外贸单箱收入水平达到 882 美元，创 10 年来新高；美国航线合同签约工作取得重大成功，共完成合同箱量 69 万 TEU，达到指标的 117%，单箱合同运价同比 2002 年上升 460 美元；欧洲贸易区、欧洲部联手出击，4 次成功恢复运价，总升幅达 40%以上，既有力地提升了中远集运的品牌层次，又为今年运价维持较高定位打下了坚实的基础。

（三）顺利完成海外集装箱运输体制改革。我们在中远集团总公司的正确领导下，全面完成了美洲、亚太、欧洲地区的体制改革，成立了新美洲贸易区、亚太海外各分部和新欧洲部，明确并逐步实现六大目标：一是建立了清晰、高效的集装箱运输管理体系；二是加强了对海内外集装箱运输机构业务和人员的管理；三是建立了有效的激励和约束机制；四是提高了运营能力并降低了运营成本；五是 IRIS－2 系统同现行组织架构有机地结合；六是综合性地提高了中远集运的盈利能力。

（四）强化成本控制手段取得显著成效。2003 年公司成本控制的方针就是“严防死守”，成本控制工作同 IRIS－2 系统应用紧密结合，改变过去单纯的职能管理方式，进一步向流程管理方式转变，强化了公司成本控制体系中的控制手段，拓展了成本控制主体，强化了对供应商的控制，充分发挥了海内外各区域、各口岸在成本控制中的作用。在航次同比 2002 年增加 88 个、总箱运量增加 12.9 万 TEU 的情况下，港口费用 2002 年持平；单箱货物成本减少 16 美元，货物费总体减少 2.18 亿元。海外各单位也纷纷拿出节支的具体举措：美洲地区努力降低存箱量，从最高的 12 万 TEU 降至最低的 6 万 TEU，节约堆存费 200 万美元；日本分部成功实施神户码头迁移工作，今后每年将为公司节约 914 万美元；澳洲分部反馈装卸费回扣 93 万澳元，东南亚分部远星公司反馈租船回扣 40 万美元，美洲地区反馈装卸费回扣 101 万美元，均主动、及时上缴中远集运账户，牢固树立了“全系统一盘棋”意识。

（五）IRIS－2 系统强化应用实现全球信息高度集成。经过 4 年多的努力，IRIS－2 系统指导和监督生产经营、提高管理水平的作用日趋显现。涉及生产经营的所有体系，均纳入正规渠道，形成了全球信息的高度集成——总部与现场操作的高度集成，装港与卸港的高度集成，货流与箱管的高度集成。非标准路径订舱比率控制在 2.5%以内；美国内陆中转货比例由原来的 55%下降到了 35%；实现对舱位和合同进行细分管理、在线订舱、远程提单打印等功能；在防抗非典后期开发的电子商务，显现出快捷的服务功能，得到客户一致好评；全球单证中心功能不断完善、加强，海外人工费用明显下降。

（六）中国地区营销理念进一步提升。中国部以上海分部为试点，并逐步推广到主要口岸，通过理顺船、货代操作流程，动态配置营销资源，初步建立了扁平化的运营、销售、服务和管理体系，推出符合地区和行业特点、适应市场和人才竞争的销售考核办法，达到了“构建运费收入领先的船东销售战略、铸造中远集运销售品牌、实现各单位高效运作和利益一致、进一步提升核心竞争力”的目标。中国部全年揽取重箱 182 万 TEU，为中远集运实现效益目标作出了突出贡献。

（七）总部经营骨干队伍结构不断优化。公司总部人员结构初步实现“三三制”，即经营队伍中，有船舶工作经历的、有海外工作经历的、有营销工作经历并具有本科以上文化程度的各占三分之一，充分发挥了优势互补和应对市场竞争的作用，依靠感情、事业和适当的待遇，进一步增强了企业的凝聚力。目前，这支队伍的创效水平明显提高，经营思路明显拓宽，精神面貌明显振奋。

（八）众志成城应对外部危机的考验。伊拉克战争期间，公司启动应急程序，有关船舶提高戒备，确保万无一失。非典疫情期间，全系统上下一心，守望相助，一手抓好非典的预防，确保船岸人员的生命安全和身体健康；一手抓好运输生产安排，维护了企业效益和声誉。广大船员顾全大局，服从公司“非典期间船员不换班”的安排，坚守岗位，直至疫情警报解除。疫情过后，陆产系统职工努力消除负面影响，力争把损失降至最低，充分体现了认真负责、团结协作、无私奉献的高尚情操。船舶管理公司、远洋医院的集体和个人，分别受到了市建委和中远集团总公司的表彰。

（九）“五项评估”夯实安全基础。根据当时安全形势需要，公司适时提出将“五项评估”作为安全保障的治本措施，即评估船员适岗能力，评估船舶设备和船体工况，评估安全质量体系运行的有效性，评估危险化学品、重大件、特资运输管理监控能力，评估机关安全管理机构的管理和领导能力，扎扎实实地把握住安全工作每一个环节，确保公司安全形势的稳定。全年船舶安全面达到 100%；成功防御了 21 次台风的袭击，成功率 100%；公司船舶在 2003 年接受的 216 艘次严格的港口国检查中，没有一艘船舶被港口当局滞留，无缺陷批注通过达 186 艘次，无缺陷批注率达到 86%。公司有 36 艘船舶被评为交通部诚信船舶。对外劳务、对外船舶管理工作取得卓越成效。我们中远集运的广大船员，以精湛的业务技能，在国内外同行中赢得了很高的声誉。

（十）陆上产业在平稳中推进改革。尽管非典疫情对陆上产业所属宾馆、餐饮、船舶客运业带来严重冲击，利润损失惨重，但陆上全资和合资控股企业全年仍实现利润 1012 万元。远洋宾馆、东虹大酒店资产重组、对外招商引资方案已获中远集团总公司批复同意，正在积极、平稳地实施中。积极推进远实房产公司股权规范化和引资扩大工作，通过多种渠道、多种方式积极寻求战略合作伙伴，具体方案正在洽谈中。开展清产核资工作，核销了一部分不良和不实资产，减轻了企业负担，甩掉了历史包袱，摸清了整个陆上产业的家底，为下一步发展打下了良好基础。

（十一）企业文化内涵更加深化。公司大张旗鼓开展管理专项活动，进一步提高职工的服务意识、工作效率和责任心，进一步改进机关工作作风，海内外、部门间的相互协调配合越来越默契。公司经营纪律检查委员会制定《中远集运经营管理八项严禁》的规定，初步建立了三项台账、四项报告制度，得到了全系统职工的广泛认同，保证了经营权力处于受控状态，比较好地达到了保障企业经营行为运行规范有序、效益不断提升的目的。8—9 月份，公司在全系统开展“保持公司可持续盈利、提升核心竞争力大讨论”活动，共提出 8 大类 173 项建议，体现了中远集运职工“心系公司，群策群力”的主人翁意识。公司深入开展"大谈心"活动,切题到位的思想政治工作,为调动职工积极性、创造力,注入了新的活力。

(十二)以送温暖为途径加强"凝聚力工程"建设。2003年效益好转,公司努力提高职工待遇水平,全年职工平均收入较2002年增加11.65%。同时,公司注重关心困难职工的生活,全年共慰问职工2536户,其中困难职工873户,发放慰问救助金、困难补助金、助学金等52.3万元。3853名职工踊跃参加"一日捐"活动,共捐款17.8万元。8月份,公司还举办帮困助学事迹报告会,号召各部门、各单位牢固树立"以人为本"的观念,维护职工利益,努力为职工排忧解难,调动好、保护好职工的积极性,大力弘扬"一方有难、八方支援"的精神。这些工作,都是公司凝聚力工程建设的重要举措,是实践"三个代表"重要思想的具体体现,发扬了艰苦奋斗、团结互助、同舟共济的优秀传统,激励着每一位职工爱岗敬业,团结拼搏,为公司效益最大化作出贡献。

各位代表、同志们!我们在2003年所取得的工作成绩,与上海市委、市政府和市总工会、市建委的关心和支持,与中远(集团)总公司的正确领导,与海内外船岸职工和广大船员家属的无私奉献,是分不开的。在此,我代表公司,向上级领导和有关部门,向各位代表和同志们,向全体船岸职工和船员家属,向拼搏在海内外各网点的一线全体揽货人员,致以衷心的感谢!向为中远集装箱运输事业的发展,作出过积极贡献的老领导、离退休老同志们,致以崇高的敬意!

各位代表、同志们!2003年我们尽管取得了较好的成绩,但存在的问题也十分明显,主要体现在以下5个方面:

——地区间营销能力不平衡,导致航线重箱量往返不平衡。一些地区营销激励和约束机制不健全、效果不佳、营销组织架构不完善;主干航线回程货源严重不足,导致大量空箱调运,在运营成本增加的同时,大大削弱了盈利能力。忽略了"围绕箱体平衡,实施运价策略"这一根本原则;对海内外地区特货特价、特时特价、特地特价反应较慢。

——内部客观公正的交易制度尚未真正形成,贸易区之间的统筹协调发展需要进一步加强。短线不愿为长线调空箱;不重视箱子滞期费的收取;中转费用太高而造成回程货源流失;造成贸易区之间统筹发展不协调,市场反应滞后。

——目标预算管理工作有待强化,收支和成本的考核、激励、监督、检查机制及全球滚动预算编制亟待健全。预算方式同长期战略目标相脱节;预算经不起市场的检验,缺乏客观性,没有整合思想和融入总预算的理念;缺乏对预算进行检验的机制。

——全面安全运营的局面还不稳定,各类安全事故的隐患仍然存在。尤其应该关注的是引航员在船时发生事故或险情的几率相对较高,部分船长在进出港操作技能、经验积累及与引航员信息沟通等方面存在不足,对引航操作的有效监督还有待提高。

——一些历史遗留问题导致公司船队结构相对于当前的市场情况来说显得不合理。2000TEU以下小船过多,占船队总规模的70%,2000TEU以上大船不足,只占30%;单船平均箱位仅为2200TEU,而国际先进同行已达到3300TEU,差距不小;船队固定成本过高,经中远集团总公司认定,每年船队成本高于市场水平13.8亿元。不合理的船队结构,造成盈利能力的低下。

由此可见,我们离高水平的管理,差距还很大。我们只有看到这些问题,通过深刻分析,采取有针对性的措施,才能取得更长足的发展。

各位代表、同志们！2003年我们之所以能够取得较好的成绩，依靠的是两大有利因素：

一是党的十六大提出全面建设小康社会，加快实施“三步走”战略，我国经济持续、健康、稳定发展，人民币汇率保持相对稳定，都为外贸运输货量的增长，提供了坚强的后盾。正是国家综合实力的日益强大，支持着中远事业的发展。

二是中远集团总公司从领导体制、工作分工、资源配置等各方面，全力推进中远集运重大生产结构调整：IRIS－2系统建设及其与SAP系统的有效链接，进一步释放了信息系统提高经营质量的功能；班轮与物流单元重组，使中远集运同中货系统融为一体，极大地提高了我们在中国市场的竞争能力，增加了市场份额，确保了中远集运在中国市场的领先地位；中远海外集装箱运输体制的进一步完善，构建了海内外所有从事集装箱业务人员共生存、共发展、共荣辱的利益体系；中远集运船队结构调整方案得到中远集团总公司的批准，增强了提升核心竞争力、实现持续盈利能力增长的后劲——2004—2005年，将有5艘8000TEU、3艘5600TEU船舶加盟中远集运；2006年，将有8艘8200TEU以及近20艘4500TEU船舶加盟中远集运。到2005年，总运力可达33万TEU，单船箱位可达2900TEU。到2006年，总运力可达42万TEU，单船箱位可达3000TEU。单箱舱位成本将从现在的5.6美元/TEU·天降至4.8美元/TEU·天，降幅达14%，公司今后在世界上能够继续保持在先进班轮公司行列内。

回首过去一年的成绩，令人鼓舞；展望新一年的发展，催人奋进。2003年12月温家宝总理访美期间，多次在公开场合高度评价“中远公司坚持‘走出去’战略，努力开拓海外市场”的成绩，让我们每一个中远人内心都感到无比自豪，这必将大大提升中远的企业凝聚力和向心力，并进一步增强中远在国际的影响力，提升中远品牌价值；对公司进一步加强海外经营、扩展国际影响力，有着十分重要的意义。这也充分表明，只有在中远(集团)总公司的正确领导下，海内、海外团结一心，坚持“一个利润中心”原则，依托船、岸两支高素质人才队伍，才能取得新的、更大的成绩！

2004年的工作打算

2004年，全球经济将呈现出“持续回暖，温和增长”的走势，但仍存在一些不确定因素。据多家国际权威机构预测，2004年全球经济增长率有望达到4%，比2003年增加2个百分点。其中，美国经济增长率将达到4.1%，日本1.4%，欧元区国家1.9%，均比2003年有较大幅度提升；亚洲地区经济增长率总体上有望保持在7%左右；中国经济增长率将继续保持在8%左右。

我们认为，2004年公司面临的有利因素主要有：

第一，党的十六届三中全会通过《关于完善社会主义市场经济体制若干问题的决定》，表明我国将启动新一轮经济体制改革。今后，我国经济的内在活力将进一步增强，资本市场的建立健全、全国市场的进一步整合、城市劳动力市场的统一，将极大地提高我国经济总量和综合国力，为集装箱运输带来商机。

第二，温家宝总理成功访美，在美国社会掀起的“中国热”，为公司在2004年进一步开拓美国市场,不断增强国际影响力,提升中远品牌价值,创造了难得机遇。温总理访美期间,中美两国正式签署的《中华人民共和国政府和美利坚合众国政府海运协定》,改变了公司在美国的"受控承运人"地位,让我们在美国货运市场上,同其他资班轮公司处于同一起跑线上竞争,为公司在美国的业务发展奠定坚实基础,也为进一步加强海外经营、扩展在美洲地区市场的影响力提供了良好发展机遇。

第三,中央政府与香港、澳门 CEPA 协议的签署,长江三峡成功蓄水对黄金水道上游航道的改善及对周边省份经济的拉动作用,长江三角洲经济多样化发展迅速,西部大开发的深度进展,加快东北老工业区经济发展的政策出台,都将进一步促进中国地区适箱货物的增长。

第四,我国经济的高增长率、低成本、高素质人才等本土优势的日益显现,正促使中国逐步成为世界制造业中心,由此带动我国进出口贸易更加活跃,将为我们带来更多的货源。

第五,预计 2004 年全球集装箱贸易量将达到 8700 万 TEU,比 2003 年增长 8.8%,运力供求关系相对缓和,货量总体增长快于运力总体增长,运价水平有望保持相对稳定。

第六,经过整合并逐步完善的中远海内外集装箱运输管理体制,以及 IRIS-2 系统和 SAP 系统的全面运用,将从根本上提高公司生产经营、客户服务、财务及预算管理水平,为提升公司核心竞争力,实现持续盈利能力的增长,提供强大动力。

第七,包括广大船员、海内外一线揽货人员在内的中远集运员工队伍,荣辱不惊,超限竞争,顺利挺过了 2002 年前所未有的困难,在 2003 年打了一场漂亮的效益翻身仗,现在心更齐、气更顺,士气更旺。这支队伍是我们的宝贵财富,是我们发展集装箱运输事业的最可靠保证。

然而,在看到有利因素的同时,我们也要看到公司 2004 年面临的不利因素,主要表现在以下 7 个方面:

(一)尽管全球经济逐步回暖,但全球性通货紧缩压力仍然存在,给回暖的力度、速度、广度带来不确定因素。

(二)美国政府实施单边主义政策,全球政局更加扑朔迷离。全球范围内恐怖主义活动的威胁在加剧,不同程度地影响了目标国家的经济及投资环境和国民消费信心,并连带增加班轮公司为反恐而付出的安保成本。

(三)从运力供给方面看,目前全球新船订单量接近 200 万 TEU,2004 年的新船交付量接近 2002 年 64.1 万 TEU 的历史最高水平。预计到 2004 年底,世界集装箱船队总运力将超过 700 万 TEU。超巴拿马型新船有六成都集中在下半年上线,因此下半年竞争将趋于激烈,并可能加速运价的下滑。

(四)中国外贸形势存在不确定因素,人民币升值压力有增无减。人民币一旦升值,将直接造成公司收入减少。根据公司经营规模,人民币兑美元如升值 0.1 元,将影响中远集运收入 2.5 亿元。

(五)贸易保护主义有抬头趋势,中国大陆成为遭受反倾销起诉最多的 WTO 成员。欧美各国对中国制造贸易壁垒,导致中国出口钢材、纺织品、机电产品、电子消费品、轻工制品等均受到不同程度的抵制。欧美主干航线箱量可能因此受到影响。

(六)国家出台出口货物退税新政策,税率平均下调 3 个百分点。涉及的产品,主要是机电、纺织、玩具和陶瓷制品等适箱货,在中远集运目前承运的货物中占相当比例;同时,生产企业在选择承运人时对价格的敏感度将会提高,给我们的营销工作造成困难。

（七）中国大陆成为世界第二大集装箱货源生成地，在我国登记的国际班轮公司已达121家，其中境外企业83家，占七成之多，各大班轮公司对中国市场的蚕食、渗透有增无减。

《中共中央关于完善社会主义市场经济体制若干问题的决定》指出，完善社会主义市场经济体制要贯彻“五个统筹”、做到“五个坚持”，即要按照统筹城乡发展、统筹区域发展、统筹经济社会发展、统筹人与自然和谐发展、统筹国内发展和对外开放的要求，更大程度地发挥市场在资源配置中的基础性作用；要坚持社会主义市场经济的改革方向，坚持尊重群众的首创精神，坚持正确处理改革发展稳定的关系，坚持统筹兼顾，坚持以人为本。这为我们2004年的改革和发展，提供了强有力的理论依据。

综观2004年国际国内政治经济形势和市场形势，为全面贯彻中远集团2004年工作会精神，我们确定，2004年公司各项主要任务指标是：完成重箱量300万TEU，利润10亿元，其中外贸单箱收入要达到920美元/TEU。

2004年中远集运改革与发展的总体要求是：实践“三个代表”重要思想，认真贯彻党的十六届三中全会和中央经济工作会议精神，以发展来增强效益提升能力，以调整来释放技术进步功效，以创新来适应市场格局变化，努力提升中远集运核心竞争力，实现持续盈利能力的增长。

2004年经营发展的总体目标是——“三个质的提高”：

- 经营管理水平质的提高；
- 经济效益质的提高；
- 安全局面质的提高。

2004年经营发展的总体方针是——“三个坚持”：

- 坚持因地制宜、因时制宜，扩张与退出并举，把优势运力锁定在“利润区”内。
- 坚持强化运用信息系统，体现“八项提高”，催生“数字中集”。
- 坚持以人为本，打造责任的公司、责任的船队、责任的部门、责任的员工。

2004年经营发展的总体原则是——“三个贴近”：

- 贴近市场：加快市场反应速度。
- 贴近客户：差异服务实现双赢。
- 贴近实际：研究趋势调整结构。

2004年公司的具体工作措施是：

一、进一步完善有效的航线扩张和退出机制，统筹好2004年航线的总体规划

要着力完善有效的航线扩张和退出机制，遵循“统筹发展，充分合作”的总体指导原则，具体措施有：

自2004年8月份起，实施美西航线5艘新增8000TEU船舶运力升级计划，确定并组织实施美西航线的整体调整方案。

自2004年8月份起，分3个阶段实施增开1条亚欧航线的开线计划，从增开旺季加班船，到开双周班服务，最终提供周班服务。

对中澳航线、波斯湾航线等有运力需求缺口的盈利航线，通过收回现有出租舱位或增加运力投入等方式，适当扩充运力。

对中日航线适当缩减运力投入，寻求合作，改善效益；同时继续做强内贸航线，努力培育新的效益增长点。

利用合作手段，适度开发新市场，逐步完善服务网络，配套建设三大支线网络。重点对北欧地区，地中海、黑海，东南亚区域的支线网络重新进行铺设，形成对干线货源强有力的补充。

解决好春节期间货运淡季中临时航线退出问题，对船舶的维修计划进行统筹安排。

通过完善有效的航线扩张和退出机制，统筹好2004年航线的总体规划，实现对市场的快速反应，对市场份额的有效占有。

二、加快实施运力结构调整计划，提高船队核心竞争力

2004年，公司将进入一个船队规模的急速扩张期。加快实施运力结构调整计划，事关公司未来发展兴衰。要逐步确立以“是否符合航线经营需要”作为淘汰船舶的新标准，建立新增及淘汰船舶的快速反应新机制，大胆尝试新增运力的多途径，逐步提高船队的核心竞争力。

要进一步调整船队结构，从“经营船队”的高度，强调实施运力结构调整“三大指导理念”的突破：

——运力结构的合理是相对于市场竞争形势的变化而产生的相对合理。

——船队经营与经营船队相结合，船舶买进/卖出、租进/租出都能产生效益。

——船舶大型化已成不可逆转之势，班轮公司之间的合作联盟成为必然。

公司船队结构调整工作主要有以下4项阶段性重点：一是有效掌控好8艘8200TEU新船2006年交船计划的实施；二是做好新增近20艘4500TEU巴拿马极限型船舶的运力规划和跟踪落实工作；三是妥善安排航线调整下线或出租到期的富余船舶；四是充分研究竞争对手运力调整动态，统筹制定公司船队调整的新增和淘汰运力规划。公司未来主流船型是：欧美主干航线以5400—8200TEU船舶为主；次干航线以4800—5200TEU船舶为主。

这些重大调整举措，在短时期内未必完全体现其综合效能，但对公司长期发展所带来的巨大影响力和推动力是显而易见的，我们可以清晰地看到公司提升核心竞争力的启动和发展前景。

三、着力解决好营销工作的关键环节，确保战略性客户持续中标，重点做好2004年美国航线签约工作

2004年，公司要牢牢把握营销工作的关键环节，通过加大对全球投标部门的资源投入和考核管理的力度，不断完善公司投标协商机制，最大限度促进公司全球投标工作同公司经营运作的整合，确保战略性客户持续中标。

2004年公司全球投标工作的重点是：一是确保有效的基本大客户群的稳定。二是开发贡献值大的中小型客户。三是拥有具备一定影响力的无船承运人客户群。四是全力保证CKD、SKD货源的稳定增长。

2004年的营销工作要围绕提高经营（签约）质量目标，扩大相关地区的有效市场份额来开展，着力解决好以下环节：

——必须牢固确立美国航线签约工作的三大开发重点：一是运用MIS系统和新贡献值评估办法，确定合理的客户构成；二是新客户开发中要重点关注中小型客户和国际性的规模大的无船承运人；三是现有客户的再开发，通过开展业务合作、合营等多种方式，努力提高对客户业务的占有份额。

——努力提升营销品质，不断提高客户关系管理水平：要不断健全客户销售(维护)制度；逐步完善对客户档案的管理，全面提高合同客户关系的管理水平。

——保持本土竞争优势，做大做强中国市场：要紧紧围绕“加快发展”这一主线，进一步发掘在中国本土市场的价值潜能，促进进口揽货营销能力的大幅提升。

华南、华东地区将是今后新增运力投入最多、货源争夺最为激烈的地区，中国部要牢牢抓住这一战略重点区域的市场开发主动权，并进一步加强华北、华东南、东北等区域市场开发工作。

要积极完善长江内支线驳船和珠江三角洲内支线驳船经营体制，加快理顺同各方的合作关系，形成在航线经营、转运操作、费率、箱管等方面更大的合作优势，使长江腹地货源对华东口岸、珠江三角洲腹地货源对华南口岸，形成更有力的支撑。

要根据总部2004年新增运力投放分布和市场营销热点，确定将沿海地区，特别是珠三角和长三角地区货运网点建设为重点，通过物质投入和政策扶持，加大网点建设力度。总部、区域、口岸要通力协作，加强进口FOB货源开发，抓好货源储备，促进中远集运持续盈利能力的增长。

要借助信息化手段，加强客户细分管理。除了抓好货源增量开发以外，还必须着眼于提高运费收入贡献，进一步加强客户细分管理，努力提升营销品质。

四、有效运用信息系统，全面提高公司经营管理水平

2004年，随着MIS系统、管理分析系统陆续完成开发，信息系统作为全面提升公司经营管理水平的主要动力源，其功能必须得到全面释放。具体体现在以下8个方面：

——财务核算能力要进一步提高。财务核算工作要在及时性、准确性和全面性上下功夫，客观公正地反映公司经营水平和各贸易区的经营能力；要通过采取对贸易区航线盈亏核算情况进行不定期审计，来保障财务核算的客观与公正。

——经营分析能力要进一步提高。要形成将经营核算结果作为进行经营策略调整和实施成本控制主要依据的管理机制，着力提高经营的事中和事后分析能力。要从多角度对市场营销结果、箱量、收入情况等进行分析，并能根据分析，对经营策略和核算数据进行相应调整。

——预算管理能力要进一步提高。要不断改进预算编制方法，采取滚动预算把握未来发展，采取零基预算，深挖节支潜力，建立一整套符合公司经营特点的考核指标体系，实现全面预算管理流程再造，构建公司全年预算管理的新模式。

——目标客户管理能力要进一步提高。要进一步深化电子商务的内涵，全面提供网上多动态、多信息货物跟踪，全系统范围内的语音查询系统等多种服务，实现从订舱到提箱全流程电子化的新型服务。

——中转货物的管理能力要进一步提高。要严格按照IRIS-2系统设置的标准路径来控制订舱操作，彻底杜绝非标准路径订舱现象发生。

——运价管理能力要进一步提高。要进一步利用系统对箱量流向的监控，结合货运淡旺季成本不均衡分摊等因素，进一步提高信息系统对运价的管理能力。

——成本控制能力要进一步提高。要定期通过系统得到成本分类项目的发生情况以及费用支付情况，从多角度对成本进行分析，不断优化信息管理系统报表，充分发挥系统对中转费用、管理费用的控制功能。

——全球单证中心的能力要进一步提高。要对单证中心的组织架构、管理体制等方面进行完善，不断优化单证操作流程，全面提高单证制作效率及准确率。

五、确定多品牌战略，提升有效的市场份额

集装箱运输市场自身的不断发展以及我们在经营实践中遇到的竞争性问题——标准规范服务与个性特色服务、高品质追求与扩大货源之间缺乏统一协调的渠道，引发了我们对多品牌战略的思考。全球各大班轮公司所采取的应对策略值得我们借鉴。

解决问题的基本思路是：在公司当前主流品牌之外构建新的品牌平台，以丰富公司干线经营渠道，强化非主干航线的经营特色，灵活开展第三方业务。

新平台的构建原则是：中远集运一个指挥体系、一个效益目标、细分市场、建立完善的内部市场交易运作模式，新平台实现责权利的统一。

新平台的预期目标是：提供新的经营渠道，提高主干航线舱位效能。提供支线网络保证，合理控制支线成本。最大限度灵活非主干航线经营特色，改善经营。独立开展第三方公共业务，增加收益。

六、抓好海外集装箱运输管理体制完善后的各项管理工作

经过1年时间的努力，公司海外集装箱运输体制改革工作已告一段落，改革目标已经初步实现，后续工作仍重任在肩。如何在海外集装箱运输体制改革到位后，将改革综合能量释放出来，需要我们在下一步工作中采取切实措施，予以完善。海外集装箱运输体制完善的标志，主要有以下4个方面：

——回程货源大幅提升。

——海外运输成本明显下降。

——海外管理费用明显下降。

——航线效益明显提升。

海外管理的“三大目标”：转变观念，让海外各公司认同成为中远集装箱运输链的一部分，与中远集运的利益趋向一致；各级业务单元管理层责权利对等；激励海外员工对总部的归属感，使中远集运海内外凝聚一体，充分调动海外员工的积极性。

集装箱运输管理体制改革后的海内外管理，要紧紧围绕凸显海外机构“三大职能”来开展——市场营销、成本控制、保障服务。通过引入先进的考核管理办法，进一步完善目标管理指标体系，充分发挥绩效考核导向和激励功能。要结合信息系统在全球范围的推广应用，进一步完善贡献值、揽货量和运费收入指标统计口径，将营销任务落实到实际揽货单位。

七、建立公平的内部交易机制，统筹协调各贸易区的业务发展，提高对市场快速反应能力

要不断完善贸易区之间的内部交易制度，并形成定期调整的改进机制。内部客观公正的交易制度，是贸易区之间统筹协调发展的制胜法宝。贸易区之间的内部公平交易机制，应该包括：在综合船舶固定成本、燃油、港口费等因素基础上所确定的精确航线舱位成本核算模式；健全的互租舱位的原则，保障干线舱位的最大盈利；完善的内部交易制度；有效的经营舱位行动。

统筹协调各贸易区的业务发展，需要从优化各项经营机制入手，经营机制创新要成为激发各贸易区发展业务与贸易区协同发展的原动力。

——要注重确立运输网络利用率的观念，深挖运输网络各段特别是支线段网络的运量潜力，积极谋求单位网络成本的下降。

——要注重海内外营销队伍的建设，激励、管理并举，进一步发展营销网络。

——要注重与口岸形成互信机制，积极听取各方意见，综合考虑，协调发展。

——要注重理顺全球投标客户及维护和航线运营的关系。

——要注重积极总结以往为增强市场敏锐性所采取的有效措施，并最终形成完善的针对市场变化的快速反应机制。

——要注重围绕航线发展计划及航线箱体平衡，牢固树立“整体箱体平衡就是效益”的观念，实施积极的运价策略，正确处理运费收入与单箱运价的关系，正确把握特货特价、特时特价、特地特价。

八、建立科学的监督保障机制，有效促进成本控制流程增值

2004年，公司成本控制的总体方针是：科学监控、力促增值。成本控制流程增值，就是要去除成本控制流程中的非增值环节，修改、完善增值环节。通过完善流程管理和信息系统的应用，强化公司成本控制体系中的控制手段，深挖成本控制潜力，从源头杜绝多余成本；要通过转变观念，树立成本控制流程增值理念。

燃油成本控制的增值流程。在集中采购的体制和操作渠道不变的前提下，在燃油采购和市场分析上，与中燃（新加坡）公司形成互动机制，各司其责，共同达到严控燃油单价和耗油量的目的。

集装箱使用成本控制的增值流程。清晰界定集装箱使用成本与集装箱固定成本，清晰界定不同成本的分摊实施细则；考核贸易区用最低成本实现货流与箱流的平衡；考核公司贸易保障部用最低的租金、最经济的修理费以及选择价格低廉、服务最好的供应商的能力和实绩。同时，要妥善制订集装箱配备计划，确保新增运力和航线调整的用箱。

使费处理中心成本控制的增值流程。明确业务部门、使费处理中心在使费成本控制中分别肩负的职责。制定业务部门成本各项目的量化标准，确保使费处理中心成本控制的增值流程。公司贸易保障部是港口和装卸公司的供应商管理的职能部门，贸易区以流程主持人身份进行选择、谈判、使用，从而明确各业务部门对使费的责任。2004年，国内外各港港口费率上涨幅度必须控制在同业水平之下。

建立科学的成本监督保障机制，积极拓展成本控制体系的控制主体，充分发挥海内外各区域、各口岸在成本控制中的重要作用。

九、构筑均衡的绩效考核体系，牢固确立“一个利润中心”

建立一套与公司战略发展和价值增长相符的关键业绩指标和考核指标，通过协作、学习创新来提高执行业务活动能力，真正将利润目标转为实际可执行的目标。

构筑均衡的绩效考核体系：业绩评估指标直接作用于海内外各级管理层，及时了解组织的经营绩效，根据公司经营战略目标，及时修正经营行为；探索建立海外中方外派人员的个人薪酬与业绩挂钩机制，将驻外人员利益与总部效益有机结合。

牢固确立“一个利润中心”：明确海内外各级业务单元管理层的“责”，促使其朝着公司的经营管理目标努力。包括：对所属地区各条航线的市场营销负责；对所属地区的港口作业、货物中转等发生的运输成本以及服务操作负责；对当地的经营成本负责。明确海内外各级业务单元管理层的“权”，有足够的权力，作出一定的决策，对所负责的各项任务产生影响。包括：当地营销队伍的建设、管理、考核权；当地供应商的评估、选择、谈判权；当地组织的经营管理权。保障海内外各级业务单元管理层的“利”，基于时间跨度、衡量手段、指标性质的平衡，建立均衡的绩效指标。包括：时间跨度上的平衡，既有评价近期业绩的指标，又有评价影响远期业绩的各种因素指标；衡量手段上的平衡，既有定量指标，又有定性指标；指标性质上的平衡，既有财务指标，又要有业务指标。

2004年,公司经营纪律检查委员会要继续围绕确保公司生产经营健康有序发展这个宗旨,开展"规范经营行为,严肃经营纪律"活动。要抓好有关经营部门(单位)三个台账、四个报告制度的建立健全,并使其真正发挥作用;对违反经营纪律给公司造成经济损失的行为,坚决进行查处。要督促各部门(单位)按要求开展本单位的"规范经营行为,严肃经营纪律"活动,并适时开展评比,形成有效载体,使活动不断推向深入。

十、进一步传承安全文化,以安全稳定的局面来保障经营结果

2004年,要通过进一步传承安全文化,牢牢把握"五项抓手",把安全文化变为实际行动来支持和保障全年的经营成果,确保我们全年的安全局面保持在100%的水平。

以增强"五项能力"为抓手,不断完善安全评估体系。继续发挥"五项评估"对安全管理的重要作用,促使安全管理流程呈现"渐进式闭合循环"。要不断完善安全评估体系,把"五项评估"纳入制度化轨道。

以运行综合管理体系为抓手,着力提升安全控制力。通过运行不断完善的综合管理体系,进一步增强公司各项管理和执行体系的自觉性,确保体系有效运行,着力提升公司安全控制力。

以提升船舶安全管理科技含量为抓手,提高公司船舶的技术管理水平。全面推广运行船舶管理信息系统(SMIS),2004年力争完成50艘船舶的安装任务,船舶安装局域网的比例达到80%以上,逐步完善船岸数据信息共享、远程办公,并实现部分大船设备状况即时跟踪功能,真正进入船舶计算机管理时代。

以提升船员队伍综合素质为抓手,培养、建设一支既满足主船队需要,又能参与国际劳务市场竞争的一流船员队伍。通过实施调整,船员队伍要初步实现知识化和年轻化;同时,在确保公司主船队运营需求的前提下,在国际海员劳务市场和对外船舶管理方面开创新局面。

以强化推进船舶实施ISPS规则为抓手,在国际社会树立良好企业形象。《国际船舶和港口设施保安规则》(ISPS规则)将于2004年7月1日正式生效。届时,所有从事国际航线运营的船舶,必须获得主管机关授权的审核机构的认证审核,并持有其签发的《国际船舶保安证书》。确保公司相关船舶按照已经制订的认证推进计划,圆满完成保安系统(ISPS)的推进工作,是公司安全管理工作的一件大事。2004年,公司要在进一步提升港口国检查、船旗国检查无缺陷批注率的基础上,强化推进实施ISPS规则,在国际社会树立良好企业形象。

十一、加强人力资源开发与管理,深化人事用工和分配制度改革

2004年,公司要在重视完善企业和个人共同发展机制的基础上,用"三个代表"重要思想总揽人力资源管理与开发的全部工作,围绕公司可持续发展,深入探索适应公司发展的人力资源运作有效途径,促进公司员工素质全面提升。

要完善薪酬和分配制度,积极借鉴其他班轮公司的薪酬分配结构,进一步加大对海内外营销部门的重要岗位人员、大型船舶的核心船员的倾斜力度。同时,要逐步完善中国部、海外各分部的薪酬制度和分配制度。

要在员工选拔和考评机制上实现新突破。广开渠道,丰富员工选拔手段;不断完善公司评价体系的构建;完善考核,重视对员工能力、素质的综合考评,积极推广绩效合同的管理。

要在海外管理上实现新的突破。结合信息系统的运行,将信息系统的管理理念引到人力资源管理工作中来,不断完善海外组织体系;确立人力资源全球化配置的新观

念，积极实现海内外员工队伍的有机整合。

十二、深刻领会党的十六届三中全会精神，积极调整陆上产业结构

以“三个代表”重要思想和党的十六届三中全会精神为指引，认真贯彻中央八部委859号文件和集团总公司有关文件精神，牢牢把握“超前规划、抢抓机遇、深化改革、促进发展”的基本方针，确保陆上产业阶段性目标任务的完成，确保陆上产业可持续发展总体目标的顺利推进。

要在充分调研、科学分析和反复论证的基础上，制定陆上产业战略发展规划，逐步确立“优势行业突出，竞争实力增强，产业滚动发展”的良性经营格局。

要结合陆上产业实际情况，在“多元化经营、差异化发展”策略指导下，顺势调整产业结构，进一步提升盈利能力；要稳妥推进非独立法人公司改制工作，推进产权结构多元化试点，加大增资扩股和合作经营力度。要坚持“精干主业、发展辅业”的策略，加快推进主辅分离与改制分流步伐。

要继续整合巩固陆上产业现有企业，积极构建融资平台，发挥资金的聚合效应，在拓展内部关联产业的基础上，努力开发同主业无关、盈利能力强的新项目，使陆上产业同时拥有内外部市场，企业数量和质量达到新的平衡。

各位代表、同志们！2004年，公司将在提高职工收入水平、完善职工福利保障等各方面，继续尽一切可能创造条件。“发展是硬道理”，全系统员工的收入水平同效益同步提高，是公司持续盈利能力增长的必然结果，也是提升核心竞争力的必然要求。同时要继续关心困难职工和离退休老同志，各单位、各部门一定要根据发展变化了的新情况，继续深化“凝聚力工程”建设，加大对困难职工的帮困力度。

各位代表，同志们！2004年，我们将迎来公司成立40周年华诞。“四十而不惑”。全面推进中远集装箱运输事业向前发展是我们共同的夙愿，实现这一宏伟目标，需要我们共同努力。我们有全集团职工的全力支持，我们肩负发展中远集装箱运输事业的历史使命，我们理应为此作出更大贡献，理应发展得更快一点、更好一点。综合就是创新，集成就是突破。只要我们把全系统的力量集成起来，我们的工作一定会有新的突破，中远集运一定会有更大的发展，一定能够创造新的辉煌！

以满腔的热情为"第一要务"服务 以创新的精神为"持续盈利"助力

——在公司2004年思想政治工作会议上的报告

蔡张德

(2004年1月9日)

各位代表、同志们:

现在,我受公司党委委托,向大会作思想政治工作报告。

2003年工作回顾

2003年是全面建设小康社会的第一年,也是中远集运经受严峻考验、战胜多种困难、取得显著成绩的一年。综观全年,公司内外环境呈现6大特点:国际形势复杂多变,美伊爆发战争,局部战乱、紧张、动荡,中外贸易摩擦不断;非典疫情来势凶猛,生产经营、员工生命安全受到极大威胁;船公司之间的合作日益紧密,但竞争更趋激烈;全球经济逐步回暖,我国对外贸易增势强劲,航运市场活跃火爆,运价水平稳步恢复;公司改革不断深化,生产结构和组织架构重大调整,集装箱运输管理体制不断完善;海内外员工精神饱满、工作热情空前高涨。在挑战和机遇面前,公司党委在集团党组和上海市建设党委的正确领导下,坚持以"三个代表"重要思想为指导,认真贯彻落实党的十六大和十六届三中全会精神,紧紧围绕"公司效益要有根本性扭转"的经营目标,牢牢把握企业改革发展稳定的大局，以与时俱进的精神，突出抓好三件大事，集中开展三项大型活动，团结和带领海内外全体船岸职工，同心同德、全力以赴，圆满完成集团赋予的各项任务。主要体现在9个方面：

一、兴起学习“三个代表”重要思想的新高潮。中央发出《关于在全党兴起学习“三个代表”重要思想新高潮的通知》后，公司党委高度重视，把学习贯彻“三个代表”重要思想作为首要政治任务，列入党委的重要议事日程，制定计划，狠抓落实。公司利用各种会议、报刊杂志、内部局域网和船岸通讯系统等渠道，采取宣讲、知识竞赛、座谈讨论等形式广泛宣传、营造氛围。据统计，全系统购置、编发学习材料2450多份(本)。各单位在抓好中心组学习的同时，邀请专家教授做辅导报告、举办理论学习培训班、开展调研活动、组织研讨交流，拓宽学路、力求学深。一年来，公司层面先后开展了5次学习讲座，3次学习交流，举办了6个培训班，450多人参加培训，并选派18名公司领导和部门、单位负责人参加集团、上海市委及建委党校培训。在兴起学习新高潮的过程中，公司党委把学习实践“三个代表”重要思想与学习贯彻十六大、十六届三中全会精神结合起来，坚持用理论指导实践，较好地解决了生产经营、改革发展稳定等方面的一些热点、难点问题。

二、积极优化领导干部队伍。一是以落实民主生活会制度为载体，加强班子的思想作风建设。8月份，公司各级班子认真组织民主生活会，紧密结合改革发展的重大问题、职工关心的热点问题以及领导班子自身建设和员工队伍建设的问题，开展批评与自我批评和谈心活动，坦诚交换意见，增加团结，形成合力。公司党委在民主生活会上形成了9条整改意见。二是大力开展“建设中远集运廉政文化”活动，深化学习“廉洁从业、奉献远洋”先进典型，进一步加强领导干部廉洁自律工作。全年公司党风廉政建设的总体状况比较好。三是加大了调整交流力度。对年度考核不称职和连续两年考核基本称职的干部予以调整、降职或免职，对部分考核优秀的干部予以提拔。全年累计提升40人，交流66人，解聘36人。四是根据海外集装箱运输管理体制改革推进情况，及时配备了新美洲贸易区、亚太地区各分部、欧洲部本部相应的领导班子。在完善海外集装箱运输管理体制的工作中，海外各区域领导班子和员工识大体、顾大局，一切从效益最大化的整体利益出发，服从集团决定，积极配合和支持公司的调整。五是为进一步加强干部岗位交流，提高干部综合素质，首次在总部、中国部口岸、船舶管理公司、陆地基层单位进行多向干部挂职，共有20名干部参加为期一年的挂职锻炼。六是开展了为期3个月的以公道正派为主要内容的“树组工干部形象”学习教育活动，在学习教育活动中，突出一个“学”字，抓好一个“查”字，紧扣一个“改”字，共发出108份“征求意见调查问卷”，收集了30条意见，制定整改措施，进一步健全工作制度和内部管理制度，收到较好效果。

三、开展“安全文化年”活动。为打赢效益翻身仗提供必要条件，公司重点抓好以“安全文化年”活动为主要内容的企业文化建设。举行了“安全承诺书”首签仪式，公司领导和各部门(单位)负责人带头在“安全承诺书”上签字；举办了“迎国庆安全文化系列大赛”，通过主题书画、主题演讲和文艺汇演等比赛，丰富了安全文化内容，增强了员工安全意识；开展了“百日安全无事故”活动，深化“抓生产、尽心尽责；保安全、责无旁贷”的主题，形成了“全员参与、全方位监督、全过程控制”的安全生产格局。公司工会组织“八个一”和“八个我要”的“安全、效益”系列活动，3520名职工踊跃参加，提出合理化建议1038条。船舶管理公司汇编安全小故事419则，并创作出版了以劳动保护为题材的连环画册《不该忘却的事故》。陆产总公司征集安全警句212条,组织开展"一法三条例"知识学习及竞赛活动。与此同时,公司狠抓了防潜箱、潜船偷渡工作,有效地控制了偷渡案发率。"安全文化年"活动营造了安全氛围,培育了安全理念,规范了安全行为。

四、组织经营纪律检查。2003年2月,成立了公司经营纪律检查委员会,出台《中远集运经营管理八项严禁》,初步建立了三项台账、四项报告制度。为进一步规范经营行为、严肃经营纪律,7月下旬开始,公司组织了南北两个检查组先后对中国部及下属分部,部分分公司、网点和美洲贸易区、贸易保障部等总部经营部门进行了为期一个多月的经营纪律专项检查。采取自查、抽查报表、调阅核对提单舱单记录、召开座谈会以及个别征询意见等方法,重点检查了特价审批、套约和违规"吃差价"、集装箱滞期费减免等情况。公司经营纪律检查委员会对检查发现的六个主要问题,发出了整改建议,及时纠正了经营中的违规行为,进一步完善了各个管理环节,堵塞了漏洞,保证和促进公司效益的不断提升。

五、发动"保持公司可持续盈利、提升核心竞争力"大讨论。根据集团领导在公司2003年党员领导干部民主生活会上的要求,公司发出通知,在全系统开展"保持公司可持续盈利、提升核心竞争力"大讨论活动。在为期1个月的大讨论中,海内外广大员工紧紧围绕"保持和提升"这一主题,积极献计献策。公司党政领导亲自参与讨论,与总部机关和下属单位一道开诚布公、集思广益。共商公司发展大计。据统计,全系统在各单位、各部门广泛讨论的基础上,分6个大片进行集中讨论,共编发活动简报29期,专题报道8次,收集汇总了8大类173项建议,内容涉及战略决策、经营管理、成本控制、人力资源、企业文化等。通过大讨论,既充分体现了民主管理,增强了员工忧患意识、责任意识,又为提升公司核心竞争力打下良好基础。

六、强化总部作风建设。为全面提高总部员工整体素质,改进服务质量,公司于2—4月开展进一步深化作风建设的活动。围绕"人人尽职、事事用心、天天进取"主题,总部进一步重申和完善了内部管理制度,做到有章可循;发动部门自查,强化日常督查,邀请职工代表巡查,并设立投诉电话,组织基层无记名测评,认真查找劳动纪律、服务质量、环境卫生等方面的问题、加大整治力度,落实整改措施,先后表扬了一批、批评了一批、处罚了一批,从而使员工增强了危机感,强化了自我约束意识。建立长效机制,坚持与月度绩效考评相结合,每月进行通报和公示;坚持与年度精神文明建设考核相结合,作为评选先进、兑现奖励的重要依据,把作风建设纳入企业日常管理的轨道常抓不懈,使总部的内部管理、服务质量和对外形象有了新的变化。

七、深化"凝聚力工程"。为凝聚力量,进一步形成团结拼搏的局面,公司开展了"你我同心——大家谈"活动,各级党组织按照分层管理的原则,从本单位实际出发,认真组织实施。各级领导结合廉政建设找分管的员工进行谈话,征求意见,提出要求。公司领导坚持每月举办一次"温馨早餐"和"温馨同舟"活动,加强与总部员工的沟通。在"大家谈"活动推动下,员工上下之间、机关部门之间加深了理解、融洽了关系。在货运市场的残酷竞争中,为了保证公司主船队的货量,中国部及各口岸分部与公司总部同心同德、同甘共苦,合作更加密切、配合更加协调,同时为船队提供了优质服务。

成功举办帮困助学事迹报告会,积极组织"一日捐"活动,3853名员工为公司帮困基金捐款17.8万元。继续组织大慰问,分11个组对浙江、江苏、安徽3省87个县(市)1012户在职船员、离退休船员和困难船员家庭走访慰问。一年来,公司走访慰问船员家庭2536户次,发放困难补助款52万余元。积极关心离退休职工,认真落实国家和上海市有关离休干部住房解困的政策，在公司经费比较困难的情况下，分期为住房未达标的离休干部解困，已发放补贴225万余元。为适龄青年牵线搭桥，举办“相约旅途”、“海陆一线牵”等活动，使众多青年喜结良缘。努力做好信访工作，全年共受理616人次的来信、来访、来电。

八、成功抗击非典疫情。上半年，在全国和部分海外港口爆发了一场突如其来的非典疫情。为了确保公司生产经营正常和职工生命安全，公司及时成立了防非典领导小组和工作小组，严密部署、全面落实防抗非典的各项措施。先后多次召开专题会议进行研究，层层建立责任制，完善工作网络，制订报告流程图，做到“早发现、早报告、早隔离、早治疗”。通过船岸通讯系统、公司局域网络和报刊、讲座、宣传画等途径和方式广泛宣传。坚持每天零报告制度、外出申报隔离观察制度和来人测温登记制度，同时充分发挥远洋医院和公司防疫站的作用，对到上海港的船舶实施24小时跟踪和登轮检查。由于思想到位、措施到位、工作到位，公司未发生一例非典确诊病人或疑似病人。在非典期间，各级党组织和广大党员发扬大无畏精神，冲锋在前、勇挑重担，众志成城、守望相助，坚持一手抓生产经营，一手抓防抗非典，出色地完成了各项任务。全公司有782名船员在船工作超过8个月，其中有139名船员在船工作超过一年，还有112名船员在妻子生育、生病，父母病重、去世，子女升学考试等特殊情况下不能下船照料。更多的船员出海数月，回国后不能与亲人团聚，享受天伦之乐。但是他们服从大局，不计得失、无私奉献，为我们的防抗非典工作作出了突出的贡献。中国部围绕繁重的生产任务指标，充分发挥各级党组织的作用，克服点多面广、防抗非典难度大的困难，从容应对，带领各口岸奋力拼搏、强化营销、开发市场、严控成本，实现了箱量和运费收入大幅增长。陆产总公司党委针对非典的严重冲击，发挥协调各方的作用，深入基层调研，进行现场办公，采取多种措施，使陆上全资和合资控股企业全年仍实现利润1012万元。

九、稳步推进船队思想政治工作创新。年初，在公司“三会”上，公司党委对创新船队思想政治工作作出了部署，要求船舶管理公司党委继续推进船队思想政治工作的创新，集中抓好船员的素质教育，做到教育落实制度化、教育内容系统化、教育考核规范化、教育手段现代化。一年来，船舶管理公司党委从实际出发，以船员素质教育为突破口，不断规范基础工作，搭建船舶党建载体，丰富船舶文化内涵，使船队的思想政治工作取得了阶段性成果。为了增强船舶政委综合能力，他们推行船舶政委持证上岗制度，计划从2002年开始用3年时间选送55岁以下的船舶政委到青岛船员学院参加政工知识培训，一年来，共举办了两期政工知识培训班，64名船舶政委取得了“政工知识培训合格证”、“常用英语结业证”和国家颁发的“计算机操作证”。针对以往公休船员教育几近空白的状况，他们先后举办了两期12个班次船员素质教育讲座，1585名公休船员接受了教育。利用船岸通讯系统，编发了163期、130多万字的《新闻之窗》，拓宽了船员的信息渠道。以职业道德为主题，拍摄了自编、自导、自演的4集船员素质教育情景短剧，用身边人讲身边事，增强了素质教育的感染力。

一年来，在海内外全系统船岸职工的共同努力下，我们终于走出亏损的困境，航运主业打了漂亮的效益翻身仗，各项经营指标均创历史最好纪录，完成箱运量398万TEU；安全工作继续保持了平稳的态势；公司先后获得多项荣誉，被命名为“上海市第十一届文明单位”、“2002—2003年度上海市拥军优属、拥政爱民模范先进单位”、上海市建设交通系统“党风廉政建设六比活动先进提名单位”，公司工会被中华全国总工会授予“全国模范职工之家”称号，公司团委荣获2003年度“全国五四红旗团委”称号。

总结一年来的工作，我们取得的成绩是主要的，但还依然存在一些不足：

（一）思想政治工作的内容、形式、手段、载体需要进一步探索和创新。

（二）总部对口岸、海外、船舶、陆地基层单位等一线的情况了解在广度、深度上有待于进一步加强。

（三）集装箱体系内各种利益的格局仍然条块明显，个别地区、个别单位、个别部门缺少整体观念，偏重局部利益，影响整体利益的提高。

（四）少数领导干部作用不够明显，有的缺乏工作激情，只求过得去，不求过得硬，工作一般化；有的按部就班、求稳怕乱，得过且过的风气有所滋长，守摊子思想比较严重；有的对困难回避推诿，多一事不如少一事。

（五）经营行为不规范的问题在一些单位和部门反映比较集中。个别干部要求不严，自身形象不佳，利用手中权力暗中谋私，损坏党的形象，降低自己的威信。

2004年工作部署

2004年是全面落实党的十六大和十六届三中全会精神，深化改革、扩大开放、促进发展的重要一年，也是中远集运站在新的起跑线上，提升核心竞争力、保持持续盈利的关键一年。在新的一年里，我们面临着许多新变化和新挑战，担负着更重的任务。

新变化表现在：

（一）十六届三中全会作出的《中共中央关于完善社会主义市场经济体制若干问题的决定》，提出了完善社会主义市场经济体制的目标和任务，从初步建立社会主义市场经济体制到建成完善的社会主义市场经济体制，这是一个新的历史跨越，必将在政治、经济领域发生新的变化，发展混合所有制经济，实现投资主体多元化，使股份制成为公有制的主要实现形式；完善公司法人治理结构将有重大突破。中央企业负责人会议对进一步深化国有资产管理体制改革，加快推进中央企业改革和发展作出了部署，国有企业改革将进一步深化。为了做大做强航运主业，中远集团将继续推进主辅业分离工作。

（二）全球经济回暖给航运市场带来了新的发展机遇，但是国际间贸易保护主义有所抬头，金融市场不稳、货币兑换的差异扩大，船公司运力扩张，航运市场竞争更趋激烈，集装箱运输呈现机遇和挑战并存的局面。

（三）由于公司生产结构和组织架构的重大调整，中远集运正处在转型的关键时刻，信息系统全面上线，使航运主业的经营质量发生质的飞跃；海外集装箱运输管理体制初步理顺，公司的管理幅度、管理对象、管理方式出现了新的情况；运力结构调整，船舶的现代化程度越来越高。

（四）员工思想活跃、需求多样、价值取向多元化，普遍关注公司的效益，关切公司的发展，关心个人的进步。员工的求知欲望比以往任何时候都高，维护自身合法权益的意识比以往任何时候都强。

新挑战表现在：

（一）中远集团给我们下达新的经营指标，面对种种困难和诸多不确定因素，如何扩大市场份额，降低营运成本，完成效益指标，任务艰巨。

（二）随着公司法人治理结构进一步完善，企业党组织如何适应公司法人治理结构的要求，改进发挥政治核心作用的方式；如何坚持党管干部原则与市场化选聘企业经营管理者的机制相结合；如何全心全意依靠职工群众，探索现代企业制度下职工民主管理的有效途径，维护职工合法权益等，需要我们深入研究。

（三）远洋船舶防恐难度增大，按照《国际船舶保安和港口设施保安规则》，做好船舶防范恐怖暴力活动袭击是我们面临的新课题。面对公司改革改制工作中出现的新矛盾、新问题，既要确保改革任务的完成，又要维护公司内部的稳定，给我们提出了新的要求。

（四）总部现有的管理尚未适应海外集装箱运输管理体制的变化，加强海外员工的管理和考核亟待制定一套行之有效的制度和办法。

（五）员工队伍素质与公司经营管理和持续发展要求有一定距离，劳动技能和业务水平参差不齐，民主参与意识需要进一步培育和激发。

以上这些变化和问题给思想政治工作提出了新的要求，公司各级党组织必须高度重视，认真研究，与时俱进，大胆探索，切实加强和改进思想政治工作。

2004年工作指导思想：

以"三个代表"重要思想为指导，深入贯彻十六届三中全会精神，坚持以人为本，树立全面、协调、可持续的发展观，紧紧围绕公司经营发展总目标，充分发挥各级党组织政治核心作用，适应新形势、增创思想政治工作的新优势，进一步把干部和职工群众思想统一起来、把海内外力量凝聚起来，圆满完成各项任务。

2004年奋斗目标：

1．效益持续盈利，改革顺利推进；

2．安全、稳定保持良好态势；

3．力争中层以上干部不发生重大违法违纪问题；

4．提高各类评比活动的质量，争先创优工作再上新台阶。

2004年工作主线：

以人为本，以素质为上，提升公司核心竞争力，增强可持续盈利能力。

2004年党委主要工作：

一、抓好领导班子建设。要深化理论学习，不断提高领导班子的创造力、凝聚力和战斗力。要明确学习内容，把握学习重点，深入学习贯彻"三个代表"重要思想和十六届三中全会精神，进一步加深理解，领会精神实质。要健全学习制度，落实学习计划，抓好中心组学习，加强学习指导、交流、检查和考评。要改进学习方式，增强学习的有效性，把集中学习与自学结合起来，请专家辅导与开展调研结合起来，政治理论学习与业务知识学习结合起来，学习理论与指导实践结合起来，不断提高学习质量。全年组织两级中心组学习不少于2次，专题讲座不少于2次，两级中心组成员及总部部门负责人撰写学习体会文章至少1篇。

要坚持理论联系实际，在武装思想和指导实践上取得新成效。

——教育、引导班子和干部队伍进一步解放思想，自觉克服因循守旧、墨守成规的观念，增强改革创新的意识；克服小富即安、小进则满的观念，增强开拓进取的意识；克服贪图安逸、无所作为的观念，增强艰苦奋斗的意识；克服自我封闭、自我循环的观念，树立正确的政绩观。要深入实际、深入群众，实事求是按规律办事，坚持讲真话、办实事、求实效，不做表面文章，不搞花架子，扎扎实实地做好各项工作。

——针对公司改革发展的特点和趋势，不断提高各级领导干部科学判断形势的能力、驾驭市场经济的能力、应对复杂局面的能力、依法办事的能力和总揽全局的能力。

——进一步加强民主集中制建设,充分发挥各级班子集体领导作用,对"三重一大"的问题,必须按照个别酝酿、民主集中、会议决定的程序进行,坚持集体研究决定,避免重大失误。要进一步修订和完善有关制度,经常对照检查,及时纠正问题。要加强对落实民主集中制的督促检查,公司将视情参加所属单位党委会、党政联席会等。要建立公司党委直管的党组织书记定期会议制度,完善汇报、联系制度。要认真组织召开党员领导干部民主生活会,进一步提高民主生活会质量。

——树立全面发展观,进一步做强做大航运主业,搞活陆上产业,提高整体效益;正确处理长期和短期发展的关系,顾全大局,统筹兼顾,立足当前,着眼长远,不搞急功近利。

二、抓好干部人事制度改革。要优化组织机构和人员结构,根据组织扁平、精简高效,授权充分的管理战略要求,从降本优化出发,从紧编制。通过紧缩编制、充实一线、退养、末位淘汰和中止合同等办法,逐步压缩总部人数;要研究干部提升机制,规定干部提升的年限和岗位经历。要创新选人用人机制,重视开发国际、国内两个人才市场,按照德才兼备和公开、平等、竞争、择优的原则,不唯学历,不唯职称,不唯资历,不唯身份,进一步广开渠道,引入竞争机制。公司内部开展竞聘上岗,对基层单位经理层空缺的岗位,公开选拔,变内部选马为市场赛马。要进行市场择人的有益尝试,拟从社会公开招聘优秀合适人才,促进公司事业的发展。要按日常考核和年度考核的一定权重,着重抓好干部的能力考核。要建立干部考核会审制,对干部考核结果集体讨论,作出评语。实行考核工作责任制,考核人员对考核材料的客观性、真实性负责,并在考核材料上签名。严格考核结果的运用,对考核优秀的干部要按有关规定晋升级别和工资。考核中被评定为基本称职的,应对其提出诫勉,限期改正或视情调整。对于考核不称职的干部,予以免职。要重视人才队伍建设,在对纳入集团"三个三百"的本公司人才,抓好跟踪、培养、管理和使用的同时着力建设公司"两个三百队伍",即:三百名专业带头人队伍,三百名中高层管理人员后备队伍,采取优先推荐培训学习、派送基层挂职、多岗位交流、定期考评和组织谈话等方法,强化锻炼,使人才创业有机会、干事有舞台、发展有空间,努力开创公司人才队伍建设的新局面;要制定吸引人才、留住人才、发挥人才作用的政策和措施,确保公司的船舶、经营等核心人才安全;要积极开展"访贤求能"聚人心活动,关心人才,帮助人才排忧解难;团组织要成为青年人才的集聚地,加强感情联络,沟通心灵,拓展活动空间,为解决青年人才的发展和担当重任创造条件。

要加快完善海外人事管理和日常工作管理规则的制定,做到有章可循。配合集团实行海外中方人员的属地化改革,努力实现海外合理的属地化人员配置。精心选派外派人员,建立外派员工后备库,将优秀的总部和口岸人员选送到海外去工作。要重视做好海外调回人员的工作安排,解除外派人员的后顾之忧。按照绩效与责任挂钩的原则,完善海外考核和激励机制。要重视对海外干部的跟踪、关注,公司党委对海外区域公司和国家级公司两级单位的领导干部要建立定期工作汇报和联系制度,既要关心他们的工作,又要关心他们的生活,围绕集团要求和公司目标,使海外领导更好地做好所在地区、所在国的工作,为公司效益提高作出贡献。

三、抓好宣传企业文化工作。以"凝人心、鼓士气、强素质、塑精神、创品牌、展形象"为目标,大力加强宣传思想工作,唱响公司发展主旋律。要围绕生产经营中心和各阶段重点工作,努力发挥宣传喉舌作用。要针对员工思想的热点、难点问题,加大宣传力度，帮助员工解惑释疑。要创新思想、拓宽思路、改进方法，进一步增强宣传思想工作的生动性和互动性，提高职工的参与度。

在公司企业文化建设"十五"规划的基础上，制定公司企业文化建设实施纲要。要抓好推广实施视觉形象识别系统（VI 手册），扩大 VI 手册规范范围。要围绕"求是创新，图强报国"的企业精神，"艰苦奋斗，勇于奉献"的优良传统，"服务客户最优，回报股东最大"的价值观，"全球承运，诚信全球"的经营理念，做好各种精神理念的总结提炼，构架企业文化 MI 体系。要通力抓好安全文化，各级领导要牢固树立"安全责任重于泰山"的意识，不折不扣地履行自己的安全职责，积极倡导并努力建设企业安全文化，带头在安全文化的约束下规范自己的行为。要按照"五项安全评估"体系的要求，进一步提升公司安全控制力。要精心策划和开展"安全质量月"、"全国安全生产月"和"百日安全无事故"等安全活动，出版发行安全小故事集，自编自演安全情景短剧。要认真做好船舶反恐、防盗，防潜箱、潜船偷渡等工作，加强对《国际船舶和港口设施保安规则》及船舶保安计划的学习培训。要大力推进服务、营销文化，根据航运企业特点和公司实际情况，总结提炼、精心策划设计，构建独具特色且具有竞争力的服务、营销文化。中国部要积极深化"零距离服务"理念，加强"四个形象"建设，即视觉形象建设、队伍形象建设、管理形象建设和品牌形象建设，进一步扩大在货运市场的影响力。

进一步推进"三学一创"。认真贯彻中远集团"三学一创"10 周年经验总结推进大会精神，要在总结公司学创活动经验的基础上，进一步明确新时期"三学一创"活动的目标、要求，抓住学创的关键，不拘形式、重在内涵、充实新内容，完善新机制。要突出总部精神文明建设和"窗口"建设的重点，修订完善总部精神文明任务书及考核标准，开展争创活动，完善考评制度，建立学创长效管理机制。要规范"窗口"建设，建立健全监督激励机制，畅通客户反馈和评价通道，重在服务对象的认可度、满意度，以服务对象认可不认可、满意不满意作为"窗口"建设的内容和标准。要培育船舶、营销人员和"窗口"三个方面的新典型，形成具有公司自己特色的"三学一创"模式。

四、抓好党风廉政建设。要以紧紧围绕公司安全生产经营这个中心，紧紧围绕公司生产经营健康有序发展这个宗旨，来确定和把握纪检监察工作，从维护党的纪律，保护公司利益和干部自身出发，坚持关口前移，预防在先，力求做到："两个深化"：深化廉政文化建设，深化效能监察。"两个加强"：加强查办案件力度，加强公司上下级纪检监察部门的协调沟通。"三个创新"：在思想观念上，进一步增强纪检监察工作服从和促进公司改革发展稳定的大局；增强服从公司经营效益的意识，探索新时期企业纪检监察工作的规律，研究制定新措施，不断提高工作新水平。在工作方法上，要深入基层，深入实际，深入职工群众，加强调查研究，善于总结经验，找准薄弱环节，提出有效对策，不断创新工作方法。在队伍建设上，要按照企业纪检监察工作发展的要求，着力提高纪检干部的思想素质和综合业务能力，以更好地适应新形势、新任务的要求。

认真贯彻中纪委、监察部、国资委联合印发的《关于加强国有企业领导人员廉洁自律工作的意见》，深化廉政文化建设，培育党员干部的廉政文化理念，在全系统范围内，开展一次勤政廉政格言警句征集、评比，"廉洁从业、奉献远洋"领导干部集体承诺和反面典型案例的剖析教育等三项活动，强化领导干部廉洁自律意识，规范领导干部廉洁自律行为。要进一步加强廉政谈话活动，建立健全廉政建设座谈会和经营纪律检查总结通报会制度，起到警示提醒、保护的作用。要对公司效益影响比较大、问题比较突出的项目开展效能监察，并作出成果评估。要严格遵守落实《中国远洋运输集团企业纪律》，继续开展“规范经营行为，严肃经营纪律”的活动，逐步向海外和陆上产业延伸，适时进行一次经营纪律执行情况专项检查。要按照现代企业制度的管理要求，进一步完善公司监督机制。要根据公司机构改革和干部制度改革的实际情况，完善对“三重一大”决策程序的监督、党风廉政建设责任制等规定，并视情对各直属单位的执行情况进行一次检查。要坚持查处与预防并重的原则，加大违纪违法案件的查办力度，对在经营活动中损害公司利益的行为坚决查处，确保公司国有资产不流失。

五、抓好员工队伍建设。要以“职工素质工程”为载体，以创建学习型组织活动为抓手，积极倡导终生学习理念，大力开展劳动竞赛、合理化建议和技术改进活动，进一步发挥职工素质工程教育培训基地作用，不断提高广大职工的思想道德、职业道德、科学文化、劳动技能的综合素质，增强创新能力、竞争能力和抵御风险能力。

要完善培训制度和内部培训网络，坚持分层分类、讲质量、重实效的原则，形成以思想政治、管理知识、业务技能、企业文化为框架的教育培训体系。要将海外人员的培训纳入公司日常培训工作，加强对海外员工培训的规划，借助总部和海外优势，建立良性互动的培训机制。要减少学历性培训比重，加大非学历性培训力度，对通过自学获得的高技能职业证书，要给予一定的奖励。

要注重培育和激发员工民主管理意识，努力营造民主参与、民主管理、民主监督的良好氛围，夯实民主管理基础，不断完善民主管理机制。坚持和发展以职代会为基本形式的民主管理制度，不断完善职工代表巡视制度，确保职代会决议和有关职工切身利益问题的落实；指导帮助新建和改革改制企业建立、完善民主管理制度，保障职工民主权益。进一步推进企务公开，不断拓展企务公开工作的内涵，扩大职工参与企业管理的范围，让职工享有更多的知情权、审议权、通过权、决定权和评议监督权。要切实做到企业重大决策必须通过企务公开听取职工意见，进一步完善考核制度，使企务公开工作情况和效果作为衡量企业年度工作绩效的重要指标。

六、抓好内部稳定工作。要科学把握改革力度和进度，充分考虑职工群众的承受能力，改革改制方案的制定要集思广益，周密设计，措施的出台要选择时机，先试点后推广，循序渐进。要认真落实稳定工作党委负责制和治安综合治理领导责任制，各单位党组织书记是第一责任人，党政一把手要密切配合，健全矛盾纠纷排查调处工作制度，认真排查不稳定因素，努力把矛盾解决在基层。要制定严密防范措施和处置预案，防止发生和妥善处置群体性聚集或群体性上访。要在积极稳妥推进企业改革改制工作的同时，耐心细致做好职工群众的思想政治工作，加强宣传，注重对职工群众和行政管理者双向宣传的渗透，既要让职工群众理解、支持企业改革，又要让行政管理者切实增强立党为公、执政为民的意识，树立群众观念、法制观念、维权观念，做到企业改革改制应用法律法规恰当、程序合法。要充分发挥工会的桥梁作用，积极协调好企业改革改制中的劳动关系。要关心职工生活，进一步拓展送温暖工作领域，继续做好职工帮困慰问，深化和延伸公司帮困助学活动。在组织好慰问船员活动的同时，开展“心系网点送温暖、凝聚人心拼效益”活动，对边远 20 个网点职工进行慰问，解决实际困难。

七、抓好迎接公司第七次党代会召开的各项工作。2004 年是公司党委换届年，按照党章规定，将在下半年召开第七次党代会，这是公司全体党员政治生活中的一件大事，我们要以此为契机，着力抓好基层党建工作，开创基层党建工作的新局面。要按照十六届三中全会关于建立健全国有资产管理和监督体制的要求，充分发挥党组织在企业中的政治核心和监督保证作用。要改进发挥作用的方式，逐步推行党委成员与行政领导交叉任职，通过交叉任职，加大企业党组织参与企业决策的深度和力度，成为在企业发展过程中的呼吁者、支持者和决策者。要按照现代产权制度的要求，进一步完善下属公司法人治理结构，规范董事会、监事会的运作模式。要继续抓好凝聚力工作，凝聚党员、凝聚干部、凝聚职工队伍。要关心离退休职工，努力为他们排忧解难并创造条件开展旅游、健身等活动。要认真组织开展党员先进性教育，抓好教育前期的试点工作、教育过程中的规范工作、以及教育结束时的总结讲评工作。通过党员先进性教育，提高党员自身修养，激发党员的内在动力，充分发挥党员的先锋模范作用。要巩固"树组工干部形象"活动成果，落实整改措施，维护公道正派形象。要继续组织开展好"两优一先"和"民主评议"党员等活动。要切实组织好第七次党代会以及各级党委的换届选举工作。

八、抓好公司成立40周年纪念活动。2004年4月1日是公司成立40周年纪念日，我们要充分把握契机，动员海内外全系统船岸职工，振奋精神、开拓创新，爱岗敬业、扎实工作，创造优异的成绩，迎接公司成立40周年。要大张旗鼓宣传公司40年来的光辉历程和骄人业绩，编写出版《中远集装箱运输有限公司史》，制作展示公司40年历程展板和光盘，开展征文活动，回顾总结不同发展时期的宝贵经验，传承和发扬几代远洋人的优良传统。要大力宣扬公司历史上涌现出的先进典型和先进事迹，激励员工以先进典型为榜样，当一流员工、创一流业绩。要热烈、俭朴举办40周年庆典活动，召开座谈会，组织报告会，举行歌咏赛、演讲赛、知识竞赛和文艺汇演，制作纪念邮册和纪念品，通过庆典活动，使员工抚今追昔，深受教育，增强自豪感、使命感和责任感。

各位代表、同志们！中远集运的发展正处在新的起跑线上。2004年的工作目标任务已经明确，我们的任务很重，我们的责任更大。在新的一年里，我们要坚持以"三个代表"重要思想为指导，在集团党组的正确领导下，谦虚谨慎、戒骄戒躁、艰苦奋斗、开拓创新，以满腔的热情，为"第一要务"服务；以创新的精神，为"持续盈利"助力，夺取物质文明、政治文明和精神文明建设的新胜利！

Essays 二

专文

COSCO Container Lines Almanac 2005

谋势而动　蓄势而发
坚定信念　加快发展

许立荣

自2001年起，公司进行了一次大的生产结构调整。这次包括运力结构、组织架构、成本结构和人力资源在内的调整，取得了显著的成果，也为我们下一步大发展奠定了坚实的基础。

我们提出，公司运力结构调整工作将分两步走：第一步是2003年—2006年，第二步是2007年—2010年。2004年，公司船队2000TEU箱位以上大船的比例，已从2003年的38%上升到54%，单船平均箱位从2200TEU上升到3200TEU，增幅很大；单箱成本从5.7美元/TEU下降到5.0美元/TEU，降幅明显。经过调整，公司各项可变成本均有不同程度的下降。组织架构调整也取得可喜成绩，如海内外各口岸机构改革，总部建立贸易区负责制等。总之，2001年—2003年的生产结构调整，为取得今天这样的成绩发挥了重要作用，也为公司今后的大发展作了坚实的铺垫。

作为公司业务发展委员会的一名委员，我想就发展计划发表几点想法。

一、进一步坚定发展的信念

公司上下对2007年后第二阶段的运力发展计划信心倍增，为公司有这样的发展计划而振奋。大家已经形成了这样一个共识——发展是硬道理，不发展是最大的风险。作为一个具有国际知名品牌的公司，中远集运下一步如果不发展，就意味着我们的主业将失去竞争能力，品牌质量将受到质疑，我们也将被客户所边缘化。从运力发展计划来讲，第一阶段的发展计划已经付诸实施；2007 年—2008 年我们将投入 8 艘 1 万 TEU 船舶和 8 艘 5000TEU 船舶，总运力增加 12 万 TEU，到 2008 年底公司运力将达到 52 万 TEU；2009 年—2010 年增加 20 艘船舶，其中 8 艘 8400TEU、8 艘 5500TEU、4 艘 5000TEU，总运力增加 13 万 TEU，到 2010 年我们拥有的运力是 65 万 TEU。根据集团总公司要求，加上“兴运项目”成功实施后强大的资金能力，如果能够收购一家公司，我们进入世界集装箱航运三强行列的奋斗目标就能够完全实现。

公司现在发展的依据，可以用“天时、地利、人和”来概括：“天时”是经济全球化、良好的国际经济形势给我们带来大发展的机遇；“地利”是如果“兴运项目”成功运作，公司从资本市场上募集资金的能力将大大增强；“人和”是经过一系列生产结构调整，尤其是经历过 2001 年—2002 年航运低迷时期的磨炼后，我们拥有了一支能够经受任何考验的队伍。可以说，“天时、地利、人和”促进了我们下一阶段的大发展，现在问题的关键是我们如何把握好发展机遇。当前航运竞争态势十分残酷、激烈，2004 年—2009 年全球集装箱总运力将达到 263 万 TEU，3000TEU 以上的船舶要达到 457 艘，6000TEU 以上的船舶要达到 200 艘。全球运力以 13%的年增长率在增长，我们现在制订的运力发展计划也参照了这一发展速度，公司总体运力增长态势是符合全球运力增长要求的。这个运力发展计划，是经过多方研究认证，并能够付诸实施的，而且有的现在已经开始实施。从造船市场反馈的信息看，目前 2007 年以后的船台竞争十分激烈，时不我待，全系统必须坚定发展的信念，坚持发展的道路。

二、加强营销网络和队伍建设

中国部各地区分部要根据公司整个运力发展计划，针对中国市场的情况，制订一套同整个发展计划相适应的、加强营销网络建设和队伍建设的计划。我们要认真总结前一阶段生产结构调整的经验，找出营销网络建设和队伍建设方面存在的问题，拿出切实的措施和手段，在运力升级后有相应的市场份额来保障货源供给，这是我们防范和化解风险过程中一个十分重要的环节，需要各地区分部会后仔细考量，并制订相应的发展计划，用于指导我们现有营销网络、营销理念、激励手段、组织架构的必要调整。应该讲，这些年各地区分部在中国市场的营销方面做得相当出色。如果要总结中远集运的优势，那么我们在中国市场的强势是我们最大的优势。也正因为有了在中国市场的强势，才使得我们敢做并能做这样的发展计划。如何将我们在中国市场的强势进一步发挥出来，并进一步做大，是中国部和各地区分部必须认真研究的重要课题，而且要实实在在地拿出一个长远计划，来进一步提高我们的营销能力，扩大我们在中国市场的份额，满足运力发展需要。

三、加强运力升级后保障体系的研究

公司到2010年的发展目标是进入集装箱航运界三强行列。公司保障体系需要处于一个什么样的水平，才能适应这样的发展？可以预见，如此大规模的运力升级，对燃油、箱管、码头以及商务处理能力，必将提出全新的要求，这就需要我们对保障体系的组织能力、保障理念和操作方式方法进行认真研究，并制订与之相匹配的计划。应该看到，一旦“兴运项目”成功实施，关联交易对公司成本的作用将逐步减弱，保障体系在成本控制方面可以大有作为，一些困扰着我们多年的问题将被解决，包括我们部分口岸提出的服务延伸的问题。

四、下大力气研究和实施发展支线网络工程

实施运力发展计划后，运力将高度集中在一些主要口岸，干支线网络配套工程建设已经迫在眉睫。我们不能等到大规模运力上线之后，再来做支线网络的配套计划。在国内，长江支线、珠江支线和环渤海湾支线网络要迅速建立起来，形成对基本口岸强有力的支持。要对长江流域的支线运输管理模式进行调整，使其适应公司对长江支线运输网络大规模、大投入、大开发的战略举措；要对珠江支线网络提出调整实施意见，并进行彻底改造；要拿出环渤海湾支线网络建设方案。以上三大支线网络的建设，将对公司今后运力发展计划的实施，起到相当关键的作用。在国际上，支线网络建设重点区域是亚洲区域、地中海区域以及中美洲加勒比海区域，对这三大国际支线网络的铺设，也要迅速拿出解决方案。只有把整个支线网络建设工程研究透，并尽快建立起来，才能使我们运力发展计划的实施得到保障，这样我们的抗风险能力就将是实实在在的。

五、进一步加大成本结构调整力度

虽然通过前几年的结构调整，公司的可变成本有一定程度降低。但还应该看到，我们的成本同竞争对手相比，还有不小的差距，还满足不了公司今后大规模运力发展的需求。降低成本是大规模运力提升后我们防抗风险最为有效的途径，因此成本结构调整力度必须进一步加大。要对生产成本进行进一步调整、优化。比如，对欧美货物中转模式的调整，一定要有切实可行的解决方案，从根本上解决这一问题，降低公司在海外的中转成本；又比如，燃油和箱管模式也要进行调整。

除此之外，还有两项成本需要大家共同关注。一是网络成本，包括海外各公司、中国各口岸、各地区内陆网点，目前我们的网络成本高于竞争对手。我们很容易忽视网络成本的控制。一些小的货代公司每年成本投入很大，无法同其贡献值相匹配；在海外，

网络成本占据了成本的很大比重。所以，网络成本的控制需要全系统的共同关注。二是人工成本，包括总部各部门、船员、中国各口岸、海外各机构，如果以人均箱量来与竞争对手相比的话，我们数值非常低(虽然这样的比较并不一定科学)，这足以说明我们人员的控制势在必行。各部门、各单位要按照“高效率、低成本”原则对人员进行重新调整，努力降低人工成本。目前，船员用工改革试点已经开始，公司已经在2艘船上试点聘用菲律宾船员，这种尝试必将给我们进一步降低船员用工费用带来值得借鉴的经验。为配合“兴运项目”的实施，目前公司对总部有些部门的人员进行了精简，对部分职能进行了调整归并；“兴运项目”实施后，公司必然会对中国部各地区分部、各口岸提出人员精简的要求和目标。我们的人员队伍不能过于庞大，冗员太多同我们的效率不成正比。组织架构该进行调整的，要有思想准备；应该按照政策分流的，要事先研究好；要形成一支精干、高效、高素质的营销队伍。

六、进一步提高抗风险能力

大家最近一直谈市场风险、码头风险、资金风险、租造船风险和干支线网络风险。要把运力发展计划真正付诸实施，防风险的意识需要进一步加强，抗风险的措施还需要进一步细化，这样才能保证公司健康、稳步发展。把风险认识清楚，不等于看到风险就停滞发展。要发展，有风险是必然的；我们不可能避免所有的风险，特别是我们预想不到的风险；但是我们的要求就是比竞争对手做得更好。有一个关于狮子和羚羊的故事：有人问狮子每天早上第一件事情是想干什么，狮子说我每天第一件事就是想比羚羊跑得快，否则我今天会被饿死；再问羚羊每天早上第一件事情是想干什么，羚羊说我每天第一件事就是想比狮子跑得快，否则我就会被吃掉。这个故事告诉我们，只有比竞争对手做得更好，才能把风险减到最小，我们的生存能力才能更强。

七、加大战略联盟、航线合作力度

要满足大规模运力提升的货源需求，同重要大客户的战略联盟是一个很好的途径。最近，我们在中远集团总公司的支持、协助下，同一些重要客户结成了战略联盟，这是保证我们基础货源一个很重要的环节。在此基础之上，我们大规模提升运力才能做到心中有底。对航线合作，我们要继续坚持双赢理念，才能做大做强我们自己，才能够将一部分风险转移出去。所以，今后一段时期，我们要进一步加强同重要客户战略联盟和航线合作的力度。

八、加强安全工作的前瞻性研究

安全保障体系如何做得更好，如何同运力大规模提升相适应，是船舶管理部门的重要课题。在船舶大型化、高科技含量日益增加的发展趋势下，现有的安全理念、安全文化以及安全措施，是否能真正承担起安全保障的作用，需要我们作认真的研究。中远长滩轮的高科技含量给我留下了深刻印象，也让我感觉到目前我们对技术的理解能力同世界先进水平的差距。航运高科技的快速发展，给从事安全工作的人员提出了全新的要求：我们的管理能力能否同航运高科技的快速发展相匹配，传统的安全理念和做法受到了严峻挑战。今后我们应该用什么样的手段来进一步保障公司安全管理体系的有效运作，这就要求从事安全技术管理人员（机海务管理人员）必须切实加强学习，好好利用这些船舶挂靠国内港口的机会，组织上船学习，对一些技术基础资料作细致研究，为今后驾驭、管理1万TEU船舶奠定基础。安全管理能力的进一步提升，在当前是迫在眉睫的事情。

九、泛亚公司要加快沿海运输发展

公司对泛亚公司寄予了很高的期望，希望通过泛亚公司独立法人治理架构、高素质员工配置等有利条件，在不完全依赖公司本部的支持下，快速发展成为中国市场的知名品牌。作为一家完整的公司，泛亚公司要在市场独立参与竞争的基础上，达到自我发展的目的。泛亚公司的资产是优质的，现在的关键是如何通过资本运作，迅速发展，真正成为中国第三大航运公司。未来2年，我们的内贸运输将迎来巨大的发展机遇，随着公司运力的不断升级，将会有更多的运力投入到沿海内贸运输，内贸运输做到“中国第一”将成为必然。泛亚公司要充分利用市场和自身的有利机遇，迅速扩大自己的优势，把“泛亚航运”的品牌做大做强。

十、夯实基础，做好大发展的各项基础工作

大规模运力提升所带来的优势是显而易见的。但我们现有的基础工作，同如此大规模运力提升的要求仍有差距。公司总部和各口岸都要努力创造条件，人力资源部门要重点研究，从知识结构层面使得目前的经营队伍得到很好的培训，使得我们的干部精英的知识结构跟得上时代步伐，跟得上经济全球化后的思维方式，按照集团总公司的要求，就是“战略眼光、全球思维”。只有这样，我们员工的整体综合素质，才能跟上大发展的时代。夯实基础，要求我们从自己做起，从点滴做起，从每个工作环节做起。

我相信，在中远集运全系统员工的共同努力下，我们的宏伟发展目标一定会实现，而且一定能实现得很好！

增强核心竞争力
加快企业发展步伐

吴树雄

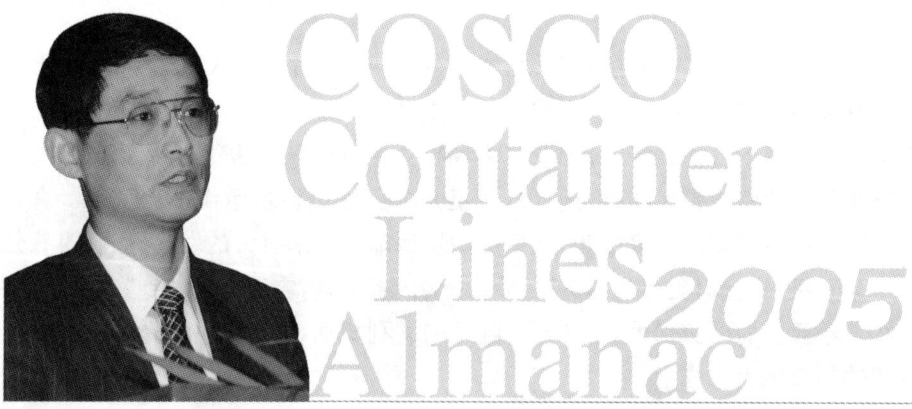

党的十六届四中全会是在国家改革发展关键时期召开的一次极其重要的会议。全会根据国际国内形势发展变化，紧紧把握时代发展的历史方位，作出了加强党的执政能力建设的重要决策，这是具有全局性、根本性的重大举措，对于实现党和国家的长治久安具有深远的重大意义。全会讨论通过的《中共中央关于加强党的执政能力建设的决定》，针对新形势、新问题，提出了一系列新思路、新举措，具有前瞻性、指导性和现实性，这是对党的执政规律的新认识，是党的建设理论的重大创新。

国有企业作为国有经济的支柱，是我们党执政的重要经济基础。中央企业不仅承担着发展先进生产力，提高国有企业核心竞争力和保持可持续发展的能力，使国有资产得到保值、增值等光荣任务。同时，中央企业也是中国产业工人最为集中、工人阶级性质表现最为突出的经济组织，它集中了我们党执政的重要阶级基础和群众基础。确保国有企业在物质文明、政治文明和精神文明建设领域保持良好的态势，企业效益得到持续稳定的增长，社会影响力不断增强，职工收入稳步提升，就是党在经济领域提高执政能力的具体体现。

一、突出主业，调整结构，促进企业全面、协调发展

航运企业之间的竞争是综合实力的竞争，首先是主营业务的竞争，只有不断提高主营业务的竞争力，才能在市场竞争中处于有利地位。集装箱运输经营是网络化的系统工程，随着航运竞争的日趋激烈，市场对企业的决策、管理、服务提出了更高的要求。企业的管理体制、组织架构和经营机制直接影响企业的运作效率、对市场反应速度和客户服务质量。可以说，深化改革调整，实施经营管理一体化和全球营销一体化是中远集运适应市场、进一步提高竞争力的必然要求，是提高主业经营能力的必经之路，也是作为国有企业实现两个转变的必然选择。

近几年来，在中远集团党组的统一领导下，中远集运完成了对营销服务网点的全面整合，形成了以上海等九大口岸公司为龙头，遍及全国的营销服务网络。成立了美洲、欧洲、亚太、中日、沿海五大贸易区，全面实施航线经营效益负责制。海外机构的调整也逐步到位，形成了海内外一体化的全球营销服务网络。

2004 年以来，按照国资委主辅分离、辅业改制和突出主业的部署，中远集运进一步对公司治理结构作出重大调整：成立专营沿海和中日航线的泛亚航运有限公司，建立多品牌战略，加大公司运营覆盖面；恢复了上海远洋运输公司的经营资质，将中远集运的陆上产业、船队管理和船员队伍建设并入上远公司，进一步加强了核心业务建设；为适应未来形势发展需求，在中远集团的指导下，正式启动 LUCKY 项目，为做大做强主营业务作好准备。

近几年来的实践证明，随着公司党委对航运市场的认识能力、适应能力和应变能力的不断提高，企业的改制才能紧跟形势发展，主业收入逐年大幅提升，广大员工的收入得到稳步增长，企业的核心竞争力和广大员工的根本利益得以实现，广大员工的积极性和主观能动性才能得到维护和发展。

二、抓住机遇，加大投入，促进企业可持续发展

提高党驾驭社会主义市场经济的能力，是贯彻落实“发展”这个第一要务、建设社会主义物质文明的必然要求。十六届四中全会的《决定》着重对全党如何提高领导经济工作的水平提出了要求。近几年来，在中远集团领导下，中远集运抓住航运市场发展的有利时机，不断加大科技投入和扩大船舶规模，不断提高企业适应时代发展、社会发展和行业发展要求的能力，有力地促进了企业可持续发展。

2003 年 11 月，中远所有集装箱航线运输生产全部进入全球集装箱运输集成信息系统（IRIS－2），实现了总部与现场操作、装港与卸港、货流与箱管的全球信息高度集成。同年，中远集运开发开通面向全球客户的电子商务网站，2004 年电子商务网站二期投

入运营。

2003年10月,中远SAP财务信息系统一期工程正式投入运营。该系统与IRIS-2系统紧密结合,将财务数据收集功能前移,航线利润、单船利润甚至单箱利润的数据采集成为现实,使得公司经营水平和各贸易区的经营能力得到客观公正的体现,也为中远集运经营发展决策提供了更有效的基础数据支持。

在船队建设上,在中远集团领导的大力支持下,公司抓住国际船舶建造市场波动的有利时机,在2002年国际造船价格较低时,通过长期租赁、新购(造)和行业合作等手段签署了数十艘船舶的建造(租赁)合同,为公司的可持续发展奠定了坚实的基础。目前,中远集运已勾画好中长期船舶运力结构发展规划,预计到2006年和2010年两个时间节点,中远集运控制的船舶总运力将有质的飞跃,单箱成本将明显下降。

三、以人为本,推动企业文化建设,促进企业和谐发展

十六届四中全会的《决定》第一次提出了"社会主义和谐社会"这一新概念,使我国社会主义现代化建设的总体布局,由发展社会主义市场经济、社会主义民主政治和社会主义先进文化这样的"三位一体",扩展为包括社会主义和谐社会在内的"四位一体"。这体现了科学发展观的要求,体现了我们党科学执政、民主执政、依法执政的要求,归根到底体现了我国经济社会发展进入了一个非常关键的发展时期的要求。

对于企业来说,创建一个健康和谐的企业氛围,人是第一要素,人才资源是企业最宝贵的资源。近几年来,中远集运坚持以企业文化为纽带,统一思想,凝聚人心,规范行为,提高素质,不断构建企业内部健康和谐的氛围。一是传承优良传统,促进企业发展合力。中远集团在40年的建设发展过程中,积淀了丰富深厚的文化底蕴,形成了"求是创新,图强报国"的企业精神。公司通过宣传,不断加深员工对企业精神的认识、对企业文化的认同和对企业形象的爱护;另外,通过对企业在新时期新的奋斗目标的宣传,进一步丰富了企业精神,增强了员工的责任感、使命感。二是加大情感投入,拉近员工与企业之间的距离。公司为加快系统内的文化融合,开展了"我为效益作贡献"、"牢记'两个务必'、坚持'两个不忘'"等主题活动;公司领导为当月过生日的员工举办"温馨同舟"活动;在报刊上每周一次推出员工形象展示等,这些活动的开展进一步缩短了员工与企业的距离。三是弘扬中华美德,促进企业员工队伍的和谐。公司通过设立专项基金、倡导"一日捐"等,为公司贫困职工子女的就学、就医提供帮助,常年以来已形成良性循环,为公司员工的共同发展奠定了物质基础。近几年来,公司开展了扶贫帮困"一加一"活动,通过认捐贫困职工子女读书等活动,有效促进了员工之间的和谐氛围。四是倡导社会公德,激发员工的社会责任感。近几年来,公司先后参与云南福贡、安徽砀山等贫困地区的扶贫工作,还鼓励、支持员工参与青年志愿者队伍、APEC志愿者招募活动等社会团体活动,使员工的社会责任感得到了进一步提升。五是营造良好氛围,开发人才资源。公司通过倡导"人人尽职、事事用心、天天进取",开展"如何保持可持续发展、提升企业核心竞争力"等活动,鼓励广大干部员工在学习和实践中成长成才;同时,认真做好培养人、凝聚人、激励人、稳定人的工作,通过海内外人员轮派、竞聘上岗、招募社会优秀

人才等手段，为人才队伍的建设和发展营造良好的氛围。

今明两年是中远集运深化改革、乘势而上的关键年，也是实现国有资产管理体制改革和中央企业改革发展三年目标的关键节点，我们要把贯彻十六届四中全会精神同推动工作结合起来，促进管理体制改革，转变经济增长方式；积极推进技术改造和技术进步，提高企业核心竞争力；加强和改善内部管理，增强活力，提高企业经济效益，促进企业改革发展稳定，用工作的实际成果来检验提高执政能力的成效。

三

大事记 Chronicle of Events

COSCO Container Lines Almanac 2005

1 月

1 月 5 日 苏州号轮通过上海船级社评审组根据《国际船舶及港口设施保安规则》要求进行的审核，成为全国第一艘通过国际保安规则审核的国际客轮。

1 月 6 日 许立荣、周琥会见来访的大连市副市长邢良忠一行。

1 月 9—10 日 公司四届二次职工代表大会、2004 年思想政治工作会议、中远集运系统 2004 年工作会议，在上海东虹大酒店召开。220 名职代会、政工会、工代会代表和特邀代表参加会议。上海市总工会副主席张兴淮，中远集团总公司党组书记张富生、副总裁陈洪生，以及中远集团总公司党组办、运输部、工会负责人莅临会议。张兴淮在开幕式上讲话，张富生在闭幕式上讲话。会议听取许立荣作的《总经理工作报告》、蔡张德作的《思想政治工作报告》、邓黄君作的《财务工作报告》。会议表决通过《总经理工作报告》、《财务工作报告》和《职代会决议》。会议分别由吴树雄、许立荣主持。吴树雄在闭幕式上讲话，许立荣对贯彻会议精神提出要求。会议表彰 2003 年度各类先进，下达 2004 年度两个文明建设任务书。4 个单位的职工代表作表态发言。会议号召，全系统海内外职工坚持实践“三个代表”重要思想，认真贯彻党的十六届三中全会和中央经济工作会议精神，以发展来增强效益提升能力，以调整来释放技术进步功效，以创新来适应市场格局变化，为全面提升中远集运的核心竞争力，实现公司持续盈利能力的增长，不懈努力。

1 月 15 日 公司机关举行“献爱心、一日捐”捐款活动，627 人参加，捐款计人民币 54780 元。

1 月 17 日 在大连市政府举行的 2004 年大连口岸集装箱运输系统表彰会上，公司荣获 2004 年度综合贡献奖和班列承运贡献奖。

1 月 17—18 日 中远集团总公司副总裁陈洪生在房迪坤的陪同下，到东河轮、中国部上海分部以及部分退休老劳模、困难职工家中进行春节慰问。

1 月 19 日 韩成敏会见来访的 STET 总裁 Mike Chen 一行。双方就船舶保安证书审批的有关事宜交流了意见。

1 月 27 日 澳洲分部总经理魏卿陪同中国驻悉尼总领事馆商务参赞周小明等，拜会澳大利亚前总理霍克。

2 月

2 月 4 日 公司召开学习贯彻全国人才工作会议精神座谈会。中远集团总公司党组书记张富生到会并讲话，许立荣等发言，吴树雄主持座谈会。

2 月 6 日 公司召开 2004 年度安全生产动员大会。许立荣、吴树雄讲话，韩成敏主持并作安全动员报告。会议传达上级有关安全生产工作的会议精神；对公司 2003 年安全生产情况作了通报；向船舶管理公司、陆产总公司、中国部、计算机中心下达了《2004 年度安全生产责任书》。

同日 史美思、周琥会见来访的赤湾集装箱码头有限公司总经理郑少平一行。双方就新一年合作事宜进行了商谈。

2 月 10 日 公司在江苏扬州召开中远集运 2004 年长江流域集装箱运输工作会议。中远集团总公司副总裁陈洪生、公司总经理许立荣到会并讲话，周琥主持。会议围绕进一步疏通长江货源、降低驳船费用、开发长江地区有价值的货主、维护长江现有的大客户等议题展开了讨论。

2 月 17 日 公司召开 2004 年“廉洁从业、奉献远洋”动员大会。刘昌龙主持会议。蔡张德讲话。徐政军对 2003 年反腐倡廉工作和纪检监察工作作了回顾，并对 2004 年反腐倡廉工作和纪检监察工作进行了布置。在会上进行“廉洁从业、奉献远洋”集体承诺活动,与会的公司第一层面以上干部都在承诺签字版上签字。许立荣、吴树雄因公事未能参加会议,16日晚在承诺签字版上先行签字承诺。

2月19日 在蒙特利尔举行的加拿大国际货运代理协会(CIFFA)加东地区每年一度的晚餐会上,公司被评为2004年“远东/加东航线年度最佳承运人”。这是公司连续第3年通过投票获得这一称号。

2月20日 许立荣会见来访的上海汽车工业(集团)总公司副总裁肖国普一行。双方就加强在物流方面的合作等有关事宜进行了会谈。

2月25日 公司召开中远集运中层干部大会。中远集团总公司总裁魏家福到会讲话,勉励中远集运人积极由“经营船舶”向“经营舱位”转变,生产经营、资本经营两手抓,要通过发展来扩大收入的额度,实现持续盈利能力的增长。中远集团总公司副总裁陈洪生,以及公司领导班子成员出席。

同日 公司同希腊COSTAMARE公司签署5艘8500TEU新造超巴拿马型船舶的长期期租协议。中远集团总公司总裁魏家福,COSTAMARE公司主席兼总裁Vassilis、首席执行官Costis,中远集运总经理许立荣等出席签约仪式。

同日 史美思会见了来访的日本佳能公司物流业务中心所长须藤笃生一行。

2月26日 2004年度中远集运内贸工作会议在广州举行。周琥出席并讲话。

2月27日 上海海关和中远集运在上海远洋宾馆举行2004年同创共建联谊会。

3　月

3月1日 在上海市人民政府召开的上海市推进实施“走出去”战略座谈会上,上海远洋对外劳务有限公司被授予“上海市跨国经营20强”奖牌。

3月2日 公司召开中远集运2004年全球代理工作会议。

3月3日 公司召开2004年太平洋航线业务专题会。周琥出席。

3月4日 市委常委、副市长周禹鹏一行到公司进行“现代服务业”调研。许立荣、吴树雄在远洋大厦23楼会议室向周禹鹏一行简要汇报了公司概况、公司对上海建设国际航运中心的建议以及和虹口区的合作关系等情况。参加调研的还有市政府副秘书长李良园,以及市发改委、市外经贸委、市经委、市旅游委、市统计局、市府发展研究中心和虹口区政府有关领导。

同日 周琥会见来访的广州港集团有限公司副总经理蔡朝林一行。

3月5日 许立荣、周琥会见来访的新加坡港务集团副总裁Grace Fu一行。双方就大小洋山开发及新加坡港口建设交换了意见。

3月8日 正在美国出席泛太平洋贸易经济前景会的中远集团总公司总裁魏家福,在总裁助理李云鹏和中远集运总经理许立荣的陪同下,前往停靠在长滩港的晋河轮视察工作,并为该轮题词:“安全工作程序化,技术培训专业化,船舶管理信息化,业余生活人性化,祝晋河轮一帆风顺。”

3月11日 公司同德国E. R. Schiffahrt公司在上海远洋宾馆签署3艘8500TEU型船舶期租协议。吴树雄同E. R. Schiffahrt公司总裁Erck Ricknmers分别代表双方签字。韩成敏等出席。

3月12日 在上海市建设交通系统党风廉政建设工作会议上,我公司被授予“上海市建设交通系统2002—2003年度党风廉政建设‘六比’工作先进单位”称号。徐政军代表公司领奖。

3月16日 公司召开2004年度社会治安综合治理工作会议。徐政军到会讲话。

3月17日 韩成敏会见来访的Ricknmers Holding GMBH & CIE. KG主席Bertram R. C. Ricknmers一行。宾主双方就新船租赁等事宜交换了意见。

3月18日 公司开辟上海——长滩直达服务。

3月24日 在上海市思想政治工作研究会第十届年会上,船舶管理四部船舶政委罗春华,被市委宣传部、市思想政治工作研究会授予"上海市优秀思想政治工作者"荣誉称号。

3月25日 经上海市社会治安综合治理委员会、上海市人事局评定,我公司荣获"2002—2003年度上海市社会治安综合治理工作先进集体"称号。

3月26日 公司举行"中远集运党委中心组学习辅导报告会",邀请全国人大代表、上海社会科学院院长尹继佐主讲"全国'两会'的主要精神及热点问题"。吴树雄就深入学习全国"两会"精神提出要求。

3月28日 原中国远洋运输公司上海分公司第一任经理、中共中国远洋运输公司上海分公司委员会第一任书记、离休干部宋涛在上海病逝,享年85岁。

3月29日 《中远集装箱运输有限公司(上海远洋运输公司)史》由上海人民出版社公开出版发行。全书共24章,45万字,有16开和大32开两种版本,对公司成立40年以来的船队发展、航线设置、经营管理、职工队伍、陆上产业及思想政治工作等方面作了全面的记述。中远集团总公司党组书记张富生作序,公司总经理许立荣题写书名。该书被列入"中国水运史丛书"。

3月31日 韩成敏会见来访的新加坡海事及港务管理局总裁吕德耀一行。双方就进一步加强合作交换了意见。

是月 公司团委被共青团上海市委授予"2003年度上海青工工作先进团组织"称号。

是月 公司保卫部被上海市公安局评为"上海市公安局治安保卫先进集体"。

是月 "苏州号"轮获得由中华全国总工会、国家安全生产监督管理局颁发的"2003年度全国安康杯优胜企业"称号。

4 月

4月1日 公司举行"同舟共济,继往开来——公司成立四十周年纪实访谈"活动。刘昌龙主持,蔡张德出席并讲话,宋汝涛出席。公司老同志陆少华、李庆伍等到场并讲述了公司发展历程及亲身感受,并同部分优秀青年代表进行了交流。

4月6日 吴树雄、韩成敏会见来访的上海海事局副局长俞成国一行。双方就加强水上交通安全、加强港航合作等方面交流了意见。

4月8日 公司召开"叙历史、谈发展、话未来——庆祝公司成立四十周年座谈会"。中远集团总公司党组书记张富生,公司领导许立荣、吴树雄、韩成敏、蔡张德、房迪坤,公司离退休老领导、老同志代表,公司各单位负责人及党团员代表出席。许立荣主持,张富生、吴树雄讲话。部分公司老领导、中青年干部代表等作交流发言。

同日 史美恩在新加坡出席东南亚分部第一季度市场营销例会并讲话。

4月9日 公司举行"传承优秀文化,开创美好未来"职工文艺演出活动。中远集团总公司党组书记张富生,公司领导许立荣、刘昌龙等出席,吴树雄讲话。

4月15—16日 公司召开2004年保密暨调研督查工作会议。

4月19日 许立荣陪同中远集团总公司副总裁陈洪生出席在美国西雅图举行的"柳林海"轮首航美国西雅图25周年庆典活动,在当晚举行的联谊酒会上,许立荣宣布8000箱位集装箱船舶"中远西雅图"轮即将投入运营。

4 月 21 日 在上海市劳动模范、上海市劳模集体表彰会上,万敏、仇鑫尧、郁国华、罗海林荣获"2001—2003 年度上海市劳动模范"称号;欧洲贸易区、企业资讯发展部、上海远洋对外劳务公司、中日国际轮渡公司荣获"2001—2003 年度上海市劳模集体"称号。

4 月 22 日 韩成敏会见来访的日本船级社常务理事上田德一行。双方就航运造船市场情况作了交流。

4 月下旬 吴树雄荣获"全国五一劳动奖章"。

4 月 27 日 周琥会见来访的铁行渣华亚太总部总裁 Hans F. Meurs 一行。双方就当前航运市场情况及发展趋势进行了交流。

同日 "第二届中远集团十大杰出青年评选总结表彰暨先进事迹报告会"在北京召开。中国部广州分部总经理尹为宇当选"第二届中远集团十大杰出青年"。

4 月 28—30 日 中远集团总公司副总裁陈洪生在许立荣等的陪同下,视察了南非分部。

4 月 28 日 吴树雄会见来访的烟台市副市长孙炳贤一行。客人向公司介绍了烟台港经济发展状况,希望公司能同烟台港开展进一步的战略合作。

同日 中铁公司山东分公司、青岛港务局、中国部青岛分部联合经营的青岛——阿拉山口国际集装箱班列开通。蔡张德出席仪式并讲话。

4 月 29 日 史美思会见来访的中远物流有限公司副总经理朱建辉一行。

4 月 30 日 中远集团总公司党组书记张富生在吴树雄等陪同下,在上海港上"松子"轮进行慰问。

是月 中国部武汉分部被评为湖北省 2003 年度"十佳"国际货运代理企业第一名。

是月 中国部(中货公司)在 2003 年度中央国家机关创建安全达标单位活动中被评为优秀单位。中远集团总公司向中国部(中货公司)颁发了中央国家机关社会治安综合治理领导小组授予的"中央国家机关创建安全单位活动优秀单位"荣誉证书。

5 月

5 月 1 日 ADX 航线"奇云河"轮首航伊斯坦布尔。中国驻伊斯坦布尔总领事郁红阳及夫人登轮祝贺。

5 月 8 日 "祥云河"轮在香港出售给 Sand Duke Marine Co., Ltd。

5 月 9 日 公司召开纪念江泽民同志视察远洋大厦并为公司题词两周年座谈会。吴树雄、蔡张德到会并讲话,韩成敏主持。

5 月 10 日 公司举办二级党委中心组学习专题讲座,特邀上海市纪委常委赵增辉对《中国共产党党内监督条例(试行)》和《中国共产党纪律处分条例》进行讲解。公司党委中心组学习成员等出席,吴树雄主持。

5 月 12 日 上海国际港务(集团)有限公司和中远集装箱运输有限公司在上港集箱外高桥码头签署协议,共建"精品航线"和"文明港口"。双方商定,以中远集运上海——长滩快航为首个项目平台,围绕航线舱位利用率、进出口及中转箱量、班轮准班率、码头作业效率、船舶和港区安全生产、进出口货运服务质量和安全、环境保护和国际安保、企业文化和员工队伍建设等实质性内容,建立全新合作互动机制,共同打造"精品航线"和"文明港口"的服务品牌。上港集团总裁陆海祜、中远集运总经理许立荣在仪式上讲话。上港集团党委书记张国强、中远集运党委书记吴树雄分别代表各自企业在共建协议书上签字。中远集运副总经理周琥宣读了同创共建协议书。上海市文明办、市国资委和市建委有关负责人，上港集团领导和中远集运领导刘昌龙、韩成敏、蔡张德、徐政军、邓黄君等出席。

5月16—20日　中远集团总公司副总裁王富田一行在公司检查安全工作。

5月18日　经中远集团总公司批准，公司将中日贸易区、沿海贸易区合并，对上海中远集装箱沿海运输有限公司进行变更，成立上海泛亚航运有限公司，英文名 Shanghai Pan - Asia Shipping Co., Ltd。纳入上海中远集装箱沿海运输有限公司。上海泛亚航运有限公司以中远集运旗下的第二品牌独立参与市场运作，经营包括中日航线、内贸航线及公共内支线在内的中国近洋专业化集装箱运输业务。

同日　上海泛亚航运有限公司在上海远洋宾馆举行成立庆典。上海市人民政府副秘书长洪浩，交通部水运司副司长张国发，中远(集团)总公司党组书记张富生、副总裁王富田、陈洪生，虹口区副区长池洪，上海市建委秘书长沈晓苏，上海港口管理局副局长朱建华，上海海事局副局长智广路，营口港务集团总裁高宝玉，上海国际港务集团副总裁黄新，上海久事集团监事长钱云龙，上海市口岸协会会长李诚，中波公司总经理孙敏、党委书记黄为民，中远三林集团总裁徐泽宪、党委书记王耀凌，中远集运公司领导出席。张富生、洪浩共同为泛亚公司揭牌。张国发、许立荣，泛亚公司总经理韩国敏、泛亚公司客户代表佳能公司增田雅一分别致辞。

同日　"洛河"、"辽河"、"沙河"、"艳河"、"隆河"、"怀集河"、"凌泉河"、"银河"、"星河"、"冰河"、"潮河"、"庄河"、"松河"、"秋河"、"香河"、"玉河"、"汉涛河"、"汉江河"、"汉水河"、"高城"、"明城"、"松城"、"商城"轮等23艘船舶交给上海泛亚航运有限公司运营。

5月27日　许立荣、房迪坤接见中远韩国公司劳模代表团一行。

5月28日　中央电视台经济栏目摄制组到新西兰奥克兰集装箱码头，现场拍摄"彩云河"轮在码头装卸作业情况。

5月31日　上海市人事局印发沪人〔2004〕84号文件，公司企业资讯发展部总经理陈翔为上海地区首批新世纪百千万人才工程国家级人选名单之一。

是月　公司荣获2003年度 Lloyds Loading List 远东航线和南大西洋航线准班奖。

6　月

6月2—6日　中国部青岛分部代表中远，作为青岛市推出的"十大物流样板企业"之一，参加第三届 APEC"现代物流和中小企业发展论坛"展会。

6月2日　许立荣陪同中远集团总公司总裁魏家福等，在广州拜会了广州市市委书记林树森。双方洽谈了中远在广州南沙港投资挂港事宜。

6月3日　中远集团总公司总裁魏家福到中国部总部视察工作。

同日　周琥会见来访的加拿大太平洋铁路公司副总裁 John McBoyle 一行。双方交流在集装箱联运业务方面相关合作情况。

6月10日　史美思会见来访的 TSI 码头公司总裁 Norman C. Stark 一行。双方就码头费收问题交流意见。

同日　史美思会见来访的以马来西亚交通部长陈广财为团长的马来西亚交通部长代表团一行。双方就进一步合作交换意见。

6月11日　吴树雄陪同中远集团总公司总裁魏家福出席在韩国蔚山现代重工造船厂建造的中国8000TEU系列集装箱船中第一艘"中远长滩"轮的命名仪式，该轮将由中远集运租赁经营。来自中、韩、欧、美等地的200多位工商、金融、航运界人士出席仪式。

同日　韩成敏会见来访的美国弗吉

尼亚州州长 Mark R. Warner 一行。双方就进一步合作交换意见。

6月14日 第19届上海市职工精神文明“十佳”好事表彰会在“苏州号”轮上举行。公司退休职工方庆元“帮困助学十年情”被评为十佳好事之一，受到上海市总工会的表彰。

6月16日 刘昌龙会见来访的上海货客船株式会社社长金盛启太郎一行。

6月16—17日 公司在上海奉贤召开中远集运船舶安全工作专题会。中远集团总公司总裁魏家福莅临并讲话。许立荣、吴树雄到会讲话。周琥、韩成敏、房迪坤、宋汝涛等出席。会议宣布了《中远集运船舶管理安全责任管理办法（试行）》，这标志着公司首次出台安全事故“问责制”。

6月18日 武汉市委、市政府授予中国部武汉分部“武汉市文明单位”称号。

6月19日 许立荣、周琥会见来访的哈佛商学院教授访问团一行。

6月20日 中远集团总公司党组决定，解聘刘昌龙中远集装箱运输有限公司（上海远洋运输公司）副总经理职务。

6月23日 中央企业党建工作会议在北京召开。会上，公司宋金玉被评为中央企业优秀共产党员。

6月28日 公司召开干部大会，吴树雄主持。中远集团总公司纪检组长李云鹏宣读中远集团总公司党组对公司副总经理刘昌龙职务调整的决定。刘昌龙、吴树雄先后作表态发言。

7　月

7月1日 公司召开中远集运“七一”表彰暨党内“两个条例”知识竞赛大会。吴树雄发表讲话，蔡张德主持，邓黄君、徐政军等出席。

7月9—10日 中远集运系统2004年年中工作会议在苏州召开。会上，中远集团总裁魏家福发表电视讲话。中远集团总公司党组书记张富生率总裁办、党组办、运输部、企划部有关人员亲临指导，并发表讲话。会议听取许立荣作的上半年工作报告。吴树雄作总结讲话。

7月13日 公司工会召开2004年年中工作会议暨工会二届四次全委（扩大）会议。房迪坤出席并讲话。

7月19日 周琥会见来访的 Suez Canal Container Terminal 总经理 philip Littlejohn 一行。

7月21日 史美思会见来访的 Ceres Container Terminals 的首席执行官 Pieter Bas Baedius。

7月26日 上海远洋泛奥发展有限公司副总经理王居仁作为公司首位援藏干部，赴西藏自治区昌都地区洛隆县任县委常委、常务副县长职务。

7月27日 许立荣在四川绵阳拜会长虹电器集团董事长兼集团总经理赵勇、副董事长兼股份公司总经理王凤朝等。双方回顾了以往合作的经历，并就中远和长虹建立长期战略合作伙伴关系等有关问题进行探讨。

7月28日 在北京召开的全国青年文明号活动十周年表彰大会上，公司团委书记陈联国荣获“十年全国青年文明号活动优秀组织奖（个人奖）”称号。

7月30日 中央电视台新闻联播节目采访组在青岛港采访停靠在那里的“中远兰花”轮。

是月 公司开辟华北——澳大利亚航线（简称NCX），港序为大连、青岛、上海、宁波、墨尔本、悉尼、布里斯班、大连。

是月 上海市总工会表彰“2003年度上海市职工最满意企业”和“2003年度上海市员工信赖的好经理（厂长）”，中日国际轮渡有限公司，以及上海远实房产有限公司总经理王友龙榜上有名。

是月 上海远洋陆上产业总公司副总经理陈大龙、上海远洋船舶管理有限公司总经理李德水在上海市青年企业家协会第五次会员大会上，当选为上海市青年企业家协会第五届会员。

是月 公司领导班子被中远集团总公司党组评为中远集团2003年度“五好领导班子”。

是月 国资委、团中央发出《关于命名和认定中央企业2003年度全国青年文明号的决定》(国资群工〔2004〕251号)，新命名上海中远国际货运有限公司货运部接单组为“中央企业2003年度全国青年文明号”。

是月 中国部青岛分部总经理姜立民被山东省港航协会评为“2003年港航优秀企业经营者”。

8　月

8月—9月 公司在全系统开展“牢记‘两个务必’，保证‘两上不忘’主题宣传教育活动”。

8月6日 COSCO LONG BEACH轮首航厦门港庆典活动在厦门海沧国际货柜码头举行。厦门市市委常委、市府秘书长黄杰成，副市长徐模，市人大、政协领导，中远(集团)总公司副总裁陈洪生，中远集运总经理许立荣、副总经理史美思、党委副书记蔡张德，以及港航各界人士100余人出席。

8月14日 中国部大连分部被授予“辽宁省精神文明建设先进单位”称号。

8月16日 苏州号轮通过“全国文明客船”复审检查。

是日 中远集运电子商务网站主页改版暨电子商务二期上线正式发布。

8月16—19日 由上海海事局和中国船级社上海分社分别组成审核组，对公司安全管理体系进行年度审核。审核组宣布公司安全管理体系的年度审核予以通过；对公司悬挂中国国旗船舶的安全管理体系“符合证明”(DOC)予以年度签注；对公司悬挂巴拿马国旗船舶的安全管理体系“符合证明”予以年度签注。

8月19日 中远集运和上海港务集团同创共建工作小组会议在上海远洋大厦举行。蔡张德和上海港务集团党委副书记李宝生出席。

8月20日 公司召开2004年度党员领导干部民主生活会。集团总公司党组成员、纪检组组长李云鹏，上海市建委副主任倪蓉，市建委组织处长、干部处长黄永平以及干部处调研员卢国强等出席会议。公司领导班子全体成员参加会议。吴树雄主持。

同日 公司开辟新加坡——越南支线航线。

8月21日 应中远集团总公司总裁魏家福邀请，巴哈马总理佩里·克里斯蒂访华代表团在中国驻巴哈马大使焦东村的陪同下，参观了上海远洋大厦。魏家福等在远洋海皇餐厅同代表团一行共进午餐。出席参观活动的还有：克里斯蒂的夫人及女儿，该国部分内阁成员、总理府工作人员等，中国外交部、公安部有关负责人，上海市外办有关负责人，中远集团总公司总裁办公室、运输部负责人，中远集运领导班子成员，中远船务工程集团有限公司领导等。

8月25日 “中远长滩”轮首航美国加州长滩港，中远美洲公司为此举行首航庆典仪式。长滩市市长O'Neil率市政府高级官员出席。中远美洲公司董事长高伟杰、中远集运总经理许立荣、中远美洲公司总裁张立勇、中远集团总公司运输部负责人，以及长滩港务局委员和高级管理人员、重要客户代表、码头公司代表、美国港务局协会负责人及其他船公司代表等约150人到场。

8月28日 “丽河”轮在渤海湾水域成功救助“津汉港04045”轮5名落水渔民。

是月 厦门国际货代协会给中国部

厦门分部颁发荣誉证书，表彰该部为行业发展作出的贡献。

是月 江西中货通过中国对外贸易经济合作企业协会的审核，荣获“2003年度全国外经贸质量效益型先进企业”称号。

9 月

9月7—10日 中国海关总署同荷兰税务与海关署在盐田海关培训基地联合举行第四届中荷海关执法研讨会。中国部深圳分部作为国企唯一代表出席并作专题发言。

9月8日 许立荣、史美思在四川绵阳出席四川长虹电子集团有限公司和中国远洋运输(集团)总公司战略合作协议签字仪式。

9月9日 公司在重庆召开中远集运2004年第二次长江流域集装箱运输工作会议。中远集团总公司副总裁陈洪生、公司总经理许立荣到会并讲话。会议围绕为干线船管道加粗提供有效货源支持、对长江驳船运力进行规划、加强内支线对外合资合作、创新内支线服务模式、理顺体制改革后续问题等议题展开讨论。

9月16日 青岛海港口岸前湾港区国际航行船舶在港零待时试点工作于零时正式启动。公司欧洲、日本航线11艘班轮成为首批试点船舶。

9月21日 许立荣、史美思会见来访的青岛港(集团)有限公司董事局主席、总裁常德传一行。

9月22日 许立荣、史美思、周琥会见来访的美国马萨诸塞州港务局代表团一行。双方就世界经济和航运形势、如何改善目前中美之间贸易不平衡以及美国波士顿港发展计划等议题进行会谈。

9月26日 上海远洋运输公司举行新纪元揭幕仪式，召开干部大会。中远集团总公司党组书记张富生，中远集运领导许立荣、吴树雄、史美思、周琥、韩成敏、邓黄君、蔡张德、徐政军、房迪坤等出席，张富生发表讲话，并为上远公司新纪元揭幕。许立荣讲话。蔡张德宣读关于重组上远公司的决定，明确上远公司的功能定位：恢复上远公司独立经营法人地位，出资人是中远(集团)总公司，中远集团总公司授权中远集运全权管理。徐政军任上远公司总经理、党委书记。徐政军在大会上代表上远公司领导班子讲话。

9月28日 中远集团COSCO SHENZHEN轮命名暨首航深圳港庆典仪式在深圳举行。公司在深圳市五洲宾馆长江厅举行新闻发布会。许立荣答记者问。史美思发布新闻，陆富根主持。深圳市副市长阎小培女士，深圳市人大常委会常务副主任郭荣俊，船舶融资方、德国北方基金集团主席Erck Rickmers、德国北方基金集团首席执行官Gunther Casjens，船舶承建方韩国现代重工副社长黄武秀及夫人，中远(集团)总公司总裁魏家福等出席。阎小培为船舶命名。

同日 公司“粤河”轮顺利靠泊广州港南沙港，标志着中远集运欧洲Ⅱ线首航南沙港圆满成功。

同日 公司召开庆祝中华人民共和国五十五华诞暨学习十六届四中全会精神茶话会。吴树雄书记出席并讲话。蔡张德主持。

10 月

10月11—15日 在中远集团职工技能竞赛中，中远集运荣获团体总分第二名。

10月14日 许立荣、周琥会见来访的上海国际港务(集团)有限公司副总裁陈立身一行。

10月18日 周琥会见来访的中远—新港码头有限公司总经理梅都米一行。

同日 韩成敏会见来访的日本双日船舶工程株式会社社长川户忍一行。

10月19日 许立荣、周琥会见来访的营口港务集团总裁高宝玉一行。双方就2005年的业务发展计划交换意见,并就进一步合作展开探讨。

10月20日 上海市建设交通系统思想政治工作研究会召开第八次会员大会。会上,中共上海市建设和管理委员会表彰了一批先进集体和先进个人。公司党委副书记蔡张德当选上海市建设交通系统政研会第八届常务理事。

同日 中远集团和韩进重工在北京签约订造4艘5100TEU型船协议。中远集团总公司总裁魏家福、副总裁陈洪生,中远集运党委书记吴树雄、副总经理韩成敏等出席。

10月21日 周琥会见来访的美国马里兰州港务局局长Jim White一行。

10月22日 中远集团总公司党组书记张富生出席在韩国蔚山(Ulsan)现代重工造船厂建造的"中远西雅图"轮、"中远温哥华"轮、"中远横滨"轮3艘8000TEU系列集装箱船的命名仪式。这组超巴拿马型集装箱船由德国E. R. Schiffahrt订造,中远集运长期租赁经营。张富生在许立荣等陪同下,还看望韩国分部全体中方员工和家属。

10月25日 许立荣、史美思在青岛出席海尔集团与中远集团战略合作框架协议签字仪式。

同日 周琥会见来访的American Shipper总裁Hayes H. Howard。

10月26日 韩成敏会见来访的日本古野电气株式会社部长齐藤良司一行。

10月27日 韩成敏会见来访的上海船舶设计研究院院长高康一行。

10月28日 澳洲权威航运媒体《劳氏日报》在墨尔本举行2004年度澳洲航运奖颁奖大会。会上,中远澳大利亚——中国华北集装箱航线荣获"航运准班奖",这是连续第9年获得澳洲航运大奖。

11 月

11月1日 公司和上海海事大学共同举办的以国际航运、船舶代理、外语强化为主的"国际航运经营管理人员学习班"开班。许立荣、吴树雄、蔡张德和上海海事大学校长於世成,交通运输学院院长施欣、党委书记朱耀斌等出席开班典礼。

11月3日 上海市新闻工作者协会评选《中远集运》报为"2003—2004年度上海市优秀企业报"。

11月10日 上海市举行见义勇为先进分子表彰会。公司"丽河"轮8月28日随救生艇勇救遇难渔民的船员金利斌、孙峰、丁小马、沈跃华、席建国、毛志杨受到表彰。

11月11日 许立荣会见来访的日本上组株式会社社长久保昌三一行。

11月16—17日 中远集运系统2005年航运主业工作务虚会在嘉兴召开。中远集团总公司总裁魏家福、党组书记张富生、副总裁陈洪生、总会计师孙月英,总裁办、党工部、运输部、财金部、企划部、人力资源部、研发中心等部门负责人,公司领导出席。吴树雄、史美思主持。魏家福、陈洪生、许立荣分别讲话,张富生发表书面讲话。会议要求,全系统各单位精心谋划2005年公司的经营、改革和发展,把发言和讨论的内容转化成具体的2005年工作计划,并转化成实实在在的效益。

11月24日 周琥会见来访的P&O Ports安特卫普码头总经理Eric Noterman一行。双方就安特卫普新码头开发项目进行交流。

同日 韩成敏会见来访的日本中国涂料株式会社社长山住哲夫一行。

11月25日 韩成敏会见来访的美国船级社远东地区副总裁顾建新一行。

11月30日 公司召开参加中远集

团职工技能竞赛获奖人员表彰会。房迪坤到会并讲话。

是月 国家信息化测评中心、《互联网》周刊评选公司为“2003年度中国企业信息化500强”单位。

12 月

12月1日 美国海岸警卫队(USCG)授予“凌云河”轮、“中河”轮、“远河”轮、“腾河”轮、“飞河”轮、“珍河”轮、“大河”轮、“山河”轮、“青云河”轮、“腾云河”轮、“飞云河”轮等11艘船舶“21世纪优质船”(QUALSHIP21)证书。

12月2日 韩成敏会见来访的澳洲PATRICK装卸公司总裁Christopher D. Corrigan一行。

12月2—3日 由公司承办的上海市年鉴学会2004年年会暨第9次年鉴协作会在上海远洋宾馆召开。上海市年鉴学会的领导、各区、县、局、部、委、办的年鉴主编86人出席会议,吴树雄出席并致欢迎辞。

12月2—3日 公司召开工会2005年工作务虚会。房迪坤主持并讲话。

12月6日 许立荣会见来访的烟台港集团有限公司董事长周波一行。

12月7日 “中远温哥华”轮首航温哥华港招待酒会在加拿大温哥华Pan Pacific酒店举行。

同日 韩成敏会见来访的挪威船级社大中国区船舶部执行经理Bjorn K. Haugland一行。

12月8日 上海航运交易所、上海资信有限公司授予公司2004年度“国际班轮运输资质信誉良好企业”(AA+级)称号。

12月15日 在共青团中央十五届三中全会上,“松子”轮团支部荣获2004年度“全国五四红旗团支部”称号。

12月22日 公司召开2005年党群工作务虚会。吴树雄讲话,蔡张德、徐政军主持,房迪坤、周琥、韩成敏、邓黄君出席。

12月27日 公司在海南博鳌承办中远集团2004年班轮工作会议。中远集团总公司副总裁陈洪生、交通部水运司处长张守国到会并讲话。许立荣发言,史美思主持,周琥等出席。全国各港口码头单位负责人应邀出席会议。

同日 公司编辑出版的2003版《中远集装箱运输有限公司年鉴》荣获首届“中国地方志年鉴奖特等奖”,主编许立荣荣获“首届中国地方志年鉴奖特等奖”证书。全国共有1500多部年鉴参评,82部年鉴获得特等奖,其中只有6部专业年鉴。颁奖大会在海南省海口市召开,房迪坤和年鉴编辑部负责人出席并领奖。

12月28日 公司聘任马杰麟为顾问,聘期为2005年1月1日—2006年12月31日。

是月 根据中远集团总公司人力资源部《关于公布2002年度享受政府特殊津贴人员名单及开展2004年度享受政府特殊津贴人员选拔工作的通知》(中远人函〔2004〕347号),韩成敏获准享受2002年度政府特殊津贴。

是月 在2004年厦门市交通口岸系统精神文明建设工作会上,中国部厦门分部被授予“2003年度厦门交通口岸系统文明单位”称号。

是月 由全国总工会宣教部、国务院国资委群工局、《工人日报》联合举办的全国“创建知识型组织,争做知识型职工”知识竞赛活动获奖单位揭晓,中国部工会荣获“最佳组织奖”。

是月 在“全国用户满意服务明星”评选活动中,苏州号轮以“服务满意用户(顾客)评价”的高分获得“全国用户满意服务明星班组”称号,成为目前我国航运界第一个也是唯一获此殊荣的“服务明星”。

四 概况 Survey

COSCO Container Lines Almanac 2005

（一）中远集装箱运输有限公司（上海远洋运输公司）

2004年中远集运全系统船岸职工，以“提升中远集运核心竞争力、实现持续盈利能力的增长”为己任，抓住了宝贵的市场机遇，团结一致，全力拼搏，面对困难，荣辱不惊，自强不息，延续了打赢2003年效益翻身仗时的优势和胜势，生产经营和经济效益各项指标均取得历史性突破。2004年是历史上最成功、最精彩、最难忘的一年！完成箱运量456.2万TEU，重箱量346.8万TEU，货运量4373万吨，周转量1938亿吨海里，平均箱位利用率72.4%，综合准班率为95.06%。在《中国航务周刊》举办的第三届中国货运业大奖评比中，中远集运荣获“综合服务第一”、中国至欧洲航线“最佳船公司奖”，以及其他6个“优秀船公司奖”。

2004年，公司进一步强化运力结构调整，扩大运力规模，5艘8000TEU大船陆续加盟中远集运船队，淘汰老旧船2艘，优化了运力结构——总运力规模接近30万TEU，比2003年增长16%；2000TEU以上大船比例达到41%，单船箱位数达到2442TEU。强化“航线经营”到“舱位经营”的理念转变。美洲贸易区加大提高合作航线回程舱位租金收入的力度，回程舱位利用率达到46%。欧洲贸易区、欧洲部利用5500TEU大船上线的机会，大胆尝试红海—欧洲、地中海—欧洲直航服务，首挂广州南沙港、两靠那不勒斯取得圆满成功，为公司正式开辟欧洲II线积累了宝贵经验。亚太贸易区和上远公司密切配合，充分挖潜，实现船舶舱位最大利用。南非快航雅河轮，通过合理配载，充分利用自身多余舱位和合作方未能使用的舱位，平均每航次多装我方货物350TEU，沿海运输稳定开发内贸货源，巩固扩大客户群体，使内贸运量大幅度提升，市场份额稳步提高，重箱量比上年增长25%。澳洲分部经过缜密分析，以SOC租用舱位方式，开辟了东南亚——南太平洋航线。加大营销力度，提高与客户直接签约箱量，稳固基础货源。增收节支取得显著成效。深化IRIS-2系统应用，形成全球高度集成。6月份，公司成功进行IRIS-2系统自主升级。标准路径控制货物中转费的应用率达到99%。全球单证中心完成海外高成本地区总单证量达14万票，占海外单证总量的26%，处理账单22万条以上，登记、录入合同2.7万条等，全球单证中心承担起海外及总部越来越多的单证工作。公司网站客户访问量从年初的1万人次/周，上升到目前的3.5万人次/周，SAP系统同IRIS-2系统实现对接，数据录入、数据质量监控、总部与口岸之间的账务处理工作不断优化。整合营销网络资源，强化实施多品牌平台战略。5月份，公司根据新的市场形势，将中日贸易区、沿海贸易区合并，成立上海泛亚航运有限公司；12月份又赋予其长江流域驳船支线的经营权。在短时间内，泛亚公司建立了新的营销网络，实现同“泛亚航运”副品牌平台和“中远集运”主品牌的协同发展；在激烈的市场竞争中，泛亚公司的“小、快、灵”策略更有利于实施扩张；同时，中日航线、内贸航线、公共内支线、长江内支线有效整合，独立参与市场运作,将主业经营实体推向市场,对股权结构多元化、建立真正法人治理结构进行了有益的探索。稳步推进改革举措,在中远集团总公司的统一领导和精心组织下,中远集运进入资本市场运作的“兴运项目”按时间节点顺利推进。结合辅业改制和解决历史遗留问题,上远公司重组成功,新公司于9月25日正式运作。落实安全生产有力措施,强化安全控制力。6月,召开中远集运船舶安全工作专题会,出台公司历史上首部“安全生产问责制”文件。防抗台风30个,防抗成功率100%。船舶综合准班率95.5%。船舶管理现代化水平进一步提高,65艘船舶安装船舶管理信息系统(COSCON - SMIS),且全部与公司联网运行;实施船舶保安计划,所有船舶均获得国际船舶保安证书和连续概要记录证书。防恐怖、防海盗、防偷渡措施到位,船舶“综治”状况相对平稳。劳务外派和对外船舶管理业务进一步开拓,在船岗位船员总数2875人,对外管理船舶21艘。积极开展主题活动,强化作风建设。公司大张旗鼓开展“我为效益作贡献”和“两个坚持、两个不忘”主题宣传教育活动,在公司效益逐月提高的大好形势下,进一步提高职工的服务意识、工作效率和责任心,进一步改进工作作风。海内海外、部门间、口岸间、经营和管理部门间的相互协调配合越来越默契。“规模经营行为、严肃经营纪律”活动持续、深入开展,广大职工自觉遵守经营纪律的意识不断增强,维护中远集运一个利润中心得到广泛认同。关心职工工作生活,积极帮助困难群体。公司根据效益状况,努力提高职工待遇水平,全年职工平均收入较2003年增长22%。安排职工疗休养1279人次,向793名外地离退休职工寄发600元/人的疗养费。组织121位船舶优秀骨干家属旅游、考察。派员赴10多个省市,慰问16个一线揽货网点的150余名职工,公司组成11个慰问组,对福建、江苏、安徽、河南、天津5个省市57个县(市)472户船员家庭进行慰问。全年补助困难职工620人次,补助金额181328元,发放慰问金额71274元。千方百计为职工排忧解难,调动、保护好职工的积极性,为公司的改革、发展创造了和谐、稳定的内部环境。

中远集运是1998年1月27日由北京中远集装箱运输总部迁到上海与上海远洋运输公司合并组建的。早在1964年4月1日,中国远洋运输公司上海分公司在上海中山东一路5号正式挂牌宣告成立。是年有488名船岸职工,8艘杂货船,6.2万载重吨,年货运量为28.6万吨,只经营中日、中朝航线。此后,在党中央、国务院领导的重视和关怀下,公司采用造新船和买“二手船”相结合的办法积极发展船队,购买散装船,多用途船,半集装箱船,滚装船等。至1978年底,公司拥有各种船舶115艘,187.2万载重吨,航线开辟至地中海、欧洲、南美、澳大利亚、东南亚、加拿大等,船舶航行至82个国家和地区的273个港口。是年完成货运量867.5万吨,职工增至11201人。1979年5月公司改名为“上海远洋运输公司”。着重调整船队结构,陆续添置新船,改革经营管理战略,发展集装箱运输。至1985年,公司拥有各种船舶143艘,其中集装箱船45艘,占船队的31.5%。是年完成运量1321.8万吨,公司职工增至12296人。从1986年起,公司集中发展集装箱运输,建立和健全环太平洋集装箱运输干支线网络,建造新型的第三代集装箱船,至1992年底公司拥有各种船舶146艘,300.5万载重吨,其中集装箱船53艘,自有集装箱14万只,船舶航行至世界150多个国家和地区的700多个港口。是年完成货运量2222.2万吨,承运集装箱112.4万标准箱,职工为13913人。1988年公司被评为国家二级企业,获得1990年度全国企业管理奖(金马奖),1991年获全国五一劳动奖状、全国思想政治工作先进企业，并荣获1990、1992年度上海市文明单位，1987—1992年上海市交通邮电系统党风建设先进单位等荣誉称号。公司还大力发展陆上产业，创造了良好的经济效益。

1993年中国远洋运输(集团)总公司正式成立后，经营管理体制实行重大改革，决定对集装箱船“集中经营分散管理”，于1994年1月在北京成立中远集装箱运输总部。1997年按照规模化、专业化的方向，使改革深化，于12月29日将中远集装箱运输总部从北京迁到上海，与上海远洋运输公司合并成立中远集装箱运输有限公司，把原属于广州、上海、天津远洋运输公司的集装箱船全部纳入中远集装箱运输有限公司，把杂货船交给广州远洋运输公司，把散装船全部交给天津中远散运公司，实现集装箱运输经营管理一体化。1998年1月27日国务院副总理吴邦国为公司成立揭牌，企业类型为国内合资。主要经营范围是国际国内海上集装箱运输，接受订舱、船舶租赁、船舶买卖、船舶物料、备件、伙食、燃油的供应及航运有关的其他业务以及陆上产业、国内沿海物资运输及船舶代理、通讯业务、船员劳务外派业务、仓储及货物多式联运。中远集装箱运输有限公司在上海成立，是交通部和中国远洋运输(集团)总公司在深化航运体制改革、优化资源配置、发挥规模效应、加快远洋事业发展的重大举措，也是对上海建设国际航运中心的大力支持。是年底有集装箱船117艘，箱位21万标准箱，完成运量339.2万标准箱，运量为3196.9万吨。1999年底拥有全集装箱船99艘，可载箱位量达到18.6万标准箱。是年完成箱运量363.9万标准箱，运量为3408.6万吨。

2000年，中远集运坚持以改革为主线统揽全局，以效益为中心打好攻坚战，以“一盘棋”意识统一全系统思想，以物质激励和精神提炼双管齐下的举措凝聚人心，调动全员的工作积极性，在竞争日趋激烈的航运市场中站稳脚跟，实现了经济效益的根本性好转。至年底，公司经营集装箱船舶123艘，客货船2艘，总载箱量为22.8万TEU，运力排名全球第五。全年完成箱运量395.85万TEU，运量3648.58万吨。2001年，公司上下紧紧围绕经济效益为中心，狠抓经营管理和安全生产，面对世界经济增长减缓，全球贸易量下降，国际航运市场下滑，运力严重过剩，国际形势格局突变的严峻局面，进一步贴近市场，调整运力投入，拓展航运合作，抓紧班期服务，控制成本上升，开拓沿海运输，推进全球航运信息系统IRIS－2系统建设，以顽强的意志和坚定的信念，荣辱不惊，自强不息，团结拼搏，扎实工作，确保了公司经营决策措施的有效落实和改革建设项目的稳步推进，取得了国际国内同行业中比较好的经营业绩。全年完成箱运量387.5万标准箱，完成重箱量266.7万标准箱，完成货运量3477万吨，完成周转量1469亿吨海里，综合准班率为95.33%。箱位利用率比年度指标增加3.8个百分点。2002年，公司制定并实施海内外捆绑式互动销售考核机制，强化营销能力，加大揽货力度。优化航线配置，提高经营效益，做好24艘船舶上线及出租工作。开辟PNW航线。在中日航线上扩大品牌效应，继绿色快航后，又推出“霓裳快航”、“三定”、“HDS”等特色服务。强化成本控制，清理不合理费用，通过期货操作锁定油价，抵御燃油市场涨价的风险，全年节省燃油费用2.4亿元人民币。节省机务五项费用1亿元人民币。针对10月初美国西海岸劳资纠纷所带来的罢工关港事件，由于及时采取措施，如延长旺季附加费，向签约的客户加收适量运费，保证高运价货物出运，同时增开班次，解决好客户服务问题，公司舶舶安全率达到100%，成功防御26个热带风暴的袭击，成功率100%，在港口国检查中，没有一艘船舶被滞留。全年完成箱运量388万标准箱，重箱量293.6万标准箱，货运量3714.6万吨，周转量1695.2亿吨海里，综合准班率达95.1%。

2003年，中远集运全系统职工，聚精会神抓效益，一心一意谋发展，抓住了全球经济走出低谷、局部回暖的有利时机，克服了伊拉克战争、油价上升、非典肆虐等不利因素的困扰，紧紧围绕经济效益这个中心，狠抓经营管理、体制改革和安全生产，打了一个漂亮的集装箱运输效益翻身仗，全年共完成箱运量398万标准箱，其中重箱量298万标准箱；货运量3786.8万吨；周转量1692.6亿吨海里；综合准班率95.4%。全年船舶安全面达到100%；成功防御了21个台风的袭击，成功率100%；全年216艘次船舶在接受严格的港口国检查中，没有一艘船舶被港口当局滞留，无缺陷批注通过达186艘次，无缺陷批注率达到86%。由于公司经营效益好转，职工年收入较2002年增加11.65%。关心困难职工的生活，全年慰问职工2536户，其中困难职工873户，发放慰问救助金、困难补助金、助学金等52.3万元。3853名职工踊跃参加“一日捐”活动，共捐款17.8万元。

（陈　忠）

(二)公司领导干部情况一览表

姓名	出生年月	政治面貌	学历	职称	职务	任命机关	任职时间
许立荣	1957.07	中共党员	硕士研究生	高级工程师	总经理 党委副书记	中远集团	1—12月
吴树雄	1954.10	中共党员	大专	高级工程师	党委书记 副总经理	中远集团	1—12月
史美思	1949.12	中共党员	大普	高级工程师	副总经理	中远集团	1—12月
刘昌龙	1953.11	中共党员	硕士研究生	高级工程师	副总经理	中远集团	1—6月
陆富根	1950.11	中共党员	大学	高级经济师	副总经理	中远集团	1—12月
周琥	1955.08	中共党员	大普	经济师	副总经理	中远集团	1—12月
韩成敏	1959.10	中共党员	硕士研究生	高级工程师	副总经理	中远集团	1—12月
邓黄君	1961.12	中共党员	硕士研究生	高级会计师	总会计师	中远集团	1—12月
蔡张德	1954.07	中共党员	大学	工程师	党委副书记	中远集团	1—12月
徐政军	1955.09	中共党员	硕士研究生	政工师	纪委书记	中远集团	1—12月
房迪坤	1951.10	中共党员	硕士研究生	高级政工师	工会主席	中远集团	1—12月

(王　坚)

（三）公司机构设置图（一）

运行至2004年9月30日止

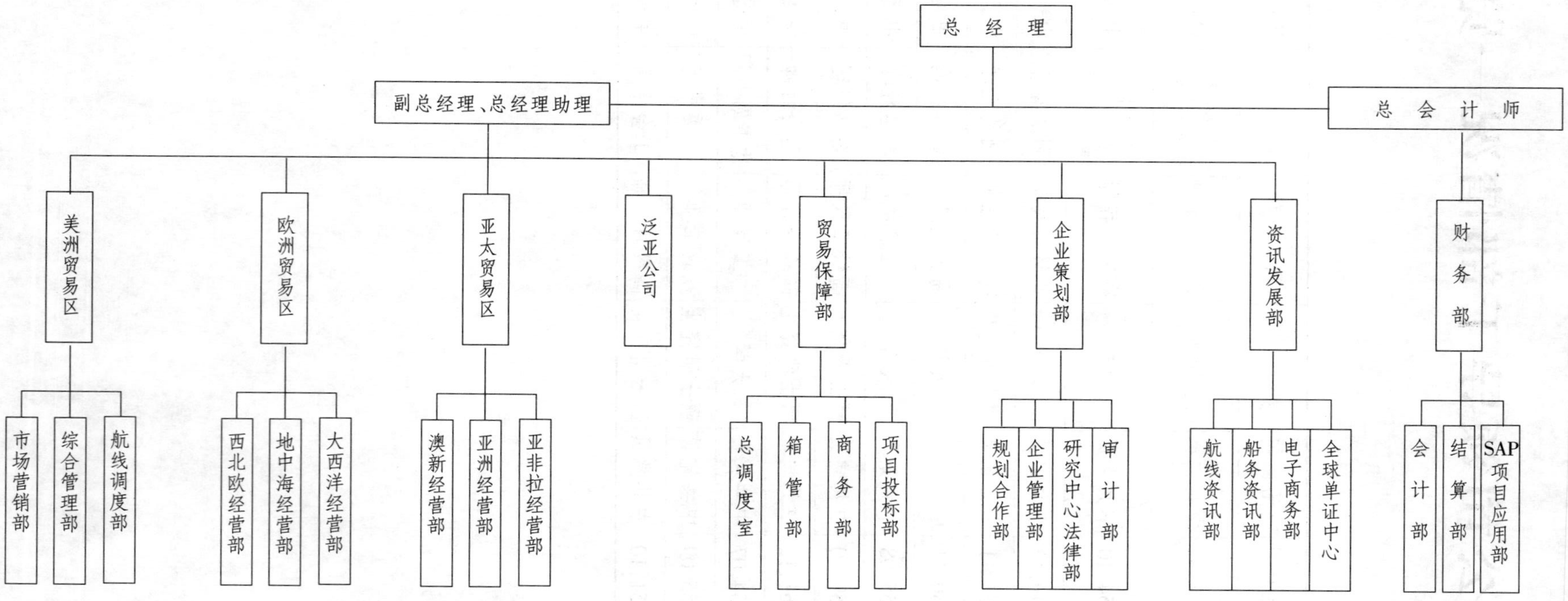

（张红晓）

公司机构设置图(二)

运行至 2004 年 9 月 30 日止

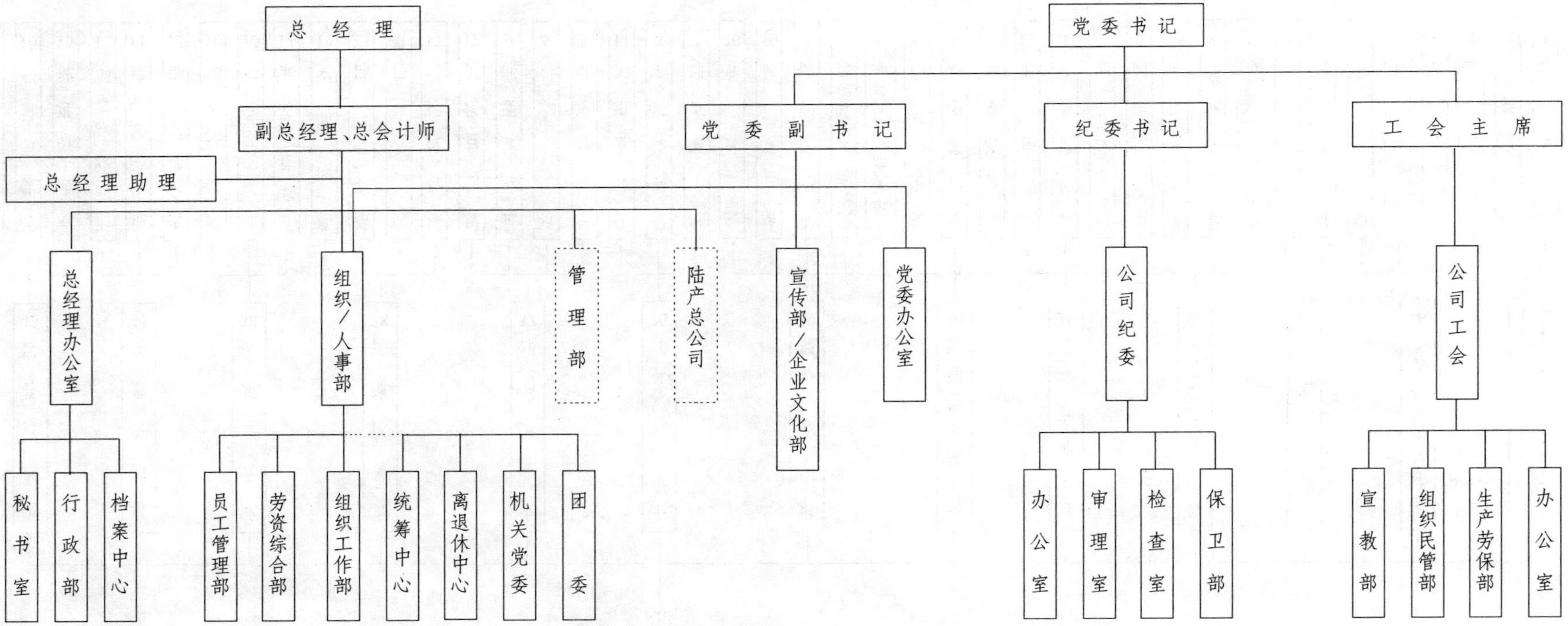

(张红晓)

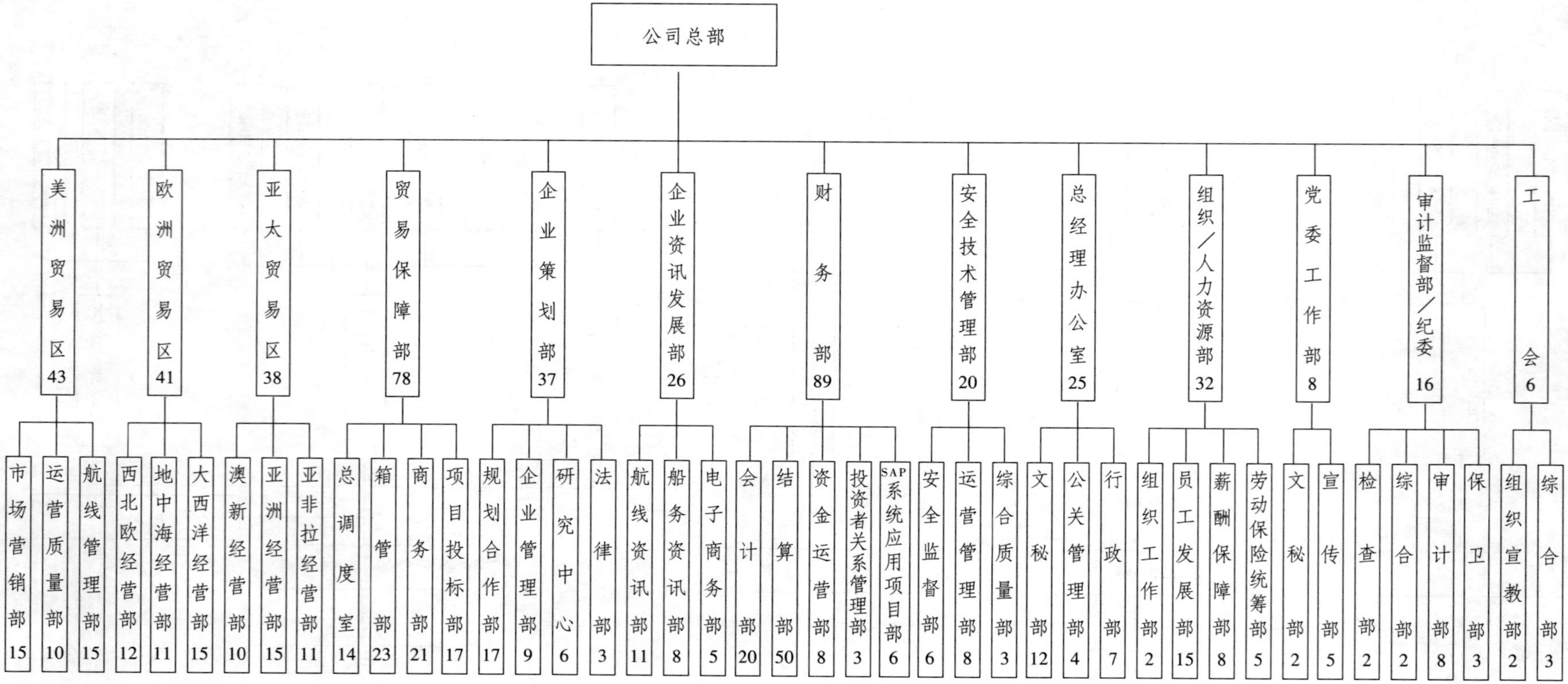

备注:总部各部门下方所列数字为该部门编制数

（张红晓）

(四)公司机关部(处)室领导干部情况一览表

所在单位	姓　名	职　　务	兼　　职
美洲贸易区	陈晓敏	总经理	中远美洲公司副总裁、美国分部总经理、中远集运美洲公司董事
美洲贸易区	万　敏	常务副总经理	中远集运美洲公司董事
美洲贸易区	张　为	副总经理	美国分部副总经理
美洲贸易区	章文钦	副总经理	中远洛杉矶公司总裁、美国分部副总经理
美洲贸易区	李　刚	副总经理	
美洲贸易区	陶卫东	副总经理	
美洲贸易区	张　峰	市场营销部经理	
美洲贸易区	张鸿雁	市场营销部副经理	北美公司市场营销部总经理
美洲贸易区	王　荣	运营质量部经理	
美洲贸易区	康传亚	航线管理部经理	
美洲贸易区	俞　湘	航线管理部副经理	北美公司预配操作部副总经理
美洲贸易区	张　延	航线管理部副经理	
美洲贸易区	卢振侠	综合财务部经理	北美公司综合行政财务部助理副总裁
美洲贸易区	杨胜东	综合财务部副经理	北美公司综合行政财务部副总经理
欧洲贸易区	梁　波	总经理	中远集运欧洲有限公司董事
欧洲贸易区	翁　林	副总经理	大西洋经营部经理
欧洲贸易区	胡　华	西北欧经营部经理	
欧洲贸易区	方　亮	地中海经营部经理	
欧洲贸易区	沈菊根	大西洋经营部副经理	
亚太贸易区	辜伟峰	总经理	五星航运代理有限公司董事、远城海运有限公司董事
亚太贸易区	张　炜	副总经理	

（续表）

所在单位	姓　名	职　　务	兼　　职
亚太贸易区	唐　昀	澳新经营部经理	
亚太贸易区	陈跃国	亚洲经营部经理	
亚太贸易区	郭　铮	亚洲经营部副经理	
亚太贸易区	陈向东	亚非拉经营部经理	
亚太贸易区	虞　航	亚非拉经营部副经理	
贸易保障部	杨志坚	总经理	营口中远国际集装箱码头有限公司董事、上海泛亚航运有限公司董事
贸易保障部	杨建建	副总经理	厦门中远国际集装箱储运有限公司董事、弗罗仑公司董事
贸易保障部	刘国练	副总经理	
贸易保障部	胡建伟	总调度室经理	
贸易保障部	金立光	总调度室副经理	值班调度业务经理
贸易保障部	徐宏基	箱管部经理	
贸易保障部	冯波鸣	商务部经理	
贸易保障部	王善和	项目投标部经理	
贸易保障部	刘光辉	项目投标部副经理	
贸易保障部	沙耀东	项目投标部经理助理	
企业策划部	谢　鑫	总经理	
企业策划部	沈学超	副总经理	
企业策划部	王海民	副总经理	中远货柜代理有限公司董事
企业策划部	刘顺安	规划合作部经理	
企业策划部	周士雁	规划合作部副经理	
企业策划部	夏永健	企业管理部经理	
企业策划部	黄　竞	研究中心主任	
企业策划部	陈德明	研究中心（法律部）综合研究研究员	
企业策划部	宋建芳	法律部经理助理	
财务部	王庆康	副总经理	资金运营部经理、中远集运日本株式会社监事、五星航运代理有限公司监事、远城海运有限公司监事

(续表)

所在单位	姓　名	职　　务	兼　　职
财务部	江海明	副总经理	投资者关系管理部经理
财务部	曹银娣	会计部经理	
财务部	凤　鸣	会计部副经理	
财务部	姚财妃	结算部副经理	
财务部	魏晓波	SAP 系统应用项目部副经理	
财务部	陈　旭	SAP 系统应用项目部副经理	
企业资讯发展部	陈　翔	总经理	上海中远资讯科技有限公司董事
企业资讯发展部	鞠维平	副总经理	
企业资讯发展部	王　勇	航线资讯部经理	
企业资讯发展部	吴　宇	航线资讯部副经理	
企业资讯发展部	余　佳	船务资讯部经理	
企业资讯发展部	叶晴园	电子商务部经理	船务资讯部副经理
企业资讯发展部	刘腊春	全球单证中心经理	
企业资讯发展部	王新波	全球单证中心副经理	
安全技术管理部	蔡德清	总经理	
安全技术管理部	徐伯民	副总经理	安委办主任
安全技术管理部	侯立平	副总经理	
安全技术管理部	薛宝林	安全监督部副经理(主持)	
安全技术管理部	蒋永根	运营管理部经理	科研办主任
安全技术管理部	徐文宇	运营管理部副经理	造船技术业务经理
安全技术管理部	顾伟华	综合质量部经理	
总经理办公室	朱德璋	主任	公关管理部经理
总经理办公室	徐文军	副主任	
总经理办公室	张晓岚	副主任	文秘部经理
总经理办公室	郭　伟	文秘部副经理	文秘部业务主管
总经理办公室	周益良	行政部副经理	
组织/人力资源部	倪集禾	部长/总经理	公司纪委委员、机关党委委员

（续表）

所在单位	姓　名	职　　务	兼　　职
组织/人力资源部	陈　祥	副部长/副总经理	劳动保险统筹部经理/劳动保险统筹中心主任
组织/人力资源部	王桂叔	副部长/副总经理	
组织/人力资源部	刘家琰	员工发展部经理	评价与发展管理业务主管
组织/人力资源部	徐保东	薪酬保障部经理	
组织/人力资源部	陈正安	组织工作部主任	
党委工作部	时国权	部长	宣传部主任、文明办主任，机关党委委员、书记
党委工作部	陈联国	公司团委书记	
审计监督部/纪委	李平文	总经理/副书记	公司纪委委员
审计监督部/纪委	姜汉宝	检查部主任	公司纪委委员、机关纪委书记
审计监督部/纪委	周卫东	综合部主任	公司纪委委员
审计监督部/纪委	周建信	审计部主任	上海中远资讯科技有限公司监事
审计监督部/纪委	马家骅	审计部副主任	
审计监督部/纪委	蔡洪斌	保卫部主任	公司纪委委员
公司工会	高　才	副主席	
公司工会	郑琪坤	组织宣教部主任	机关党委委员、工会主席
公司工会	周培军	综合部主任	

* 按2004年12月31日在册干部统计　　（王　坚）

（五）公司干部队伍基本情况一览表

至2004年底（本年度统计包括中国部），公司干部总数8758人（其中女性1566人）。

公司干部队伍政治情况一览表

政治面貌	人　数（人）	占班干部总数比例
共产党员	3991	45.56%
共青团员	2807	32.05%
民主党派	0	0
群　众	1960	22.37%

（张红晓）

公司干部队伍学历情况一览表

文化程度	人　数（人）	占班干部总数比例
研究生	141	1.60%
大学本科	2741	31.29%
大学专科	2731	31.18%
中等专业	2139	24.42%
高中及以下	1006	11.48%

（张红晓）

公司干部队伍年龄结构一览表

年龄（岁）	35以下	36—40	41—45	46—50	51—54	55以上
人数（人）	4266	1037	911	1228	1000	316
占总数（%）	48.70	11.84	10.40	14.02	11.41	3.60
平均年龄	38.54					

（张红晓）

公司技术干部情况一览表　　单位：人

级别＼类别	工程技术人员	科研	卫生	教育	政工	其他专业	总计
高级	90	4	12	4	19	42	171
中级	1998	11	79	26	293	638	3045
初级	2247	52	124	17	32	1123	3595
总计	4335	67	215	47	344	1803	6811

（张红晓）

新员工招聘：

为向航运主业及陆上产业的发展提供人力资源保证，公司对船舶专业技术人员和陆地经营管理人员队伍进行适量补充。2004年共招聘新员工113人、劳务工6人、船员基地工464人。具体构成：(1)新员工中应届高校毕业生102人，退伍军人4人，退役运动员1人，外单位调入6人；航海类专业毕业生69人(本科47人，大专22人)，陆上经营管理类专业33人(硕士研究生3人，本科29人，大专1人)；(2)劳务工中应届高校毕业生2人，社会人员4人。

解除及终止劳动合同：

2004年公司解除或终止劳动合同人员363人，其中解除劳动合同129人(个人提出102人，违纪解除12人，调离公司15人)，终止劳动合同234人(其中退休216人)。解除劳务合同工8人，基地工39人。终止劳动合同人员中，有6名人员系中远集运总部员工。(张红晓)

(六)公司职工队伍基本情况一览表

至2004年底公司员工分类情况(含中国部)

类　别	人数	类　别	人数	备　注
从业人员	12348	其他从业人员	709	指内部退养人员等
其中女性	1946	离岗职工	937	指内部退养及长病假
在岗职工	12344			
其中专业技术人员	6441	职工总数	13281	在岗职工加离岗职工

(杨晓峰)

2004年公司从业人员变动情况(含中国部)

增加人数		减少人数	
类　别	人　数	类　别	人　数
录用复转军人	8	离退休、退职人员	340
录用大学毕业生	276	开除、除名、辞退人员	65
调入人员	255	终止、解除合同人员	293
从城镇招收人员	139	离开本单位仍保留关系	235
		调出人员	158
其　他	5	其　他	735
合　计	683	合　计	1826

(杨晓峰)

至2004年底公司主要生产岗位人员情况(含中国部)

生产岗位	人　数
技术干部船员	3612
运输船员(含政工干部)	2615
汽车驾驶员	58
汽车、半年机械维修工	10
装卸工	33
装卸机械司机	

(杨晓峰)

至2004年底公司技术干部船员情况

职务名称	人　数	职务名称	人　数	职务名称	人　数
船长	346	轮机长	349	电机员	224
大副	372	大管轮	349	报务员	198
二副	396	二管轮	451	其　他	280
三副	356	三管轮	291	合　计	3612

(杨晓峰)

(七)2004年公司经营船舶主要技术规范一览表

2004年12月31日

序号	代码	船名	英文名	建造厂家 出厂年月	IMO编号	呼号	船籍港	载重吨 T	总吨 g/t	净吨 r/t	载箱量 TEU	冷箱插座	总长 m	型宽 m	型深 m	吃水 m	设计航速	实际航速	主机功率 kw	油耗 吨/天	所属处室
1	0446	新会河	XIN HUI HE	日本金指 1996.07.10	9141182	3FJI6	巴拿马	15923	12122	5598	836	100	144.7	25.0	12.8	8.6	19.1	15.0	7987	31.7	五
2	0447	肇庆河	ZHAO QING HE	日本金指 1996.09.19	9146687	3FOD6	巴拿马	15923	12122	5598	836	100	144.7	25.0	12.8	8.6	19.1	15.0	7987	31.7	五
3	0452	汉中河	HAN ZHONG HE	日本旭阳 1984.12.30	8321838	BOYM	上海	9433	8282	3586	422	24	126.0	21.4	10.2	7.7	17.0	12.0	4928	20.5	四
4	0454	凌泉河	LING QUAN HE	广州造船厂 1983.07.22	8110564	BOYQ	上海	10974	7722	4237	672	20	134.5	20.8	10.5	7.7	15.2	11.5	5256	24.6	二
5	0458	盛河	SHENG HE	广州　文冲 1994.05.05	9058402	BOLU	上海	13290	9951	5033	725	54	148.3	22.5	11.0	8.1	18.0	16.3	10440	36.4	一
6	0459	隆河	LONG HE	广州　文冲 1994.10.25	9058397	BOLV	上海	13317	9951	5033	725	54	148.3	22.5	11.0	8.1	18.9	16.8	10440	36.4	一
7	0463	磐河	PAN HE	广州　文冲 1995.09.22	9118109	BOLY	上海	13100	9951	5033	725	94	148.3	22.5	11.0	8.1	18.9	16.8	10440	36.4	一

(续表)

序号	代码	船名	英文名	建造厂家 出厂年月	IMO 编号	呼号	船籍港	载重吨 T	总吨 g/t	净吨 r/t	载箱量 TEU	冷箱插座	总长 m	型宽 m	型深 m	吃水 m	设计航速	实际航速	主机功率 kw	油耗 吨/天	所属处室
8	0464	艳河	YAN HE	广州 文冲 1996.06.27	9118111	BOLZ	上海	13327	9951	5033	725	96	148.3	22.5	11.0	8.1	18.9	16.8	10440	36.4	一
9	0467	银河	YIN HE	HDW 德国 1984.12.01	8318037	BOLR	上海	25925	19237	8922	1328	54	172.0	28.4	15.5	10.7	16.5	15.0	9794	39.5	三
10	0470	星河	XING HE	HDW 德国 1985.02.15	8318049	BOLO	上海	25925	19237	8922	1328	54	172.0	28.4	15.5	10.7	16.5	15.0	10800	39.5	三
11	0478	荣河	HONOR RIVER	HALLA 韩国 1990.10.25	8901389	3EKU8	巴拿马	33668	22712	11969	1932	115	187.6	28.4	15.6	11.1	18.0	16.0	12522	43.5	三
12	0479	丽河	BEAUTY RIVER	HALLA 韩国 1990.12.28	8901391	3FNO8	巴拿马	33724	22712	11969	1932	115	187.6	28.4	15.6	11.1	18.0	16.0	12522	43.5	三
13	0482	明城	MING CHENG	大连造船厂 1985.09.01	8306761	BOLT	上海	13003	9683	4637	724	40	147.5	22.2	10.9	8.0	15.6	13.5	5500	27	四
14	0483	高城	GAO CHENG	大连造船厂 1984.12.25	8306747	BOLX	上海	13003	9683	4637	724	40	147.5	22.2	10.9	8.0	15.6	13.5	5500	27	四
15	0486	天河	SKY RIVER	IHI 日本 1984.12.07	8320793	3FJO9	巴拿马	36021	31714	12327	1960	170	212.5	32.2	18.8	11.6	22.3	16.5	17174	50	五
16	0491	天后	EMPRESS HEAVEN	CSBC 台湾 1993.10.22	9041227	3FIA3	巴拿马	47994	46734	21391	3494	193	275.7	32.2	21.2	12.0	24.9	21.8	30960	110.7	五

（续表）

序号	代码	船名	英文名	建造厂家 出厂年月	IMO编号	呼号	船籍港	载重吨 T	总吨 g/t	净吨 r/t	载箱量 TEU	冷箱插座	总长 m	型宽 m	型深 m	吃水 m	设计航速	实际航速	主机功率 kw	油耗 吨/天	所属处室
17	0492	海后	EMPRESS SEA	CSBC 台湾 1994.01.05	9041239	3FPB3	巴拿马	47969	46734	21391	3494	193	275.7	32.2	21.2	12.0	24.9	21.0	30960	110.7	五
18	0493	龙后	EMPRESS DRAGON	CSBC 台湾 1994.02.25	9046112	3FOZ3	巴拿马	47994	46734	21391	3494	193	275.7	32.2	21.2	12.0	24.9	21.0	30960	110.7	五
19	0494	凤后	EMPRESS PHOENIX	CSBC 台湾 1994.04.26	9046124	3FPA3	巴拿马	47258	46734	21391	3494	193	275.7	32.2	21.2	12.0	24.9	21.0	30960	110.7	五
20	0495	珍河	ZHEN HE	日立有明船厂 1994.01.07	9043627	BOAQ	上海	51950	49375	29710	4204	240	275.0	32.2	21.4	12.5	25.3	22.5	34422	130.7	一
21	0496	大河	DA HE	日立有明船厂 1994.03.30	9043639	BOAY	上海	51950	49375	29710	4204	240	275.0	32.2	21.4	12.5	25.3	22.0	34422	130.7	一
22	0497	山河	SHAN HE	日立有明船厂 1994.06.24	9043641	BOAZ	上海	52014	49375	29710	4204	240	275.0	32.2	21.4	12.5	25.3	21.8	30979	130.7	一
23	0498	俊河	RIVER ELEGANCE	川崎重工 1994.09.16	9072147	3FMS4	巴拿马	49954	48161	26722	3802	360	276.5	32.2	21.2	12.5	25.0	21.5	34325	127	三
24	1431	商城	SHANG CHENG	大连造船厂 1984.11.19	8306735	BOBD	上海	13003	9683	4637	724	40	147.5	22.2	10.9	8.0	15.5	13.5	5500	27	四
25	1435	滨城	BIN CHENG	大连造船厂 1985.12.27	8306773	BOZK	上海	13003	9683	4637	724	40	147.5	22.2	10.9	8.0	15.5	13.5	5500	27	四

（续表）

序号	代码	船名	英文名	建造厂家 出厂年月	IMO编号	呼号	船籍港	载重吨 T	总吨 g/t	净吨 r/t	载箱量 TEU	冷箱插座	总长 m	型宽 m	型深 m	吃水 m	设计航速	实际航速	主机功率 kw	油耗吨/天	所属处室
26	1436	松城	SONG CHENG	大连造船厂 1987.10.15	8306785	BOZL	上海	13003	9683	4637	724	40	147.5	22.2	10.9	8.0	15.5	14.0	5498	27	四
27	1505	洛河	LUO HE	西贝克 德国 1983.01.13	8108793	BOBT	上海	26025	19915	9263	1234	60	170.0	28.24	15.5	10.7	18.3	15.0	11555	44.2	一
28	1510	沙河	SHA HE	西贝克 德国 1983.06.21	8108808	BOBU	上海	26025	19915	9263	1234	60	170.0	28.4	15.5	10.7	18.3	15.0	11539	44.2	一
29	1511	辽河	LIAO HE	西贝克 德国 1983.10.18	8108810	BOBV	上海	26025	19915	9263	1234	60	170.0	28.4	15.5	10.7	18.3	15.0	11550	44.2	一
30	1515	春河	CHUN HE	西贝克 德国 1984.11.13	8321709	BOTP	上海	25808	19835	9455	1322	54	170.0	28.4	15.5	10.7	16.8	16.0	10147	39	三
31	1516	潮河	CHAO HE	西贝克 德国 1985.02.28	8321711	BOTZ	上海	25955	19835	9455	1322	54	170.0	28.4	15.5	10.7	16.8	16.0	10143	39	三
32	1517	庄河	ZHUANG HE	西贝克 德国 1985.07.09	8321723	BOZD	上海	33240	24438	12138	1668	54	199.2	28.4	15.5	10.7	16.8	15.5	10809	40	三
33	1518	松河	SONG HE	西贝克 德国 1986.06.26	8514590	BOZC	上海	33265	24438	12159	1699	54	199.2	28.4	15.5	10.7	16.8	15.5	10808	40	三
34	1521	秋河	QIU HE	弗伦斯堡德国 1984.12.05	8318001	BOPD	上海	25808	19732	8377	1318	54	171.0	28.4	15.6	10.9	16.8	15.5	10060	39	三

（续表）

序号	代码	船名	英文名	建造厂家 出厂年月	IMO编号	呼号	船籍港	载重吨 T	总吨 g/t	净吨 r/t	载箱量 TEU	冷箱插座	总长 m	型宽 m	型深 m	吃水 m	设计航速	实际航速	主机功率 kw	油耗 吨/天	所属处室
35	1522	香河	XIANG HE	弗伦斯堡德国 1985.04.03	8318013	BOPE	上海	30940	24043	9868	1686	54	200.5	28.4	15.6	10.4	16.8	14.5	10800	40	三
36	1523	玉河	YU HE	弗伦斯堡德国 1986.01.14	8318025	BOPF	上海	30940	24043	9868	1686	54	200.5	28.4	15.6	10.4	16.8	14.5	10800	40	三
37	1529	冰河	BING HE	HDW 德国 1985.05.24	8318051	BOTC	上海	33370	23542	11489	1696	54	201.2	28.4	15.5	10.7	16.8	14.5	10800	38	三
38	1536	松云河	SONGYUN HE	IMABARI 日本 1998.09.29	9160700	3FRF8	巴拿马	24237	16737	9236	1432	130	182.9	27.6	14.0	10.1	19.1	19.0	11760	42.8	一
39	1537	峰云河	FENGYUN HE	IMABARI 日本 1998.11.20	9160712	3FXG8	巴拿马	24251	16737	9236	1432	130	182.9	27.6	14.0	10.1	19.1	19.0	11760	42.8	一
40	1538	松子	MATSUKO	KYOKUYO 日本 1999.01.20	9184196	3FAB9	巴拿马	9509	8957	4132	564	222	138.0	22.4	11.3	7.8	20.7	17.5	7208	29.4	五
41	1539	竹子	TAKEKO	KYOKUYO 日本 1999.04.08	9184201	3FFH9	巴拿马	9509	8957	4132	564	222	138.0	22.4	11.3	7.8	20.7	17.5	7208	29.4	五
42	1540	梅子	UMEKO	KYOKUYO 日本 1999.05.27	9184213	3FJP9	巴拿马	9509	8957	4132	564	222	138.0	22.4	11.3	7.8	20.7	17.5	7208	29.4	五
43	1541	锦云河	JINYUNHE	IMABARI 日本 2000.06.27	9228746	H3GB	巴拿马	24244	16737	9236	1432	130	182.9	27.6	14.0	10.1	19.1	19.0	11760	42.8	一

（续表）

序号	代码	船名	英文名	建造厂家 出厂年月	IMO 编号	呼号	船籍港	载重吨 T	总吨 g/t	净吨 r/t	载箱量 TEU	冷箱插座	总长 m	型宽 m	型深 m	吃水 m	设计航速	实际航速	主机功率 kw	油耗 吨/天	所属处室
44	1542	彩云河	CAIYUNHE	IMABARI 日本 2000.09.14	9228758	H3MN	巴拿马	24259	16738	9236	1432	130	182.9	27.6	14.0	10.1	19.1	19.0	11768	42.8	一
45	1543	奇云河	QIYUNHE	IMABARI 日本 2001.01.18	9228760	H3TP	巴拿马	24261	16738	9236	1432	130	182.9	27.6	14.0	10.1	19.1	19.0	11760	42.8	一
46	1544	密云河	MIYUNHE	IMABARI 日本 2001.03.28	9228772	H3YW	巴拿马	23853	16738	9236	1432	130	182.9	27.6	14.0	10.1	19.1	19.0	11760	42.8	一
47	1546	中远兰花	COSCO RAN	日本 旭阳 2001.11.28	9247869	H9QG	巴拿马	9290	8917	3960	542	400	138.0	22.0	11.3	7.8	18.0	18.0	7860	31.1	五
48	1547	中远菊花	COSCO KIKU	日本 旭阳 2002.01.31	9247871	H9WB	巴拿马	9294	8917	3960	542	400	138.0	22.0	11.3	7.8	18.0	18.0	7860	31.1	五
49	1548	中远樱花	COSCO SAKURA	日本 旭阳 2001.08.31	9247857	H9KL	巴拿马	9287	8917	3960	542	400	138.0	22.0	11.3	7.8	18.0	18.0	7860	31.1	五
50	1551	汉江河	HAN JIANG HE	日本下关旭阳 1984.09.27	8321826	BOBI	上海	9510	8282	3586	422	24	126.0	21.4	10.2	7.7	17.5	13.5	4925	20.5	四
51	1552	汉水河	HAN SHUI HE	日本下关旭阳 1985.03.18	8321840	BOBK	上海	9465	8282	3586	422	24	126.0	21.4	10.2	7.7	17.5	13.5	4925	20.5	四
52	1553	汉涛河	HAN TAO HE	日本下关旭阳 1985.06.28	8321852	BOBL	上海	9485	8282	3586	422	24	126.0	21.4	10.2	7.7	17.4	13.5	4920	20.5	四

（续表）

序号	代码	船名	英文名	建造厂家 出厂年月	IMO 编号	呼号	船籍港	载重吨 T	总吨 g/t	净吨 r/t	载箱量 TEU	冷箱插座	总长 m	型宽 m	型深 m	吃水 m	设计航速	实际航速	主机功率 kw	油耗 吨/天	所属处室
53	1554	怀来河	HUAI LAI HE	日本下田 1985.04.22	8321967	BOPB	上海	7804	6367	2864	424	30	123.0	20.5	8.7	6.7	17.3	12.0	4705	20.2	二
54	1555	怀集河	HUAI JIHE	日本下田 1985.07.01	8321979	BOPC	上海	7823	6367	2864	424	30	123.0	20.5	8.7	6.7	16.9	11.5	4705	20.2	二
55	1558	青云河	QING YUN HE	大连造船厂 2000.05.29	9214513	BOMW	上海	25679	20624	9470	1702	200	179.7	27.6	15.9	10.7	20.3	20.3	16980	69.6	二
56	1562	腾云河	TENG YUN HE	上海造船厂 2000.04.24	9223758	BOTV	上海	25723	20569	9379	1702	200	179.7	27.6	15.9	10.7	20.3	20.3	16980	69.6	五
57	1563	飞云河	FEI YUN HE	上海造船厂 2000.07.12	9223760	BOTU	上海	25723	20569	9379	1702	200	179.7	27.6	15.9	10.7	20.3	20.3	16980	69.6	五
58	1564	凌云河	LING YUN HE	上海造船厂 2000.09.02	9223772	BOTT	上海	25723	20569	9379	1702	200	179.7	27.6	15.9	10.7	20.3	20.3	16980	69.6	五
59	1571	泰河	TAI HE	GOVAN 英国 1989.09.05	8705230	BOAB	上海	45987	35963	22238	2716	176	236.1	32.2	18.6	12.0	19.0	17.5	16747	59/60.5	四
60	1572	普河	PU HE	GOVAN 英国 1990.03.07	8705242	BOAC	上海	45987	35963	22238	2716	176	236.1	32.2	18.6	12.0	19.0	17.5	16747	59/60.5	四
61	1573	民河	MIN HE	HDW 德国 1989.10.13	8806096	BOAD	上海	47625	37143	16740	2761	176	236.0	32.2	18.8	12.0	19.0	17.3	16670	57.5/59	四

（续表）

序号	代码	船名	英文名	建造厂家 出厂年月	IMO 编号	呼号	船籍港	载重 吨 T	总吨 g/t	净吨 r/t	载箱量 TEU	冷箱插座	总长 m	型宽 m	型深 m	吃水 m	设计航速	实际航速	主机功率 kw	油耗 吨/天	所属处室
62	1574	东河	DONG HE	HDW 德国 1990.01.12	8806101	BOAE	上海	47625	37143	16740	2761	176	236.0	32.2	18.8	12.0	19.0	17.5	16670	57.5/59	四
63	1575	高河	GAO HE	HDW 德国 1990.11.15	8818740	BOAF	上海	47625	37143	16740	2761	176	236.0	32.2	18.8	12.0	19.0	17.5	16670	57.5/59	四
64	1576	中河	ZHONG HE	VULKAN 德国 1994.01.14	9067556	BOAG	上海	51280	48311	16601	4215	240	275.1	32.2	21.5	12.5	24.0	22.0	34380	129.6	一
65	1577	远河	YUAN HE	VULKAN 德国 1994.04.08	9067568	BOAH	上海	51280	48311	16601	4215	240	275.1	32.2	21.5	12.5	24.0	22.0	34380	129.6	一
66	1578	腾河	TENG HE	VULKAN 德国 1994.07.20	9067570	BOAI	上海	51280	48311	16601	4215	240	275.1	32.2	21.5	12.5	24.0	21.5	34380	129.6	一
67	1579	飞河	FEI HE	HDW 德国 1994.04.22	9060182	BOAJ	上海	51280	48311	16601	4215	240	275.1	32.2	21.5	12.5	24.0	21.5	34380	129.6	一
68	1580	聪河	RIVER WISDOM	川崎重工日本 1994.03.25	9072135	3FAL4	巴拿马	49954	48161	26772	3802	360	276.5	32.2	21.2	12.5	24.0	22.5	34300	127	三
69	1581	潮汕河	CHAO SHAN HE	日本金指 1996.11.20	9146699	3FRY6	巴拿马	15923	12122	5598	836	100	144.7	25.0	12.8	8.6	19.1	16.0	7987	31.7	五
70	1582	阳江河	YANG JIANG HE	日本金指 1997.01.20	9146704	3FXA6	巴拿马	15923	12122	5598	836	100	144.7	25.0	12.8	8.6	19.1	15.0	7987	31.7	五

（续表）

序号	代码	船名	英文名	建造厂家 出厂年月	IMO编号	呼号	船籍港	载重吨 T	总吨 g/t	净吨 r/t	载箱量 TEU	冷箱插座	总长 m	型宽 m	型深 m	吃水 m	设计航速	实际航速	主机功率 kw	油耗 吨/天	所属处室
71	1583	鲁河	LUHE	日本川崎 1997.01.18	9120748	3FVZ6	巴拿马	69285	65140	36668	5446	1002	280.0	39.8	23.6	14.0	24.5	23.0	43100	147/154	四
72	1584	粤河	YUEHE	日本川崎 1997.02.28	9120750	3FAT7	巴拿马	69285	65140	36668	5446	1002	280.0	39.8	23.6	14.0	24.5	23.0	43100	147/154	三
73	1586	皖河	WANHE	日本川崎 1997.07.18	9120774	3FJH7	巴拿马	69285	65140	36668	5446	1002	280.0	39.8	23.6	14.0	24.5	22.5	43100	147/154	三
74	1587	晋河	JINHE	日本川崎 1997.09.18	9120786	3FQX7	巴拿马	69285	65140	36668	5446	1002	280.0	39.8	23.6	14.0	24.5	22.5	43100	147/154	三
75	1588	川河	CHUANHE	日本川崎 1997.11.21	9120798	3FTE7	巴拿马	69285	65140	36668	5446	1002	280.0	39.8	23.6	14.0	24.5	22.5	43100	147/154	四
76	1589	中远青岛	COSCO QINGDAO	日本川崎 1997.03.28	9120762	3FEF7	巴拿马	69285	65140	36668	5446	1002	280.0	39.8	23.6	14.0	24.5	22.5	43100	147	四
77	1590	纳西河	NAXIHE	韩国三星 1997.09.26	9139024	3FSF7	巴拿马	44912	36772	21268	3400	300	242.9	32.2	19.0	12.0	21.0	20.0	20600	79.2	二
78	1591	景颇河	JINGPOHE	韩国三星 1997.09.25	9139036	3FSO7	巴拿马	44912	36772	21268	3400	300	242.9	32.2	19.0	12.0	21.0	20.0	20600	79.2	二
79	1592	锡伯河	XIBOHE	韩国三星 1997.12.15	9139048	3FYG7	巴拿马	44912	36772	21268	3400	300	242.9	32.2	19.0	12.0	21.0	20.0	20600	79.2	二

（续表）

序号	代码	船名	英文名	建造厂家 出厂年月	IMO 编号	呼号	船籍港	载重吨 T	总吨 g/t	净吨 r/t	载箱量 TEU	冷箱插座	总长 m	型宽 m	型深 m	吃水 m	设计航速	实际航速	主机功率 kw	油耗吨/天	所属处室
80	1593	裕固河	YUGUHE	韩国三星 1997.12.30	9139050	3FAA8	巴拿马	44912	36772	21268	3400	300	242.9	32.2	19.0	12.0	21.0	20.0	20600	79.2	二
81	1594	珞巴河	LUOBAHE	韩国三星 1998.02.26	9139062	3FDO8	巴拿马	44912	36772	21268	3400	300	242.9	32.2	19.0	12.0	21.0	20.0	20600	79.2	二
82	1693	丽海	PRETTY SEA	DAEDONG 韩国 1993.02.15	9045986	3FDP3	巴拿马	5648	3968	1967	316	20	107.8	15.9	8.5	6.5	15.9	13.6	3350	14.6	三
83	1694	丽波	PRETTY WAVE	DAEDONG 韩国 1993.05.12	9045998	3FJD3	巴拿马	5629	3968	1967	316	20	107.8	15.9	8.5	6.5	16.1	13.5	3350	14.6	三
84	1801	中远上海	COSCO SHANGHAI	川崎重工日本 2001.07.25	9221097	VRXF4	香港	69098	65531	35453	5446	600	280.0	39.8	23.6	14.0	24.5	24.1	43100	154	四
85	1802	中远安特卫普	COSCO ANTWERP	中远南通川崎 2001.09.27	9246396	VRXH3	香港	68910	65531	35453	5446	600	280.0	39.8	23.6	14.0	24.5	24.5	43100	154	四
86	1803	中远香港	COSCO HONGKONG	川崎重工日本 2002.04.17	9227778	C6SF9	Nassau	69098	65531	35453	5446	600	280.0	39.8	23.6	14.0	24.5	24.5	43100	154	四
87	1804	中远新加坡	COSCO SINGAPORE	川崎重工日本 2001.12.12	9221102	VRXJ9	香港	69098	65531	35453	5446	600	280.0	39.8	23.6	14.0	24.5	24.5	43100	154	四
88	1805	中远鹿特丹	COSCO ROTTERDAM	川崎重工日本 2002.02.13	9221073	C6SF7	Nassau	69098	65531	35453	5446	600	280.0	39.8	23.6	14.0	24.5	24.5	43100	154	四

（续表）

序号	代码	船名	英文名	建造厂家 出厂年月	IMO编号	呼号	船籍港	载重吨 T	总吨 g/t	净吨 r/t	载箱量 TEU	冷箱插座	总长 m	型宽 m	型深 m	吃水 m	设计航速	实际航速	主机功率 kw	油耗 吨/天	所属处室
89	1806	中远汉堡	COSCO HAMBURG	川崎重工日本 2001.10.10	9221085	VRXI3	香港	69098	65531	35453	5446	600	280.0	39.8	23.6	14.0	24.5	24.5	43100	154	四
90	1807	中远菲利斯托	COSCO FE-LIXSTOWE	中远南通川崎 2002.04.24	9246401	C6SF8	Nassau	69107	65531	35453	5446	600	280.0	39.8	23.6	14.0	24.5	24.5	43100	154	四
91	2315	秀河	PRETTY RIVER	HALLA 韩国 1993.01.26	9043005	3FDL3	巴拿马	33639	22746	11964	1932	115	187.6	28.4	15.6	11.1	20.5	18.0	15720	59	三
92	2316	雅河	DAINTY RIVER	HALLA 韩国 1993.04.16	9043017	3FHJ3	巴拿马	33610	22746	11964	1932	115	187.6	28.4	15.6	11.1	20.5	17.2	15720	59	三
93	2319	大清河	DAQINGHE	日本旭洋 1996.03.15	9122617	3FYQ5	巴拿马	12668	9475	5188	764	60	144.8	22.4	11.0	8.2	19.2	17.0	7980	30.7	二
94	2320	子牙河	ZIYAHE	日本旭洋 1996.06.03	9122629	3FFA6	巴拿马	12668	9471	5188	764	60	144.8	22.4	11.0	8.2	19.2	17.0	7980	30.7	二
95	2321	永定河	YONG－DINGHE	日本旭洋 1996.11.27	9122631	3FTI6	巴拿马	12668	9471	5188	764	60	144.8	22.4	11.0	8.2	19.2	17.0	7980	30.7	二
96	2322	滹沱河	HUTUOHE	日本旭洋 1997.02.05	9122643	3FZE6	巴拿马	12668	9471	5188	764	60	144.8	22.4	11.0	8.2	19.2	17.0	7980	30.7	二
97	2323	布依河	BUYIHE	韩国三星 1997.06.26	9139000	3FLP7	巴拿马	44912	36772	21268	3400	300	242.9	32.2	19.0	12.0	21.0	20.0	20600	79.2	二

（续表）

序号	代码	船名	英文名	建造厂家 出厂年月	IMO 编号	呼号	船籍港	载重 吨 T	总吨 g/t	净吨 r/t	载箱量 TEU	冷箱插座	总长 m	型宽 m	型深 m	吃水 m	设计航速	实际航速	主机功率 kw	油耗 吨/天	所属处室
98	2324	哈尼河	HANIHE	韩国三星 1997.07.10	9139012	3FLZ7	巴拿马	44912	36772	21268	3400	300	242.9	32.2	19.0	12.0	21.0	20.0	20600	79.2	二
99	9074	丽涛	PRETTY BILLOW	韩国巴拉哥 1996.03.15	9122320	3FXV5	巴拿马	7020	4914	2306	420	30	112.5	18.2	8.7	6.7	14.0	13.5	3360	16	三
100	9075	丽涟	PRETTY RIPPLE	韩国巴拉哥 1996.04.26	9122332	3FCD6	巴拿马	7040	4914	2306	420	30	112.5	18.2	8.7	6.7	14.0	12.5	3360	16	三

1. 油耗栏斜杠后为船舶冬季航行定额，时间从 11 月 1 日至次年 3 月 31 日。

2. 上海泛亚公司分别于 2004 年 7 月 23 日、2004 年 7 月 26 日获得“凌泉河”轮的船舶所有权证书、国籍证书等相关证书。

3. 上海泛亚公司于 2004 年 8 月 6 日获得“辽河”、“洛河”、“沙河”、“松城”四轮的船舶所有权证书、国籍证书。

4. 上海泛亚公司于 2004 年 8 月 18 日获得“商城”、“汉江河”二轮的船舶所有权证书、国籍证书。

5. 上海泛亚公司于 2004 年 8 月 31 日获得“高城”轮的船舶所有权证书、国籍证书。

6. 上海泛亚公司于 2004 年 9 月 27 日获得“汉水河”、“汉涛河”、“明城”轮的船舶所有权证书、国籍证书。

7. 上海泛亚公司于 2004 年 10 月 11 日获得“银河”、“怀集河”轮的船舶所有权证书、国籍证书、最低安全配员证书。

8. 上海泛亚公司于 2004 年 10 月 12 日获得“星河”、“隆河”、“艳河”轮的船舶所有权证书、国籍证书、最低安全配员证书等。

9. 上海泛亚公司于 2004 年 10 月 25 日获得“玉河”、“香河”、“松河”、“庄河”、“潮河”、“冰河”、“秋河”轮的船舶所有权证书、国籍证书、最低安全配员证书等。

10. 另外以中远集运名义租入转给上海泛亚公司有 8 艘船舶（其中 2004 年 5 月 18 日：“梅子”；2004 年 5 月 20 日：“中远菊花”；2004 年 5 月 21 日：“竹子”；2004 年 5 月 24 日：“子牙河”、“永定河”、“松子”、“中远兰花”、“中远樱花”）。

11. “YM HOCHIMINH”轮于 2004 年 11 月 21 日在香港恢复原船名“ZHAO QING HE”（“肇庆河”轮）。

（舒　毅　沈云兴）

（八）2004年公司船舶主要通导设备一览表

中高频组合电台

型　　号	生产国家	数量(台)	型　　号	生产国家	数量(台)
JSS-710	日　本	46	TRP-8402S	丹　麦	1
JSS-720	日　本	10	HC4500HF	丹　麦	5
JSS-800	日　本	23	FS-5000	日　本	7
RSS-113A	日　本	3	RC-1800	日　本	3
TRP-8752D	比利时	4			

合计：102

甚高频无线电话(包括编码器和值守机)

型　　号	生产国家	数量(台)	型　　号	生产国家	数量(台)
JHS-32A	日　本	114	RU224A	日　本	8
JHS-31/NRE-63	日　本	28	RT-2048/RM-2042	丹　麦	16
FM-8500	日　本	14	TRP-3000	丹　麦	14
FM-8700	日　本	6	XH5141	比利时	4

合计：204

卫星紧急无线电示位标

型　　号	生产国家	数量(台)	型　　号	生产国家	数量(台)
JQE-2A	日　本	4	TRON-30S	挪　威	14
JQE-3A	日　本	44	TRON-30S MK-II	挪　威	5
KANNAD-406FH	法　国	10	E3	英　国	5
KANNAD-406WH	法　国	19	SIP-406	韩　国	1

合计：102

（续表）

航行警告接收机					
型　号	生产国家	数量(台)	型　号	生产国家	数量(台)
NX-500	日　本	27	NAVTEX-2	英　国	1
NCR-300A	日　本	64	XH-5123	比利时	2
NCR-330A	日　本	8			
合计：102					

双向甚高频无线电话					
型　号	生产国家	数量(台)	型　号	生产国家	数量(台)
JHS-7	日　本	132	FM-8	日　本	12
AXIS-150	英　国	144	RU207A	日　本	3
AXIS-250	英　国	18	TC-5638	英　国	12
合计：333					

卫通A站（或B或F站）					
型　号	生产国家	数量(台)	型　号	生产国家	数量(台)
ARIES-3S90	比利时	1	JUE-45A	日　本	4
FELCOM-81A	日　本	3	JUE-45A MK-II	日　本	7
FELCOM-82A	日　本	6	RSS-402A	日　本	1
FELCOM-82B	日　本	3	RSS-402B	日　本	4
JUE-300	日　本	11	SATURN-B	挪　威	2
JUE-310	日　本	9	SAILOR/FLEET-77	丹　麦	12
JUE-300B	日　本	10	NERA/FLEET-77	挪　威	12
JUE-310B	日　本	17			
合计：102					

卫通C站（包括EGC接收）					
型　号	生产国家	数量(台)	型　号	生产国家	数量(台)
FELCOM-12	日　本	10	RSS405A	日　本	4
H2095B	丹　麦	14	FELCOM-15	日　本	3
JUE-75A	日　本	21	SCANSAT-CG	英　国	5
JUE-75C	日　本	45			
合计：102					

（续表）

气象传真机					
型　号	生产国家	数量(台)	型　号	生产国家	数量(台)
FAX-207	日　本	18	JAX-9	日　本	14
FAX-208	日　本	10	JAX-9A	日　本	6
FAX-208 MK-II	日　本	17	JAX-39	日　本	9
FAX-210	日　本	5	JAX-90	日　本	22
FAX-214	日　本	1			
合计：102					

全球定位系统(GPS)					
型　号	生产国家	数量(台)	型　号	生产国家	数量(台)
GP-500	日　本	3	KGP-911	日　本	8
GP-80	日　本	46	KGP-912	日　本	4
GP-90	日　本	7	KGP-930	日　本	3
JLR-4110	日　本	1	MX-200	美　国	14
JLR-6000 MK-II	日　本	4	MX-400	美　国	19
JLR-6800	日　本	38	NAVTRAC XL	美　国	2
JLR-7700	日　本	54	TRACKER-1250	新西兰	1
JLR-7700 MK-II	日　本	19	T500	新西兰	1
合计：224					

雷达应答器					
型　号	生产国家	数量(台)	型　号	生产国家	数量(台)
JQX-10A	日　本	12	RESCUER	法　国	32
JQX-20A	日　本	44	TBR-600	日　本	12
JQX-30A	日　本	42	TRON-SART	挪　威	62
合计：204					

（续表）

雷达					
型　　号	生产国家	数量(台)	型　　号	生产国家	数量(台)
ATLAS-9000 系列	德　国	41	JMA-7000 系列	日　本	5
BR-3400 系列	日　本	9	JMA-8000 系列	日　本	38
FAR-2000 系列	日　本	57	JMA-9000 系列	日　本	52
JMA-600 系列	日　本	2	NUCLEUS-6000A 系列	英　国	4
JMA-6000 系列	日　本	8	CK-340 系列	英　国	2
合计：218					

电罗经					
型　　号	生产国家	数量(台)	型　　号	生产国家	数量(台)
ANS-4	德　国	14	TG-200	日　本	1
ANS-14	德　国	6	TG-5000	日　本	11
CMZ-500	日　本	28	TG-8000	日　本	12
CMZ-700	日　本	13	TG-6000	日　本	7
MK-370	美　国	2	NAVIGAT IX	德　国	2
MK-37E	美　国	5	NAVIGAT XII	德　国	2
MK-37D	美　国	11			
合计：114					

测深仪					
型　　号	生产国家	数量(台)	型　　号	生产国家	数量(台)
ATLAS-9205	德　国	14	JFE-570	日　本	34
ATLAS-480	德　国	1	LAZ-50	德　国	4
ATLAS-481	德　国	8	LAZ-51	德　国	8
ATLAS-693	德　国	1	MG-70	日　本	6
FE-851	日　本	6	ED-161	日　本	1
FE-680T	日　本	6	ED-162	日　本	2
FE-700	日　本	6	NJA-193S	日　本	1
FE-880	日　本	4			
合计：102					

（续表）

计　　程　　仪

型　　号	生产国家	数量(台)	型　　号	生产国家	数量(台)
DCR-40	日　本	1	EML-500	日　本	5
DOLOG-23	德　国	24	JLN-202	日　本	9
DS-80	日　本	30	JLN-203	日　本	3
DS-50	日　本	3	SRD-301	美　国	2
EML-201	日　本	10	TD-501	日　本	12
合计：99					

组　合　导　航　仪

型　　号	生产国家	数量(台)	型　　号	生产国家	数量(台)
NACOS 25-2	德　国	5	NAV COS 55-3	德　国	7
NACOS 55-2	德　国	12	SNA-90	日　本	12
合计：36					

船　　令　　广　　播

型　　号	生产国家	数量(台)	型　　号	生产国家	数量(台)
OHE-3166	日　本	2	NAV-1700 MK-II	日　本	2
OHE-3177	日　本	4	NRD-1210A	日　本	2
OHE-3151A	日　本	2	PA-2100	日　本	8
NAV-1810 MK-IIB	日　本	5	AP-10TK	日　本	3
NAV-1810 MK-IIA	日　本	23			

AIS(船舶自动识别系统)

型　　号	生产国家	数量(台)	型　　号	生产国家	数量(台)
FA-100	日　本	53	SAILOR-1900	荷　兰	4
JHS-180	日　本	45			
合计：102					

（杨志明）

（九）2004年公司退出营运船舶主要技术规范一览表

2004.12.31.

序号	代码	船名	英文名	建造厂家 出厂年月	载重吨 T	总吨 g/t	净吨 r/t	载箱量 TEU	冷箱插座	总长 m	型宽 m	型深 m	吃水 m	设计航速	实际航速	主机功率 kw	呼号	IMO编号	船籍港	油耗 吨/天	所属处室
13	0480	海龙	SEA DRAGON	下田船厂 日本 1985.01.30	7784	6362	2864	424	46	123.0	20.5	8.7	6.7	15.1	12.0	4700	3FTD9	8321955	巴拿马	17.3	二
56	1556	虹云河	HONG YUN HE	大连造船厂 1999.11.28	25656	20624	9470	1702	200	179.7	27.6	15.9	10.7	20.3	20.3	16980	BOMY	9203461	上海	69.6	二
57	1557	白云河	BAI YUN HE	大连造船厂 2000.01.30	25656	20624	9470	1702	200	179.7	27.6	15.9	10.7	20.3	20.3	16980	H3JN	9203473	上海	69.6	二
59	1559	华云河	HUA YUN HE	大连造船厂 2000.08.09	25679	20624	9470	1702	200	179.7	27.6	15.9	10.7	20.3	20.3	16980	BOMV	9214525	上海	69.6	二
60	1560	瑞云河	RUI YUN HE	上海造船厂 1999.12.20	25723	20569	9379	1702	200	179.7	27.6	15.9	10.7	20.3	20.3	16980	BOTX	9220433	上海	69.6	五
61	1561	祥云河	XIANG YUN HE	上海造船厂 2000.02.27	25723	20569	9379	1702	200	179.7	27.6	15.9	10.7	20.3	20.3	16980	BOTW	9223746	上海	69.6	五
105	9001	东龙	STAR RIVER	DAISUN KOREA 1982.01.01	9636	9129	3556	494	25	138.5	21.5	11.6	8.0	19.2	13.0	8824	3EUO9	8015570	巴拿马	28.8	五

（沈云兴）

(十)2004年公司船舶修理情况统计表

序号	代码	船名	部室	修理类别	修理厂家	坞修厂家	修理港口	实际修理时间	实修天数	航线
1	1547	中远菊花	四	坞修	上海船厂	上海船厂	上海	04.01.28—04.02.02	5	绿色快航
2	1581	潮汕河	四	坞修	上海新丰	上海船厂	上海	01.23—01.30	8	釜山—上海 周班航线
3	1579	飞河	一	特检	广州文冲	广州文冲	广州	01.29—02.11	12	远东—美东 周班航线
4	1538	松子	四	特检	上海中远	上海中远	上海	01.03—01.09	7	霓裳快航1线
5	0467	银河	三	特检	蛇口友联	蛇口友联	蛇口	01.20—02.13	25	黄浦—蛇口—新港—日照—上海航线
6	1580	聪河	四	特检	南通船务	南通船务	南通	01.20—02.03	14	出租
7	1518	松河	三	坞修	蛇口友联	蛇口友联	蛇口	01.18—02.12	22	内贸
8	1522	香河	三	特检	蛇口友联	蛇口友联	蛇口	01.27—02.20	25	黄浦—蛇口—烟台—营口航线
9	1539	竹子	四	特检	上海新丰	上海船厂	上海	01.30—02.04	5	霓裳快航2线
10	1551	汉江河	一	特检	厦门裕盛	厦门裕盛	漳州	01.29—02.10	13	华南—日本快航
11	1801	中远上海	COSCO UK	坞修	南通船务	南通船务	南通	01.10—01.14	5	中国—西北欧 周班航次
12	9075	丽涟	三	坞修	上海中远	上海中远	上海	01.27—02.05	8	出租
13	1529	冰河	三	特检	蛇口友联	蛇口友联	蛇口	01.01—01.26	22	黄浦—蛇口—天津—营口航线
14	1576	中河	一	特检	广州文冲	广州文冲	广州	02.20—03.04	14	西北欧—美东 周班航线

（续表）

序号	代码	船名	部室	修理类别	修理厂家	坞修厂家	修理港口	实际修理时间	实修天数	航线
15	497	山河	一	特检	香港友联	香港友联	广州	02.12—02.19	8	远东—美东　周班航线
16	0470	星河	三	特检	蛇口友联	蛇口友联	蛇口	02.17—03.12	23	莆田—厦门—泉州—新港—营口—大连航线
17	0498	俊河	四	特检	南通船务	南通船务	南通	02.26—03.08	10	出租
18	1517	庄河	三	特检	蛇口友联	蛇口友联	蛇口	02.17—03.11	20	黄浦—蛇口—天津—营口航线
19	1521	秋河	三	特检	蛇口友联	蛇口友联	蛇口	02.12—03.06	24	黄浦—蛇口—青岛—大连—连云港—宁波 内贸航线
20	1578	腾河	一	特检	香港友联	香港友联	香港	02.04—02.11	7	远东—美东　周班航线
21	1540	梅子	四	特检	青岛鑫荣	其他	青岛	02.01—02.06	5	绿色快航
22	0496	大河	一	特检	广州文冲	广州文冲	广州	03.04—03.16	13	远东—美东　周班航线
23	1577	远河	一	特检	香港友联	香港友联	广州	03.20—03.25	5	远东—美东　周班航线
24	0494	凤后	四	特检	香港友联	香港友联	香港	03.30—04.05	6	亚洲—地中海快航
25	1571	泰河	四	特检	上海船厂	上海船厂	上海	03.07—03.15	8	中国—海湾　周班航线
26	1573	民河	四	特检	上海船厂	上海船厂	上海	04.11—04.16	7	中国—海湾　周班航线
27	0459	隆河	一	特检	上海中远	上海中远	上海	04.15—04.28	14	华南—日本快航
28	0486	天河	四	特检	蛇口友联	蛇口友联	蛇口	05.28—06.05	8	中国—澳大利亚　周班航线
29	1546	中远兰花	四	坞修	上海船厂	上海船厂	青岛	05.13—05.18	5	绿色快航
30	1548	中远樱花	四	坞修	青岛鑫荣	其他	青岛	05.08—05.13	5	绿色快航

（续表）

序号	代码	船名	部室	修理类别	修理厂家	坞修厂家	修理港口	实际修理时间	实修天数	航线
31	2320	子牙河	二	坞修	上海船厂	上海船厂	上海	05.05—05.13	8	华东快航关东线
32	2321	永定河	二	坞修	闵南船厂	闵南船厂	上海	05.10—05.18	8	华东快航关东线
33	1563	飞云河	二	特检	上海新丰	上海船厂	上海	05.26—06.08	13	上海长滩快航线
34	1516	潮河	三	特检	蛇口友联	蛇口友联	蛇口	08.02—08.16	13	欧洲线加班船
35	1505	洛河	一	坞修	上海船厂	上海船厂	上海	08.25—09.06	13	上海—青岛—大连—新港—营口—青岛　周班航线
36	1554	怀来河	二	特检	上海船厂	上海船厂	上海	10.02—10.14	13	釜山—青岛　周班航线
37	1802	中远安特卫普	COSCO UK	坞修	大连船务	大连船务	大连	10.27—10.31	4	中国—西北欧　周班航次
38	1583	鲁河	一	坞修	香港合兴	香港友联	香港	11.24—12.02	8	东南亚—美西　周班航线
39	1589	中远青岛	一	坞修	大连船务	大连船务	大连	11.04—11.08	4	中国—西北欧　周班航次
40	1804	中远新加坡	COSCO UK	坞修	大连船务	大连船务	大连	11.16—11.21	5	中国—西北欧　周班航次
41	1806	中远汉堡	COSCO UK	坞修	大连船务	大连船务	大连	11.11—11.16	5	中国—西北欧　周班航次
42	1436	松城	四	特检	厦门裕盛	马尾船厂	福州	11.30—12.14	14	太仓、南通、上海—横滨、名古屋、神户

注：1. 计划内修船数 41 艘；计划外修船数 1 艘；特检船：27 艘；坞修船：15 艘；
2. 总修船天数：461 天；单船平均修船天数：10.98 天。

（洪　众）

（十一）2004年公司船舶船东、船籍、船级、主辅机型号一览表

（2004年12月31日）

序号	代码	船名	出厂日期	船东公司	国籍	船籍港	船级 Class	国籍登记号 Registration No.	船级社登记号 Class No.	主机型号	额定功率（kw）	辅机1型号	辅机功率（kw）	辅机2型号	辅机功率（kw）
1	0446	新会河	1996.07	XINHUIHE MARITIME INC.	PANAMA	巴拿马	ABS	23170-96-B	9633522	MAN-B&W 6L50MC	7987	WARTSILA 4L20	620	—	—
2	0447	肇庆河	1996.09	ZHAOQINGHE MARITIME INC.	PANAMA	巴拿马	ABS	23275-96-C	9633524	MAN-B&W 6L50MC	7987	WARTSILA 4L20	620	—	—
3	0452	汉中河	1984.12	中远集装箱运输有限公司	中国	上海	CCS	010002000338	84C0606	MAN 12V40/54	4928	DAIHATSU 6PSHTC-26H	625	6PSHT-26H	441
4	0454	凌泉河	1983.07	上海泛亚航运有限公司	中国	上海	CCS	010002000335	83H0606	MAN B&W 8L45GFC	5256	YANMAR T220-UT	480	—	—
5	0458	盛河	1994.05	中远集装箱运输有限公司	中国	上海	CCS	010002000334	94X2009	MAN-B&W 6L60MC	10440	WARTSILA 4R22/26	540	—	—
6	0459	隆河	1994.01	上海泛亚航运有限公司	中国	上海	CCS	10004000151	94Y4011	MAN-B&W 6L60MC	10440	WARTSILA 4R22/26	540	—	—

（续表）

序号	代码	船名	出厂日期	船东公司	国籍	船籍港	船级 Class	国籍登记号 Registration No.	船级社登记号 Class No.	主机型号	额定功率（kw）	辅机1型号	辅机功率（kw）	辅机2型号	辅机功率（kw）
7	0463	磐河	1995.09	中远集装箱运输有限公司	中国	上海	CCS	010002000328	95C3030	MAN B&W 6L60MC	10440	WARTSILA 4R22/26	540	—	—
8	0464	艳河	1996.06	上海泛亚航运有限公司	中国	上海	CCS	10004000152	96R2013	MAN B&W 6L60MC	10440	WARTSILA 4R22/26	540	—	—
9	0467	银河	1984.12	上海泛亚航运有限公司	中国	上海	CCS	10004000149	84N0616	MAN B&W 6L70MCE	9796	MAK 6M332	960	MAK 6M281	400
10	0470	星河	1985.02	上海泛亚航运有限公司	中国	上海	CCS	10004000150	85B0012	MAN B&W 6L70MCE	9796	MAK 6M332	960	MAK 6M281	400
11	0478	荣河	1990.11	HONOR RIVER MARITIME INC.	PANAMA	巴拿马	CCS	19587-91-C	90J4046	MAN B&W 6L70MC	12522	SULZER 8S20H2CWF	940	—	—
12	0479	丽河	1990.12	STARRY SHIP-PING INC.	PANAMA	巴拿马	CCS	25918-98-A	90H4045	MAN B&W 6L70MC	12577	SULZER 8S20H2CWF	940	—	—
13	0482	明城	1985.09	上海泛亚航运有限公司	中国	上海	CCS	010004000143	85H0616	B&W 5L55GB	5502	YANMAR S185L-ST	443	—	—
14	0483	高城	1984.12	上海泛亚航运有限公司	中国	上海	CCS	010004000128	84Q0043	B&W 5L55GB	5502	YANMAR S185L-ST	443	—	—

（续表）

序号	代码	船名	出厂日期	船东公司	国籍	船籍港	船级 Class	国籍登记号 Registration No.	船级社登记号 Class No.	主机型号	额定功率（kw）	辅机1型号	辅机功率（kw）	辅机2型号	辅机功率（kw）
15	0486	天河	1984.09	SKY MANNA MARITIME INC.	PANAMA	巴拿马	CCS	26501-99-A	84R0619	SULZER 7RTA76	17173	DAIHATSU 6DL-28	1324.8	—	—
16	0491	天后	1993.01	TIANHOU MAR-ITIME INC.	PANAMA	巴拿马	ABS	21237-94-CH	9303926	MAN B&W 10L80	30960	MAK 8M 332C	1380	—	—
17	0492	海后	1994.01	HAIHOU MAR-ITIME INC.	PANAMA	巴拿马	ABS	21341-94-C	9400087	MAN B&W 10L80	30960	MAK 8M 332C	1380	—	—
18	0493	龙后	1994.02	LONGHOU MAR-ITIME INC.	PANAMA	巴拿马	ABS	21329-94-C	9400376	MAN B&W 10L80	30960	MAK 8M 332C	1380	—	—
19	0494	凤后	1994.04	FENGHOU MAR-ITIME INC.	PANAMA	巴拿马	ABS	21378-94-CH	9485076	MAN B&W 10L80	30960	MAK 8M 332C	1380	—	—
20	0495	珍河	1994.01	中远集装箱运输有限公司	中国	上海	CCS	010002000355	94D1002	NSD 9RTA84C	34400	WARTSILA 4R32D	1480	—	—
21	0496	大河	1994.03	中远集装箱运输有限公司	中国	上海	CCS	010002000357	94M1010	NSD 9RTA84C	34400	WARTSILA 4R32D	1480	—	—
22	0497	山河	1994.06	中远集装箱运输有限公司	中国	上海	CCS	010002000356	94S2027	NSD 9RTA84C	34400	WARTSILA 4R32D	1480	—	—

（续表）

序号	代码	船名	出厂日期	船东公司	国籍	船籍港	船级 Class	国籍登记号 Registration No.	船级社登记号 Class No.	主机型号	额定功率（kw）	辅机1型号	辅机功率（kw）	辅机2型号	辅机功率（kw）
23	0498	俊河	1994.09	GOLDEN SHORE CORPORATION	PANAMA	巴拿马	LR	21647-94-C	9072147	MAN B&W 10L70MCE	34324	MAN B&W 8L28/32H	1722	—	—
24	1431	商城	1984.11	上海泛亚航运有限公司	中国	上海	CCS	010004000120	84P0042	B&W 5L55GB	5502	YANMAR S185L-ST	443	—	—
25	1435	滨城	1985.12	中远集装箱运输有限公司	中国	上海	CCS	010002000353	85J0019	B&W 5L55GB	5502	YANMAR S185L-ST	443	—	—
26	1436	松城	1987.01	上海泛亚航运有限公司	中国	上海	CCS	010004000115	87R3003	B&W 5L55GB	5502	YANMAR S185L-ST	443	—	—
27	1505	洛河	1983.01	上海泛亚航运有限公司	中国	上海	CCS	010004000112	83A0001	MAN K7SZ70/150CL	11550	YANMAR 6GL-UT	690	—	—
28	1510	沙河	1983.06	上海泛亚航运有限公司	中国	上海	CCS	010004000114	83M0012	MAN K7SZ70/150CL	11550	YANMAR 6GL-UT	690	—	—
29	1511	辽河	1983.01	上海泛亚航运有限公司	中国	上海	CCS	010004000113	83H0008	MAN K7SZ70/150CL	11550	YANMAR 6GL-UT	690	—	—
30	1515	春河	1984.11	中远集装箱运输有限公司	中国	上海	CCS	010002000186	84G0058	MAN B&W 6L70MCE	10147	DAIHATSU 8PSHTC-26H	882.35	6PSHT-26H	485

（续表）

序号	代码	船名	出厂日期	船东公司	国籍	船籍港	船级 Class	国籍登记号 Registration No.	船级社登记号 Class No.	主机型号	额定功率（kw）	辅机1型号	辅机功率（kw）	辅机2型号	辅机功率（kw）
31	1516	潮河	1985.02	上海泛亚航运有限公司	中国	上海	CCS	010004000167	85P0024	MAN B&W 6L70MCE	10800	DAIHATSU 8PSHTC-26H	882.35	6PSHT-26H	485
32	1517	庄河	1985.07	上海泛亚航运有限公司	中国	上海	CCS	010004000168	85U0029	MAN B&W 6L70MCE	14700	DAIHATSU 8PSHTC-26H	882.35	6PSHT-26H	485
33	1518	松河	1986.06	上海泛亚航运有限公司	中国	上海	CCS	010004000169	86V2036	MAN B&W 6L70MCE	10810	DAIHATSU 8PSHTC-26H	882.35	6PSHT-26H	485
34	1521	秋河	1984.12	上海泛亚航运有限公司	中国	上海	CCS	010004000171	84F0057	MAN B&W 6L70MCE	10060	WARTSILA 824TS	880	WARTSILA 424TS	394
35	1522	香河	1985.04	上海泛亚航运有限公司	中国	上海	CCS	010004000170	85C0013	MAN B&W 6L70MCE	14700	WARTSILA 824TS	880	WARTSILA 424TS	394
36	1523	玉河	1986.01	上海泛亚航运有限公司	中国	上海	CCS	010004000165	86W1002	MAN B&W 6L70MCE	14700	WARTSILA 824TS	880	WARTSILA 424TS	394
37	1529	冰河	1985.05	上海泛亚航运有限公司	中国	上海	CCS	010004000166	85E0015	MAN B&W 6L70MCE	10800	MAK 6M332	960	MAK 6M281	400
38	1536	松云河	1998.09	COSCO LINE NEW YORK, INC	PANAMA	巴拿马	ABS	25853-98	9835630	MAN B&W 6S60MC(Ⅵ)	11768	WARTSILA 4L20	620	—	—

（续表）

序号	代码	船名	出厂日期	船东公司	国籍	船籍港	船级 Class	国籍登记号 Registration No.	船级社登记号 Class No.	主机型号	额定功率 (kw)	辅机1型号	辅机功率 (kw)	辅机2型号	辅机功率 (kw)
39	1537	峰云河	1998.11	COSCO LINE NEW JERSEY, INC	PANAMA	巴拿马	ABS	26009-99-A	9835631	MAN B&W 6S60MC(Ⅵ)	11768	WARTSILA 4L20	620	—	—
40	1538	松子	1999.01	NORTH STAR SHIPHOLDING LTD.S.A.	PANAMA	巴拿马	NK	26202-99	990312	MAN B&W 6S46MC-C	7208	DAIHATSU 6DK-20	770	—	—
41	1539	竹子	1999.04	NORTH STAR SHIPHOLDING LTD.S.A.	PANAMA	巴拿马	NK	26366-99-C	991117	MAN B&W 6S46MC-C	7208	DAIHATSU 6DK-20	770	—	—
42	1540	梅子	1999.05	NORTH STAR SHIPHOLDING LTD.S.A.	PANAMA	巴拿马	NK	26364-99-C	991320	MAN B&W 6S46MC-C	7208	DAIHATSU 6DK-20	770	—	—
43	1541	锦云河	2000.06	JINYUNHE MARITIME INC	PANAMA	巴拿马	ABS	27198-00	0038866	MAN B&W 6S60MC(Ⅵ)	11768	WARTSILA 4L20	620	—	—
44	1542	彩云河	2000.09	CAIYUNHE MARITIME INC	PANAMA	巴拿马	ABS	27310-00-B	0038867	MAN B&W 6S60MC(Ⅵ)	11760	WARTSILA 4L20	620	—	—
45	1543	奇云河	2001.01	QIYUNHE MARITIME INC	PANAMA	巴拿马	ABS	27746-01	0038868	MAN B&W 6S60MC(Ⅵ)	11760	WARTSILA 4L20	620	—	—

（续表）

序号	代码	船名	出厂日期	船东公司	国籍	船籍港	船级 Class	国籍登记号 Registration No.	船级社登记号 Class No.	主机型号	额定功率 (kw)	辅机1型号	辅机功率 (kw)	辅机2型号	辅机功率 (kw)
46	1544	密云河	2001.03	MIYUNHE MARITIME INC.	PANAMA	巴拿马	ABS	27829-01	138870	MAN B&W 6S60MC(Ⅵ)	11760	WARTSILA 4L20	620	—	—
47	1546	中远兰花	2001.11	RIVER NEREID MARITIME INC.	PANAMA	巴拿马	NK	28203-02	12997	MAN B&W 6S46MC-C	7860	YANMAR 6N260L-UV	1103	YANMAR 6N260L-UV	1618
48	1547	中远菊花	2002.01	RIVER AZURE MARITIME INC.	PANAMA	巴拿马	NK	28300-02	20350	MAN B&W 6S46MC-C	7860	YANMAR 6N260L-UV	1103	YANMAR 6N260L-UV	1618
49	1548	中远樱花	2001.08	RIVER AQUAMARINE MARITIME INC.	PANAMA	巴拿马	NK	28046-01-A	12166	MAN B&W 6S46MC-C	7860	YANMAR 6N260L-UV	1103	YANMAR 6N260L-UV	1618
50	1551	汉江河	1984.09	上海泛亚航运有限公司	中国	上海	CCS	10004000119	84J0014	MAN 12V40/54	4928	DAIHATSU 6PSHTC-26H	625	6PSHT-26H	441
51	1552	汉水河	1985.03	上海泛亚航运有限公司	中国	上海	CCS	10004000141	85Q0002	MAN 12V40/54	4928	DAIHATSU 6PSHTC-26H	625	6PSHT-26H	441
52	1553	汉涛河	1985.06	上海泛亚航运有限公司	中国	上海	CCS	10004000142	85R0003	MAN 12V40/54	4928	DAIHATSU 6PSHTC-26H	625	6PSHT-26H	441
53	1554	怀来河	1985.04	中远集装箱运输有限公司	中国	上海	CCS	10002000329	85T0005	PIELSTICK 9PC2-6L	4705	DAIHATSU 6PSHTB-26H	550	6PSHT-26H	441

（续表）

序号	代码	船名	出厂日期	船东公司	国籍	船籍港	船级 Class	国籍登记号 Registration No.	船级社登记号 Class No.	主机型号	额定功率（kw）	辅机1型号	辅机功率（kw）	辅机2型号	辅机功率（kw）
54	1555	怀集河	1985.07	上海泛亚航运有限公司	中国	上海	CCS	010004000148	85U0006	PIELSTICK 9PC2-6L	4706	DAIHATSU 6PSHTB-26H	550	6PSHT-26H	440
55	1558	青云河	2000.05	中远集装箱运输有限公司	中国	上海	CCS	010002000349	00S1005	MAN B&W 6L70MC（NK6）	16980	WARTSILA 6L20C	1020	—	—
56	1562	腾云河	2000.04	中远集装箱运输有限公司	中国	上海	CCS	010002000345	00B2002	MAN B&W 6L70MC（NK6）	16980	WARTSILA 6L20C	1020	—	—
57	1563	飞云河	2000.07	中远集装箱运输有限公司	中国	上海	CCS	010002000361	00G2007	MAN B&W 6L70MC（NK6）	16980	WARTSILA 6L20C	1020	—	—
58	1564	凌云河	2000.09	中远集装箱运输有限公司	中国	上海	CCS	010002000348	00T3007	MAN B&W 6L70MC（NK6）	16980	WARTSILA 6L20C	1020	—	—
59	1571	泰河	1989.09	中远集装箱运输有限公司	中国	上海	CCS	010002000358	89E3002	MAN B&W 6L80MC	16747	MAN B&W 8L 23/32	1040	—	—
60	1572	普河	1990.03	中远集装箱运输有限公司	中国	上海	CCS	010002000337	90K1011	MAN B&W 6L80MC	16747	MAN B&W 8L 23/32	1040	—	—
61	1573	民河	1989.01	中远集装箱运输有限公司	中国	上海	CCS	010002000343	89Q4001	MAN B&W 6L80MC	16670	MAK 6M332	1100	—	—

（续表）

序号	代码	船名	出厂日期	船东公司	国籍	船籍港	船级 Class	国籍登记号 Registration No.	船级社登记号 Class No.	主机型号	额定功率 (kw)	辅机1型号	辅机功率 (kw)	辅机2型号	辅机功率 (kw)
62	1574	东河	1990.01	中远集装箱运输有限公司	中国	上海	CCS	010002000344	90Y1001	MAN B&W 6L80MC	16670	MAK 6M332	1100	—	—
63	1575	高河	1990.11	中远集装箱运输有限公司	中国	上海	CCS	010002000352	90M4003	MAN B&W 6L80MC	16670	MAK 6M332	1100	—	—
64	1576	中河	1994.01	中远集装箱运输有限公司	中国	上海	CCS	010002000324	93C4009	NSD 9RTA84C	34380	WARTSILA 4R32D	1480	—	—
65	1577	远河	1994.04	中远集装箱运输有限公司	中国	上海	CCS	010002000322	94P2001	NSD 9RTA84C	34380	WARTSILA 4R32D	1480	—	—
66	1578	腾河	1994.07	中远集装箱运输有限公司	中国	上海	CCS	010002000320	94B3001	NSD 9RTA84C	34380	WARTSILA 4R32D	1480	—	—
67	1579	飞河	1994.04	中远集装箱运输有限公司	中国	上海	CCS	010002000323	94Q2002	NSD 9RTA84C	34380	WARTSILA 4R32D	1480	—	—
68	1580	聪河	1994.03	GOLDEN CASCADE CORPORATION	PANAMA	巴拿马	LR	21369-94-B	9072135	MAN B&W 10L70MCE	34300	MAN B&W 8L28/32H	1722	—	—
69	1581	潮汕河	1996.11	CHAOSHANHE MARITIME INC.	PANAMA	巴拿马	ABS	23464-97-B	9633528	MAN B&W 6L50MC	7987	WARTSILA 4L20	620	—	—

（续表）

序号	代码	船名	出厂日期	船东公司	国籍	船籍港	船级 Class	国籍登记号 Registration No.	船级社登记号 Class No.	主机型号	额定功率(kw)	辅机1型号	辅机功率(kw)	辅机2型号	辅机功率(kw)
70	1582	阳江河	1997.01	YANGJINGHE MARITIME INC.	PANAMA	巴拿马	ABS	23618-97	9733530	MAN B&W 6L50MC	7987	WARTSILA 4L20	620	—	—
71	1583	鲁河	1997.01	LUHE SHIPPING INC.	PANAMA	巴拿马	LR	23441-97-B	9120748	MAN B&W 10L90MC	43106	WARTSILA 6R32E	2430	—	—
72	1584	粤河	1997.02	YUEHE SHIPPING INC.	PANAMA	巴拿马	LR	23648-97-B	9120750	MAN B&W 10L90MC	43106	WARTSILA 6R32E	2430	—	—
73	1586	皖河	1997.07	WANHE SHIPPING INC.	PANAMA	巴拿马	LR	24002-97-B	9120774	MAN B&W 10L90MC	43106	WARTSILA 6R32E	2430	—	—
74	1587	晋河	1997.09	NINGHE SHIPPING INC.	PANAMA	巴拿马	LR	24054-97-B	9120786	MAN B&W 10L90MC	43106	WARTSILA 6R32E	2430	—	—
75	1588	川河	1997.11	CHUANHE SHIPPING INC	PANAMA	巴拿马	LR	25116-98-B	9120798	MAN B&W 10L90MC	43106	WARTSILA 6R32E	2430	—	—
76	1589	中远青岛	1997.03	YUNHE SHIPPING INC.	PANAMA	巴拿马	LR	23653-97-B	9120762	MAN B&W 10L90MC	43106	WARTSILA 6R32E	2430	—	—
77	1590	纳西河	1997.09	NAXIHE SHIPPING INC.	PANAMA	巴拿马	LR	25025-97-B	9139024	MAN B&W 6L80MC	20600	WARTSILA 4R32E	1560	—	—

（续表）

序号	代码	船名	出厂日期	船东公司	国籍	船籍港	船级 Class	国籍登记号 Registration No.	船级社登记号 Class No.	主机型号	额定功率（kw）	辅机1型号	辅机功率（kw）	辅机2型号	辅机功率（kw）
78	1591	景颇河	1997.09	JINGPOHE SHIPPING INC.	PANAMA	巴拿马	LR	25057-97-B	9139036	MAN B&W 6L80MC	20600	WARTSILA 4R32E	1620	—	—
79	1592	锡伯河	1997.12	XIBOHE SHIPPING INC.	PANAMA	巴拿马	LR	25208-98-A	9139048	MAN B&W 6L80MC	20600	WARTSILA 4R32E	1620	—	—
80	1593	裕固河	1997.12	YUGUHE SHIPPING INC.	PANAMA	巴拿马	CCS	25194-98-B	97F4009	MAN B&W 6L80MC	20600	WARTSILA 4R32E	1620	—	—
81	1594	珞巴河	1998.02	LUBAHE SHIPPING INC.	PANAMA	巴拿马	CCS	25391-98-A	98L1006	MAN B&W 6L80MC	20600	WARTSILA 4R32E	1620	—	—
82	1693	丽海	1993.02	EPOCH HARVEST MARITIME INC.	PANAMA	巴拿马	NK	20642-93-B	930612	MAN B&W 6L35MC	3351	YANMAR S185LUT	400	—	—
83	1694	丽波	1993.05	EPOCH HARVEST MARITIME INC.	PANAMA	巴拿马	NK	20829-93-B	931499	MAN B&W 6L35MC	3350	YANMAR S185LUT	400	—	—
84	1801	中远上海	2001.07	COSLUCK SHIPPING LIMITED	中国香港	香港	ABS	HK-0735	12166	MAN B&W 10L90MC	43100	MAN B&W 6L 27/38	1600	MAN B&W 8L27/38	2350
85	1802	中远安特卫普	2001.09	COSTAR SHIPPING LIMITED	中国香港	香港	ABS	HK-0750	KO23144-X	MAN B&W 10L90MC	43100	MAN B&W 6L 27/38	1600	MAN B&W 8L27/39	2350

（续表）

序号	代码	船名	出厂日期	船东公司	国籍	船籍港	船级 Class	国籍登记号 Registration No.	船级社登记号 Class No.	主机型号	额定功率（kw）	辅机1型号	辅机功率（kw）	辅机2型号	辅机功率（kw）
86	1803	中远香港	2002. 04	COSWIN SHIPPING LIMITED	BAHAMAS	Nassau	ABS	8000419	0240323	MAN B&W 10L90MC	43100	MAN B&W 6L 27/38	1600	MAN B&W 8L27/40	2350
87	1804	中远新加坡	2001.12	COSEVER SHIPPING LIMITED	中国香港	香港	ABS	HK-0773	0140320	MAN B&W 10L90MC	43100	MAN B&W 6L 27/38	1600	MAN B&W 8L27/41	2350
88	1805	中远鹿特丹	2002.02	COSFORCE SHIPPING LIMITED	BAHAMAS	Nassau	ABS	8000417	0240322	MAN B&W 10L90MC	43100	MAN B&W 6L 27/38	1600	MAN B&W 8L27/42	2350
89	1806	中远汉堡	2001.01	COSFAIR SHIPPING LIMITED	中国香港	香港	ABS	HK-0757	K023320-X	MAN B&W 10L90MC	43100	MAN B&W 6L 27/38	1600	MAN B&W 8L27/43	2350
90	1807	中远菲利斯托	2002. 04	COSBRIGHT SHIPPING LIMITED	BAHAMAS	Nassau	ABS	8000418	SQ7136-X	MAN B&W 10L90MC	43100	MAN B&W 6L 27/38	1600	MAN B&W 8L27/44	2350
91	2315	秀河	1993.01	PRETTY RIVER SHIPPING INC.	PANAMA	巴拿马	DNV	20645-93-C	19478	MAN B&W 6L70MC	15720	SULZER 8S20H2CWF	954.5	—	—
92	2316	雅河	1993.04	DAINTY RIVER SHIPPING INC.	PANAMA	巴拿马	DNV	20816-93-C	19403	MAN B&W 6L70MC	15720	NEW SULZ-ER8S20	954.5	—	—

（续表）

序号	代码	船名	出厂日期	船东公司	国籍	船籍港	船级 Class	国籍登记号 Registration No.	船级社登记号 Class No.	主机型号	额定功率（kw）	辅机1型号	辅机功率（kw）	辅机2型号	辅机功率（kw）
93	2319	大清河	1996.03	DAQINGHE SHIPPING INC.	PANAMA	巴拿马	NK	23009-96-B	960860	MAN B&W 6L50MC	7980	YANMAR M200L-UN	397	—	—
94	2320	子牙河	1996.06	ZIYAHE SHIPPING INC.	PANAMA	巴拿马	NK	23110-96-B	961805	MAN B&W 6L50MC	7960	YANMAR M200L-UN	397	—	—
95	2321	永定河	1996.11	YONGDINGHE SHIPPING INC.	PANAMA	巴拿马	NK	23487-97-C	963900	MAN B&W 6L50MC	7980	YANMAR M200L-UN	397	—	—
96	2322	滹沱河	1997.02	HUTUOHE SHIPPING INC.	PANAMA	巴拿马	NK	23719-97-B	970584	MAN B&W 6L50MC	7980	YANMAR M200L-UN	397	—	—
97	2323	布依河	1997.06	BUYIHE SHIPPING INC.	PANAMA	巴拿马	LR	23928-97-CH	9139000	MAN B&W 6L80MC	20600	WARTSILA 4R32E	1620	—	—
98	2324	哈尼河	1997.07	HANIHE SHIPPING INC.	PANAMA	巴拿马	LR	23932-97-B	9139012	MAN B&W 6L80MC	20600	WARTSILA 4R32E	1620	—	—
99	9074	丽涛	1996.03	PRETTY BILLOW SHIPPING S.A.	PANAMA	巴拿马	NK	22797-96-A	960833	MAN B&W 6L35MC	3360	YANMAR S-185LUT	400	—	—
100	9075	丽涟	1996.04	PRETTY RIPPLE SHIPPING S.A.	PANAMA	巴拿马	NK	22908-96-A	961348	MAN B&W 6L35MC	3360	YANMAR S-185LUT	400	—	—

（沈云兴）

（十二）2004年公司退役船舶船东、船籍、船级、主辅机型号一览表

2004.12.31

序号	代码	船名	英文名	出厂日期	船龄	载重吨 T	总吨 (g/t)	净吨 (r/t)	载箱量 (TEU)	所属公司	国籍	船籍港	船级 Class	国籍登记号 Registration No.
1	0480	海　龙	SEA DRAGON	1985.01	19	7784	6362	2864	424	LIKEWIN SHIPPING LTD	PANAMA	巴拿马	CCS	26657-00-A
2	1556	虹云河	HONG YUN HE	1999.11	5	25656	20624	9470	1702	中远集装箱运输有限公司	中国	上海	CCS	010002000325
3	1557	白云河	BAI YUN HE	2000.01	4	25656	20624	9470	1702	中远集装箱运输有限公司	中国	上海	CCS	010002000475
4	1559	华云河	HUA YUN HE	2000.08	4	25679	20624	9470	1702	中远集装箱运输有限公司	中国	上海	CCS	010002000326
5	1560	瑞云河	RUI YUN HE	1999.12	5	25723	20569	9379	1702	中远集装箱运输有限公司	中国	上海	CCS	010002000347
6	1561	祥云河	XIANG YUN HE	2000.02	4	25723	20569	9379	1702	中远集装箱运输有限公司	中国	上海	CCS	010002000346
7	9001	东　龙	STAR RIVER	1982.01	22	9636	9129	3556	494	YOU XIU MARITIME INC	PANAMA	巴拿马	CCS	20548-93-C

船级社登记号 Class No.	主机型号	额定功率 (kw)	辅机1型号	辅机功率 (kw)	辅机2型号	辅机功率 (kw)	交船日期	交船地点	买家
85T0603	PIELSTICK 9PC2-6L	4700	DAIHATSU 6PSHTB-26H	550	6PSHT-26H	418	2004.03.03	宁波	宁波远洋运输有限公司(MINGZHOU SHIPPING COMPANY LIMITED)
99D3005	MAN-B&W 6L70MC(NK6)	16980	WARTSILA 6L20C	1020	—	—	2004.04.17	香港	AV sechsunddreissigste Beteiligungsgesellschaft mbH & Co. KG to be renamed MS “Otto Schulte” GmbH & Co. KG or nominee(船东 Thomas Schulte)
99E4018	MAN-B&W 6L70MC(NK6)	16980	WARTSILA 6L20C	1020	—	—	2004.03.10	新加坡	Zim-Ofer
00M3001	MAN-B&W 6L70MC(NK6)	16980	WARTSILA 6L20C	1020	—	—	2004.04.16	香港	Orion Verwaltungsgesellschaft mbH & Co. KG to be renamed MS “Mary Schulte” Schiffahrtsgesellschaft mbH & Co. KG or nominee(船东 Thomas Schulte)
99U4009	MAN-B&W 6L70MC(NK6)	16980	WARTSILA 6L20C	1020	—	—	2004.04.03	香港	Thomas Schulte
00G3502	MAN-B&W 6L70MC(NK6)	16980	WARTSILA 6L20C	1020	—	—	2004.05.08	香港	SAND DUKE MARINE CO., LTD(船东 Zim-Ofter)
82T3532	B&W 8L55GFCA	8824	YANMAR 6UAL-UT	558.9	—	—	2004.03.23	大连	NEW HARVEST SHIPPING., LTD

（沈云兴）

（十三）2004年公司箱型、箱量统计分析一览表（至2004年底）

	分项	干箱	超高干箱	冷箱	超高冷箱	框架箱	开顶箱	其他	总计
自有箱	20’	103	0	262	0	7	3	1	376
	40’	70	8	679	1	4	2	0	764
	合计	173	8	941	1	11	5	1	1140
	标准箱	243	16	1620	2	15	7	1	1904
惠航箱	20’	92450	0	5228	0	108	727	400	98913
	40’	54142	47971	2456	7087	161	324	452	112593
	合计	146592	47971	7684	7087	269	1051	852	211506
	标准箱	200734	95942	10140	14174	430	1375	1304	324099
租箱	20’	60418	0	1076	0	373	1298	9	63174
	40’	39751	70890	4	4883	1435	1052	52	118067
	45’	0	1751	0	0	0	0	0	1751
	合计	100169	72641	1080	4883	1808	2350	61	182992
	标准箱	139920	145282	1084	9766	3243	3402	113	302810
总量	20’	153158	3	6566	0	488	2028	410	162653
	40’	94269	119001	3139	11971	1662	1378	504	231924
	45’	0	1771	0	0	0	0	0	1771
	合计	247427	120775	9705	11971	2150	3406	914	396348
	标准箱	341696	241547	12844	23942	3812	4784	1418	630043

（聂鸿林）

(十四)2004 年公司运输生产效率指标完成情况一览表

指　　标	计算单位	2004 年	2003 年	增　减
箱运量	TEU	4619874	4101443	518431
重箱运量	TEU	3502759	3046192	456567
运量	万吨	4353.1	3808.1	545
周转量	亿吨海里	1936.3	1694.3	242
营运率	%	99	99.3	-0.3
航行率	%	75.8	74.8	1
平均行速	海里/天	458.1	454	4.1
平均运距	海里	4448	4449	-1
箱位利用率	%	72.1	68.9	3.2
重箱利用率	%	54.8	51.8	3
载重量利用率	%	40.8	38	2.8
船舶总吨天	千吨天	1269807	1263688	6119
营运吨天	千吨天	1255485	1254837	648
航运吨天	千吨天	952161	938200	13961
船舶吨位海里	千吨海里	436217457	426113792	10103665
换算周转量	千吨海里	177827052	161961853	15865199
箱海里	千箱海里	22568365	19983230	2585135
箱位海里	千箱海里	31312388	29021009	2291379
每千吨海里耗油	千克	9.13	9.85	-0.72
燃柴油消耗量	吨	1758599	1665522	93077

(董桂森)

（十五）2004年公司经营主要班轮航线一览表

航　　线	班次	配置船舶	沿途挂靠主要港口
东南亚—美西（SEA）	周班	5艘（COSCO VANCOUVER、COSCO LONG BEACH 、COSCO YOKOHAMA、 COSCO SHENZHEN、COSCO SEATTLE）	上海、宁波、厦门、香港、盐田、长滩、西雅图、温哥华、横滨、上海、宁波
华北东—美西（CEN）	周班	5艘（XI BO HE、LUO BA HE、BU YI HE、NA XI HE、HA NI HE）	大连、新港、青岛、横滨、长滩、奥克兰、大连
远东—美西北快航（PNW）	周班	5艘（ZHEN HE、YU GU HE、COSCO SYKNET、COSCO SYDNEY 等）	上海、盐田、香港、横滨、西雅图、温哥华、横滨、神户、上海
上海—长滩快航（CLX）	周班	4艘（LING YUN HE 等）	上海、长滩、上海
亚洲—美东（AWE1）	周班	8艘（HANJIN WILMINGTON、HANJIN OSAKA、HANJIN PORTLAND、HANJIN VALENCIA、HANJIN LOS ANGELES、HANJIN SAN FRANCISCO、HANJIN NAGOYA、HANJIN SHANGHAI）	上海、盐田、香港、釜山、巴拿马、纽约、诺福克、萨瓦那、巴拿马、釜山、上海
远东—美东（AWE2）	周班	8艘（DA HE、YUAN HE、FEI HE、TENG HE、SHAN HE 等）	青岛、上海、盐田、香港、巴拿马、查尔斯顿、纽约、波士顿、巴拿马、青岛
亚洲—美东（AWE3）	周班	10艘（YM HAMBURG、POTOMAC BRIDGE 等）	高雄、香港、盐田、釜山、巴拿马、萨瓦那、纽约、威明顿、萨瓦那、巴拿马、高雄
亚洲—美东（AWE4）	周班	8艘（AKASHI BRIDGE、BARCELONA BRIDGE、RHEIN BRIDGE、CHESAPEAKE BAY BRIDGE、BAUHINIA BRIDGE、BOSPORUS BRIDGE、POTOMAC BRIDGE、YM TACOMA）	宁波、上海、盐田、香港、巴拿马、纽约、诺福克、萨瓦那、巴拿马、宁波

（续表）

航　　线	班次	配置船舶	沿途挂靠主要港口
欧洲—远东—美西（PDM - PSW - 1）	钟摆航线	12艘（YM CHICAGO、YM ROTTERDAM、LIONS GATE BRIDGE、GENOA BRIDGE、SUEZ CANAL BRIDGE、LONG BEACH BRIDGE、TSING MA BRIDGE、JAMES RIVER BRIDGE、CHISWICK BRIDGE、GOLDEN GATE BRIDGE、YM BREMEN、AKINADA BRIDGE）	巴生、新加坡、盐田、香港、厦门、长滩、奥克兰、神户、上海、宁波、香港、盐田、新加坡、巴生
蛇口—美西（FEX）	周班	5艘（NYK LIBRA、NYK ATLAS、NYK AQUARIUS、NYK ARTEMIS、NYK ATHENA）	厦门、蛇口、香港、洛杉矶、奥克兰、东京、名古屋、神户、厦门
远东—美西（PSW - 2）	周班	5艘（YM MARCH、YM GREAT、YM FOUNTAIN、YM WEALTH、YM SUCCESS）	盐田、香港、高雄、基隆、洛杉矶、奥克兰、基隆、高雄、盐田
远东—美西（PSW - 3）	周班	5艘（HUMBER BRIDGE、CHEROKEEBRIDGE、NEWPORT BRIDGE、CHANG JIANG BRIDGE、VICTORIA BRIDGE）	宁波、上海、神户、名古屋、东京、长滩、奥克兰、东京、名古屋、神户、宁波
远东—美西（PSW - 4）	周班	5艘（HANJIN KAOHSIUNG、YM AMERICA、CONCORD BRIDGE、YM ASIA、YM EUROPE）	青岛、上海、宁波、洛杉矶、奥克兰、光阳、青岛
亚洲—美西快航（PSX）	周班	5艘（HANJIN TOKYO、HANJIN BARCELONA、HANJIN MARSEILLES、HANJIN COLOMBO、HANJIN MALTA）	盐田、香港、高雄、釜山、长滩、奥克兰、釜山、盐田
中国—西北欧（CNEU）	周班	9艘（中远新加坡、中远鹿特丹、中远香港、中远菲利斯托、中远上海、川河、中远安特卫普、中远青岛、中远汉堡）	上海、大连、青岛、盐田、香港、新加坡、苏伊士、鹿特丹、菲利斯托、汉堡、安特卫普、苏伊士、新加坡、香港、上海
华东—西北欧快航（CEX）	周班	8艘（HANJIN ROME、YM ATHENS、HANJIN WASHINGTON、COSCO TIANJIN、HANJIN LONDON、HANJIN LISBON、HANJIN BERLIN、HANJIN CAIRO）	上海、新港、釜山、厦门、赤湾、新加坡、苏伊士、汉堡、鹿特丹、菲利斯托、苏伊士、新加坡、上海

（续表）

航　　线	班次	配置船舶	沿途挂靠主要港口
欧洲—远东—美西（PDM-AES-1）	钟摆航线	11 艘（YM ROTTERDAM、LIONS GATE BRIDGE、GENOA BRIDGE、SUEZ CANAL BRIDGE、LONG BEACH BRIDGE、TSING MA BRIDGE、JAMES RIVER BRIDGE、CHISWICK BRIDGE、GOLDEN GATE BRIDGE、YM BREMEN、AKINADA BRIDGE）	鹿特丹、汉堡、安特卫普、菲利斯托、塞得港、苏伊士、巴生、新加坡、盐田、香港、厦门、神户、上海、宁波、香港、盐田、新加坡、巴生、苏伊士、塞得港、鹿特丹
日本、台湾—西北欧（AES2）	周班	8 艘（MIN PLUM、MING GREEN、MING ORCHID、MING COSMOS、SHANGHAI BRIDGE、MERCURY BRIDGE 等）	神户、名古屋、东京、高雄、香港、新加坡、苏伊士、塞得港、鹿特丹、菲利斯托、汉堡、勒哈佛尔、苏伊士、新加坡、高雄
华东华南西北欧快航（PDE）	周班	13 艘（HANJIN AMSTERDAM、HANJIN TAIPEI、HANJIN OSLO、HANJIN BASEL、HANJIN PARIS、HANJIN COPENHAGEN、HANJIN OTTAWA、HANJIN GOTHENBURG、HANJIN BEIJING、HANJIN BERLIN、HANJIN MADRID 等）	鹿特丹、汉堡、菲利斯托、阿费尔、苏伊士、科伦坡、巴生、盐田、香港、高雄、釜山、东京、釜山、光阳、上海、香港、盐田、巴生、苏伊士、鹿特丹
亚洲—地中海快航（AMX）	周班	7 艘（龙后、里特桥、凤后、海后、圣佩德罗桥、天后、阳明上海轮）	上海、香港、赤湾、新加坡、苏伊士、塞得港、那波里、热那亚、福斯、巴塞罗那、瓦伦西亚、塞得港、苏伊士、新加坡、香港、上海
爱琴海快航（ADX）	周班	6 艘（BREMEN SENATOR、天明、锦云河、华云河、人明、地明）	高雄、香港、赤湾、新加坡、苏伊士、塞得港、伊斯坦布尔、塞萨洛尼基、伊兹密尔、苏伊士、新加坡、高雄
地中海—美东（TAS3）	周班	4 艘（WESTERHEVER、FEI YUN HE、YM GENOVA Ⅱ、NORDSEAS）	那波里、热那亚、巴塞罗那、纽约、诺福克、查尔斯顿、那波里

（续表）

航　线	班次	配置船舶	沿途挂靠主要港口
以色列—美东（ZCS）	周班	16 艘（ZIM BARCELONA、ZIM PANAMA、ZIM SAVANNAH、ZIM VIRGINIA、ZIM PIRAEUS、ZIM CHINA、ZIM HAIFA、ZIM SHENZHEN、ZIM MEDITERRANEAN、ZIM ASIA、ZIM CALIFORNIA、ZIM JAMAICA、ZIM BEIJING、ZIM IBERIA、ZIM PUSAN、ZIM SHANGHAI）	海法、纽约、萨瓦那、萨瓦那、纽约、海法
西北欧—美东（TAS1）	周班	4 艘（COSCO NORFOLK、MACKINAC BRIDGE、MANHATTAN BRIDGE、YM MILANO）	安特卫普、不莱梅哈芬、菲利斯托、鹿特丹、勒哈佛尔、纽约、诺福克、查尔斯顿、纽约、安特卫普
南大西洋合作 1 线（GASS）	周班	5 艘（LYKES MOTIVATOR、LYKES DISCOVERER、LYKES NAVIGATOR、LYKES LIBERATOR、LYKES EXPLORER）	安特卫普、泰晤士港、不莱梅哈芬、查尔斯顿、休斯顿、新奥尔良、查尔斯顿、诺福克、安特卫普
南大西洋合作 2 线（SGX）	周班	8 艘（P&O NEDLLOYD GENOA、OOCL FAITH、P&O NEDLLOYD SYDNEY、LYKES HERO 等）	南安普顿、勒哈佛尔、鹿特丹、汉堡、查尔斯顿、迈阿密、休斯顿、查尔斯顿、汉堡、鹿特丹、安特卫普、勒哈佛尔、南安普顿
中国—澳大利亚（SAS）	周班	5 艘（祥云河、密云河、腾云河、虹云河、天河）	上海、厦门、黄埔、香港、悉尼、墨尔本、布里斯班、香港、上海
日—韩—澳（NAE）	周班	4 艘（MOL TRIUMPH、HENRY HUDSON BRIDGE 等）	横滨、大阪、名古屋、釜山、基隆、香港、蛇口、墨尔本、悉尼、布里斯班、横滨
日—韩—香—新（JKHN）	周班	6 艘（彩云河、峰云河、瑞云河等）	东京、名古屋、横滨、神户、门司、釜山、基隆、赤湾、香港、奥克兰、利特尔顿、查尔马斯、惠灵顿、纳尔逊、内皮尔、陶兰加、奥克兰、横滨、东京

（续表）

航　　线	班次	配置船舶	沿途挂靠主要港口
中国华北—澳大利亚(NCX)	周班	5艘(PONL TARANAKI、YANG JIANG HE、MOL UNITY等)	大连、青岛、上海、宁波、墨尔本、悉尼、布里斯班、大连
南太平洋岛国(ASP)		2艘(NEW PAC CUMULUS、THOR NECTOAR)	雅加达、新加坡、苏丹、阿皮亚、帕果、帕皮提、努库阿洛法、悉尼
中国—海湾(CPG)	周班	6艘(泰河、普河、长合、东河、民河、高河)	青岛、上海、宁波、香港、赤湾、新加坡、帕拉帕斯、迪拜、达曼、卡拉奇、新加坡、香港、青岛
远东—红海(FRS)	周班	4艘(SONG YUN HE、SANTA MADDALENA、HATSU PRIDE、UNI - POPULAR)	巴生、新加坡、帕拉帕斯、吉达、亚克巴、巴生
远东—南非南美东(ESA)	周班	10艘(LT GUARD、EVER GENTRY、EVER GARDEN、EVER GOLDEN、EVER GUIDE、EVER GENIUS、EVER GOVERN、LT GIANT、EVER GIFTED、EVER GENTLE)	香港、高雄、新加坡、德班、开普敦、布宜诺斯艾利斯、蒙得维的亚、桑托斯、新加坡、香港、高雄
远东—南非(FAX)	周班	4艘(BUXLAGOON、DAINTY RIVER、CAP COLVILLE、UNI - PROMOTE)	新加坡、德班、新加坡
华北—东南亚(SEN)	周班	4艘(松河、丽河、荣河、秀河)	香港、上海、新港、龙口、青岛、新加坡、巴生、雅加达、泗水、香港
香港—东南亚(STV)	周班	2艘(滹沱河、盛河)	曼谷、胡志明、香港、胡志明、新加坡、曼谷
海防—香港(HKH)	周班	1艘(HELECONIA)	海防、香港、海防
泰国—林察班—香港(NSC)	周班	2艘(UNI - CHART、UNI - CROWN)	曼谷、林察班、香港、曼谷
新加坡—三宝垄—泗水(SPI)	周班	1艘(UNI - ARISE)	新加坡、三宝垄、泗水、新加坡

（续表）

航 线	班次	配置船舶	沿途挂靠主要港口
三宝垄—泗水—新加坡(IN3)	周班	1艘(OLIVIA)	泗水、三宝垄、新加坡、三宝垄
新加坡—槟城—新加坡(MTV)	周班	2艘(SINAR BALI、SUMIRE)	新加坡、槟城、新加坡
槟城—新加坡(APX)	周班	2艘(KAIDO、SHIMANAMI)	槟城、新加坡、槟城
雅加达—新加坡(PGS)	周班	4艘(HIBISCUS、Acx Marigold、ACX RAFFLESIA、ACX MAGNOLIA)	雅加达、新加坡、雅加达
雅加达—新加坡(SCS)	周班	4艘(ACX DAHLIA、ACX MARGUERITE、ACX MIMOSA、ACX SAKURA)	雅加达、新加坡、雅加达
胡志明—海防—归仁—新加坡(HDH)	周班	2艘(ANEMI、GEMARTRANS PIONEER)	新加坡、胡志明、海防、归仁、胡志明、新加坡
新加坡—海防—岘港—胡志明(HDQ)	周班	2艘(SAIPAN SKIPPER、MARCLIPPER)	新加坡、海防、岘港、胡志明、新加坡
釜山—营口—烟台—釜山(AK1)	周班	1艘(怀来河)	釜山、营口、烟台、釜山
釜山—大连—釜山(AK2)	周班	1艘(怀集河)	釜山、大连、釜山
釜山—新港—釜山(AK3)	周班	1艘(肇庆河)	釜山、新港、釜山
釜山—烟台—青岛—釜山(AK5)	周班	1艘(汉中河)	釜山、烟台、青岛、釜山
釜山—上海—宁波—釜山(AK6)	周班	1艘(春河)	釜山、上海、宁波、釜山
釜山—上海—釜山(AK7)	周班	1艘(印尼星)	釜山、上海、釜山
釜山—新港—釜山(AK9)	周班	1艘(新会河)	釜山、新港、釜山
大连—威海—大连 大连—天津—大连 大连—烟台—威海—大连	周班	1艘(白龙泉)	大连、威海、大连 大连、天津、大连 大连、烟台、威海、大连

（续表）

航　　线	班次	配置船舶	沿途挂靠主要港口
大连—龙口—大连 大连—秦皇岛—大连	周班	1 艘（南峰山）	大连、龙口、大连 大连、秦皇岛、大连
大连—营口—大连	周班	1 艘（环岛）	大连、营口、大连
大连—威海—大连 大连—龙口—大连	周班	1 艘（西峰山）	大连、威海、大连 大连、龙口、大连
大连—丹东—大连	周班	1 艘（西峰山）	大连、丹东、大连
大连—锦州—大连 大连 T—秦皇岛—大连	周班	1 艘（环连）	大连、锦州、大连 大连、秦皇岛、大连
华北关东（CJ1）	周班	2 艘（商城、伟豪）	新港、营口、大连、横滨、东京、名古屋、新港
华北关西（CJ2）	周班	3 艘（棕榈泉、紫荆泉、椰岛泉）	新港、大连、大阪、神户、新港、大连
青岛绿快Ⅱ线（CJ6）	周班	1 艘（梅子）	青岛、东京、横滨、青岛
青岛绿色快航关西线（CJ3） 青岛绿色快航关东线（CJ3）	周班	2 艘（中远樱花、中远兰花）	连云港、青岛、大阪、神户、连云港、青岛 连云港、青岛、大阪、神户、连云港
电器快航（CJ7）	周班	2 艘（子牙河、永定河）	宁波、上海、东京、横滨、基隆、石垣岛、宁波
上海绿快关东（CJ9）	周班	1 艘（竹子）	上海、东京、横滨、上海
宁波关西（CJ10）	周班	1 艘（天佑）	宁波、大阪、神户、宁波
华南关东（CJ12）	周班	2 艘（隆河、艳河）	香港、黄埔、厦门、横滨、东京、名古屋、香港
上海绿快关西（CJ18）	周班	1 艘（中远菊花）	上海、大阪、名古屋、岩国、上海
霓裳快航关西（CJ21）	周班	1 艘（松子）	上海、大阪、门司、上海
霓裳快航关东（CJ22）	周班	1 艘（磐河）	上海、名古屋、神户、上海

（续表）

航　　线	班次	配置船舶	沿途挂靠主要港口
上海—青岛—大连—新港—营口—青岛—连云港—上海（CF1）	周班	2艘（沙河、洛河）	上海、青岛、大连、新港、营口、青岛、连云港、上海
福清（江阴）—漳州—厦门—泉州—新港—营口—大连（IC2）	周班	2艘（星河、辽河）	江阴、漳州、厦门、泉州、新港、营口、大连
海口—湛江—招港（IC4）		1艘（凌泉河）	海口、湛江、招港
黄埔—上海—营口—锦州—营口—上海（IC6）	周班	2艘（汉涛河、汉水河）	黄埔、上海、营口、锦州、营口、上海
黄埔—宁波（IC6）	周班	1艘（鄂城）	黄埔、宁波
泉州—汕头—天津—营口（IC8）		2艘（高城、滨城）	泉州、汕头、新港、营口
黄埔—蛇口—天津—营口（IC9）		5艘（冰河、庄河、香河、玉河、潮河）	黄埔、蛇口、天津、营口、连云港
泉州—黄埔—蛇口—大连—烟台（IC10）	周班	2艘（银河、松城）	泉州、黄埔、蛇口、大连、烟台
泉州—蛇口—黄埔—青岛—日照—连云港（IC11）	周班	2艘（秋河、明城）	泉州、蛇口、黄埔、日照、青岛、连云港

（朱生林整理）

Business Operation and Management

五 经营管理

COSCO Container Lines Almanac 2005

(一)美洲贸易

【中远集运美洲贸易区】 美洲贸易区成立于 2001 年 12 月 1 日,下设市场营销部、综合管理部、航线调度部。2003 年中远集运原美洲贸易区与美洲部合二为一,成立新美洲贸易区。经过 1 年多时间磨合,公司在美洲地区的各项工作较以前取得进展,集装箱运输管理体制改革的意义显现。但机构不够清晰等问题依然存在。为进一步深化和完善美洲地区组织机构,增强航线经营能力,2004 年 10 月,美洲贸易区对组织机构进行调整和完善:美洲贸易区下设市场营销部、运营质量部、航线管理部、综合财务部、美国分部和加拿大分部。美洲贸易区设总经理 1 人(美国),常务副总经理 1 人(上海,享受总部一岗待遇),副总经理 4 人(美国 2 人,上海 2 人),编制暂定上海 43 人、美国 89 人(美国 89 人不计入总部编制)。美洲贸易区直接承担中远集运太平洋航线经营管理,并对该航线效益负责。主要职责:运价政策制定,运价管理,市场营销,效益测算,舱位分配,供应商管理,船舶调度和现场操作,客户服务,集装箱管理,内陆运输服务,运、使费结算,相关航线的航运市场研究,质量及安全管理体系维护等。美洲贸易区(上海)现员 43 人,包括硕士研究生学历 6 人,在读研究生 4 人,大学学历 26 人。其中,高级职称 1 人,中级职称 21 人。

现任总经理陈晓敏,常务副总经理万敏,副总经理张为、章文钦、李刚、陶卫东。

(戴　萍)

【概况】 2004 年,美洲贸易区围绕年初公司下达的责任目标,以贴近市场、让客户满意为指导思想,开拓市场,提高市场应变能力,全年货量保持 10% 以上增长,完成年度东行签约,合同运价进一步恢复,平均单箱收入同比 2003 年上涨 92 美元,签约箱量比去年增加 10%;配合公司整体运力调整需要,确保 8000TEU 大船逐艘成功上线,舱位利用率保持 95% 以上。在拓展市场的同时,各船舶首航均取得成功,提升了 COSCO 品牌在客户心目中的优质服务形象;针对美西长滩码头劳工缺乏导致船期普遍延误,采取应急方案,同船舶、各挂港代理、各港口操作部门联系和沟通,灵活调整航线班期,使船舶达到准班;严格控制集装箱免费用箱天,控制集装箱运转路径,关闭美国上千条不合理路径或高成本路径。成功推进 IRIS-2新版合同实施,为系统自动报价(S/C Auto-Rating)打下基础;开发建立太平洋航线服务合同贡献值分析系统,全面分析、评价客户价值,为营销人员及时调整销售策略、考察合同履约进度、优化客户结构等提供重要参考依据;明确国内口岸运使费审核部门职责,理顺与总部审核部门之间关系,规范太平洋航线运使费审核流程,及时纠正少收多付的现象。归纳、分析市场形势和美洲航线经营情况,针对成本控制、航线调整、效益分析等撰写专题报告;应用 IRIS-2 和 MIS 系统测算北美内陆中转费,为正确分析货流结构提供基础。 (刘　隽)

【5 艘 8000 国际标准箱位全集装箱船加盟中远集运】 2004 年,中远集运有 5 艘 8000 国际标准箱位的世界上第六代全集装箱船加盟,它们是 COSCO LONG-

BEACH、COSCO SHEN ZHEN、COSCO SEATTLE、COSCO VENCOUVER、COSCO YOKOHAMA。这些船长300米,型宽42.8米。设计吃水13米,可装载8000个国际标准箱,其中有500个冷藏箱位,载重93000吨,设计船速每小时25.2海里,是中远集运最大最先进的集装箱船舶,也是国际上最大最先进的集装箱船之一。公司自2004年8月4日起,陆续投放这批船在太平洋航线上营运,使中国口岸到美国长滩的交货时间只需11天。

(陈　忠)

【"凌云河"轮等11艘船舶获美国"21世纪优秀船"称号】 2004年12月1日,美国海岸警卫队(USCG)向中远集运所属"凌云河"轮等11艘全集装箱船舶颁发了"21世纪优秀船"(QUALSHIP21)证书。美国海岸警卫队自2001年1月1日起,推出并执行"21世纪优秀船"计划,其目的和宗旨是为避免低标准船舶航行美国而致力于改进鉴别低质量船,鼓励营运船舶达到高质量。船舶在美国各港口的港口国检查及保安规则检查均保持良好记录,无缺陷批注通过率4年保持在98%以上,经美国海岸警卫队的严格评估和考核批准,上网页公布,才可以获得"21世纪优秀船"证书。凡获得优质船称号的船舶在美国港口可以每两年接受1次港口检查(减少1年年检)。　(陈　忠)

1. 市场营销

【市场营销部】 2004年10月,美洲贸易区进行组织机构调整,调整后的市场营销部下设东行运价管理、西行运价管理、运价本及合同管理、市场研究及航运交流。主要职责不变,新增运价本的登记、变更、维护、管理。市场营销部现员16人,包括硕士研究生学历3人,在读研究生1人,大学学历12人。其中,中级职称5人。

现任市场营销部经理张峰。

(吴震琳)

【概况】 2004年,公司美加航线总签约箱量750,537TEU,完成指标的108%,其中直接客户356家,箱量416,370TEU(占总签约箱量55%),无船公共承运人120家,箱量334,167TEU(占总签约箱量45%)。美加航线合同运价进一步恢复,

货流结构改善，运输成本降低。年中开始以华南地区FOB客户为试点，进行FOB客户在国内二次开发，初步建立客户价值度评估体系，为淡季揽货打下基础。完善客户销售维护制度，保证每一个客户都有客户经理照顾和维护人员跟踪维护。下半年对自动计费系统（AUTO－RATING）在上海地区试运行，逐步推进其在所有远东口岸实施，促进IRIS－2新系统在美国航线上深入使用和完善。（吴震琳）

【协调航线舱位分配】 2004年，美东航线持续爆舱，PNW航线保持良好装载率，GRI和PSS都得以实施。6月美洲贸易区统一协调舱位分配，满足客户群整体舱位需求，保证航线整体效益最大化。舱位分配向高运价、淡季给予稳定支持的客户倾斜，兼顾签约箱量（MQC）较大客户履约率的完成。针对WALMART、QINGDAO HAIER等大客户不断增加舱位要求，进行沟通和解释，尽量降低其低价货的舱位数。整条航线在各船舶可用舱位相差较大情况下，采取滚动压货方式，使大舱位船舶保持满载。（康晓彧）

【8000TEU大船成功上线】 2004年8月后，SEA航线8000TEU大船逐步上线，浙江、福建及华南地区运力大幅增加，同一时期其他船公司同类船舶也纷纷投入运营，对公司揽货造成压力。为确保上线大船的装载率，美洲贸易区协同各口岸分部开展前期市场调研和客户拜访，对箱量情况做了充分预测并对各口岸分部下达揽货指标，8—10月各上线大船保持满载。COSCO LONGBEACH首航厦门、COSCO SHENZHEN首航深圳都取得圆满成功，提升了COSCO在该地区品牌。

（康晓彧）

【推进新版（IRIS－2）合同实施】 2004年，新版（IRIS－2）合同正式启用。5月1日起，美洲贸易区所有东行合同全部通过IRIS－2制作产生，同时组织编写《太平洋航线东行新版（IRIS－2）合同维护、登记管理办法》，发放到美洲贸易区北美和各海外代理。5月下旬深入各口岸分部，举办关于“美线东行新版（IRIS－2）合同操作流程”培训，贯彻总部签约理念和原则，强调口岸分部操作注意事项，加强口岸单证工作准确性。下半年，会同BPS部门、上海分部船代部等，在上海地区AUTO－RATING试运行，取得初步成功，目前正逐步推进Auto Rating在所有远东口岸实施，促进IRIS－2新系统在美国航线上深入使用和完善。（康晓彧）

【加强进口FOB揽货】 2004年，市场营销部利用各口岸分部、物流公司等中远系统网络，集中销售力量，加强进口FOB揽货，重点揽取美加航线基本港货、高价货、多箱点货，改善美加航线进出口箱体不平衡；搭建销售网络，协助各口岸分部宣传中远优势，稳定现有客户群，开发潜在客户群，提高公司FOB服务水平，增加美加航线进口箱量和运费收入。

（胡陈伟）

2. 运营质量

【运营质量部】 2004年10月，美洲贸易区机构调整，综合管理部更名为运营质量部，下设预算管理及效益分析、运使费审核、流程与供应商管理；在原先综合管理部职责基础上，增加路径优化，规范内部管理流程职责。运营质量部现员9人，包括硕士研究生学历1人，大学学历6人。其中，中级职称4人。

现任运营质量部经理王荣。

（刘　隽）

【概况】 2004年，运营质量部加强经营分析和运使费审核，充分挖掘新系统潜力，分析和研究航线成本构成，强化成本控制。对航线经营成本细化，通过制度完善把成本控制落实到具体生产环节，建立成本单元问责制，制定各成本项目工作流程、标准成本及具体控制办法。制定全年经营效益预算，细化海内外相关区域部各项指标。应用 IRIS－2 系统正确测算北美内陆中转费，控制内陆货比例进而控制内陆成本；分析航线经营现状，测算航线保本点和基本港保本点运价，为营销工作提供具体定价指导；撰写月度经营和专题分析报告，提供经营决策参考。审核所属航线运使费支出，监控各项成本费用，提高运费审核速度、每月收入快报质量。根据调整后的美洲贸易区部门职责划分，加强路径管理和流程管理。通过优化标准化服务路径（SSO）、订舱路径以及对 SSO 进行集中管理，实现对中转成本控制。通过对供应商费率管理，在源头上控制成本支出，同时控制费率修改随意性，提高对工作作业单（job order）数据质量和开具的准确性。对不适用操作流程及时提出优化方案，降低成本、提高工作效率。

（刘　隽）

【建立太平洋航线服务合同贡献值分析系统】 2004 年，美洲贸易区在研究和论证基础上，会同中远集团总公司运输部、咨询发展部和计算机中心，从立项、开发需求申请、需求分析、后台表创建、运算逻辑设计到程序开发和用户测试通过，完成太平洋航线服务合同贡献值分析系统开发和建立，12 月份正式投入使用。针对太平洋航线业务操作、成本构成特点和东西行箱体平衡状况，采用个性化成本模型设计和贡献值逻辑运算，贴近对合约实际贡献的客观分析和评估。（朱　华）

【建立成本单元问责制】 2004 年下半年，美洲贸易区为分析航线成本构成，强化成本控制，建立成本单元问责制。工作流程为细分北美发生的成本项目；制定标准流程，确定各流程责任单元；制定各成本项目标准成本；采集各成本项目实际发生成本，定期统计费用并与标准值对比；分析原因，采取措施；定期考评责任人，与绩效挂钩。成本单元问责制的建立，将能很好地规范成本管理流程，规范运输路径，有利于成本的事前控制，切实降低成本支出，提升公司成本管理水平。

（刘　隽）

【运使费审核】 2004 年，中远集运收入核算采用财务操作 SAP 系统数据，实现日本、韩国、中国、中国香港、中国台湾、新加坡等地出口单证 IRIS－2 系统与 SAP 系统数据对接，基本保证单证完整和收入准确，避免制单错误，增加收入 30 余万美元。2 月中旬开始，中国地区出口至美加货物的目的港附加费（DDC）在舱单中单列，运使费审核纠正制单人员将一些附加费集中显示在 OCEAN FREIGHT、漏输合约号等错误，对口岸内陆联运和驳船费用重点审核，避免错误报账、重复报账、不合理安排拖车等问题，节省支出近 25 万美元。（俞科苗）

3. 航 线 管 理

【航线管理部】 2004 年 10 月，原航线调度部调整为航线管理部，下设航线调度和货运管理。主要职责为负责美洲航线船舶班期管理、舱位管理、货运管理、客户服务、危险品和大件特种货物的报价和管理；美国海关、加拿大海关、巴拿马海关货物预申报管理等。航线管理部管辖美西、美东 13 条航线，自营船舶 26 艘。航线管理部现员 15 人，包括 MBA 1 人、大学学历 12 人。其中，高级职称 1 人，中级职称 12 人。

现任航线管理部经理康传亚，副经理张延。（刘国治）

【概况】 2004 年，航线管理部进一步强化运力结构调整，8000TEU 新船替代原先 5445TEU 船，首创 CLX 线港到港直达快航精品服务模式，增加美东快航运力，加强航线调度管理，降低经营成本。转变“航线经营”到“舱位经营”理念，加强航线合作，进一步完善航线网络，增加航线挂港频率，扩大服务区域范围，缩短交货期，提

升服务水平，实现美洲贸易区经营效益的飞跃。 （吴士山）

【SEA航线运力升级】 2004年8月4日，第一艘8000TEU船舶“COSCO LONG BEACH”在上海上SEA航线，标志着SEA航线运力升级拉开序幕。12月30日“COSCO YOKOHAMA”在宁波上线，完成该航线运力从5445TEU到8000TEU升级工作。该组船舶属长期租赁，所有船员都是外籍人，实现了公司从传统拥有船舶到管理船舶。 （刘国治）

【“中远长滩号”轮首航美国长滩港系列庆典活动】 2004年8月25日，中远集团与美国长滩港务局在美国洛杉矶长滩码头举办系列活动，隆重庆祝中远集团第一艘8000TEU集装箱船舶“中远长滩号”轮首航美国长滩港。庆祝活动由中远美洲公司副总裁霍华德·芬科主持，中远集运公司总经理许立荣向来宾介绍该轮以及该轮所在航线设置和运营情况。长滩市市长贝弗丽·奥内尔，长滩港务局首席执行官理查德·斯特其，美国装卸公司总裁约翰·海明威等分别致欢迎辞。美洲公司董事长高伟杰在仪式上宣读中远集团魏家福总裁向活动发来的贺信和受魏家福总裁的委托代表中远集团发言，多位长滩市政府议员、长滩港务委员会委员和中远在美国的业务伙伴、货主以及各界朋友共计150余人应邀参加庆祝活动。“中远长滩号”轮是最新超巴拿马型的8000TEU集装箱船。该船在德国E.R.SCHIFFAHRT订造，由韩国蔚山现代重工船厂建造，中远集运租赁经营。它将与其他四艘同类型的船舶陆续投入中远太平洋航线运营。该船目前的设计挂港为宁波、厦门、香港、盐田、长滩、温哥华、横滨、宁波。此次活动引起当地和国内媒体关注，中央电视台驻联合国记者站、新华社驻联合国记者站、人民日报、凤凰卫视以及多家美国当地报社对活动作了采访和报道。

（康传亚）

【中远集团与四川长虹签署战略伙伴协议】 2004年9月8日，中远集团在四川绵阳与长虹集团总部举行战略合作协议签字仪式。中远集团总裁魏家福、副总裁陈洪生，中远集运总经理许立荣、副总经理史美思及有关部门负责人，长虹集团董事长赵勇、总经理王凤朝及物流公司负责人参加签字仪式。 （康传亚）

【CLX上海/长滩快航】 2004年3月18日，美洲贸易区开辟美国长滩快航（CLX）。该航线共投入4艘1700TEU船舶，提供上海至长滩的直达服务，航程12天，比原航线快2天。这是业内首创的美国航线定点、定时交货航线，被誉为“海上直通车”。 （刘国治）

(二)欧洲贸易

【欧洲贸易区】 欧洲贸易区成立于2001年12月1日。下设西北欧经营部、地中海经营部和大西洋经营部。主要职责为编制、维护、公告各经营部主管航线船期表;对各经营部主管航线船舶集装箱运输装载、预配协调和跟踪管理;跟踪各经营部船舶动态,参与应急行动,保持船岸之间和有关方面联系,解决客户要求,指导、协调并考核经营部、代理公司的客户服务;搜集并分析研究主管航线市场信息,制定并实施航线宏观运价策略和管理办法,实施航线运价制定、公布、调整和管理,审批特价,建立、维护与运价稳定组织、班轮公会等联系,参加有关活动;指导各经营部市场营销政策和策略的研究制定及营销队伍建设,实施基础货源组织开发,做好有关服务合同签订、执行和管理,做好客户档案建立及管理,定期拜访重要客户;指导督促各港代理完善运费舱单(包括EDI舱单)单证制作,指导收集并掌握所辖港口费规和各项协议,指导收集并掌握合作舱位租金结算协议;维护质量及安全管理体系,确保各经营部管理符合ISO9000标准要求。欧洲贸易区现员40人,包括硕士研究生学历3人,大学学历31人。其中具有高级职称3人,中级职称26人。

现任总经理梁波,副总经理翁林、周传喜。 (崔玉辉)

【概况】 2004年,欧洲贸易区适应航运市场变化,促进运价恢复并加大销售力度。全年共完成箱运量918652TEU,为年计划的108%;完成运费收入为年计划的115%;单箱收入为1087元,比年计划高

欧洲贸易区领导接待客户

出7个百分点。8月,尝试红海/欧洲、地中海/欧洲直航服务,5500TEU船舶首次挂靠南沙港、两次挂靠那不勒斯港,为西北欧二线正式营运积累宝贵经验,打下市场基础。9月,陆续接收4艘5500TEU船舶开辟西北欧二线,扩大西北欧航线的覆盖面,提升服务质量,经济效益显现。是年,抓住时机先后三次提高运价,实施运价恢复措施,使欧洲航线西行运价稳步增长。 (崔玉辉)

1. 西北欧经营

【西北欧经营部】 2001年12月1日,西北欧经营部成立。下设市场销售、航线调度。主要职责:制定西北欧航线运价策略和管理办法;负责指导西北欧航线运价、转运费、附加费及条款制定、公布调整和管理;指导实施西北欧航线运价底价的制定、下发、调整和管理;按运价管理权限对低于运价的特价审批;督促、审批被赋予运价管理权限的相关单位制定内部运价管理办法,通过IRIS-2系统对所辖国内外口岸的运价实施督监检查和审批;进行西北欧航线营销政策研究和营销队伍建设,指导并实施货源组织开发;与货主洽谈协议货量、运价、条款,监督协议客户货量及运价执行情况;对客户日常维护、回答、询问,提升客户服务;实施对所辖航线船舶动态跟踪、运营监督和班期管理,对所辖航线班期表编制、维护和发布及挂港、港序等临时调整,对所辖航线舱位分配及管理、监督,并对货物中转路径实施管理;制作预配图和制订作业及各港预配方案,实行合理配载,做好成本控制;协调和指导海外预配人员合理配载,协助箱管人员合理调运空箱,最大限度提高舱位利用率,提高装卸效率,缩短船舶在港时间,保证班期;协调处理船舶生产具体问题,最大限度实施箱体平衡。西北欧经营部现员14人,包括大专以上学历13人。其中,具有中级以上职称5人。

现任西北欧经营部经理胡华。

(邹 洁)

【概况】 2004年,西北欧经营部以航线效益最大化为目标,利用航运继续走强有利形势,在优化航线服务的同时成功地实现运力升级,有效提高市场竞争力,拓展市场服务和与客户间合作关系,舱位利用率稳中有升,在提高市场运价、扩大客户群、增大航线效益、树立中远形象等各方面取得显著成果,完成公司下达的各项指标任务,创下效益新高。

(邹 洁)

【运价调整】 2004年,根据西北欧航线西行市场继续好转情况,抓住机会提高运价。欧洲航线共实施三次西行运价上调,1月1日运价上涨USD150/TEU;4月1日,运价又上涨USD150/TEU;7月1日再次实施运价恢复措施,各口岸的执行运价普遍上涨USD100/TEU。同时进行欧洲航线东行运价恢复,也取得一定效果,单箱收入上涨USD20/TEU。紧跟市场,每月及时调整燃油附加费BAF的水平。针对欧元持续坚挺的情况,6月份开始收取币值附加费CAF,以弥补在实际经营中的成本上涨。下半年开始,根据欧洲码头向承运人收取ISPS情况和其他船公司反应,经营部与各码头开展谈判,及时向客户收取相应附加费PSF和CAS。

(邹 洁)

【营销工作】 2004年8月份开始,陆续投入"鲁河"、"粤河"、"皖河"、"晋河"、"川河"5艘5500TEU船舶,开辟欧洲二线,欧洲航线运力得到大幅提升。为确保新航线利用率,经营部加强航线营销工作,克服开线初期班期间隔大、挂港不固定等不利因素,与各相关口岸代理密切沟通,根据市场实际选择不同挂港;同时扩展新的市场,选取南沙作为直挂港,加挂JEDDAH港提高西行装载率,挂NAPLES,适度扩大地中海货源比例，并开发地中海和欧洲之间的市场，为欧洲二线正式营运积累经验，打下市场基础。经营部认真分析潜在市场和现有市场潜力、特点，针对不同市场，制定相应营销目标和策略，合理配置运力，及时应对市场变化。同时优化货源结构，发挥箱管协调功能，保障航线和区域内箱体平衡和用箱。开发西行货源，解决北欧及内陆地区市场缺箱点问题。对不同客户群进行区分，整合欧亚两地市场营销，促进互动销售，调整不同种类客户货量比例，发展有双向货源的稳定客户群。针对东行市场调动欧洲区域资源，给各代理制定明确提货目标，加调东行出口货物揽取。通过投标和签约来提升东行货量，加强与NVOCC的合作，提升东行CKD工作服务质量，铺设北欧地区支线网络，降低欧洲内陆中转成本。西北欧航线加大与国内各口岸代理及欧洲代理互动销售，接待各地代理来访，派销售人员赴国内外各口岸与分公司，实行短期外派制度，派出2名员工前往欧洲公司短期学习工作。（邹　洁）

2. 地中海经营

【地中海经营部】 2001年12月1日，地中海经营部成立。下设市场销售、航线调度。主要职责：制定地中海航线运价、转运费、附加费及条款，实施地中海航线运价底价制定、下发、调整和管理，以IRIS－2为工具，审批日常协议和特价，督促、指导相关单位制定内部运价管理办法，并监督运价执行情况；分析研究国际经贸和航运市场形势，进行地中海航线营销政策研究和营销队伍建设，指导并实施货源组织与开发；与货主洽谈协议货量、运价、条款，监督协议客户货量完成情况及运价执行情况，对客户进行日常维护并回答客户相关询问；保持与其他船公司联系，了解市场行情，抓住时机恢复运价；实施对所辖航线船舶动态跟踪、运营监督和班期管理，所辖航线班期表编制、维护和发布及挂港、港序等临时调整等，所辖航线舱位分配及对分配舱位管理、监督，并管理货物中转路径，协调处理船舶生产业务中遇到的具体问题，最大限度地实现箱体平

衡。地中海经营部现员10人,均为大专以上学历。其中中级以上职称8人。

现任地中海经营部经理方亮。

(李大伟)

【概况】 2004年,经营部加大对航线舱位协调力度,实施动态管理,精心配载,让现有舱位创造更大经济效益。重视船期管理,尽量保证船舶准班运行,为广大客户提供良好服务。对货物全程运输进行监控,配合相关部门,做好船舶安全生产工作。针对地中海个别港口出现压港影响,及时采取措施,防止船舶班期延误,迅速地做好相关货物转运安排。同时,时刻关注市场动态,利用运价杆杠,组织货源,开发好FOB货源,充分调动代理揽货积极性。抓住航运市场机遇,深挖潜力,追求航线效益最大化。(汪 峰)

【地中海航线运价恢复】 2004年4月1日,地中海经营部通过市场调研,抓住机遇,推进运价恢复。首家宣布运价上调。6月15日,宣布在内地大多数口岸和中国香港、东南亚等地施行运价上调,并将HQ附加费上调。此次调价幅度是历年来最大的一次。此外,地中海航线还从6月份开始征收币值附加费CAF,进一步提高运费收入。是年地中海经营部单箱收入达到历史最高水平,航线收入和利润也创历史新高。(李大伟)

【营销工作】 2004年,地中海经营部逐渐转移市场销售重心,不单纯依赖NAPLES货源,努力提高地东及地中海其他港口市场份额,增强应对市场变化能力。各港口货量在航线船舶占有比例趋于合理,尤其是GENOA和地东港口比例显著上升,舱位利用率保持稳定,为下一步运力升级打下良好货源基础。加大对FOB货源开发力度,通过现场揽货、日常沟通、运价支持等手段,使得更多收货人熟悉公司的服务,提高AMX航线在地中海地区知名度,FOB货源明显上升。经营部注意加强对市场分析与研究,在春节、"五一"、"十一"、ADX开线和欧洲二线加班船到来前,要求各口岸分部做好淡季揽货工作,并派员前往一线现场布置和落实,有的放矢地采取灵活运价政策吸引货源,取得很好成效。AMX、ADX和欧洲二线加班船西行平均重箱舱位利用率接近100%,真正做到"淡季不淡"。通过和地中海地区代理密切联系和沟通,重点开发欧洲和地中海之间短程运输项目,不仅缓解箱型不平衡,降低空箱调运成本,也使短程舱位得到充分利用,进一步提高航线总体效益。通过和欧洲公司及西班牙代理共同努力,经营部开辟达卡到远东冷箱运输,全年货量超过300RFTEU,对提高东行航线效益起到重要作用。

(李大伟)

【开辟合作新航线】 2004年3月28日,中远集运、阳明、SENATOR三方决定开辟远东—爱琴海快航首航,挂港顺序为:高雄—香港—赤湾—新加坡—塞得港—伊斯坦布尔—萨洛尼卡—兹密尔—新加坡—高雄。中远集运投入"奇云河"轮,箱位1400TEUS。阳明投入4艘船舶,SENATOR投入1艘。(汪 峰)

3. 大西洋经营

【大西洋经营部】 2001年12月1日,大西洋经营部成立。下设市场销售、航线调度、运使费审核、特种货运输。主要职责:负责大西洋航线销售经营管理,规划调整航线及运力,处理班期延误及船舶航线临时性调整,制定、修改和实施航线年度舱位分配计划,做好与其他船公司航线合作管理;收集航运市场信息,掌握市场需求,制定并实施市场开发计划;制定、调整航线运价,做好重大客户联络公关,建立和完善主要客户档案,对中、小客户及合同(协议)做好授权签订及控制管理;欧洲内陆和支线运输管理,确定和维护合理运输中转路径、做好货物中转管理;做好危险品货物安全运输管理和报价审核;落实区域内集装箱管理,根据集装箱调运计划,实施空箱调运,核定和审批免费箱天和滞期费;对运使费审核,汇总航线生产统计,测算主管航线成本和效益,查找原因,拟定并实施改进措施;做好与中远美洲部、中远欧洲部在大西洋航线上的业务协调。大西洋经营部现员 15 人,均为大专以上学历。其中,中级以上职称 10 人。

现任大西洋经营部部长翁林(兼),副部长沈菊根。 (崔玉辉)

【概况】 2004 年,大西洋经营部通过运价调整,积极改善航线平衡和货流结构。大西洋线东西行重箱量之比高于 2003 年,5 条大西洋线总体东西行箱运量基本保持平衡。根据航线实际情况,控制北美内陆进口货比例和改善英国进出口货平衡。核对财务部 SAP 主航次效益测算结果,研究分析新旧测算口径的巨大差异,对其中不合理之处提出改进要求。针对收入中航次提单抽取时间在各挂港之间差异导致收入不合理减少,中转费成本入账口径的差异导致中转费预估偏高,空箱调运费分摊的逻辑存在缺陷、实际分摊数据有待进一步核实,船舶调整后航线单箱网络成本上升,美国段支付的代理佣金偏高,所处航区集装箱固定费用高等问题,向公司提出调整建议。利用 MIS 报表提高基础数据真实性,保证航线效益测算结果的准确性。 (崔玉辉)

【运价管理和市场营销】 2004 年 3—4 月份,西北欧—美湾 FAK 运价上调,实际上涨 USD50/CNTR;5 月 15 日,美国东行运价上调,实际上涨 USD50/CNTR;7 月 2 日,意大利—土耳其西行运价上调,实际上涨 USD25—50/20'/USD50—100/40';10 月份,欧洲/地中海/以色列西行运价上调,实际上涨 USD25—100/20'/USD50—200/40';10 月 21 日,美国东行运价上调,实际上涨 USD25—250。紧跟市场,提高燃油附加费,西行涨幅:西北欧 USD52/TEU、地中海 USD60/TEU、以色列 USD41/TEU。通过对运价控制,积极改善航线平衡和货流结构。 (周晓敏)

【航线调整】 2004 年 1 月,地北美东周班航线(AMA)撤线;4 月 1 日,地中海美东航线"裕固河"轮在纽约下线,其班期由新租入"WESTERHEVER"轮替代;8 月 31 日,西北欧美东航线"珍河"轮在查尔斯顿港下线,班期由地中海美东航线的"COSCO NORFOLK"轮替代,同时,"COSCO NORFOLK"轮班期由"飞云河"轮替代。航线调整后运力投入减少,TAS1 航线舱位从原来每周 755TEU 下降到 640TEU,TAS3 航线舱位从每周 1400TEU 下降到 675TEU。 (杨劲松)

【运使费审核】 2004 年,欧洲贸易区关闭地北—美东周班航线,增加中国—西北欧周班航线、爱琴海快航。挂港逐步上线后,对未上线港口的 EDI 舱单用 MIS 下载舱单数据审核,发现 SAP 接口问题,造成运费收入 775 万元不能接入,并提交相关部门解决;跟踪并敦促装港及时在系统中更改公司调度、销售确认的运费错误;审核财务销账记录,发现并追查财务按照代理提供的过期协议删掉的应收 TAR 15 万美元;配合财务清理法国当地费用 12719 条,拒付 8.5 万多元;搜集保存贸易区内航线所挂各港的最新港口协议与码头装卸协议等;7—8 月意大利、西班牙使费上线,为单证中心讲解审核使费注意事项,发现并拒付因装港代理更改货物重量、件数和尺码而产生的重新报关费等 1.3 万欧元及意大利代理经营航线 COSMED 应承担的西班牙内陆托运费 14 万欧元,通过追查不明供应商,发现服务合同签署中可能漏掉支线收入问题等;联系 BPS 与财务共同规范海外代理使费报账;舱位租金结算由原来一人负责所有航线改为由三人分别负责不同经营处的工作,拒付不合理费用约 289 万元,并对短程货的计算方法提出新的要求;对应支付国内口岸内陆与驳船费用进行审核，拒付不合理报账及追回差额近 496 万元；多次配合企划部、财务部对内部舱位费费率进行核算，发现问题，提出改进意见；参与编写货物费、中转费控制办法；根据使费上线审核工作需要，与单证中心探索运费审核前移。（郑　艳）

（三）亚太贸易

【亚太贸易区】 2001年12月1日亚太贸易区成立，下设澳新经营部、亚非拉经营部和亚洲经营部，管理亚洲、太平洋、南非、南美地区航线业务。工作职责为编制、维护、公告各经营部主管航线船期表；按规定对各经营部主管航线船舶集装箱运输装载、预配进行协调和跟踪管理；做好各经营部船舶动态跟踪，参与应急行动，保持船岸之间联系，解决客户要求；指导、协调并考核所辖口岸公司(代理)客户服务；搜集和分析研究各主管航线范围内的航运市场信息；制定并实施各经营部航线宏观运价和运价管理办法，参与各航线运价制定、公布、调整、管理及运价审批；建立和维护与运价稳定组织、班轮公会等联系和沟通，参与相关活动；指导所辖口岸公司(代理)市场营销政策研制和营销队伍建设；实施基础货源组织开发，做好相关服务合同签订、执行和管理；做好客户档案建立及管理，定期拜访重要客户；指导督促口岸公司(代理)完善运费舱单(包括EDI舱单)单证制作；收集和掌握所辖港口费规和各项协议；指导收集和掌握合作舱位租金结算协议；维护日常营运质量及安全管理，确保各经营部管理符合综合管理体系标准。亚太贸易区现员41人，其中，硕士研究生学历4人，大学学历31人，大专学历5人。

现任总经理辜伟峰，副总经理张炜。

（贾腾飞）

【概况】 2004年，亚太贸易区根据公司“舱位经营”理念，制定措施，以IRIS-2新系统为手段，克服短程舱位紧张、船况老化、港口拥挤、班期情况较差等诸多不利因素，采取舱位租入、买入和换入等经营方式，降低航线经营成本，在舱位租入上，以租用舱位形式开辟东南亚—南太平洋航线，弥补中远在南太平洋地区服务空白，提升中远全球承运人形象。在舱位买入上，通过南非南美线合作协议向合作方买入西行舱位1800TEU；在舱位换入上，通过华北东南亚线分段舱位互换，初步建立起区域运输网络，1—9月舱位互换取得支线舱位11143TEU。加强公司内部横向协调，充分利用公司资源，优化中转路径，实现船舶舱位最大利用率。利用IRIS-2系统，提高航线监控能力，加强运使费审核力度；改革海外体制，增强航线经营新活力。亚太贸易区全年完成箱运量(重箱)649778标准箱，超额完成公司各项经营指标。

（陈　瑶）

1. 澳新经营

【澳新经营部】 澳新经营部成立于2001年12月1日，经营管理中国—澳大利亚航线(中澳线)、华北—澳大利亚航线(华北澳洲线)、日本—中国香港—新西兰航线(日香新线)、日本—韩国—澳大利亚航线(日韩澳线)、南太平洋岛国航线和综合管理。航线经营部职责为根据船舶运输情况作出适当安排，维护班期；实施船舶舱位分配、预配和货物装载、中转管理及客户服务；负责审核所属航线运使费、各项成本预算及监控。综合管理职责：搜集、分析和研究所属航线航运市场信息；准备航运组织活动及会议相关资料；分析研究公会运价，动态监控运价和附加费；

做好贸易区内箱管协调及后勤工作。澳新经营部现员12人,其中MBA硕士学历1人,MBA硕士在读1人,大学学历8人,大专学历1人。

现任经理唐昀。　（贾腾飞）

【概况】 2004年,澳新经营部员工群策群力。春节后南行货量迅速恢复,淡季不淡,北行因大宗货物出口使货量上升,航线效益取得盈利,为淡季增加航线箱量,利用中澳线富余班期加挂宁波港。3月份爆舱撤销加挂宁波港,保证长期客户货物按期出运。5月份,随着市场新航线陆续投入和旺季来临,再次加挂宁波港,补充淡季货源。全年揽货重点向基础客户倾斜。利用上半年爆舱契机,高价位签订一批长期合约客户,保障航线基本效益。在北行销售上,由于散货市场运价上涨,散货改配集装箱,带来澳洲北行货量上升,缓解压箱数量,降低调箱成本。针对是年各家公司开设澳洲航线,抢占澳洲市场现象,通过同北东亚澳洲快航(NEAX)合作开设华北澳洲航线,直航服务延伸到中国每个基本口岸,保持中远在澳洲市场优势及市场份额。在新西兰方面,继2003年中新双边贸易的持续快速增长,中国与新西兰签署《中新经贸合作框架协定》和已批准在华投资项目,为中远新西兰线南行货量增长提供了条件。为北行普通箱市场份额取得增长,澳新经营部开发北行40英尺木材、40英尺废纸和20英尺原木箱,从多箱的新西兰运到缺箱的远东及华南,箱子平衡和航线效益都有很大改善。　（唐　昀）

【揽取新西兰北行木材】 2004年,澳新经营部重点开发新西兰Tauranga港,在揽取新西兰北行木材方面有重大突破。针对Tauranga港缺箱,对5家FOB大进口商制定优惠的Tauranga进口运价;开发新西兰Auckland到Tauranga沿海货;会同船长和代理研究改进配载,拜访华南木材进口商,使新西兰Tauranga港供箱量比2003年增长14%。　（陶元颖）

【推行冷箱干用】 2004年,受南北行货物结构影响,南行以干箱货为主,北行以冷箱出口为主,造成南北行调箱困难。受南行市场旺季影响,南行冷箱调箱计划受到制约,北行用箱紧张。为解决这一矛盾,降低双向调运成本,澳新经营部及各地代理积极开发并推行冷箱干用(NOR)优惠政策。全年澳新航线共开发冷箱干用2512TEU,较上年增加1038TEU,有效降低了澳新航线空箱调运成本。

（陈　瑶）

2. 亚非拉经营

【亚非拉经营部】 亚非拉经营部成立于2001年12月1日,下设南非南美线(ESA)、远东南非线(FAX)、海湾线(CPG)、红海线(FRS)和特种货物运输。南非南美线和海湾红海线职责:实施对所管辖航线(南非南美地区,海湾红海地区)船舶动态跟踪、运营监督和班期管理;协调处理船舶运输业务问题;实施对所管辖航线港口使费和货物费等成本监控;做好所管辖范围内客户服务;做好年度效益评估等报告。特种货物运输职责:负责限制危险品及特种货物运价确认、订舱确认、全程跟踪和运输安全问题等。亚非拉经营部现员14人,其中硕士研究生学历2人,大学学历12人。

现任经理陈向东,副经理虞航。

（贾腾飞）

【概况】 2004年,南美经济复苏,南美航线持续爆舱,全年航线运价得到恢复。亚非拉经营部通过与南美东航线航运公会(ECSA)和远东/非洲航线航运公会(G8)沟通,互相通报市场信息,促进运价回升。与各代理以及各公司合作,南非南美GENERAL RATE INCREASE(GRI)营销计划得到落实。积极协调箱管部门,共同做好调箱工作,箱运成本得到控制;注重做好封闭区域内箱体平衡,加快箱体在区域中的流动速度,避免盲目调箱,节约调箱费用;指导船长节省船舶燃油费,加强对租入船舶的油耗监控;加强运使费审核,杜绝不合理费用支出。为增加航线效益,节省南非南美线保班成本,4月起,启动远东至南非德班的直达服务,新航线开通有效解决了南非南美线的运力瓶颈,加强了航线平衡,提高了盈利能力。

(陈向东)

【运力扩展和配置】 2004年,亚太贸易区为提升南非南美线运力,提高服务质量,保留原远东/南非南美东周班(ESA)航线,关闭远东/南非周班(FAX)航线。调整后的远东/南非南美东周班航线(ESA)加大中国香港、中国台湾和东南亚地区舱位供给,挂港延伸至国内,改善班期,提供优质服务,使其成为公司新的效益增长点。 (王坤辉)

【危险品货物运输】 2004年,亚太贸易区按照公司对化学危险货物运输要求,加强对化学危险货物运输和管理,细化操作规程,健全危险货物监控体系,在制度和体制上确保危险货物管理、销售及安全运输,加快IRIS-2系统在危险品运输管理及定舱确认方面的推进及运用,维护IRIS-2系统中相关危险化学品货物数据库,运用系统来限制、查询、监控和指导相关危险品运输,确保危险品安全运输。

(郭武斌)

【西行冷箱市场】 2004年,开发西行冷箱市场,航线的冷插数为27个,以解决南美东行冷箱不足,达到双向平衡的功效。

(王坤辉)

3. 亚洲经营

【亚洲经营部】 亚洲经营部成立于2001年12月1日,下设华北东南亚线(SEN),东南亚区域航线、中国台湾/韩国线和运使费审核科。东南亚诸线和中国台湾/韩国航线职责:实施对所辖航线船舶动态跟踪、运营监督和班期管理,协调处理船舶运输中的问题;实施对所辖航线港口使费和货物运费等成本监控;做好所辖范围内客户服务;做好年度效益评估。运使费审核职责:负责亚太贸易区所辖航线运使费审核,及时收集、更新、整理、归档分管航线各类运使费资料;对运使费审核中发现少收、多收、错收等单证差错及制单不规范,及时与有关部门交涉。亚洲经营部现员13人,其中大学学历10人,大专学历3人。

现任经理陈跃国,副经理郭铮。

(贾腾飞)

【概况】 2004年,亚洲经营部针对SEN舱位利用情况及时调整运价,提高华北东南亚(SEN)线收入,使其摆脱亏损情况,12月份单月盈利149万人民币。针对SEN线货物较重的特点,利用运价杠杆,调整SEN航线货物结构,通过控制重货运价、调整低价货和重货舱位方法,提高船舶载货能力。针对SEN线船速慢、耗油量大及航期脱班,通过缩短港口时间赶回班期方式,减少不必要燃油成本支出,增加航线效益。根据经营地区存箱量与货量的特点,注重揽货与调箱相结合,减少调箱成本,提高回程舱位利用率。在东南亚支线网络铺设上,与长荣(EVER GREEN)、日本邮船(NYK)、中国海运等船公司合作,进一步发展COSCON在东南亚支线网络。通过与合作方协商,开辟泰越线、泗水—三宝垄—新加坡周班航线(IN3)、雅加达—新加坡周班航线(SCS)等新航线,(泗水)SUR—(雅加达)JKT与(新加坡)SGP周班服务升级为周双班服务,扩大COSCON在印尼的航运范围,提升COSCON的服务质量。 (陈跃国)

【东南亚支线网络建设】 2004年,为满足欧美主干线船舶,开拓东南亚市场所需运力升级和舱位需求量,解决降低支线成本、中转路径、箱子进出路径、支线和干线的连接点及连接时间等问题，亚洲经营部对原有SEN线各段有效舱位进行研究分析。通过有效舱位互换，建立区域运输网络，在东南亚运力无法增加的情况下，向主干航线提供较为畅通供货渠道，降低支线成本，提升SEN线舱位价值；与EVER GREEN、NYK、GEMARTRANS（VIETNAM）LTD.等船公司合作，增开泰越支线，发展东南亚支线网络，增加中远集运在东南亚服务频率和覆盖面，积极利用泰越线富余舱位换取东南亚其他港口与新加坡和香港之间服务，进一步完善支线网络和降低成本。（张　旸）

【提升中国台湾航线竞争力】 2004年，亚洲经营部为扩大中国台湾航线市场份额，增加航线盈利，相继用“潮汕河”轮、“大清河”轮替代“东凤”轮、“东龙”轮。为解决华北“出多进少”、华东“进多出少”的问题，将中国台湾华东线与华北线整合，利用现有货流和资源，提高航线效益。

（陈　阳）

(四)泛亚公司

【上海泛亚航运有限公司】 2004年5月18日,中远集运公司将中日贸易区、沿海贸易区合并,纳入原上海中远集装箱沿海运输有限公司,对原上海中远集装箱沿海运输有限公司进行变更,成立"上海泛亚航运有限公司"(英文名称:Shanghai Pan-Asia Shipping Co.,Ltd),简称"泛亚公司",并正式挂牌运营。该公司注册资本6.688亿元人民币,其中,中远集运公司占99.25%、上海远洋运输公司占0.75%。同年12月份,根据中远(集团)总公司LUCKY项目的要求,上海远洋运输公司所占0.75%的500万人民币股本经过资产评估全部转让给中远集装箱船务代理有限公司。12月1日,中远集运公司长江流域内支线经营主体也转移至泛亚公司。至2004年底,泛亚公司拥有船舶24艘,租用船舶9艘,总运力30400TEU。下设6个部门:中日经营部、沿海经营部、支线经营部、经营保障部、财金管理部和行政管理部。泛亚公司现员60人,包括MBA硕士5人,在读MBA硕士6人。其中具有高级职称2人,中级职称28人。

现任总经理韩国敏,党总支书记吴秋平。 (王 艳)

【概况】 泛亚公司依托中远集运公司,实施差异化经营策略,以做精中日航线、做强内贸航线、发展内支航线为宗旨,努力成为优秀的区域承运人。2004年,6条中日快航构筑起冷藏货、服装、电器三大高速货运通道,8条内贸航线及外贸内支线,为推进中国沿海和腹地物流发展发挥重要作用。是年,泛亚公司紧贴市场实

祝贺泛亚公司成立

际,在航线设置、船舶配备、货源开发、市场营销、班期管理、航线监控、降本增效、细化管理等方面取得长足的进步。

（王　艳）

【开业庆典】 2004年5月18日,上海泛亚航运有限公司成立庆典在上海远洋宾馆举行。交通部水运司副司长张国发,上海市人民政府副秘书长洪浩,中远集团党组书记张富生,副总裁王富田、陈洪生,上海市、全国各港航口岸单位领导,泛亚公司重要客户代表以及中远集运公司领导许立荣、吴树雄、刘昌龙、陆富根、周琥、韩成敏、蔡张德、徐政军、邓黄君等出席成立庆典。洪浩和张富生为新公司成立揭牌。

（王　艳）

1. 中日经营

【中日经营部】 中日经营部于2004年5月18日成立,其前身为中远集装箱运输有限公司的中日贸易区。主要负责中国至日本的集装箱运输市场营销、航线调度和综合业务。全年共经营9条自营航线和3条合作航线,覆盖中国内地从南到北主要口岸及日本关东、关中、关西地区的主要港口,多式联运网络遍及中国及日本所有内陆网点。中日经营部现员15人。

现任经理朱涛(兼),副经理王小文。

（田　维）

【东京专用码头搬迁】 从2004年2月16日起,中远集运公司在日本东京的专用码头搬迁到日本上组港,由上组株式会社操作相关代理业务。（于　泳）

【航线调整】 从2004年4月开始,调整部分船舶和航线。取消“长江—日本线”,与TSK合作开辟“华北—关东线”;在上海投入“竹子”轮,开设周二“绿色快航关东线”,弥补公司上半周上海至日本关东航线服务空白;调整原先周二“中远菊花”轮挂港序,开辟“绿色快航关西线”,提高公司在上海口岸日本线服务的竞争力。

（于　泳）

【HDS服务】 2004年11月12日,在昆山召开第三届HDS研讨会,中日各港口代理、部分HDS客户代表等参加会议。2002年,在上海成功实施HDS服务后,逐步完善HDS网络铺设,HDS服务范围不断扩大,已延伸到青岛、宁波、厦门、福州、南通等地,HDS货物结构也从原有服装类产品扩展到各类消费品、电器产品等。2004年泛亚公司中日航线总计完成HDS箱量19487TEU。（杨　献）

【回程货】 2004年,为进一步加大回程货揽取,公司指定专人负责,完成和日本大型商社的签约和维护工作,并启动实施互动销售计划,同时成立青岛进口项目小组,制定相应销售目标、策略和措施,青岛回程货市场份额有明显提高,从2003年9%上升到2004年12.3%。（杨品中）

【电器客户】 世界级知名电器公司纷纷在中国沿海和内地设厂,其中日本公司占绝大比例,这使电器在中日航线三大类传统货物中所占比例逐年增加。在原中日贸易区推出“电器快航”基础上,公司开发和拓展与各电器客户合作,理顺各电器客户的出运路径,提高服务质量,同电器客户建立较为稳定的合作关系。2004年,共承运电器货箱近13500TEU。

（朱飞雁）

2. 沿海经营

【沿海经营部】 沿海经营部负责研究内贸市场和航线经营情况,研究、分析内贸航线的航线规划、船舶配置等情况;内贸航线合作和选择、洽谈和签署有关合作协议;内贸航线船舶日常计划调度及港口、船舶和代理等相关方面的协调;船舶班期表编制、维护和发布;航线生产运输情况快速统计;对货运质量监督及内贸线货运业务的咨询;服务规范、标准、指南制定、实施和跟踪；客户特殊需求确认；内贸航线运价制定、维护和更新；日常运价咨询、对外报价；特价审批；建立和管理客户档案，定期拜访重要客户；内贸用箱协调和跟踪管理。沿海经营部现员12人。

现任经理曹英男，副经理徐飞攀。

（黄一星）

【内贸会议】 2004年2月26日，由原沿海贸易区筹办的"内贸工作会议"在广州召开，中远集运公司各分部、口岸和相关单位参加会议。会上制定2004年内贸航线奋斗任务和实现做强内贸航线、扭亏为盈目标。要求各区域口岸单位切实加强营销力量、保证船舶班期、做好各项服务，在口岸进一步做强中远集运公司的内贸航线；进一步优化航线、稳定运价、控制成本，实现内贸航线扭亏为盈。

（黄一星）

【优化挂港、降低成本】 根据市场情况，公司调整IC10航线，把北方四港调整为挂两港，在航次收入不变的前提下缩短营运周期，降低运营成本，每月增加效益100万元；调整IC6航线，"汉水河"轮、"汉涛河"轮原每月亏损100万元，通过北上挂营口、锦州，取消蛇口港等措施达到减亏增效目的，每月盈利100万元。

（黄一星）

【"汉江河"轮开辟锦州直航】 2004年10月，开辟锦州直航。"汉江河"轮从日本线转入内贸线营运，10月14日在上海上线，投入上海—营口—锦州—营口航线，10月19日，首航锦州港。（黄一星）

【扩大航线覆盖面】 2004年12月初，"松城"轮投入黄埔—蛇口—大连—烟台航线；"明城"轮投入黄埔—蛇口—山东航线，在原有航线基础上增加日照、烟台、青岛至泉州，泉州至山东地区及华南各港等流向；"高城"和"滨城"两轮投入汕头—北方港口航线，恢复中远内贸在汕头地区的直挂服务。（黄一星）

【天津更换新内贸码头】 从2004年3月开始，内贸各航线逐步开始在天津挂靠五洲码头。下半年，挂靠天津港的9条船，全部顺利转移码头。（黄一星）

【冷藏箱运输】 2004年沿海冷箱运输共承运5931TEU，比去年增加1816TEU，冷箱货种逐渐多样化，不但原有客户提高出货量，还开发一些大客户，减少调箱成本；延长内贸冷箱运输高峰时间段，提高月平均效益。（黄一星）

【稳定市场运价】 2004年沿海经营部与各内贸船东加强沟通，在制定市场价格中发挥主导作用，充分了解市场情况，制定合理运价政策，避免价格战，全年运价调整76次，单箱收入比2003年上升15%。

（黄一星）

3. 支线经营

【支线经营部】 根据中远集运公司决定，中远长江内支线经营和管理权从2004年4月1日起由上海中远国际货运公司移交给上海泛亚航运有限公司支线经营部。支线经营部下设运调科、综合科和规划科。主要负责长江内支线、沿海内支线航线设置，航线日常营运，驳船调度，结算费率，SOC箱销售，驳船期租及自有驳船建造。支线经营部现员10人。

现任经理李红光（兼），副经理李行平。（涂德明）

【长江管委会办公室】 从2004年12月1日起，长江管委会办公室从贸易保障部移至泛亚公司，长江管委会主任为中远集运公司副总经理史美思。长江管委会办公室负责人为泛亚公司副总经理李红光。长江办的职责保持不变。（涂德明）

【签订驳船租船协议】 支线经营部与十多家长江驳船船东新签长江内支线驳船租船协议，从而使中远拥有内支航线17条，航班每月达161班次，挂靠港口29个，投入内支线船舶57艘。

（涂德明）

城”轮。　　　　　　　（马　波）

【加强船舶燃油成本管理】 内贸船舶燃油费用大约占内贸航线变动成本的40%，控制燃油成本是航线运营重要环节。经营保障部对每一条内贸航线船舶建立档案，详细分析与跟踪，并及时与船上沟通；不定期上船实地测量，掌握船舶实际耗油与上报耗油之间是否存在大的差额，同时，向船员宣传节约用油重要性；把每一条船舶节油情况与其每月经营考核挂钩，适当激励。在船岸双方共同努力下，至11月底节油7300多吨。

（马　波）

【船舶所有权转让换证工作】 为增强泛亚公司经营能力，做强内贸线，做精中日线，中远集运公司将23条船划归泛亚公司投入内贸和中日航线营运。泛亚公司按计划、按时间节点做好所有权转让、船舶国籍证书变更、有关批文、国际航线船舶登记证明、船舶营运证、港费减免等换证准备，保证23条船按时进入泛亚公司内贸及中日航线营运。　（马　波）

4. 经营保障

【经营保障部】 经营保障部是泛亚公司新成立的部门，主要负责箱管、商务、综合业务。负责公司日常用箱协调，滞期费减免执行，超期重箱清查，中日航线挂衣箱业务；港航协议、代理协议签署，船舶租赁业务，内贸货损理赔处理，加油业务协调；督促检查船舶安全管理及海务、机务检查，备件、物料订购审核，所属船舶年度计划修费、航修费用审核，办理船舶营运证等。经营保障部现员8人。

现任经理项风（兼），副经理梁朝、徐昊。　　　　　　（马波）

【港航协议】 公司重签营口、天津、烟台、日照、连云港、上海、厦门、漳州、蛇口、黄埔等10个港口的港航协议，延续大连、青岛、宁波、福州、江阴、泉州、海口、湛江8个港口的港航协议，新签锦州和汕头两个干线船新挂港口的协议。缓解协议费率上调压力，使港口成本保持不变，保证内贸航线盈利能力。　（马　波）

【理货业务转换】 2004年，由中远集团、中海集团、中外运集团、中国外轮理货总公司分别出资32%、31%、32%、5%合资组建的中联理货有限公司在全国各大口岸陆续开展业务。以泛亚公司航线作为试点及突破口，首先在营口和烟台将理货业务委托给中联理货有限公司，取得成功。又陆续在蛇口、厦门、泉州、汕头、镇江、常熟、张家港进行理货业务转换。

（马　波）

【租船业务】 2004年7月7日，公司将“明城”轮期租给烟台海运公司，共同派船合作经营福建日本航线。由于航线经营困难，12月2日，“明城”轮在蛇口退租。为解决内贸航线运力紧张困难，经营保障部和京汉公司协调，泛亚公司向中远集运公司租入“肇庆河”轮和“新会河”轮，同时替换公司租给京汉公司的“滨城”轮和“高

5. 财金管理

【财金管理部】 2004年5月18日，原沿海贸易区财务会计部转制为上海泛亚航运有限公司财金管理部。财金管理部下设财务会计科和结算科。主要负责建立和完善上海泛亚航运有限公司独立的财务核算体系；制定公司财务管理办法和内部控制制度；针对公司中日航线、沿海航线以及长江航线经营业务情况，制定相应运使费结算办法和操作流程；加强财务基础工作管理，努力达到财务核算及时、准确和完整。财金管理部现员10人。

现任经理王盈，副经理田绍芹。

（王　盈）

【财务管理】 泛亚公司成立后，业务范围从原来沿海内贸航线，扩大到中日航线和长江支线，工作量成倍增长。财金管理部

对财务管理工作做了较大调整，制定各种新的内控制度及内部工作流程，对新进员工进行业务指导和培训，理顺与内部和外部单位之间结算关系，与各相关机构如银行、税务、外汇管理局等建立业务往来关系，使公司财务管理工作顺利开展。

（周　琦）

【SAP 财务核算系统】 泛亚公司成立前，财金管理部根据新增日本航线、内支航线核算所涉及会计科目、客户、供应商、船舶主数据、资产主数据等，在原上海中远集装箱沿海运输有限公司 SAP 账套基础上及时进行创建和维护，保证泛亚公司成立后会计核算和结算业务顺利开展。泛亚公司成立后，经过几个月努力，实现中日、内支航线提单接口系统、IAR 接口系统正式上线以及中日航线、内支航线、内贸航线 IJOS 接口在中国地区和日本地区正式上线，使泛亚公司结算工作登上一个新的台阶。（万　里）

【LUCKY 项目】 配合中远集运公司 LUCKY 项目顺利实施，接受普华永道和利安达·信隆 2 家会计师事务所为期半年多的审计，财务人员加班加点编制 2001 年—2003 年、20040630、20041231 期间多套相关审计报表，并及时准确地提供各方面审计所需资料及基础数据。

（周　琦）

【长江驳船业务在 SAP 财务系统的核算】 2004 年 12 月初长江驳船业务纳入泛亚公司，财金管理部及时针对新出现的业务在 SAP 财务系统中进行相应的设置，并及时确定长江驳船运使费结算方法，保证泛亚公司长江驳船运使费结算工作顺利开展。（万　里）

6. 行 政 管 理

【行政管理部】 行政管理部是泛亚公司的职能部门，主要职责为遵照上级指示和规定，编制公司工作计划，并组织实施；协助公司领导组织召开公司综合性行政会议、庆典活动；负责公司人事、劳动用工、党群工作；负责船舶各项奖金发放、企业工商劳动年检；负责公司车辆管理等后勤保障；按照上级党政工作要求，积极开展宣传教育，丰富职工文化生活，提高职工自身素质。行政管理部现员 3 人。

现任经理宋乃义。（王　艳）

【一届一次股东会会议】 2004 年 4 月 8 日，召开上海泛亚航运有限公司一届一次股东会。会议确认泛亚公司资产评估及产权交割，确定新公司董事会成员为许立荣、史美思、韩国敏、杨志坚、仇鑫尧和任勇青，监事会成员为吴树雄、邓黄君、徐政军，并同意许立荣为公司法定代表人。

（王　艳）

【一届一次董事会会议】 2004 年 5 月 13 日，在远洋大厦 25 楼会议室召开泛亚公司一届一次董事会。出席会议人员：中远集运公司总经理许立荣、党委书记吴树雄、副总经理史美思、总会计师邓黄君、纪委书记徐政军，泛亚公司总经理韩国敏，中远集运公司贸易保障部总经理杨志坚，船舶管理公司总经理仇鑫尧，上海远洋陆产总公司总经理任勇青。列席会议人员：中远集运公司原组织人事部总经理吴秋平、企划部总经理谢鑫、原沿海贸易区副总经理项风、原中日贸易区副总经理蒋明、原沿海贸易区财务部经理王盈。会议选举许立荣为董事长、吴树雄为监事长，并确定新公司组织机构设置、经营发展计划和预算管理等相关事宜。

（王　艳）

【一届二次、一届四次董事会会议】 2004 年 6 月 7 日、9 月 21 日分别召开上海泛亚航运有限公司一届二次、一届四次董事会。同意聘任李红光、吴秋平为上海泛亚航运有限公司副总经理。（王　艳）

【一届三次董事会会议】 2004 年 7 月 31 日，在杭州西子宾馆召开上海泛亚航运有限公司一届三次董事会。出席会议人员：

许立荣、史美思、韩国敏、仇鑫尧、任勇青。吴树雄、邓黄君、徐政军列席会议。会议审议通过泛亚公司总经理工作报告、财务报告和2004年5月18日—12月31日管理费预算。明确泛亚公司新信息系统方案在中远集运公司IRIS-2系统上进行改造，泛亚公司的集装箱使用目前仍纳入中远集运公司箱子管理体系。同意推进转化代理体制及船舶和船员管理原则。要求泛亚公司制定好中长期发展战略规划，发挥第二品牌的作用，并提高遵纪守法意识和加大自我监督力度。

（王　艳）

（五）贸易保障

【贸易保障部】 贸易保障部于2001年12月1日成立，下设总调度室、箱管部、商务部和项目投标部。主要负责汽车散件运输项目、集装箱多式联运、投竞标管理、商务管理、集装箱管理、值班调度管理和综合统计等。职能为负责跨贸易区集装箱运输合同的投标，制定标书及竞标、中标后的维护和协调；汽车散件运输项目开发和维护；集装箱多式联运项目开发及制定成本结算费率；集装箱动态管理、集装箱租赁、新造箱计划及实施、灭失箱处置、集装箱技术管理，冷箱、特种箱操作管理，集装箱修理控制管理；集装箱区域用箱需求审核、全球平衡计划和空箱调运计划制定及实施；全球集装箱堆场选择、协议签订及执行；公司集装箱各项费用预算、分配、执行、控制和管理，集装箱周转天数、内陆集装箱管理及费用支出标准制定等；箱管费分摊标准测算、发布实施、更新维护及其他与集装箱管理有关工作；负责或授权贸易区或区域分公司进行代理协议、装卸协议和港口（码头）协议签订、履行和跟踪管理以及提单管理等；船舶租赁合同洽谈、订立和履行跟踪等；船舶、货物等保险理赔；燃（润）油采购、日常操作管理等；本部门可控成本费用支出测算、分配及管理；牵头负责特资货物接运确认、运输跟踪等；协助做好公司船舶应急处置；船舶动态日常跟踪和报告；船舶紧急状态跟踪、协调和处理；公司船舶总班期表收集、汇总和编制发布；各项运输生产数据统计汇总传送；对IRIS－2系统中相关模块进行维护和管理。贸易保障部共有在编人员73人，包括硕士学历6人，大学学历52人，大专学历12人。其中，具有高级职称7人、中级职称25人。

现任总经理杨志坚，副总经理杨建建、刘国练。（许冠英）

【概况】 2004年，贸易保障部通过加强航线的双向平衡，合理调运空箱；落实起租，加强多箱地区退租工作；加强修箱管理监督，有效控制修箱成本；加强超期箱清查和处理；做好滞期费管理工作；严格监控箱管成本等各项有效措施，完成年度《经营管理目标任务书》要求。项目投标部深挖老客户潜力，开发新客户，成功保住原有CKD货源并开发一批新项目。全年全球投标的中标成功率超过80%，中标箱量250000TEU。在国际燃油市场价格屡创新高的情况下，通过分析市场，抓住市场机会取得期货赢利。合理安排公司船舶保险和保赔保险，整体保费下降5%。完成港口协议和除丹麦鹏达公司外的所有非直挂港代理协议的重签。编写下发《中远集运代理名册》，制定《中远集运代理服务质量定期通报督察实施办法》，处理保赔案件。总调度室做好船期跟踪、监控船舶动态，确保船舶安全生产；克服影响班轮准班运行的各种不利因素，使船舶准班运行得到保障。

（龚伟龙）

1. 总调度室

【总调度室】 总调度室隶属贸易保障部，下设值班调度室和综合统计科。负责船舶动态跟踪和管理，确保准班，快速统计当天离开各区域港船舶的箱运量；做好有关船舶生产运输量统计(周报、月报、年报)及运输生产报表;编制班轮船期表;协助有关业务部门做好特种货物安全运输及安全监督。总调度室现员13人,包括大专以上学历8人。其中,具有高级职称2人,中级职称2人。

现任经理胡建伟,副经理金立光。

(龚伟龙)

【概况】 2004年,总调度室在生产计划实施过程中随时了解和掌握安全生产情况和准班运行进度,从跟踪船舶和生产动态入手,协调各方关系,处理船舶生产业务中遇到的问题,确保运输生产安全、有序。根据航线调整情况对船舶运输生产实施监督,对船舶实行全天候动态跟踪,确保船舶安全准班。加强与公司各贸易区、海内外区域公司、船舶管理公司各船舶管理部、港航各单位业务联系,及时收集汇总船舶航次报告表和燃油消耗报告表,将船舶营运生产动态和生产数据准确输入ES/9000"调度、统计系统"。按规定编制月度船舶运输生产量的各类报表,根据公司领导层及其他部门需要提供各类统计数据表。及时收集各航线船期表,更新船舶营运班期,按时出版班轮船期表。协助公司信息中心开发"新调度系统",对危险品、特种货物运输实行监督,确保船舶安全生产。 (龚伟龙)

【班轮服务获奖情况】 2004年年初,中远集运获大连市颁发的2003年度港口工作"综合业务奖"和"班轮承运贡献奖";5月份在航运班轮公司"2003年度Lloyds loading list航运奖"的评比中,中远集运获"2003年度Lloyds loading list远东航线准班奖"和"南大西洋航线准班奖";10月28日,澳洲权威航运媒体《劳氏日报》在墨尔本举行2004年度澳洲航运奖颁奖大会,中远集运中国—澳大利亚集装箱航线又获"航运准班奖",这是连续第9年蝉联澳洲航运大奖;11月,中远集运在美国航线上经营的11艘挂五星红旗的船舶,全部被美国海岸警卫队授予"21世纪优质船"称号;12月8日,在上海航运交易所成立八周年庆典暨2004年会员年会授牌仪式上,公司以综合排名继续保持第一的实力被授予2004年度"国际班轮运输资质信誉良好企业"(AA+级)。 (胡建伟)

【危险品货物运输管理】 2004年,贸易保障部开展对危险化学品货物安全运输实行专项整治,对危险化学品货物安全运输做得好的单位和个人通报表彰,对有失职和弄虚作假行为的单位和个人通报批评。举办危险化学品货物运输管理专业知识培训班。完善口岸危险化学品安全运输监督管理网络,建立能保证24小时联络的通讯网络。建立危险化学品安全运输法规汇编专栏;在"OUTLOOK"系统中增设危险化学品安全运输法规汇编专栏;并指定专人更新维护。2004年4—5月,针对两轮有一罐箱泄漏及危险化学品发生问题,下发危险化学品货物运输管理工作的情况通报,要求船舶切实做好危险化学品运输管理,重申公司危险化学品货物运输管理相关要求。 (胡建伟)

【安全工作】 2004年,总调度室继续开展"安全质量月"、"安全生产月"、"反三违月"、"安全生产大检查"和"百日安全无事故"等活动,组织开展对公司综合管理体系和安全质量知识的再学习和宣传,修改和调整部分体系文件,落实安全质量各项措施。推进与规范基础工作,保持体系有效运行。做好船舶动态跟踪管理和加强危险化学品货物安全运输监督管理。密切关注台风和船舶安全航行,配合海监室等部门实施防抗台工作。全年公司共跟踪指导船舶防抗大风173艘次,跟踪指导船舶雾航127艘次,跟踪指导船舶冰区航行6艘次,特殊情况9艘次,船舶航线调整跟踪指导61艘次,总数达到376艘次。

(龚伟龙)

【班轮班期运行】 2004年公司班轮抵港9537班次,准班9086班次,抵港准班率

95.27%。班轮离港9537班次,准班9045班次,离港准班率94.84%。年度班轮综合准班率95.06%,比2003年下降0.30个百分点。 （胡建伟）

【新船舶调度、生产数据统计系统】 2004年,调度室年初配合信息中心进行以IRIS-2系统为依托的“调度、统计新系统”的研制、改造。11月,完成“新系统”第一期开发和试运行。12月,“新系统”与老系统并行运行,保障新旧系统平稳过渡。“新系统”采用IRIS-2数据制作相关统计报表,解决了公司多年来“几套系统、几种口径”的统计状况。

（龚伟龙）

2. 箱管工作

【箱管工作】 箱管部原为箱管处,2001年12月1日更名为箱管部。箱管部下分计划管理、信息管理、技术管理、商务管理和综合管理。计划管理,监控和发布全球各地箱况信息,保障全球用箱调运平衡,根据各贸易区及各口岸实际用箱需求制定全球空箱调运计划;信息管理,负责公司在全球各地集装箱日常动态跟踪,集装箱信息系统维护和监控各地分部及代理集装箱动态信息质量,做好各种数据统计分析;技术管理,制定、完善公司集装箱技术标准和规范,负责堆场和修理厂筛选及谈判、签署协议,合理安排集装箱修理和检验;商务管理,落实、安排集装箱起租和退租,集装箱租赁合同谈判,单程用箱(ONE WAY USE)洽谈、安排和监控,以及各公司间互用箱的安排处理;综合管理,监控、统计和分析公司集装箱固定费用变动情况以及分项目、分地区集装箱成本,负责集装箱超期使用费收取管理及减免审核落实和定期统计,督促各分部箱管部直接管理工作。箱管部现员20人,包括硕士学历2人,大学学历15人。其中,具有高级职称1人,中级职称6人。现任经理徐宏基。 （沈晨燕）

【超期重箱清查情况】 2004年,公司对超期重箱清查考核指标进行调整,由原来的“长期未处理超期重箱比例不超过25%”调整为“200天以上超期重箱总量实现负增长”。至年底,公司有超期重箱8887TEU,总量上较年初有增长(主要是由于2004年公司承运总箱量大幅提高),但超期重箱平均超期天从年初的507天下降到年底的418天,其中长期未处理超期重箱的总量由年初的1111TEU下降到年底的458TEU。 （施国强）

【全球设备平衡情况综述】 2004年,箱管部计划科为配合新船上线,制定“基本配备10万TEU,选择配备2万TEU”的方案,提出“用长期租赁代替灵活租赁”的特种箱配备计划,改善箱况和租箱结构,使平均租金水平每只下降0.16美元,全年节约成本约257万元人民币。在做好集装箱配备计划基础上,清理重点集装箱积压地区,加强空箱调运和集装箱周转监督,减少超期滞留箱。全年集装箱周转天数为29天,比2003年减少2天,每TEU比2003年多使用0.82次。2004年,公司重箱运量为346.8万TEU,比2003年增长了15.9%。箱管部落实国外压箱地区的空箱回调,制作“国内主要港口平衡周报”,密切监控国内港口集装箱进出口数量,对各个贸易区集装箱平衡情况评估,分析国内各个主要港口集装箱平衡状况,针对严重缺箱港口,及时协调有关贸易区采取调整港序、加挂和加派临时船舶等措施,从多箱点调入空箱补充,严格控制起租新箱,减少集装箱配备量,全年少配备30661TEU,比2003年增长了9.97%,大大降低了集装箱供应成本。 （张 迅）

【特种箱盘存】 2004年底,中远集运公司特种箱盘存数量5601个,其中包括485个20英尺框架箱(FR),占8.66%,1713个40英尺框架箱(FR),占30.58%,2027个20英尺开顶箱(OT),占36.19%,1376

个 40 英尺开顶箱(OT),占 24.57%。

2004 年特种箱总量变化情况:

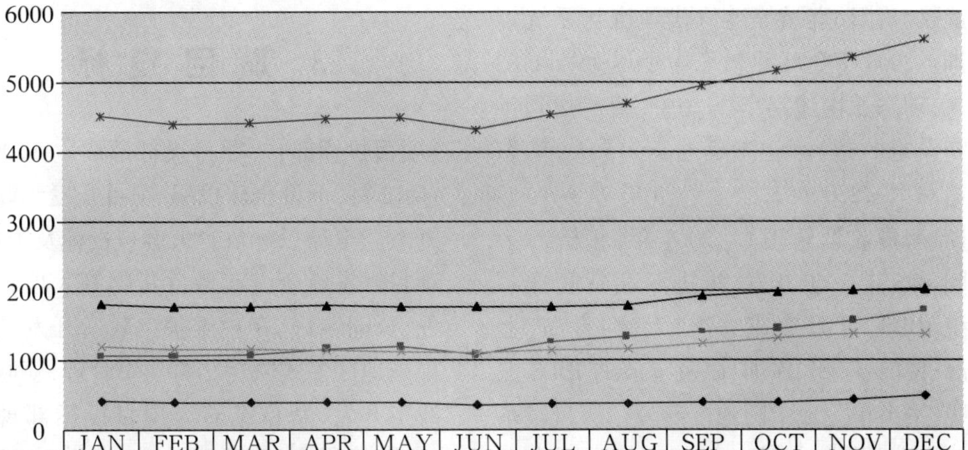

	JAN	FEB	MAR	APR	MAY	JUN	JUL	AUG	SEP	OCT	NOV	DEC
20FR	414	390	388	394	387	352	370	380	387	398	425	485
40FR	1071	1070	1078	1155	1199	1077	1256	1339	1393	1443	1553	1713
200T	1808	1770	1779	1784	1777	1771	1769	1794	1921	1986	2001	2027
400T	1206	1157	1166	1136	1117	1100	1138	1167	1231	1326	1369	1376
TOTAL	4499	4387	4411	4469	4480	4300	4533	4680	4932	5153	5348	5601

2004 年特种箱起租、退租情况:

	起　租	退　租
20 FR	85	21
40 FR	532	76
20 OT	299	99
40 OT	472	289
总　计	1388	485

2004 年特种箱出口总量比 2003 年增加了 32%,尤其是欧洲东行特种箱和中国出口 20 OT 的需求量大幅上升。箱管部制定增加 200 个 20 英尺开顶箱和 200 个 40 英尺框架箱配备计划,基本满足用箱需求。同时,箱管部加强与各贸易区沟通,做好超期箱清理,加快特种箱周转,重箱使用次数比 2003 年明显提高。具体情况如以下表格所示:

	2004 年平均箱量	2004 年重箱出口量	2004 年周转次数	2003 年周转次数
20 FR	398	2015	5.06	4.17
40 FR	1279	5902	4.61	4.18
20 OT	1849	7917	4.28	3.96
40 OT	1207	5247	4.34	3.71
总　计	4733	21081	4.45	3.95

(张　迅)

【箱管信息工作】 2004 年 1 月 1 日起,箱管部为减轻箱管代理工作负担,减少系统维护成本,全面停止向 TCON 系统导入数据,所有箱管动态直接输入 IEIS 系统。箱管部从实际业务出发,向 BPS 和计算机中心提出一系列系统改进要求,如加强“RECEIVE/E”动态逻辑校验,SOC 属性与实际订舱情况校验,箱号前缀和租箱合同号进行校验等,相关业务人员对新功能进行测试,并跟踪系统升级后的运行情况。同时,根据 IEIS 代码格式和区域划分,信息科调整每周箱管盘存周报格式,每周统计全球的平均延迟天数、遗漏率及正确单证号使用率,定期下发各箱管分部,督促各港口代理参照每周信息质量情况,做好基础数据维护,提高数据质量。箱管部分别在南京和成都对南京、南通、扬州、江阴、张家港、太仓、铜陵、安庆、成都、重庆、武汉、岳阳、宜昌等港口代理进行系统培训。2004年全球动态平均延迟天数1.83天，动态平均遗漏率1.10%，基本达到年初设定的指标（动态延迟≤2.5天，动态遗漏率≤2.00%）。（周荣华）

【滞期费收取管理】 2004年，箱管部会同BPS进一步开发、推进滞期费管理系统IDDS。4月完成大连、天津、青岛、上海、厦门、广州、深圳，以及宁波的IDDS上线，下半年完成中国地区部分二级口岸系统推进工作。根据各分部系统运用中发现的问题，结合箱管部滞期费减免统计要求，向BPS提交IDDS系统二期改造需求，以使系统尽快满足实际业务要求。为配合IDDS系统上线后对滞期费减免操作流程的调整，5月1日印发修改后的《中远集装箱运输有限公司集装箱超期使用管理规定》。根据市场形势的变化，箱管部在充分调研和征求各方意见基础上重新调整中国地区40英尺高箱（HQ）、45英尺高箱（HQ），以及阿根廷地区各箱型的滞期费费率，规范各分部系统操作流程。全年中远集运公司总计收入滞期费2.07亿元人民币，其中中国部完成收取0.69亿，欧洲分部完成收取0.68亿，美洲分部完成收取0.33亿，其他分部共计完成收取0.37亿。（陈　菊）

【租箱安排及租金成本控制】 2004年3月开始，公司各条主干航线出口货量持续上扬，造成进出口严重不平衡，引发各主要口岸用箱保障压力；8月后，5艘8000TEU大船陆续上线，更为用箱保障提出新的挑战。商务科根据掌握的新造箱市场和租箱信息，与租箱公司进行广泛接触并积极争取，及时落实安排公司租箱计划，保证各口岸出口用箱需求。全年公司集装箱总量比2003年净增了160000TEU（约占总量的1/3），新租箱租金在同期市场上始终处于较低水平（比市场平均水平要低0.03—0.05美元/20DC/天）。

（吴建国）

3. 项目投标

【项目投标部】 项目投标部成立于2001年12月，下设全球投标、项目开发和联运开发。全球投标负责大客户投标及维护。项目开发负责汽车散件货物等大项目开发、合同签订、客户维护。联运开发负责中国地区多式联运结算费率管理，新联运线路开发，费率结算。项目投标部现员17人，其中硕士学历4人，大学学历13人。

现任经理王善和，副经理刘光辉，经理助理沙耀东。（金　珏）

【概况】 2004年，项目投标部对内严格管理，改善和提高服务质量，对外加强公关力度，加大和拓展合作的深度和广度，切实做好客户维护工作。全年完成CKD运输量110000TEU，在2003年的基础上稳步增长。面对来自中外20多家航运公司的竞争，项目投标部凭借优质服务品牌和成熟运输方案，成为全球招标项目独家承运人，开发上海通用HOLDEN项目、武汉神龙标致307等项目。全球投标客户数量比2003年有较大增加，合作范围也进一步扩大。全年全球投标的中标成功率超过80%，中标箱量250000TEU。贯彻落实2004年长江流域集装箱运输工作会议精神，修订长江内支线集装箱结算费率，将空箱和重箱费率分别列出进行结算，明确收支两条线，节约成本，提高公司全程运价竞争力，由各贸易区分别公布长江内支线运价，使运价更灵活、更紧贴市场，符合各航线不同需求，有利于航线经营销售，促进长江业务健康发展。长江内支线规模进一步扩大，支线船舶由原来的52艘增加到57艘，运力增加到4300TEU，航班每月达161班，占上海港内支线班次的25.1%，内支线平均舱位利用率由50%提

高到70%以上,驳船经营水平和效率进一步提高。（金 珏）

【长江内支线经营和管理】 2004年9月,长江内支线规模进一步扩大,支线船舶由原来52艘增加到57艘,运力增加到4300TEU。每月161航班,占上海港内支线航班的25.1%,内支线平均舱位利用率由50%提高到70%以上,驳船经营水平和效率进一步提高。是年12月1日起,长江内支线改为泛亚公司经营。

（鲍慎珊）

【飞利浦集团全球核心承运人】 作为飞利浦集团的全球核心承运人,2004年,中远在欧洲、美国和澳新航线上与飞利浦集团有良好合作,承运总货量约10000TEU。

（陈 韵）

【冠捷电子合作稳定】 2004年,公司与冠捷电子建立了稳定和长期的合作伙伴关系,中远已成为冠捷电子在欧美航线最主要的承运人。全年揽取冠捷电子货量超过12000TEU,比2003年增加约20%。

（陈 韵）

【开发新客户】 2004年,中远集运全球投标中标箱量250000TEU,中标成功率超过80%。新开发安彩、联合利华、松下、可口可乐等一些著名全球性客户,扩大与Du Pont、CANON、BASF、Exxon Mobil、KODAK、冠捷电子等合作领域。全球投标业务加强与中标客户协调和沟通,进一步提高客户维护技巧,通过与投标客户的双向合作和互相支持,达到效益最大化目标。

（陈 韵）

【CANON核心承运人】 2004年,公司与CANON的合作进一步扩大,全年完成货量10000TEU。年底进行新一年度的合同谈判中,扩大公司在欧美航线份额,成功获得苏州佳能欧线5000TEU货源,为公司在上海新增运力提供了基础货源。

（袁 晋）

【BASF合同顺利签署】 2004年,公司利用IRIS－2系统,为BASF提供中转停留服务(DIT)个性化服务,得到BASF认同。10月份的新合同谈判,准确预计欧洲回程市场,抓住投标时机,半年的合同总货量达到14000TEU,成功为欧线新增运力揽取重要回程货源。（袁 晋）

【与利乐集团的合作】 2004年,中远集运通过环保体系认证和优良服务,赢得瑞典利乐集团对中远的信任,利乐集团年底与中远集运签订两年长期合同并同意新增货量4000TEU,将中远作为长期核心承运人之一。（关 莹）

【上海通用项目再度中标】 上海通用项目(SGM)是公司CKD核心项目。多年来,中远集运一直被SGM指定为核心承运人。2004年,美国通用汽车集团(GM)改变以往采购政策,将SGM项目纳入全球招标(GOB)范围,组织专业平台主持招标,引入众多船公司、无船承运人甚至货代公司参与竞标。针对这一情况,中远集运凭借优质的CKD服务品牌和运输服务方案,历经严格甚至苛刻的技术评估和艰苦的商务谈判,SGM最终选择COSCO作为全球大合同项目独家承运人,合同价格高于市场水平和竞争对手,协议有效期延长至18个月。（傅 华）

【中远集团与神龙汽车合作】 2004年6月,神龙汽车有限公司同合资方PSA标致雪铁龙集团扩大合作,引进新车型标致307。中远集运负责从法国内陆点到武汉工厂的全程运输,经周密方案设计和相关代理的共同努力,至年底,成功运输该项目CKD计约5000TEU。该项目是中远集运同神龙公司继富康、毕加索、赛纳等车型CKD运输项目之后的又一重要项目,为推动今后进一步合作奠定了基础。

（黄 海）

4. 商务工作

【商务部】 商务部隶属于贸易保障部,直接控制公司船舶用油供应、船舶保险费等多项成本指标,负责港口、代理协议的洽谈和管理,对港口费等多项费用的控制。下设的保险理赔科负责安排船舶船壳保险、保赔险等保险投保,负责处理与货物索赔纠纷和船舶突发事件的相关保险理赔和追偿;燃油科负责公司船舶燃、滑油的采购和供应;协议科负责港口、代理协议的洽谈和管理。商务部现有员工22人。

现任经理冯波鸣。 (李 谧)

【概况】 2004年,商务部顺利完成全年船舶续保和投保工作,为船舶安全营运保驾护航;处理索赔案件,有效控制公司经营风险;保障船舶燃、滑油供应,大幅度节省燃油成本;完成港口协议和代理协议签订。商务部全体员工通过共同努力,圆满完成公司下达的各项年度指标和任务。

(李 谧)

【代理协议工作】 按照IRIS-2系统和SAP系统要求,推进非直挂港代理协议洽商。在不增加成本支出的基础上,完成主要的非直挂港代理协议;根据航线调整情况,对COSLINA/法国公司的代理协议进行微调,根据预算制情况,对美国、加拿大的代理协议进行调整;与新开航线的希腊公司/土耳其公司签署新代理协议。根据市场变化情况,对1999年《国内代理外贸运输收取办法实施总则》进行修改,5月1日起实施。 (李 谧)

【港口协议工作】 2004年,全国各主要港口集装箱码头价格上涨,公司面临较大成本上涨压力,商务部针对不同港口,制定不同谈判计划,挖掘节支的潜力。经过数轮谈判,把涨幅控制在比较低的幅度内。海外港口协议取得重大突破,利用亚太地区相对竞争较强特点,在平衡各港利益前提下,亚太地区的费率基本维持在2003年的水平;美欧港口的协议,实际涨幅低于同业水平。 (李 谧)

【维护和推进全球保赔系统】 2004年,中远集运保险理赔系统,经过一系列测试、基础数据输入、数据管理和整合后,已经全面投入使用。 (李 谧)

【处理保赔案件】 2004年,保赔科积极应对和认真处理"泰河"轮主机凸轮轴损坏、"中远汉堡"轮船舶碰撞、马鞍山货物跌落、岳阳无单放货及货损、"普河"轮无单放货、"明城"轮碰撞、韩进"宾夕法尼亚"船舶爆炸、"中远天津"轮货损案、"飞云河"船舶碰撞,美国Frontline人身伤亡、"龙后"轮人身伤亡、日照废塑料货物、"景颇河"轮货物跌落案等,减少了公司损失。

(李 谧)

（六）安全技术管理

【安全技术管理部】 安全技术管理部成立于2004年9月16日，下设安全监督部、综合质量部、运营管理部。主要职责：贯彻落实国家安全生产法相关规定和中远集团总公司安全管理要求、实施安全生产督察；负责船舶重大事故调查处理，协调组织船舶应急抢险；组织各类安全生产宣教、上传下达各项安全生产数据信息；跟踪检查船舶安全航行、船舶设备维护和适航适装；实施船舶机、海务宏观监督；负责机关通讯费用、船舶管理和运营费用等相关成本测算、统筹分析、审核监督；制定船舶修理计划和监督执行情况；监督备件和物料厂商选用审核和执行情况；跟踪国际船舶技术发展动向、造船市场行情和科研信息；策划船队技术和科技信息发展战略；协助财务部门进行船舶融资；跟踪综合管理体系（质量、环保和职业安全健康管理体系等）相关国际标准和管理体系发展动态，负责综合管理体系建立和维护；推进六个西格玛管理方法；跟踪监督船舶相关国际管理规则（ISM/ISPS）履行；监督相关方管理体系执行情况和质量管理活动；组织开展质量管理（QC）小组活动。安全技术管理部现员17人，包括硕士研究生学历5人，大学学历9人。其中，具有高级职称3人，中级职称12人。

现任部长、总经理蔡德清，副部长、副总经理徐伯民、侯立平。 （侯立平）

【概况】 根据兴运（LUCKY）项目要求，安全技术管理部于2004年9月16日成立。为了履行宏观管理职能，保证中远集运与上远公司在船舶安全管理中协调一致，安全技术管理部积极开展涉及公司质量管理体系、船舶和船员安全管理和监督、机务费用审核、新造船谈判等工作。先后起草制定《管理部工作职责》、《管理部管理指南》、《应急情况处置程序》、《船舶费用账单审核程序》、中远集运和上远公司的《协调报告制度》等文件和规章制度。根据LUCKY项目要求，起草制订"船舶委托管理协议"和"船员租赁协议"，明确船东与委托管理职能，对船舶、船员安全管理等实施有效控制和监督。 （侯立平）

1. 安全监督

【安全监督部】 2004年9月16日成立的安全监督部，下设海务监督科、机务监督科和综合安全科。主要职责：贯彻落实国家安全生产法相关规定和中远集团总公司安全管理有关要求，督察安全生产；负责船舶重大事故调查处理和协调船舶应急抢险；组织各类安全生产宣教活动、上传下达各项安全生产数据信息；跟踪检查船舶安全航行、船舶设备维护和适航适装；实施船舶机海务宏观监督。安全监督部现员4人，其中大学学历2人。4人均为中级职称。

现任副经理（主持）薛宝林。

（侯立平）

【海务监督】 2004年，安全监督部为加强海务安全监督和行使宏观管理职能，编写《船舶发生事故时的应急预案》、《海损事故发生后的善后工作和处理事项》、《安监部对上远海监部、船管部和船舶的监督检查制度》、《安监部对上远海监部、船管部和船舶的监督检查内容》等文件。第四季度跟踪台风9个,关注受其影响的船舶安全航行89艘次,跟踪大风浪航行船舶40艘次,保证公司船队安全面达到100%。贯彻落实国务院安委办、交通部、中远集团和中远集运领导有关安全工作要求和通知精神,及时向上远公司海监部发出船东管理提示。依据国际国内相关公约、法规、公司安全管理体系和船舶委托管理协议,按照港口国、海事局要求,对管理公司和船舶履行公约和法规;执行海务安全管理规章制度、驾驶台管理;现场检查船舶安全航行和安全进出港、电助航仪器设备、航行及操纵设备、救生消防等设备。帮助管理公司和船舶及时纠正缺陷,完善安全管理制度。第四季度上船检查8艘船舶,指出缺陷32项。参与和协助处理海损险情二起。（孙铭阳）

【机务监督】 安全监督部围绕船舶安全营运和准班准点开展机务监督工作,汇总船舶防污染最新动态,制定相应预防和纠正措施,督促相关部门指导船舶做好防污染工作;收集汇总港口国检查(PSC)动态,指导船舶做好PSC自检和迎检。第四季度公司无上报机损和污染事故;抽查抵港船舶5艘次,查出缺陷8条;签发2起安全管理提示;召集相关人员参加2次研讨会,分析探讨COSCO系列船舶主机缸套严重磨损原因并制定相应措施;根据委托管理程序,对船管部安技管理跟踪检查。（张　燃）

【综合安全】 2004年9月27日公司发文,对公司安全委员会成员进行调整。调整后的成员名单如下:

安全委员会主任:许立荣

副主任:吴树雄　史美思　陆富根　周　琥　韩成敏　邓黄君　蔡张德　徐政军　房迪坤

委　员:万　敏　梁　波　辜伟峰　杨志坚　谢　鑫　陈　翔　蔡德清　徐伯民　朱德璋　倪集禾　韩国敏　赫广忱　顾钱彬　蔡洪斌

安全委员会办公室设在公司安全技术管理部安全监督部。

办公室主任:徐伯民

成员:薛宝林　屠建军

（屠建军）

2. 综 合 质 量

【综合质量部】 2004年9月16日成立的综合质量部,下设体系策划科和体系维护科。主要职责:跟踪综合管理体系(质量、环保和职业安全健康管理体系等)相关国际标准和管理体系发展动态;负责综合管理体系建立和维护;推进六个西格玛管理方法;监督船舶相关国际管理规则(ISM/ISPS)履行;监督相关方管理体系执行情况和质量管理活动;组织开展质量管理(QC)小组活动。综合质量部现员3人,其中硕士研究生学历1人、大学学历2人。3人均为中级职称。

现任经理顾伟华。（侯立平）

【"单证质量控制六个西格玛项目"验收通过】 2004年11月24日,由国资委、中远集团企划部领导和中信泰富投资公司、复旦大学等单位组成专家验收小组,在上海召开"单证质量控制六个西格玛项目"验收会,对公司所属单证中心六个西格玛项目进行现场评审验收。中远集团总公司科技主管部门主持验收,中远集运副总经理韩成敏及各相关部门负责人参加验收会。验收小组听取项目组成果报告,审阅项目研究报告、用户报告、效益分析报告、项目主报告和附件,经过审议和质询,专家组一致认为:项目组完成约定的研究项目,提交的验收资料齐全;项目组成功运用六个西格玛方法改进单证质量,客户满意率从40%上升到90%,超时单证由13%下降到3.5%,内部差错率由33%下降到20%,外部差错率由2‰下降到0.4‰,基本达到项目预期目标;项目组以六个西格玛为工具对单证中心运营管理流程进行改进,建立具有"集中管理,分散操作",借助系统进行动态分析的新运营模式;项目组运用六个西格玛对流程进行梳理,在实现流程再造基础上,将优化后的流程进行IT固化,减少人为因素影响。开发运行单证质量控制应用系统,实现动态监控;项目组应用多变量分析、FMEA、因果矩阵等六个西格玛工具创新单证中心运营模式的同时,完成计算机系统控制开发,使西格玛项目与IT较好融合;有效地提升IRIS-2系统数据的准确性和及时性。验收组一致同意项目通过验收。 (黄叶建)

【启动"运费/应收账款回收"六个西格玛项目】 中远集运公司成立"提高运费/应收账款回收率"项目领导小组,在中远集团项目调研组调研基础上,根据公司特点,成立六个西格玛项目工作小组。在梳理和评估公司相关业务流程基础上,启动中远集运"运费/应收账款回收"六个西格玛项目,提高运费/应收账款回收率。 (黄叶建)

【调整综合管理体系结构】 2004年,中远集运公司对综合管理体系结构作重大调整。原公司安全管理体系逐步移交上远公司,至上远公司安全管理体系通过DOC审核、公司船舶全部委托上远管理后,原公司安全管理体系自动失效。综合管理体系认证范围由原来的集装箱海上运输和船舶管理改为集装箱海上运输,综合管理体系的重点由船舶管理转向集装箱运输经营。新组建安全技术管理部、党委工作部、审计监督部、工会等部门,企业资讯发展部纳入综合管理体系。新体系将按照ISO9001:2000、ISO14001:2004和GB/T28001:2001三个标准建立,覆盖公司总部总经办、美洲贸易区、欧洲贸易区、亚太贸易区、贸易保障部、企业策划部、财务部、企业资讯发展部、安全技术管理部、人力资源部、党委工作部、审计监督部和工会等十三个部门。新体系预计2005年2月生效,2005年5月接受认证机构的监督审核。 (陈宝坤)

【编制综合管理体系有关文件】 2004年,为满足ISO9001:2000、ISO14001:2004和GB/T28001:2001三个标准要求,公司对综合管理体系文件进行改版,变更的主要文件有:部分修改《质量管理手册》、《环境管理手册》和《职业健康安全管理手册》,废止《安全管理手册》;废止《中日贸易区岗位职责》等7个部门的岗位职责,新编《企业资讯发展部工作职责》、《安全技术管理部工作职责》、《党委工作部工作职责》和《审计监督部工作职责》4个部门的工作职责;新编《航线调度程序》、《运使费审核管理程序》、《客户服务管理程序》和《法律法规获取、识别和评价管理程序》4个程序文件,较大修改《体系文件控制程序》等5个程序文件;废止《内贸航线操作规程》等8个须知,新编《大件货物报价及确认须知》、《超期重箱清查管理须知》、《滞期费减免操作须知》等19个须知文件。改版后的体系文件在适用性和可操作性方面有不同程度提高,为新体系正常运行奠定了基础。 (陈宝坤)

【召开质量监督员例会】 2004年12月17日,综合质量部主持召开由各贸易区和贸易保障部质量监督员参加的质量监督例会,制订经营业务板块综合管理体系文件结构和框架,研究部署体系文件修改计划,为综合管理体系的建立开展先期准备工作。 (陈宝坤)

3. 运 营 管 理

【运营管理部】 2004年9月16日成立的运营管理部,下设成本控制科、科技信息科和造船技术科。主要职责:负责机关通讯费用、船舶管理和运营等相关费用成本的计划测算、统筹分析、审核监督;制定船舶修理计划和监督检查执行情况;监督备件和物料厂商选用审核和执行情况；跟踪国际船舶技术发展趋势、分析造船市场动向和收集科研信息；策划船队技术和科技信息发展战略；协助财务部门船舶融资。运营管理部现员7人，包括硕士研究生学历3人，大学学历3人。其中，具有高级职称2人，中级职称4人。

现任经理蒋永根，副经理徐文宇。

（侯立平）

【概况】 2004年10月，运营管理部制定船舶修理程序和流程图；船舶机务五项费用、机关通信费及其他费用账单审核管理程序和流程图；船舶燃润料管理程序、油料管理考核办法及流程图；船舶证书管理程序和流程图；甲板发电机租赁管理程序和流程图等规章制度。（侯立平）

【5085TEU造船项目】 自中远集团批准公司2004—2006年船队发展计划后，安全技术管理部与中远集团有关职能部门、上远公司船舶监造中心、中远船贸公司密切合作，关注全球船台情况。2004年10月在北京与韩国韩进重工签约，订造4艘5100TEU集装箱船舶，这4艘船舶将于2008年初之前全部交付使用，到2004年年底这批船舶价值已上升25%以上。

（侯立平）

【节能和润滑油管理】 2004年中远集运实际完成能源平均单耗为9.13千克/千吨海里，比中远集团总公司下达的12.50千克/千吨海里能源单耗指标下降26.96%，节约燃油649978吨，节油量比2003年上升45.39%，节约燃油费用10.5亿元人民币。针对大型集装箱船舶汽缸油消耗量大，安全管理部加强对汽缸油消耗科学管理，采用汽缸油电脑控制喷射新技术，使安装新技术船舶的汽缸油消耗量明显下降。到年底，公司船舶润滑油定额节约837吨，节约费用692.7万元。

（周佩国）

【《中远集运船舶管理信息系统》获中国航海协会科学技术二等奖】 2004年1月15日，《中远集运船舶管理信息系统》（简称COSCON - SMIS）通过水平检测、取得软件著作权证书，于2004年10月，获得中国航海协会科学技术二等奖。

（王　勇）

【科研信息开发及应用】 2004年12月，《油液监测技术在船舶机械设备预知维修中的应用》及《电控定时、旋流喷雾式汽缸油注入新技术应用研究》两项科研课题分别通过验收，并在船队中推广应用。这两个项目的成功研发为公司节约燃油、降低成本提供了新的技术手段。

（王　勇）

（七）企业策划

【企业策划部】 企业策划部成立于2001年12月，主要职责是负责公司的发展规划、对外航线合作、市场政策（法律）研究、企业管理等工作；国际航运市场形势、市场信息与政策研究，为公司领导和相关部门提供决策依据；制定公司总体发展规划；航线设计与调整、买船造船等总体计划；航线对外合作具体操作；租船业务管理；企业外部环境信息收集、动态跟踪分析、预测市场需求和全球航运企业经营策略，研究、编制公司相应的经营战略对策；市场信息搜集、发布和全球月度市场报告编写；公司网站的综合管理维护；公司体制改革和内部重组工作；企业管理、成本控制、内部考核管理、境外公司管理以及投资管理等有关工作。下设规划合作部、企业管理部、研究中心和法律部。由于机构调整，2004年10月审计部划出，法律部工作从研究中心独立出来，投资管理科划归企业管理部。企业策划部现员38人。

现任总经理谢鑫，副总经理沈学超、王海民。（韩惠民）

1. 规划合作

【规划合作部】 从2004年2月份公司租船科职能从贸易保障部划入企业策划部后，规划合作部下设综合规划、航运合作和租船业务等三个科，主要负责公司总体运力的规划和调整，包括买造船、租船计划制定，公司联营航线的开辟、调整、谈判和实施，船舶租赁合同的洽谈、订立和履行跟踪等。2004年度规划合作部人员编制共17人。

现任经理刘顺安，副经理周士雁。

（曹海宁）

【概况】 2004年上半年通过长期租赁订了8艘8500TEU新船，预计于2006年全部交付，并通过5年租赁预计2005年新增6艘2900TEU船舶。2004年下半年交付了2003年订的5艘8000TEU船舶和1艘2700TEU船舶。航线经营方面：通过相应调整，优化了欧美航线结构，对效益不理想的大西洋线和红海二线的运力分别进行了缩减和撤销、并适当缩减了日本线运力投入；新开地东线和南非线，从而增加了盈利能力比较好的地中海线和南非南美线运力投入；通过及时收回出租舱位，增加了海湾线、中澳线可用舱位，满足航线货运需求。2004年底在线经营船舶从2003年的115艘增加到120艘，总运力从257246TEU增加到299295TEU，单船箱位提高258TEU。此外抓住机遇，处理一批不适应航线需求并连续亏损的船舶，于2004年3—5月份出售并返租了5艘1702TEU型船舶“白云河”、“瑞云河”、“华云河”、“虹云河”、“祥云河”，为公司改善船队经营结构和资产负债结构打下了良好的基础，再转租“白云河”轮，每天增加了1250美元的租金差额收入；继续贯彻淘汰不适合航线需求的老旧小船方针，利用二手船买卖市场复苏的有利时机，3—5月份淘汰处理已批准退役的1982年建造的“东龙”轮（494TEU）、1985年建造的“海龙”轮（424TEU），在公司账面盈余的前提下改善了船队结构。运用经营船舶的理念，运力紧张时收回部分出租在外的运力以满足公司自身航线发展需求，减少租金成本支出；以效益为前提，调整现有运力配置，使运力从盈利能力差的航线向盈利能力较好的航线偏移，4月从红海线撤出“奇云河”轮（1432TEU）投入到地中海航线、从华北东南亚线调整出“雅河”轮（1932TEU）投入到南非南美线，5月份租进一艘较小的“WESTERHEVER”轮（1572TEU）上TAS3线顶替舱位较大的“裕固河”轮（3400TEU），“裕固河”轮上美西PNW线顶替租船“CARINTHIA”轮；运用租船手段，调整公司运力需求，降低经营成本，提高整体效益。（曹海宁）

【CES线淡季停航，五改四调整为上海—长滩穿梭快航】 从2003年底开始，安排CES线淡季停航5个航次，累计节省燃油费及港口使费约150万美元；在2004年3月实行CES线“五改四”调整为CLX线，减少1艘船舶投入，即投入4艘1700TEU型船舶，挂港调整为上海—长滩—上海穿梭航线，放大华东地区至美西的舱位，并将上海至长滩的交货期缩短为12天，为同行最快。调整后可降低航线舱位成本约120美元/TEU/RV，按舱位1500TEU计算，则每航次可节省成本18万美元。利用合作手段，用公司CLX线舱位300TEU舱位，互换KL/YM的PSW3线同等舱位，解决宁波、上海/奥克兰的直达服务，以及上海/长滩周双班服务，提高上海出口货量。（曹海宁）

【调整美西航线港序及互换舱位数量，提高航线效益】 为配合CES线调整为CLX线，2004年8—12月用长期期租的5艘8000TEU新船升级SEA线，将SEA线挂港调整为宁波—厦门—香港—盐田—长滩—温哥华—横滨—宁波。同时，公司与韩进在其PDE（PSX）舱位互换增加到500TEU。5月将PNW线美西北港序由温哥华—西雅图调整为西雅图—温哥华，即挂港调整为上海—盐田—香港—横滨—西雅图—温哥华—横滨—神户—上海，并用“裕固河”轮替代租进的“CARINTHIA”轮。与KL/YML在美西线互换舱位规模调整为700TEU，增加服务覆盖面和服务频率，分散经营风险。（曹海宁）

【调整美东航线部分舱位，转移到美西线】

2004年4月份调整公司3条美东线舱位分配为：AWE1线800TEU；AWE2线由原1600TEU调整为1590TEU（另外60TEU舱位换取KL的PSW3线舱位100TEU），AWE3线维持100TEU；KL/YML经营的美东三线（AWE3）自2004年3月底开始，港序调整为KAO－HKG－YTN－BUS－SAV－NYK－WEL－SAV－KAO，同时投船数量从9条减少为8条。（曹海宁）

【新开欧洲二线与调整欧线舱位互换】 自2004年4月份开始，CNEU和CEX航线扩大舱位互换，为2004年下半年新开欧洲二线做准备，由互换900TEU扩大到1150TEU，各线具体分配为：AES1－550TEU，AES2－250TEU，CEX－650TEU，PDE－300TEU。从8月份开始，5艘8000TEU船舶上SEA线运力升级后，替换下线的5500TEU船舶与新增3艘5600TEU船舶新开欧洲二线，挂港：上海—宁波—厦门—盐田—南沙—新加坡—吉达—苏伊士—塞得港—安特卫普—汉堡—菲利斯托—苏伊士—新加坡—香港—上海。（曹海宁）

【合作开辟远东/地东线】 2004年3月底与阳明/韩进合作投入6艘1400TEU（公司投一艘“奇云河”轮）船舶开辟远东/东地中海航线；公司舱位分配约230TEU左右；挂港为：高雄—香港—赤湾—新加坡—塞得港—伊斯坦布尔—塞萨洛尼基—伊兹密尔—新加坡—高雄。（曹海宁）

【合作开辟南非快航】 2004年4月底，公司与长荣、汉堡南方共同投入4艘船舶开辟远东—南非线，公司投入1艘“雅河”轮（1932TEU），每周舱位分配为363TEU左右。港序为新加坡—德班—新加坡。

新开南非线运营后，公司在南非及南美线舱位增加了363TEU，增幅约60%。

（曹海宁）

【海湾线扩大舱位】 2004年4月海湾线与万海CMS线协议到期，公司收回出租万海的150TEU中国/海湾线舱位，并终止与万海CMS线互换120TEU舱位。海湾线舱位扩大270TEU/航次。

（曹海宁）

【新开华北/澳大利亚线并扩大中澳线舱位】 2004年5月收回公司中澳线原出租给ZIM的220TEU舱位，并继续维持与NEAX互换250TEU日澳线舱位；6月底合作新开华北/澳洲线，航线挂港为大连—青岛—上海—宁波—墨尔本—悉尼—布里斯班—大连，使用5艘实装1200TEU左右的船舶（12吨/TEU），公司投入其中1艘、每周舱位240TEU。调整后公司澳洲线实际可用舱位每周将增加460TEU，增幅38%。（曹海宁）

【缩减大西洋线运力舱位】 2004年1月起终止美东2线(AWE2)公司35TEU舱位与TAS3线上KL、YM共70TEU的舱位互换，公司TAS3线上舱位也将相应地减少70TEU/周；1月起终止公司在TAS3线与韩进的AMA(MIX)100TEU舱位互换，FOS出口美东及美东出口VALENCIA的直达服务停止；5月安排1艘船舶(1572TEU)上TAS3线替换线上原3400TEU型船“裕固河”轮、9月安排1702TEU的“飞云河”轮上TAS3线替换3330TEU的“COSCO NORFOLK”轮，TAS3线可用舱位缩减763TEU/周；9月原TAS3线上3330TEU的“COSCO NORFOLK”轮上TAS1线替换4200TEU的“珍河”轮，TAS1线可用舱位缩减115TEU/周；调整后公司在大西洋线的可用舱位比2003年减少了948TEU/周，可用舱位缩减幅度达36%。舱位缩减后舱位利用率得到明显提高，航线亏损得到遏制。（曹海宁）

【调整红海线舱位】 2004年3月，撤销红海二线。收回原红海一线出租给万海—哈劳的100TEU舱位。调整后公司红海线减少了1艘船舶投入，实际可用舱位减少200TEU/周，每周即每往返航次预计减亏增效约USD3.2万。（曹海宁）

【中日航线运力投入调整】 在保持华北关东线班期及挂港不变的情况下，于2004年5月份公司通过合作减少了1艘700TEU船舶投入（另1艘船舶改由合作方TSK投入），同时将连、青—关东及连、青—关西各换50TEU给TSK，从而使公司在华北关东线的舱位从600TEU减少为400TEU；4月份撤销长江日本线，2艘“城”字号船从华东日本线撤出，同时安排1艘700TEU“磐河”轮上霓裳快航二线替换“竹子”轮、“竹子”轮则上绿快线顶替“中远菊花”轮（并将挂港微调为上海—大阪—名古屋—上海），“中远菊花”轮新开上海—东京、横滨关东线。5月份安排400TEU型船“怀集河”轮新开南通—关西线。撤销华南—关西快航，2艘700TEU下线船舶投入到内贸航线上。

（曹海宁）

2. 政策研究

【研究中心】 2001年11月成立研究中心，下设航运研究和市场信息两部分。其主要职能是从事公司总体经营发展战略的研究，负责国际经济、贸易、金融、航运以及相关市场的调研分析，为公司领导和相关部门提供决策依据；负责企业外部环境的信息研究、动态跟踪分析，预测市场集装箱运输发展趋势；研究班轮公司竞争特点与经营战略，并结合公司现状提出相应的战略对策；围绕公司生产经营实际，开展软科学课题研究；负责市场信息搜集、发布和全球月度、季度、年度市场报告编写；公司网站的维护与管理等。同时还定期编发《研究动态》、《竞争对手分析》、《国际集装箱运输市场评析》等刊物。研究中心现员7人。

现任主任黄竞。（韩惠民）

【概况】 2004年研究中心编发《信息与研究》，《NEWSLETTER》，《研究动态》，《竞争对手分析》和《国际集装箱运输市场评析》。每周按时向总部及各分部经营管理人员提供《信息与研究》、向海外经营管理人员提供《NEWSLETTER》(全年分别编发51、52期)。全年共编发了10期《研究动态》：包括太平洋航线、亚欧航线和大西洋航线的三大主干航线分析，2004年三大主干航线仍然是船公司收益的主要来源。为此，研究中心对三大主干线市场进行回顾与展望，撰写了《2004年太平洋航线市场走势分析》(发布于2003年末)、《2004年亚欧航线市场走势分析》和《2004年大西洋航线市场走势分析》。针对禽流感在亚洲国家的蔓延，适时推出了《禽流感的影响及对策》。国家宏观政策在2004年出现重大变化，撰写了《国家经济宏观调控政策对航运业的影响及对策》。针对欧盟东扩，亚欧外贸进一步放大，撰写了《迅速成长的亚欧航线——承运人的扩张契机》。近年来，航运界的目光多聚焦于超8000TEU的船舶，对小型船舶的关注程度在进一步弱化，为了给同行以更多的警觉和建议，特编发了《小型集装箱船舶的现状及前景》和《船舶大型化背景下的中小型船舶市场分析》。结合公司即将上市的实际，编发《上市班轮公司情况简介(之一)》介绍欧美航运公司，《上市班轮公司情况简介(之二)》介绍亚洲航运公司。太平洋航线是集装箱运量最大的一条国际班轮航线，太平洋航线市场总体供求关系的发展变化一直是业界关注的重点，为此研究中心编发了《美西与美东，根同叶不同——太平洋航线发展总结与思考》。在市场动态和公司海内外的经营状况分析研究方面，研究中心每月定期总结形成月度市场评述和市场月报；在竞争对手分析方面，先后编发了10期，涉及航运业10家公司。在对外信息交流方面，坚持做好向航交所的信息报备工作，每周按时报备国内主要口岸的箱量、收入及每月货运量完成情况。同时配合完成了中远集团“提高中远集团主业竞争力研究”、交通部“2004海运计划”、上海港口管理局白皮书编写、全国政协关于两岸海上通航问题等一系列外部调研工作，完成各类调研材料、调查问卷等；在公司网站工作方面，负责组织网站的信息维护、网上咨询、投诉处理及综合规划工作，进一步改进和完善网站的功能，同时在公司及系统内部展开了广泛调研，与IT及BPS等进行了充分技术功能交流，完成了2004年网站改版工作。6月，完成公司“十五”发展规划纲要的撰写。全年共提供各类信息快讯97份、向政府机关报备材料38份、完成各类调研及会议材料42份、完成各类研究分析报告26份，累计达100余万字。公司网站共发布中英文新闻85条，更新公司全球机构信息134条次，回复网站询问、投诉60条，更新大事记623条，并协助中远集团、公司各部门及下属企业进行相关项目宣传。（韩惠民）

【信息发布】 研究中心每周编辑发布两份信息刊物：一份为《信息与研究》，服务对象为公司全体海内外员工。《信息与研究》的主要内容包括世界政治、经济、贸易、金融、物流、集装箱运输、船公司动态、航线、运价、造船、租船及相关市场的信息与点评。2004年共编辑出版《信息与研究》51期。另一份为《NEWSLETTER》，服务对象为公司全球海外代理。主要内容为公司动态，公司运力统计，公司多、缺箱，竞争对手动态，运力和航线动态，买造船以及其他信息。2004年共编发《NEWSLETTER》52期。（韩惠民）

【专题研究】 由研究中心编辑的《研究动态》主要服务对象为公司领导及经营部门领导。《研究动态》主要根据国际国内经贸、金融、企业经营发展战略、航运政策法规和集装箱班轮运输市场、船舶市场、物流市场等方面的一些热点问题进行研究分析。2004年《研究动态》编辑了《2004年亚欧航线市场走势分析》和《2004年大西洋航线市场走势分析》等10期。另一份是《竞争对手分析》,主要根据同行业竞争者的动态,战略投资,不同港口和区域的市场份额来做分析,或者通过在同一个市场上,不同的竞争对手采取的措施进行分析。分析的元素有运力,买造船,市场份额,区域市场,财务报表等。2004年研究中心共编发了10期。 (韩惠民)

【市场分析】 2004年研究中心定期对国际集装箱运输市场动态、以及公司的经营动态进行总结分析,分别撰写月报《中远集运月度市场报告》,季报《国际集装箱运输市场评析》以及年报,提供给公司领导和有关部门生产经营决策参考,全年共编辑出版《中远集运月度市场报告》12期。根据当季国际国内经贸发展状况、集装箱班轮运输市场、船舶市场、物流市场以及船公司等方面的竞争动态进行分析与预测,全年共编辑出版4期《国际集装箱运输市场评析》。 (韩惠民)

【公司网站管理维护】 2004年8月16日,经过将近一年的调研、准备及开发,新版的中远集运网站正式对外发布。网站增加了航线、船舶、特殊货物运输及集装箱设备等服务的介绍,并对其他功能设计做了优化,方便客户使用、查询。截至2004年12月31日,公司网站共发布中英文新闻85条,更新公司全球机构信息134条次,回复网站询问、投诉60条,更新大事记623条,并协助中远集团、公司各部门及下属企业进行相关项目宣传。同时为公司网站以后的改版做好调研准备工作。 (范晓捷)

3. 企业管理

【企业管理部】 企业管理部的职能是:负责公司现代企业制度推进、法人治理结构建设,建立独立董事制度的调研与实施;公司体制改革,总部组织机构设置调整和部门职责分配等企业再造工作的调研、编制和实施;企业管理改进策划和企业管理计划的编制、实施,企业管理创新战略及制度的设计、实施以及评估;企业基本建设、更新改造以及实体项目的投资管理与风险控制制度的建立、实施和监督;公司内部各贸易区以及各职能部门、海内外各区域部(分部)经营管理目标责任制和考核办法的制定改进、跟踪监督与考核管理;对公司年度、季度和月度运输生产计划进行分解、考核、通报,并提出改进建议;公司成本控制的宏观管理和成本控制体系的建立健全以及成本控制行政监督保障体系的建立、实施和管理;受理客户投诉,并对投诉案进行调查、取证、分析、研究、处理、答复、存档以及制定公司登记管理工作程序;企业工商注册登记管理等工作。企业管理部现员8人。

现任经理夏永健。 (夏永健)

【概况】 2004年,按照中远集团LUCKY项目要求,重点完成了境外相关公司股权划转中远集运、建立产权管理关系等工作;进一步深化和完善了海外组织机构,同时调整和完善了相关地区的销售网络;组织实施了中远集运和上远公司重组功能定位和上远下属企业辅业改制的相关工作,明确了中远集运与上远公司的关系,研究并向中远集团总公司上报有关方案;完成了中远集运有关股东变更、董/监事人员调整、企业年检等工商注册登记管理工作;完成组建上海泛亚航运有限公司,协助贸易保障部完成对长江支线经营管理职能的调整。组织编制了2004年度航运主业预算,制定和下达了公司总部各部门和海内外各区域(分)部2004年度经营管理目标任务书,并组织完成了公司各责任部门/单位年度经营管理目标任务书各项指标完成情况的考核工作。充分利用IRIS－2和SAP系统，进一步改进成本管理数据的分析考核。每月组织召开效益评估会，跟踪、考评和通报主要运输生产指标完成情况；重点对口岸货物费中转费进行了分析，寻找出重点控制项目和控制港口，为进一步做好对重点区域相关费用的控制提供了指导性意见；协调各利益方，分析、研究并维护集装箱运输内部交易制度和相关费率；利用IRIS－2小MIS系统继续做好美洲回程亏损货的跟踪监督。顺利完成了投资管理职能归并企业策划部的各项衔接与接转工作，完成2004年度各投资项目的审核报批、2004年度投资情况分析总结和2005年度投资计划的编制上报等工作。分析评价公司2003年度顾客满意度情况并完成专题报告，组织开展2004年度公司顾客满意度情况调查；立案受理6起客户投诉。组织编制了《贸易区业务操作手册》体系文件。完成国务院研发中心和交通部调研组来公司调研的接待工作，并按要求提供了有关调研材料。（夏永健）

【中远集运重组】 将中远对外劳务合作公司持有的中远集运0.16%的股权划转中远集团总公司，实施划转后，中远集团总公司持有中远集运100%股权。

将上远公司持有的泛亚公司0.75%的股权划转中远集装箱船务代理有限公司。

将中远集运持有的上海远洋船舶管理有限公司90%的股权划转上远公司和上海远洋对外劳务有限公司，将中远集运持有的上海远洋对外劳务有限公司90%的股权划转上远公司和上海远洋船舶管理有限公司。

国内网络重组：将中货公司和中远集装箱船务代理有限公司的股权划转中远集运100%控制。

海外及中国香港地区网络重组：中远集运在境外及香港地区新设立7家公司，海外31家主要口岸公司的股权划转中远集运及下属公司，这38家公司分别是：

中远集运（香港）有限公司：于2004年12月1日成立

中远集运美洲有限公司

中远加拿大公司

中远加东公司

中远洛杉矶公司

中远集运欧洲有限公司：于2004年11月30日成立

中远比利时公司

中远伊比利亚公司

中远集运英国公司（原名JNF公司）

中远集运法国公司（原名AIR SEALINES公司）

中远集运意大利公司

中远集运荷兰公司

富华货运有限公司

富华马来西亚有限公司

五星航运代理有限公司

宾士菲利国际运输有限公司

昆士兰冷箱服务有限公司

中远新西兰有限公司

绿叶开发有限公司

新西兰大洋洲冷箱服务有限公司

联合集装箱堆场有限公司

新西兰基督城联合堆场

苏瓦集装箱堆场有限公司

惠灵顿21世纪运输系统有限公司

中远集运日本株式会社：于2004年12月1日成立

北星公司

远强发展株式会社

韩国远城海运

远明海运有限公司（原名中远韩国物流）

京汉航运有限公司

京汉航运有限公司韩国分公司

中远货柜代理有限公司

天津富景国际货运有限公司

天津捷利国际运输有限公司

深圳市景华峰国际货运代理有限

公司

中远货柜代理有限公司深圳代表处

Mercury 公司

46 家单船公司

海内外网络的重组，将进一步完善中远集装箱运输链，加强海运延伸段的服务，发挥资源整体优势；建立与集装箱运输业务管理架构相适应的产权纽带，健全统一的指挥体系，实现中远集装箱运输全球唯一的利润中心，提升中远集运效益和综合竞争能力。（秦永娟、项怡雯）

【上远重组】 中远集团总公司决定对上远公司进行重组和功能重新定位：上远公司负责对主业发挥重要支撑作用的船员调配、船舶日常管理、投资管理、陆上产业的经营管理、辅业企业的改制分流，并承担中远集运与上远公司重组后存续公司的责任。根据上述定位，明确改变上远公司目前单一的管理职能，恢复上远独立法人的经营职能；保持上远公司全民所有制性质，出资人仍为中远集团总公司；中远集团授权中远集运对上远公司行使管理权，在具体业务管理方面，上远公司相对独立，承担相应责任。授权管理后的上远公司财务报表合并路径，仍由中远集团总公司直接合并，但业绩考核由中远集运负责。

为进一步明确中远集运与上远公司的管理关系，公司先后下发了《关于调整上海远洋运输公司功能定位和组织架构的通知》（中远集运[2004]133 号）和《关于印发〈中远集运与上远公司管理权限及办法（暂行）〉的通知》（中远集运[2004]141 号）等文件。9 月 25 日，根据中远集团和中远集运决定，上远公司正式重组启动。9 月 26 日，上远公司在东虹大酒店举行干部大会，宣布上远公司重新揭牌。重组以后，上远公司在与中远集运船舶安全管理关系的具体操作上，主要通过签订《船舶委托管理协议》和《船员租赁协议》来实施和保障。（夏永健）

【海外管理】 2004 年深化和完善了美洲贸易区组织机构，在美洲贸易区下设市场营销部、运营质量部、航线管理部，以及美国分部和加拿大分部。同时，对美洲地区的销售网络进行了调整和完善。完善南美地区中远集装箱运输管理体制，在南美地区成立中远集运南美分部，将中远巴西航运有限公司、中远阿根廷公司和中远乌拉圭公司纳入中远集运南美分部管理，并以中远巴西航运有限公司为管理平台。对澳洲公司收购新西兰 OWENS 集装箱堆场和物流业务事宜、与汤加海运合作事宜进行研究，提出意见，经公司领导审批同意后，报中远集团决策参考。对内完善绩效考核、投资审批、信息交流、人事管理和财务管理等工作流程，规范操作，提高效率；公司内部各部门共享海内外各机构报送的有关市场分析报告、工作周报、月报等信息；就海内外各机构在各类报告中提出需总部协助解决问题，规定及时答复解决时间。（秦永娟）

【中国口岸船代业务推进】 2004 年经公司领导审批同意后，报中远集团审批，成立扬州、江阴、常熟、安庆、洋浦、北京、秦皇岛等 7 家船代公司。完成了芜湖、扬州等 2 家口岸中远集装箱船务代理有限公司的设立（包括投资计划审批、工商注册登记等方面）和有关业务交接工作。移交工作平稳顺利，业务正常运作。移交后，提高了口岸分部在当地的营销优势和能力，并通过完善内部管理制度，船代操作得以规范，服务水平不断提高。

（秦永娟）

【货物费及中转费操作控制办法颁布实施】 针对 2004 年上半年货物费及中转费有较大幅度增长的情况，公司领导指示，由企划部、财务部共同牵头，成立公司货物费及中转费控制小组，根据历史数据，列出了许多影响货物费及中转费的原因，并采用 Pareto 图分析法的“二八”原理，寻找出最重要的 80% 的因素，列出了装卸费、场站费、中转费等占总费用80%权重的项目和长滩、香港、纽约等占总费用80%的港口,作为重点控制的对象,并编发了3期《货物费及中转费分析报告》和《单箱货物费及中转费控制参考标准》,为决策提供有力支持。在数据分析的基础上,向海内外各区域部(分部)进一步了解港口货物费及中转费控制操作流程、特点、办法和经验,港口货物费及中转费的费率情况,成本管理涉及计算机系统操作运用情况等。制定《中远集装箱运输有限公司货物费及中转费操作控制办法(暂行)》,明确了货物费及中转费控制目的、范围和相关定义,制定了货物装卸费、集装箱场站费、内陆中转费等控制的具体流程、办法和要求,规定了对控制情况的评估考核程序和办法,为货物费及中转费的有效控制发挥了政策指导作用。

(王明梁)

【效益分析评估会制度】 企业策划部每月中旬组织召开公司效益分析评估会,出席对象为:公司领导及各贸易区、贸易保障部、企业策划部、财务部、安全技术管理部、企业资讯发展部、组织/人力资源部、泛亚公司和上远公司负责人及相关人员。会上,各贸易区、泛亚公司依次汇报各所辖航线上月主要生产任务指标完成情况、成本控制情况、运费回收情况、市场走势、预估同预算的差异分析、后期经营预估以及预估无法达到预算的风险分析和解决对策等内容;贸易保障部通报公司上月协议费率、燃油消耗及费用、箱管费控制情况及对策等内容;企业策划部通报海内外各区域部(分部)和公司总部上月运输生产任务完成情况等内容;财务部汇报上月运费回收情况及加强运费回收工作的对策等内容;公司领导对公司总体和各部门工作进行评价,并对下步工作进行部署,提出要求和指示。通过对生产经营情况进行对标分析,及时、迅速地将总部的决策指令传达到全球,有效地促进了总部各部门和海内外各区域部(分部)的工作主动性,为公司实现年度总目标起到激励和保障作用。

(龚颖哲)

【利用小MIS系统跟踪监控美洲回程中转亏损货】 2004年,通过小MIS系统数据,从航线、装港、货物性质、销售单位、控货方、箱型等不同角度逐月对美洲回程货情况进行跟踪监督和分析,统计各条美洲航线及sales office每月回程货亏损情况,包括亏损箱量及金额,亏损箱量百分比以及单箱亏损额等明细,并汇总各航线每月回程货总箱量及回程货总运费收入情况。这项工作充分发挥信息系统的功能优势,有效改善了美洲回程货效益。

(章　静)

【投资管理】 2004年,完成深圳分部、营口中货、青岛分部日照分公司购置办公用房3个固定资产投资项目以及成立大连鑫三利集装箱工程有限公司、深圳市中远报关有限公司、天津天管远洋国际货代有限公司、连云港远帆货运有限公司、青岛分部和青岛港集团合资成立货运公司、广州远太集装箱工程有限公司增资和变更股东及名称、洋浦中船代增加注册资金、深圳分部注资深圳快航国际货运有限公司、上海远洋船舶供应公司转让所持上海浦联工程建设实业有限公司股权、上海分部购买绍兴中货股份等10个实体投资项目的研究、审核和报批工作。根据中远集团下达的2004年投资调整计划通知,分解后下发各相关单位,并跟踪督促各投资单位抓紧落实;完成中远集运2004年全年投资完成情况等相关材料的报批工作;编制《关于2005年投资建议计划的报告》并上报中远集团;同时,为进一步规范和控制公司投资行为,修订并印发了《中远集装箱运输有限公司投资管理办法(2005年修订版)》及《中远集装箱运输有限公司车辆及办公设备等固定资产投资实施细则(2005年修订版)》。

12月6日,公司决定,将原公司财务

部承担的部分投资管理职能统一归并入企业策划部，并成立投资管理科。

（章　静）

【总部各部门目标责任制】 2004年年初，根据中远集团总公司下达的经营业绩责任书，结合公司具体情况，将公司总体生产经营任务分解到各贸易区和经营部门，并下发《经营管理目标任务书》。公司下达经营管理目标任务书责任部门为：美洲贸易区、欧洲贸易区、亚太贸易区、中日贸易区、沿海贸易区、贸易保障部、企业策划部、财务部、企业资讯发展部、总经办、组织/人事部、公司纪委、公司工会、党办、宣传部、船舶管理公司、陆产总公司、计算机中心等18个职能部门（单位）。在总结以往工作经验的基础上，对2004年任务书的编制继续进行改进和完善：进一步完善以航线效益负责为基础的贸易区航线经营内部贡献值的考核机制，使考核能更加客观、合理地反映贸易区实际经营效果；同时，对总部其他各部门的责任指标体系根据KPI和平衡记分卡理念进一步调整优化、精简指标体系，突出对公司总体效益负责及各自职能的履行情况。年底，公司成立由党委副书记蔡张德、副总经理周琥、总会计师邓黄君领导的，贸易保障部、企业策划部、财务部、企业资讯发展部、安全技术管理部、组织/人力资源部分别派员组成的公司考核小组，拟定了《中远集运2004年经营管理目标责任制年终考核方案》。由于下半年公司对组织机构和部门职责进行了部分调整，并启动了上远重组工作，年初下达任务书的部分责任部门/单位与目前执行单位发生了变化，为此，考核方案按职能归集情况对考核对象进行了调整：安全技术管理部参照下达给原船管公司（管理部）的任务书进行考核；党委工作部将原公司党委办和宣传部的任务书合并进行考核，各占50%权重。上远公司将原船管公司和陆产总公司的任务书分开考核。泛亚公司以原中日贸易区和沿海贸易区任务书合并进行考核，各占50%权重。考核小组按照经营管理目标任务书的考核标准，对18个责任部门（单位）进行了现场考核，并将考核结果汇总整理后形成专题报告，为年终绩效挂钩提供了量化依据。

（武　成）

【海外考核管理工作】 2004年年初，公司根据总体经营业绩责任目标，向中国部（含香港分部）、欧洲部、澳洲分部、东南亚分部、日本分部、韩国分部、西亚分部、南非分部、德利公司（台湾地区）下达了经营管理目标任务书。任务书指标设置继续突出海内外各区域部同公司总部经营效益紧密挂钩的原则，设立了相关航线揽货贡献值指标，并赋予50%的权重；以附件形式按航线下达箱量及收入指标，进一步细化经营任务，提高了考核工作的可操作性；加大了对口岸代理服务质量的考核权重。根据美洲地区完善集装箱运输管理体制推进情况，作为美洲贸易区的海外部分，纳入美洲贸易区经营管理目标任务书一并考核。年末，公司考核工作按《中远集运2004年经营管理目标责任制年终考核方案》，根据总部有关部门的考评意见和海内外各区域部的自评结果，对各单位任务书全年完成情况进行了考核。考核结果经公司领导审定后，报送中远集团总公司，具体奖惩措施由中远集团实施。

（武　成）

【顾客满意度调查】 根据体系文件《顾客满意度测量程序》要求，2004年第四季度各贸易区、泛亚公司通过向客户发放《顾客满意情况调查表》等形式，向部分抽样客户进行了顾客满意度测量。此次测量，回收的样本数量104份，中小客户比例占78%，较好地保证了客户样本的代表性。根据测量结果，与2003年相比，顾客满意度和顾客评价满意率总体上有一定的提高。同时，通过对数据和顾客反馈信息的统计分析，发现服务中存在的缺陷和问

题，并就改进客户服务工作，提高公司运输服务质量提出了建议。（武　成）

4. 法律事务

【法律部】 法律部的主要职能是负责以公司名义对外签订的除航运业务外的各类合同的管理，对职能部门提交的合同内容进行审核并出具法律意见书，供职能部门参考；负责管理公司合同专用章，负责公司对外签订合同的盖章、登记和归档工作；根据实际情况，参加投资及项目引进等重大合同的谈判和起草工作等；制作公司的授权委托书；受公司法定代表人的委托，代表公司参加诉讼、仲裁、行政复议和听证等活动，并根据国资委和中远集团的有关规定，做好公司重大诉讼案件的报备工作；对国家及地方的法律、法规进行深入研究，对公司重大经营决策提出法律意见，供公司领导决策参考；收集并研究上市类法律，做好有关法律事务工作；跟踪国际和国内航运法规的立法动态，编制专题报告供公司领导参考；根据公司领导的指示，起草或者参与起草、审核公司重要规章制度，根据相关法律的规定提出建议供公司领导参考；根据《公司法》等法律法规，参与公司的分立、合并、破产、解散、投融资、担保、租赁、产权转让、招投标及改制、重组、公司上市等重大经济活动，处理有关法律事务；负责公司外聘律师的选聘、联系和管理工作，并对其工作进行监督和评价；负责公司的法制宣传教育，提供法律咨询服务；负责办理公司的商标、专利、商业秘密保护、公证、鉴证等有关法律事务，做好公司商标、专利、商业秘密等知识产权保护工作；办理公司领导交办的其他法律事务。按期编发《法律专题报告》、《上市法律研究》、《中远集运法律通讯》等刊物和报告。由于机构变动，法律部于2004年10月份从研究中心独立出来。法律部现员3人。

现任经理助理宋建芳。

（徐　峻）

【《中远集运法律通讯》】 由法律部编发的《中远集运法律通讯》，栏目包括“立法动态”、“企业法律之窗”、“新法介绍”、“法律顾问”和“案例评析”等，内容涵盖了国内外立法动态、海商海事、企业法律等等。2004年，《中远集运法律通讯》专题性地介绍了中美重签海运协定、我国《港口设施保安规则》、水上危险货物运输管理的变化及对策、我国新道路交通安全法律和法规、《国际船舶和港口设施保安规则》、《中华人民共和国电子签名法》、《上海港口章程》和美国“无船承运人服务安排”规则草案等内容，为公司和广大员工及时地提供了最新的立法和有关法律分析。2004年，法律部共编发《中远集运法律通讯》12期。（徐　峻）

【公司合同管理】 2004年，法律部共审核了公司有关的中英文合同100余份，包括软件/硬件采购合同、技术开发协议、技术服务协议、软件使用许可协议、销售合同等等。法律部认真细致研究合同的法律条款，提出相关法律意见，为公司生产经营提供了有效的法律支持，并维护了公司的合法权益。（徐　峻）

【编发有关研究报告】 2004年，法律部对国内外有关航运法律法规进行了研究，包括欧盟航运竞争法动向、受控承运人豁免、全球海运“反恐”立法、美国“无船承运人服务安排”规则、联合国海上货物运输法草案等，分别形成了5期《法律专题报告》，供公司领导决策参考。同时，2004年法律部还编发了4期《上市法律研究》。

（徐　峻）

（八）财务管理

【财务部】 中远集运财务部于1998年初由上海远洋运输公司财务部和中远集装箱运输总部财务部合并成立，下设会计部、结算部和SAP系统应用项目部。财务部主要职责：公司固定资产管理；财务报告编制及财务信息上报与披露；运费和港口使费结算；船舶固定费用（机务、润料、保险、租赁等）及燃油费用审核结算和支付；税务（车船税、营业税、所得税、印花税等）管理；公司综合经济效益测算和分析；财务收支和更新改造计划编制与管理，各项基金计提及专控项目管理；资金计划与调度，存贷款和外汇收支管理，银行与现金出纳及账本管理；对公司下属单位财务监督管理；公司财务人员继续教育培训，会计证办理及年审；SAP财务系统在中远集运海内外各区域公司推进和应用管理。财务部现员82人，包括硕士研究生学历3人，大学学历54人。其中，具有高级职称1人，中级职称28人。

现任副总经理王庆康、江海明。

（马　达）

1. 会　计

【会计部】 会计部主要职责为负责燃油采购成本、船舶固定费用、集装箱固定费用、管理费用和财务费用等审核、结算、分析与控制；固定资产核算与管理；各项基金计提及专控项目管理；税务安排、核算与管理；编制会计报表，进行年终决算；加强预算管理，编制财务收支计划；加强资金管理，合理计划调度，提高资金使用效率，强化财务内部监督控制；加强投资管理，完善投资决策、计划、审批、监控和评估体系；对财务活动综合分析，为经营管理和决策提供可靠依据；对陆地各基层单位及船舶管理公司进行财务指导与管理。会计部下设会计科、计划科、船舶财务科和资金科，现员26人。

现任经理曹银娣，副经理仅凤鸣。

（马　达）

【概况】 2004年，为完成公司效益目标和推进LUCKY项目，财务会计工作努力实现全方位改进和突破。加强思想作风建设，提高士气和部门凝聚力，严肃财经纪律和各项规章制度；随着SAP系统全面运行和完善，以流程管理为核心，不断推进会计运行机制改革，通过组织各项培训提高会计从业人员综合能力；加强财务审核监控力度，特别对燃油、租金、修理和保险等费用认真审查，对管理费用和项目投资加强预算管理，控制重点环节，确保费用发生、款项支付合理性。强化理财意识，提高资金管理水平，做好现金收支预算，及时安排资金筹集、计划和调度，提高资金使用率；在保证经营需求前提下，合理控制筹资规模，针对高成本信贷进行集中清理和归还，降低资金成本，优化筹资结构。加强投资管理，对固定资产、基本建设等项目做好规模控制、计划编制和审核监控，动态跟踪，定期统计，细化效益分析和评估；适应公司改革，在新上远公司和泛亚公司成立的过程中，妥善完成各项资产、费用划分工作；将海外公司和中货系统的财务工作纳入中远集运管理系统，指导其开展财务工作；在LUCKY项目推进过程中，完成公司报表编制、关联方交易、香港会计准则培训、盈利模型测算和项目财务审计等多项工作。

（马　达）

【获得中远集团“2003年度财务决算先进单位”称号】　2004年，会计部在其他相关部门及下属各基层单位配合下，完成2003年度中远集运公司及上海远洋运输公司2套决算报表的编制上报任务，获得中远集团“2003年度财务决算先进单位”称号。（瞿敏捷）

【财务管理】　根据LUCKY项目需要，中远集团总公司将中远集运公司中国部股权划转中远集运公司。通过归口管理，理顺投资与管理关系。财务部针对新的管理要求及中国部特点，下发《中货公司财务管理办法》，统一财务核算制度、财务基础工作建设、资金控制及投资管理。

（瞿敏捷）

【LUCKY项目审计】　2004年6月初，普华永道会计师事务所进驻远洋大厦对LUCKY项目审计。审计过程中，会计部关注项目审计进展，指定项目的财务联系人，制定资料提供、汇总的内部控制制度和流程，为审计人员提供大量财务数据和历史资料，保障项目审计顺利进行。

（张　中）

【燃油核算管理】　在LUCKY项目中，会计部与普华永道会计师事务所及业务部门沟通，汇总燃润料的业务及财务相关资料，接受审计；与贸易保障部配合，制定《中集支付中燃油款操作流程》，保证船舶燃油合理使用；组成量油小组，分别在上海及盐田港对有关船舶进行燃油实地盘点，确保公司燃油账实相符；配合泛亚公司SAP上线，及时完成原属中远集运31艘船舶的燃、润料结算；编制燃、润料滚动预算，参与计划的实施、统计与分析，做好年末决算报告，加强燃油财务控制。

（吕佩瑾）

【海外收购及投资工作】　2004年，根据LUCKY项目推进要求，中远集运公司完成对中远（开曼）MERCURY公司、香港中远货柜、中远集运（香港）公司、中远集运（日本）公司以及中远集运（欧洲）公司收购及新设公司的投资工作。

（张　杰）

【集团债务重组】　2004年，中远集运公司承接原集团向中国银行总行申请的4.8亿美元长期债务；配合中远集团完成原海外船舶抵押贷款债务的重组。完成中远（开曼）MERCURY公司收购后，其下属33家在巴拿马注册的单船公司所有船舶资产并入公司，重组这些船舶由原来总公司提供担保的长期债务。公司通过与海外银团谈判、协商，争取更优惠利率，进一步降低公司融资成本；配合中远集团完成原北美、欧亚澳ABS融资协议的解除。

（张　杰）

【船舶投资可行性分析】　财务部资金科对船舶项目投建期及未来经营年限进行全过程项目敏感性和现金流预测分析，分别从经营和财务角度对项目进行可行性分析。通过分析、验证，确定项目可行，获得中远集团总公司批准。公司分别与韩国韩进船厂和现代重工正式签订4艘5085TEU和4艘10046TEU的造船协议。根据Drewry Shipping Consultants及Clarksons的权威数据分析、评估，这两组船的造价低廉，价格优势明显。（张　杰）

【日常管理工作】　2004年，泛亚公司成立及未来海外公司的纳入，公司资金工作已从公司总部资金流的管理、控制，逐步转变为对中远集运公司系统资金总流的管理和控制。通过中国部、各口岸分部和泛亚公司上报资金计划、资金快报和资金收支月报来实施资金监控、平衡，有效加速资金周转，提高公司资金效益。

（张　杰）

【加强船舶财务管理】　2004年，财务部为适应中远集运公司机构职能变化，将离、退休人员一次性奖金、抚恤人员补贴发放及部分后备人员工资发放工作移交上远公司；接收原船舶管理公司机务费用、船东杂费等船舶费用的核算工作，克服年底集中报账，集中支付困难，完成年度船舶费用核算及支付工作；统一财务部门与业务部门对船舶费用的归口口径；从凭证制作入手，规范相关船舶费用入账科目及摘要书写方式。（陈益群）

【资产划拨】 2004年，中远集运公司拥有的23艘船舶进行实物投资，财务部委托上海华审资产评估有限责任公司对船舶进行评估。根据国有资产管理及评估有关法规，遵循独立性、客观性、科学性、专业性评估原则和贡献性、替代性、预期性评估经济原则，采用重置成本法，综合船舶成新率、国际和国内市场船舶造价动态、船舶基本装备等因素，公司以2004年5月底为时点的船舶净值作为追加投资的基数。（蒋蓓芬）

【年度资产盘点】 以2004年12月31日为时点，财务部在行政部、计算机中心等资产管理部门协助下，对公司各类资产如车辆、办公设备、通讯设备、配套设备及福利设备等进行全面盘点。针对公司庞大的资产规模，LUCKY项目的实施，资产频繁变动等实际情况，财务部制定详细的分工计划，对资产盘盈、盘亏及报损的情况进行分析，形成资产盘点报告。

（席艳敏）

【清产核资工作】 财务部根据国资委和中远集团总公司《关于清产核资结果及执行企业会计制度的批复》，对申报的清查资产净损失，按《企业会计制度》预计的资产损失进行账务处理。（席艳敏）

2. 结　　算

【结算部】 结算部负责管理分布在全球五大洲与中远集运有长期结算关系的100多家代理、货代和货主等，每年运使费结算数十亿美元。结算业务划分为中国区结算业务、美洲区结算业务、欧洲区结算业务、亚太区结算业务和综合业务。结算部现员48人。

现任经理吴怀宝，副经理姚财妃。

（田　海）

【概况】 2004年开始，结算处采用SAP理念以及SAP出具数据进行日常业务分析。由于2003年全年采用日常记账在SAP，核算分析在ES9000系统，SAP积累数据还不足以支持许多不同口径的分析，结算人员尤其是效益测算人员付出双倍劳动。2004年，业务系统IRIS－2的推进，推动系统不断完善、推进财务系统与业务系统良性地互促发展。虽然业务操作在系统中不是十分完善，但结算处仍决定部分地区上接口系统。通过口岸与公司内部财务和贸易区人员努力，这项工作逐步走上良性轨道。2月，审计事务所进驻公司，结算处配合审计工作，按时完成任务。做到推动发展与维持日常结算两不误。全年完成应收账款回收、成本管理及相关的账务处理工作。年末应收未收账款余额为历年来最低，收入管理和催收工作取得较好成效。（姚财妃）

【环渤海湾运使费结算会议】 IRIS－2和SAP接口在国内口岸上线后，为做好环渤海湾地区的运使费结算，财务部于2004年5月24日，在大连召开“中远集运2004年环渤海湾运使费结算会议”。会议充分体现务实精神：对前阶段在结算过程中所存在或出现的问题，要求各有关单位在会上提出解决方案；协调解决各家代理在运使费结算中存在的问题，根据总部要求规范各口岸公司运使费结算；随着IRIS－2和SAP接口在国内口岸上线，对环渤海湾相关代理介绍上线以后的结算变化；对上线以后的工作提出具体要求。

（沈志平）

【清理南美应收账款】 财务部于2004年7月26日至8月15日赴南美的巴西、乌拉圭和阿根廷三国，旨在加强与当地代理沟通理解，核对并催收未达应收账款，理顺有关结算业务关系：提高中远集运公司运费回收率，统一中远集运公司总部与南美三家代理财务核算口径。按照中远集团运使费结算规定，按时将运费结算期已到的船舶航次舱单运费，全额向公司报账。加快运费回收，运费回收率提高到95%以上；财务人员与南美三家代理，双方对每一笔账款差异都进行详细查询与资料收集，理清2003年以前的运费账款，维护中远集运公司利益。（宋跃量）

【IRIS－2和SAP接口在欧洲上线】 为配合IRIS－2和SAP接口工作在欧洲地区顺利实施，2004年6月，财务部合理调整对欧洲地区各代理与总部结算关系，下发《欧洲地区代理运使费结算渠道变更通知》。7月完成意大利和西班牙两家代理的上线工作。（庞继伟）

【运费舱单全球上线】 2004年12月15日，南美、南非出口运费舱单开始采用IRIS－2数据进行财务记账，中远集运公司全球运费单证核算实现统一采用IRIS－2数据，为2005年关闭总部EDI系统作好准备。（姚财妃）

【老账清理工作】 2004年7月，财务部两个欧洲地区清账小组，分别前往地东四国（土耳其、罗马尼亚、希腊、乌克兰）和英国，与代理进行实地对账，清理2004年之前未结清的应收账款，收回因种种原因未结付运费近234万美元。年中，亚太科清账小组赴印尼、斯里兰卡及阿联酋等地与当地代理进行运费现场对账，共追回以前所欠运费近20万美元。

（庞继伟、杨帆）

【结清中澳线舱位租金】 截至2004年6月底，中澳线上两家合作方共拖欠中远集运公司2003年1月至2004年6月舱位租金468万美元。通过与亚太贸易区配合，经过数十次对账、催账，8月，结清该航线舱位租金。（田 海）

3. SAP系统应用

【SAP系统应用项目部】 2003年6月SAP系统应用项目部成立。其职责是对SAP系统进行维护管理；实施SAP系统在中远集运公司全球体系推进应用；完善SAP系统同IRIS－2系统连接工作；根据需求对SAP系统其他功能开发与应用。SAP系统应用项目部现员7人。

现任经理陈旭，副经理魏晓波。

（马 达）

【概况】 2004年，SAP系统应用项目部推进全球各个IRIS－2已经完全上线口岸的SAP自动账务处理接口工作；公司LUCKY项目和MIS项目数据支持工作；公司内部SAP系统实施和支持工作。上半年，SAP应用项目部陆续完成欧洲地区和中国地区口岸代理IRIS－2/SAP接口调研和培训，完成代理端系统设置和相关程序开发和改造。泛亚公司成立也为SAP应用项目部在SAP财务系统实施上提出要求。面对挑战，SAP应用项目部整合资源，独立完成泛亚公司SAP独立账套系统更新改造任务，并于泛亚公司成立之时正式成功上线。下半年，SAP应用项目部完成全球提单模块接口上线，从而实现全球提单信息自动导入和记账；欧洲地区意大利、西班牙两个代理和中国地区全部代理先后完成IAR和IJOS模块自动接口上线，符合设计要求。为上海远洋运输公司独立SAP财务系统上线，SAP应用项目部克服多个难关，终于在年末成功上线，这标志着中远集运公司拥有自己相对独立的SAP实施队伍，可以独立完成下属子公司SAP财务系统实施上线。LUCKY项目以及MIS项目也是2004年工作重点之一，SAP应用项目部在数据提供和系统分析上提供重要支持。对MIS项目，SAP应用项目部提供包括系统数据逻辑，系统数据格式等系统支持，同时也参与了前期调研和方案的制定。

（王　勇）

【上海远洋运输公司 SAP 财务系统实施上线】 2004 年 9 月，SAP 系统应用项目部完成上海远洋运输公司 SAP 系统的业务蓝图设计。10 月底去深圳，在 IBM 公司顾问的技术支持和上海远洋运输公司财务部配合下，11 月中旬完成系统环境实施。年底前完成上海远洋运输公司 SAP 系统上线。（王　勇）

【泛亚公司单独成立后 SAP 财务系统及数据接口上线】 泛亚公司成立后，需要单独设立 SAP 系统和独立的账套，修改 IRIS－2/SAP 的自动数据接口。财务部 SAP 应用项目部整合所有资源，进行调研和开发，按时完成泛亚公司整体 SAP 系统的上线。中远集运公司 SAP 系统上线后，财务部 SAP 应用项目部独立完成 SAP 系统内部改造和独立实施。

（王　勇）

【欧洲地区的 IRIS－2/SAP 接口推进工作实施】 2004 年 3—4 月，财务部 SAP 应用项目部协同 IT 部门的 SAP 项目组成员，赴西班牙、意大利、德国、荷兰、比利时、英国、法国等地，就接口问题完成代理端培训和沟通，确定各个口岸代理上线时间。（王　勇）

【亚太地区的 IRIS－2/SAP 接口推进工作实施】 2004 年 8—9 月，财务部 SAP 应用项目部协同 IT 部门的 SAP 项目组成员，赴香港地区、新加坡、韩国、新西兰和澳大利亚，就接口问题完成代理端培训和沟通，与各口岸代理就上线时间安排达成一致。财务部 SAP 项目组跟踪上述口岸公司代理测试工作，预计在 2005 年正式上线使用。（王　勇）

(九)信息系统建设

【企业资讯发展部】 企业资讯发展部成立于2001年5月21日,主要职责为IRIS-2系统应用推进工作及涉及的体制改革研究;开展企业业务流程最优化工作,制订标准业务流程;提交企业信息系统及决策支持系统的规划,提出建立和改进需求;企业管理信息系统的设计、实施和推广及电子商务的规划和建设;开展企业电子商务发展战略、相关技术发展趋势和航运公共电子商务平台发展及应用的研究;实施企业内部员工信息系统培训,提供企业信息系统使用过程中的应用支持;监督和指导区域信息系统规划。下设4个部:航线资讯部、船务资讯部、电子商务部和全球单证中心。企业资讯发展部现员24人,全部为大学专科以上学历,包括硕士研究生学历4人。其中,高级职称2人,中级职称14人。

现任总经理陈翔,副总经理鞠维平、顾钱彬(兼)。 (顾姗姗)

【概况】 2004年企业资讯发展部主要工作:继续推广IRIS-2系统应用,对已上线口岸定期考核;规划和建设MIS系统,从各项关键绩效指标对业务信息进行整合和分析;进行电子商务二期功能的发布和推广,完善EDI服务平台。完成东南亚印尼、泰国、马来西亚三国系统实施和切换,完成总部新调度统计系统、全球修箱系统、北美佣金计算系统等外围系统的开发和运营,完成北美24小时报关系统切换,英国、日本等7个高成本地区完成单证转移工作。3月,组织召开全球BPS专题会议,就数据质量、单证模块及电子商务作专题发言。全球BPS就客户档案模块、单证模块、大客户电子数据交换(VIP EDI)和系统应用展望展开讨论,各口岸针对模块应用交流经验,达到"深化IRIS-2系统应用,挖掘系统功效"这一目标。

(顾姗姗)

1. 航线资讯

【航线资讯部】 航线资讯部主要负责IRIS-2系统中地理模块、组织模块、综合船期模块、标准服务路径模块、舱位分配模块、危险品数据维护模块、客户档案、客户协议模块、公布运价模块、应收/应付账款模块及公司大MIS项目等的实施。主要职责:企业管理信息系统在航线运营、财务管理等部分的推进;拟订并实施与上述业务领域相关的培训计划及标准业务流程和相关岗位职责,监督其实施情况;提供上述业务相关系统的应用支持;监督与上述业务领域相关的IRIS-2系统基础数据的收集和整理;监督企业管理信息系统在上述业务领域的运行情况及收集改进需求,使其符合公司的经营目标;对经过改进的相关系统模块进行验收和质量评测;支持相关口岸实施IRIS-2系统。航线资讯部现员7人。

现任经理王勇,副经理吴宇。

(杨 洁)

【概况】 2004年航线资讯部主要完成了New CPF模块的数据移行和上线;SC模块客户化和基础数据录入,12月中国各口岸SC Auto-rating试运行;继续开发小MIS报表,至年底,小MIS报表达76份,包括销售、成本、贡献值、财务、箱管和系统应用KPI等主题领域；率先完成IRIS－2 8.1和8.2版本的升级；完成新调度统计系统的开发和测试，11月开始试运行；完成北美佣金计算系统的开发和测试，11月开始并行；完成美国线服务合同贡献值分析项目的需求分析、开发和测试，12月上线；完成IRIS－2系统Multi－carrier改造项目的前期调研和需求分析；启动大MIS项目，完成数据仓库工作包一的需求分析、开发和测试，第一批报表于11月上线，完成货流模型业务设计方案和功能说明书。　（吴　宇）

【口岸IRIS－2系统评估及考核工作】 2004年，企业资讯发展部继续对中国、亚太、北美、欧洲地区使用IRIS－2系统的相关口岸实施考核评分制度。考评采取百分制，每三个月对口岸和总部的IRIS－2系统运用情况分模块进行考核，并根据系统推进的重点，不断调整有关的考核指标和评分标准，以满足系统推进的需要。通过考评，及时发现系统使用中存在的问题，规范系统操作，提出下一步的系统推进要求，这对IRIS－2系统的运用，提高系统数据质量等方面，有着重要的作用。

（汪　雷）

【服务合同推进】 2004年，企业资讯发展部与各贸易区一起致力于推进服务合同模块工作。从5月起，所有用手工制订服务合同的21个国家和地区已全部开始使用SC模块创建、报备和修改新签服务合同。截至年底，各地共录入美国航线服务合同1300多个，完成修改5900余次；其中仍然有效的服务合同1000多个，完成修改5200多次；2004年系统录入的有效合同数占公司实际新签有效合同数的90％。除部分服务合同由于客户化格式等原因无法录入系统外，所有远东和欧洲地区的2004年度新签合同基本都使用SC模块，北美的大部分合同也都已录入SC模块，完全达到年初制定的目标。在推进SC模块的同时，企业资讯发展部不断对存在的差异进行分析，对模块功能进行优化，共完成服务合同模块的客户化需求42个，从而使SC模块更好地适应了公司的实际业务需求。下半年企业资讯发展部制定了SC Auto－rating功能的实施计划，在上海分部进行了试运行。12月初，在中国各口岸全面推广。

（汪　雷）

【美国线服务合同贡献值分析】 2004年7月，企业资讯发展部，美洲贸易区，计算机中心联手承接美国线服务合同贡献值分析项目。通过用户需求分析、业务模型设计、技术设计、源代码编写、系统测试、试运行和用户验收等各个阶段，12月正式运行。该系统可以查询美国线服务合同自2004年开始的各个时期箱量、收入、贡献值、各类排名和履约率，为美国线盈亏分析提供及时完整的资料。项目上线后受到用户的好评。　（蒋时飞）

【亚太二线口岸系统推进工作】 为进一步扩大IRIS－2实施口岸，2004年初，资讯发展部开始了印尼、马来西亚、泰国等地的IRIS－2二期实施计划。经过前期的系统培训、差异分析、网络铺设和系统调试等工作，3月资讯发展部和上海中货联合派出3个支持小组现场支持IRIS－2的切换，协助当地调整新系统业务流程，解决在系统切换过程中出现的问题，使IRIS－2成为当地主业务系统。

（林晓烨）

【总部调度统计系统建设】 2004年12月，新调度统计系统正式投入运营。新系统包含调度日常操作和综合统计两大功能，涵盖旧系统的基本功能，与IRIS－2业务操作系统相配套，能随时反映公司日常业务状况，发现并解决业务中存在的问题。新系统取代高成本的ES9000机器，改变基础业务—航次的概念，提升整个业务管理理念，是中远集运业务管理中一个划时代的标志。　（杨肃阅）

【北美佣金计算系统建设】 2004年，由北美业务人员、北美 BPS、北美 IT、总部 IT 和总部 BPS 共同组建北美佣金计算系统项目小组,帮助口岸用户,实现客户 brokerage 佣金的自动化计算。通过可行性研究和开发,项目小组撰写系统建设的中英文计划书、完成项目功能需求说明书、完成系统 CBA(CNA Brokerage Application)的开发。总部 BPS 组织并联合北美最终用户实施了 CBA 系统的测试。根据用户的测试反馈,调整系统功能,得到用户的最终确认。CBA 系统通过测试,2004 年 12 月,进入并行阶段。用户通过与 AS400 的数据源比对,确认了 brokerage 计算依据的一致性。　　(马晓栋)

【管理信息系统建设】 2004 年 4 月,大 MIS 二期项目正式启动。项目主要包括两大部分:数据仓库工作包一和货流模型。数据仓库工作包一分析生产营运和市场营销主题 KPI,初步构建 MODS(运营数据仓库)和 EDS(企业数据仓库)。11 月数据工作包一的第一批功能上线,完成第一批上线功能的用户培训。货流模型设计货流模型业务,完成功能说明书和技术说明书编写和审核;完成主航次接口程序的需求分析和开发测试;完成预处理、预估模块的开发和单元测试;开始归集、比对和分摊部分的开发;通过项目组内部和公司评审。　　(吴　宇)

2. 船务资讯

【船务资讯部】 船务资讯部负责 IRIS－2 系统订舱模块、进出口单证模块、箱管模块、工作单模块、Stowage Bank、进出口报关、空箱调运等模块的运营,以口岸操作和客户服务领域为主。主要职能:提交上述业务流程与 IRIS－2 相关业务流程的差异分析报告;拟订上述业务的标准流程和相关岗位职责,监督实施情况;收集和提出与上述业务领域相关的系统最小客户化需求和合理化建议;监督与上述业务领域相关系统使用的应用支持;监督与上述业务领域相关的 IRIS－2 系统基础数据的收集和整理;监督企业管理信息系统在上述业务领域的运行情况;收集并提出企业管理信息系统在上述业务领域的改进需求,使其符合公司的经营目标;负责对经过改进的相关系统模块进行验收和质量测评;与相关业务领域部门沟通,对不适合 IRIS－2 系统操作的业务流程提出修改意见;与计算机中心沟通并提供业务支持,协助开发和完善企业管理系统功能;指导监督区域公司和代理 BPS 的工作。船务资讯部现员 7 人。

现任经理余佳。　　(姚乐炜)

【概况】 2004 年,船务资讯部完成 IRIS－2 系统 V.8.1 和 V.8.3 升级工作;完成 IRIS－2 系统 Voyage Control 历史记录功能及 MIS KPI 报表开发工作,进一步强化 IRIS－2 单证和提单信息的质量监控及单证数据质量分析;完成 IOCM 的改造,满足北美 24 小时舱单申报要求,在北美、日本等地区顺利实施;配合 SAP 推进,规范口岸工作单和审单操作,确保 SAP 接口顺利切换;完成运费舱单附加费的改造,满足航线经营分析细化的要求;完成中国、韩国、加拿大、泰国、马来西亚和印尼等地区的 IDDS 推进工作;顺利关闭 IEIS 系统 BYPASS 功能,严格动态校验,及时发现操作环节中路径、订仓滞后、动态质量等各类问题,提高动态数据质量;完成修箱系统的开发测试及用户培训工作,在中国、日本、新加坡地区顺利实施;完成空箱模块需求分析报告和测试工作;完成北美 RAIL BILLING 系统建设的业务调研和方案设计,提交需求分析报告;完成巴拿马运河方面提出的 EDI 货物海关申报程序的开发、测试和使用。　　(余　佳)

【IRIS－2 单证及提单质量监控】 2004 年 3 月,根据出口单证关键质量指标和口岸实际情况制作 O/B Discrepancy Report 的 KPI 报表。该报表提供了较为灵活的搜索条件组合和结果输出模版，按照不同需要，搜索不同目标范围内的单证数据并返回相应的质量指标。6月，发布EOV Daily Report报表，该报表能自动、手动检测出指定口岸的未完成的EOV记录并通过Outlook发送到各口岸BPS信箱中，提醒口岸用户及时完成EOV，保证进口操作和财务入账。为方便口岸用户尽快掌握这些KPI报表，利用考评等机会发布报表使用手册，示范分析报表数据，并制定、完善相应的数据修改流程；使用报表抽取的数据作为评估单证质量的主要依据，利用报表自检逐渐成为各口岸制单完成后的必备工序。经过近一年时间的推广，2004年底各口岸的出口单证质量明显提升，单证质量相关的投诉率直线下降。

（姚乐炜）

【需求管理系统建设】 为了保持系统先进性，IRIS-2将面临不断升级和实现新功能增加。2004年7月，启动了《COSCON IRIS-2需求管理系统》项目，旨在建立统一管理平台和规范IRIS-2需求收集过程。项目开发周期从2004年9月至2005年5月。项目整合了UMS(用户权限管理系统)，增加支持case的维护功能及软项目(非开发性项目)的管理功能。系统完成之后，用户可以在系统中登记需求；总部BPS可以批复需求并生成《用户需求报告》；用户可以在系统中登记测试记录；系统可以登记支持案例，并对支持情况进行分析；系统还可以对非开发项目进行管理，在创建非开发项目时，用户可以设定关键点，在以后的进程中，系统可以校验关键点的预期时间和实际时间，在项目完成之后对整个项目的管理进行评估。

（张惠斌）

【保险理赔系统建设工作】 中远集运保险理赔系统于2004年3月完成开发，5月正式上线投入生产。该系统的开发完成使中远集运保险理赔业务由应用原来的单机版保赔系统跃升到与IRIS-2集成、全球共享集成化操作平台，减少数据录入工作量，加强总部对口岸保险理赔业务管理。

（王 辉）

【北美RAIL BILLING系统建设工作】 资讯发展部为适应中远北美公司内部机构改革和业务流程变更需要，加强对北美内陆运输业务控制和管理，提高内陆运输业务客户服务水平，2004年9—10月，会同计算机中心共同组成项目组完成北美RAIL BILLING系统业务调研和系统设计。该系统将替代北美原有的LOTS系统，与IRIS-2系统高度集成，避免原来多重手工输入的工作量，提高向铁路发送EDI数据与IRIS-2系统数据一致性。

（王 辉）

【全球修箱系统建设】 2004年上半年，在广泛征求总部与口岸需求和意见基础上，完成全球修箱系统需求分析、系统设计、系统开发和程序测试等相关工作，全球修箱系统推进工作全面启动。下半年，顺利完成口岸操作培训，根据各个口岸实际情况，确定实施计划和切换时间表。全年完成系统上线的地区有：中国、中国香港、日本、新加坡。北美从年底进入并行操作阶段，为明年系统全面上线打下坚实基础。

（余 佳）

3. 电子商务

【电子商务部】 电子商务部直属于企业资讯发展部，主要组织研究电子商务发展趋势、研究航运公共电子商务平台应用与合作；制订企业因特网和内部网建设规划，提出中远集运因特网和内部网建设需求，进行系统验收和质量评估，监督企业因特网和内部网管理，制定电子商务后台服务有关支持流程；负责大客户电子数据交换评估和相关业务流程制定。电子商务部现员5人。

现任经理叶晴园。 （翁 慧）

【概况】 2004年，电子商务部继续围绕电子商务网站建设和大客户EDI建设，提升中远集运的信息服务水平。8月推出新版电子商务功能，推出订舱助手、客户化报表、带电子签章的正本提单打印、电子提箱、网上询价等多项服务功能；完成中国10个主要口岸电子商务现场推广；完成中国地区语音自助系统和网上虚拟服务中心方案确定和需求编写；完成全球大客户VIP EDI工作流程制定、EDI需求联合测试和相应业务流程确定、EDI数据质量监控等；UMS用户权限系统部分改造。（叶晴园）

【电子商务网站建设及推广工作】 2004年初进行电子商务二期功能建设，其内容包括有询价、客户报表、订舱助手、电子提箱等，8月正式对外推出。新功能为客户与船公司在网上的全面互动提供平台。9月至12月，在上海对总部各贸易区以及各相关部门推广培训的基础上，派员赴广州、深圳、厦门、天津、青岛、大连、武汉、上海、宁波9个国内主要口岸进行现场推广和培训，200余人得到了培训。

（翁　慧）

【大客户EDI工作】 2004年3月，编发“中远集运VIP EDI工作流程”。按照工作流程，从4月开始，编发9期“VIP EDI工作月报”。完成新增或修改上线的VIP EDI涉及11家客户、15项EDI需求。会同计算机中心EDI项目组，进行“开发VIP EDI监控报表，提高数据质量”QC活动，取得明显效果。（陆　洲）

【IRIS-2系统用户权限管理】 随着IRIS-2系统的推进，用户权限管理系统在全球得到广泛应用。为使该系统能够准确反映IRIS-2用户信息，2004年，对用户返收流程进行规范，并以邮件自动提示方式通知过期用户。配合IRIS-2系统各模块权限更改对用户权限管理系统进行相应修改用以满足新版本对于权限控制的新要求，实现权限自动上载。完成整个用户权限管理系统改造开发需求，完善IRIS-2账号申请，用户权限复制，历史数据查询、下载等功能，使整个IRIS-2用户权限管理系统规范、有效。

（顾姗姗）

【网上提单打印建设及推广】 2004年推出新版网上提单打印系统，增加防伪和控制打印份数功能，并且可以打印带签章的正本提单。天津口岸已经在10月中旬全面取消老版提单，广州、宁波、大连、深圳地区的大部分有签单权单位也通过BLRP系统进行签单，青岛和上海也正在推进网上提单打印。澳大利亚有三家直接客户与公司签订网上正本提单打印协议，通过该系统打印正版提单。美国、新西兰、比利时、挪威等地的客户也相继提出了使用需求。（陆　洲）

4. 全球单证制作

【全球单证中心】 中远集运全球单证中心成立于2003年7月，下设单证部、支持部、运价报备部和运使费审核部。主要业务有北美、欧洲、亚太地区的单证操作，运价报备以及上述地区运费审核。全球单证中心现员94人。

现任经理刘腊春，副经理王新波。

（帅亚敏）

【概况】 2004年，全球单证中心业务范围从单一单证操作提升到IJOS、AR、IB EDITING等系统全方面数据维护。单证中心引进六个西格玛管理方法，有效地促进单证中心管理，使服务能力有了较大改善，满足客户时间要求比率由40%上升到90%，超时单证由13%下降到3.5%，内部差错率由33%下降到20%，外部差错率由0.02%下降到0.004%，保证了单证中心整体运作的较高效率和较高质量。

（帅亚敏）

【全球单证转移】 2004年，全球单证中心在2003年的基础上，继续推进高成本单证转移工作。陆续接收英国、澳大利亚、新西兰和北美加拿大地区的单证。全年完成单证制作13万票，占全球单证的13%左右，占海外单证的25%左右，单证质量得到海外公司以及客户的认可。

（王新波）

（十）电脑科技

【上海中远资讯科技有限公司（中远集运计算机中心）】 上海中远资讯科技有限公司是由中远集装箱运输有限公司和中远资讯科技（香港）有限公司合资组建的沪港合资企业，1998年6月19日成立，具有独立法人地位。公司实行董事会领导下的总经理负责制，对外承接各类计算机应用软件开发、网络工程设计和施工，提供相关技术服务和技术支持；对内全面负责中远集运信息系统规划、管理和建设。公司下设五个部：系统网络部、开发部、技术支持中心、综合部和市场部。其中，市场部于2004年6月8日设立。系统网络部负责系统运行管理、网络通讯管理及设备维护保养；开发部负责应用系统的分析与设计、编程与测试，应用软件维护及用户培训指导，标准化管理，EDI管理；技术支持中心负责应用系统的运行管理和技术支持；综合部负责公司人事、财务、行政等综合性管理；市场部负责拓展公司内外技术服务。公司在外高桥保税区富特西一路117号办公。现员161名，包括硕士研究生学历6人，大学学历117人，大专学历28人。其中，高级职称3人，中级职称13人。

现任总经理顾钱彬，党支部书记姚友达。（陆卫平）

【概况】 2004年，计算机中心党政领导带领全体员工，紧紧围绕建设中远集运管理信息系统，进一步推进IRIS－2系统全面应用和确保系统安全运行这个中心，较好地完成年初拟定的工作计划。随着IRIS－2系统全球化在欧洲、非洲、亚洲地区展开，2004年重点进行欧洲二期网点以及中国区网点网络铺设。为了稳定和优化IRIS－2系统，计算机中心通过完善运行维护管理体系、实现系统高可用性、提高系统资源利用率三个方面工作，实现提高系统运行维护整体能力；形成达到IT行业标准又具有自身特色的支持管理体系，增强全体IT员工服务意识；7月下旬完成备用发电机组改造，为中远集运信息系统7X24小时持续运行提供电力保障，增加计算机中心应对各种突发事件的能力。在强化信息系统各项应用的同时，中心还进行IRIS－2配套项目即MIS系统、IRIS－2 2Billion改造、灾难备份系统、系统整合、全球EDI、电子商务、SAP、信息安全等项目开发和实施。计算机中心在完善中远集运信息系统建设以及各配套项目建设的同时，努力抓好精神文明建设，在党风廉政、治安综合治理、党建和文明建设等方面都取得一定的进步。

（印文琴）

【IRIS－2灾备系统通过验收】 2004年2—8月，容灾项目第二阶段大名路容灾中心的软硬件环境搭建成功，完成IRIS－2系统业务连续性流程（BCP）的制定，系统和应用软件恢复文档编写和全球各口岸业务应急预案（APG）编写。项目组成功组织和完成两次涉及全球各主要区域和口岸联合演习，证明灾备中心具备18小时内接管外高桥生产中心IRIS－2核心业务系统，数据丢失不超过20分钟的能力，实现并超越原先设定项目目标，顺利通过容灾项目验收。（梁　艳）

【提高系统可用率】 2004年5月1日，计算机中心启动“缩减IRIS－2系统宕机维护时间，提高 IRIS－2 系统可用率”的专题研究。研究小组结合 IRIS－2 系统的实际需求，采用先进作业调度机制，提高作业并行度，将周日 10 小时维护时间缩减为 1 小时，系统可用率达到 88.095%，比原来提高 5 个百分点。经过 2 个月试运行，8 月 1 日正式投入运行。

（吴一中）

【备用发电机】 2004 年 3 月，计算机中心为保证外高桥数据中心不间断持续供电，降低因供电部门非计划停电带来的停机风险，启动备用发电机项目。7 月 24 日通过验收，多次投入使用，符合标准。

（周建敏）

【北美网络迁移】 2004 年完成北美网络从 GE 向 AT&T 的迁移。迁移后，网点数从 28 个减少到 23 个，网络平台 FR 和 VPN 切换到 IPeFR，优化了北美到上海数据中心 2 条跨洋线路，提升网络性能和缩减网络通讯维护费用。（康　骏）

【Sybase 数据库软件大版本升级】 2004 年 9 月 4 日，计算机中心成功实施 IRIS－2 系统中重要数据存储支持软件 Sybase 12.5 版本的升级，解决资源瓶颈问题，提高 IRIS－2 系统整体负载处理能力，确保箱管、报表和货物跟踪系统稳定运行，为公司业务发展提供更好的系统平台。

（吴一中）

【GEMSTONE 数据库改造】 2003 年 12 月—2004 年 6 月，计算机中心启动并完成 IRIS－2 系统核心数据库 GemStone 2B 升级改造，将数据库数据容量从原来的 1 Billion 提高到 2 Billion，减轻数据量增长压力。升级改造从技术上消除系统瓶颈压力，避免系统负载的局限对公司今后业务发展制约。在技术方面，为公司业务增长铺平道路。（吴一中）

【IRIS－2 系统的研发与升级】 2004 年 4 月，第一个由中远集装箱运输有限公司自主升级的 IRIS－2 V8.2 版本在加拿大 24 小时报关系统上线，标志着 IRIS－2 系统摆脱对东方海外技术支持上的依赖。6 月，IRIS－2 系统进行了 V8.3 2Billion Objects 版本升级，数据容量从 1 Billion 增加到 2 Billion，缓解业务数据快速增长所带来的系统隐患。10 月，随着 IRIS－2 系统 V8.4 海运空箱模块上线，在新功能模块开发方面，已形成一套自己的版本控制流程，基本具备系统完善与扩展能力，适应快速多变的业务需求。（须建峰）

【MIS 系统的建设】 2004 年 3 月 22 日，中远集运公司与 IBM 合作的 COSCON MIS 系统建设项目正式启动。7 月完成开发测试与生产环境的搭建，需求的收集与分析、系统架构设计同步展开。8 月进入系统开发测试，系统包括管理驾驶舱 6 个，报表 40 个，查询 12 个，多维分析 2 个，预警 10 个共 70 个功能。11 月数据包一的部分功能顺利运行。COSCON MIS 系统的正式运行，为业务指标分析与查询、数据挖掘提供途径。（须建峰）

【总部和北美系统整合】 2004 年 1 月，正式启动老系统整合项目。10 月新修箱系统正式取代原 TMAR 系统，EDI 3.1 舱单于 2004 年年底逐步停发，北美系统整合项目同步展开，完成北美支票打印系统，北美佣金计算系统和保赔系统。老系统的整合提高数据共享度，解决数据重复输入弊端，降低维护费用和通讯费用。

（郑　冰）

【SAP 系统】 2004 年，SAP 项目组先后完成意大利和西班牙地区系统上线，泛亚公司数据与 SAP 系统对接、佣金模块中国地区上线，成功进行 SAP 系统与新调度系统接口的改造与切换，主航次判断改造与切换。为了能够使 SAP 系统的正常运行，SAP 系统性能诊断和优化项目还在进行中。（汪晓红）

【电子商务平台】 2004 年，电子商务二期成功上线，实现网上运价查询、在线订舱、网上正本提单打印、客户报表、电子提箱、EDI 服务等。其中“网上正本提单打印”经过国内分部用户试运行后，于12月20日起正式取消老版提单。电子商务提高网上客户服务，通过先进电子商务系统能够分析潜在的客户群，辅助业务管理，真正体现即时性服务、零距离沟通目标，增强中远集运的服务竞争力和网络品牌，为中远集运e化迈出坚实一步。

（杨新珏）

【EDI开发与实施】 2004年5月，公司IRIS－2系统全球EDI应用开发与实施项目正式启动。实现加拿大海关出口24小时规则；荷兰海关、日本海关、新西兰海关、马来西亚海关、泰国海关EDI报关实施；美国IOCM8.2－24小时报关版本的升级。美国海关24小时规则融入核心系统，用户可以在同一平台上完成24小时报关和常规的进口报关。新增EDI交换的VIP大客户18家。项目一期已完成需求调研、架构设计，计划于2005年6月在中国口岸率先推广实施。（陈怀海）

【QA组织的建设】 2004年4月，运用MI公司专业性能测试工具对MIS系统、新修箱系统、新调度系统、安全项目、硬件规划等10余个重点项目进行性能测试。为项目组提供有效的系统性能分析数据和新项目上线前正确评估。在此基础上，QA小组进行规范项目测试，逐步建立开发与测试分离模式，确保产品质量。

（张　斌）

【全球技术支持工作】 2004年，计算机中心建立并实施变更管理体系、供应商评估体系，形成一套既达到IT行业标准又具有自身特色的支持管理体系，增强全体IT员工服务意识。在新管理体系下，全年共处理全球各口岸提交服务请求4816个，平均每月401个，解决一个工作日内服务请求比例提高到74%；处理北美24小时报关服务请求1215个；新增和更新代码信息8730个。（杨国强）

【信息安全】 2004年1月，计算中心实施信息安全项目。第一阶段建立信息安全体系：实施现状调研、风险评估、安全策略、文档制定和安全技术体系规划等。第二阶段实施信息安全体系：建立信息安全组织、下发信息安全文档、建立信息安全公告栏、部署信息安全产品、加固UNIX/WINDOWS/WEB平台、整理UNIX/SYBASE/WINDOWS账号、实施安全管理流程、进行资产标识、加强外来人员标识管理和加强介质安全性管理等。通过信息安全建设，为中远集运信息资产构筑安全和坚固的屏障。（唐淑敏）

【EDI通讯平台】 2004年3月，计算机中心初步建成EDI通讯平台，开始在中日航线船图通讯上试点，向第三方通讯供应商GXS网和中远北京EDI中心提出2004年5月31日终止通讯服务。经过2个月的工作，COSCO EDI船图通讯和其他EDI舱单的通讯，完成新的通讯平台切换。5月底完成所有在GXS上通讯的EDI转移到以内部网为主的EDI3.1抽取平台。6月终止与北京EDI中心和GXS专线通讯服务。EDI通讯平台完全上线后，每月为公司节约通讯费3万多美元。

（朱盛军）

（十一）中国（境内）地区货运代理

1. 中国部（中货公司、中船代公司）

【中国部】 对外又称中远国际货运有限公司。1995年，中远集团进一步深化各大远洋运输公司陆上货运体制改革，并结合中国汽车运输总公司及下属公司人员与资产，进行了陆上货运业务及资产的合并重组，正式组建中远国际货运有限公司，统辖中远国内的各项货运业务。12月18日成立中远国际货运有限公司（简称中货公司）。1999年5月10日，中货公司业务领域扩充，中远集团赋予了中货公司船务代理职能，为中远集运代理集装箱船舶业务，成立"中远集装箱船务代理有限公司"（简称中船代公司）。2001年，根据中远集团班轮、物流两大核心主业重组的战略部署，中货公司主营业务重新定位为货运和中远集装箱船代，并与中远集运公司、各海外集装箱代理构成中远班轮主业单元，中货公司对内作为中远集运亚太部负责对亚太地区中远集装箱运输业务进行综合管理和业务指导。2003年4月1日，根据中远集运要求，深圳中远国际货运有限公司晋升为中远国际货运有限公司直接隶属管理的口岸公司，中货公司的管理范围包括了国内的10大地区公司（分部）。7月4日，按照中远集团、中远集运完善集装箱海内外运输管理体制的要求，强化中远集运在中国本土的集装箱运输经营能力，中货公司对内职能改为中远集运中国部，负责对国内（包括香港）地区中远集装箱运输业务进行综合管理和业务指导。机关设职能部门：总经理办公室、组织/人事部、财金部、市场部、船代部、综合业务部、管理部、监督部、党工部、系统工会。中国部（中货公司包括中船代公司）拥有总资产37亿元，员工近5000人，已经形成以北京为中心，以大连、天津、青岛、上海、厦门、深圳、广州、武汉、北京、香港等地区为龙头，遍布全国29个省区100多个城市的货运网络，设有业务网点280个，网点员工2000多人。

中国部拥有一支在国际货运、集装箱船代、多式联运、拼箱、项目开发等方面经验丰富的专业化员工队伍。规模和实力位居国内货运界前列，能为广大客户提供全球货运服务。公司被中国银行审定为AAA级资信企业；1997年，通过挪威船级社和中国进出口商品质量认证中心ISO9002质量保证体系认证。在《中国航务周刊》杂志组织的第3届中国货运业大奖——货运质量跟踪调查评比活动中获得最佳货代公司综合服务奖、最佳货代公司进出口服务奖、最佳货代公司仓储服务奖、优秀货代公司出口服务奖和优秀货代公司资讯服务奖等5项大奖。2004年，在首届全国货运行业评选活动中，又一举夺得海运实力第一，综合竞争实力第二的优异成绩，并荣获全国最佳物流企业荣誉称号。中国部坚持服务创新的经营战略，不断提高服务质量，提高市场占有份额，先后推出"一站服务"、"绿色服务"、"2000服务在中货"、"零距离服务"、"阳光行动"、"VIP客户服务"等服务模式。在国内货运界首先建设并使用覆盖全国范围的，致力于提升客户营销水平的客户关系管理系统(CRM),建立了国内首家货运客户满意测评体系——TCSS。同时,依托领先的IT技术,加紧开展核心业务货运信息系统(CORIS)建设,努力实现船东物流运输链上业务环节操作的自动化、数据信息的共享化、操作监控的实时化、绩效考核的科学化,不断提升中远集装箱运输品牌的知名度和客户忠诚度。

现任总经理陆富根,党委书记蔡张德,副总经理傅海潮、副总经理兼工会主席邹斌、党委副书记兼纪委书记赫广忱。

(胡亚豫)

【概况】 2004年,中国部(中货公司)以科学发展观指导全局,积极将“以人为本”、“全面、协调、可持续发展”的经营思想有机地融入到企业发展当中,取得了显著成效。全年累计完成揽箱量1952538TEU,完成年度指标的114.1%,占中远集运总部全年进出口总箱量的63%;运费收入完成年度指标的124.4%,占中远集运总部全年运费总收入的71%。成本控制成绩显著,港口费支出为年度指标的82.51%,货物费和内陆中转费支出为年度指标的84.26%,箱管费支出为年度指标的82.35%,三项主要成本要素全部控制在指标值以内。江海联运量238862TEU,完成年度指标的114.6%;海铁联运量74232TEU,完成年度指标的110.6%;陆海联运量38639TEU,完成年度指标的146.9%。拼箱出口货量314263运费吨(合计13000TEU),完成年度指标的109.5%。积极实施“突出重点区域,全面开发市场”的战略,全面增强货运营销能力,实现了揽箱量与运费收入的更大提高。全年出口揽箱量比2003年增长7.4%,运费收入增长23.2%,创造了历年新高。同时,各分部努力搏击市场、创新服务、强化管理,纷纷取得优良业绩。上海分部在艰巨的营销任务面前,全年累计创造了29次每周过万箱的营销纪录,确保了中远集装箱运输在上海口岸的优势地位;青岛分部构筑“四大营销平台”,做大做强集装箱增值、延伸服务,实现了箱量和效益的双丰收;大连分部积极开拓,用“一区、二站、三港”区域市场战略牢牢把握了在东北地区的营销主动权;天津分部有效实施航线捆绑式销售模式,不断提升了市场份额。2004年下半年,在中远集运总部运力提升的关键时刻,深圳、广州、厦门分部等公司牢牢抓住“大船上线”所带来的营销契机,取得了良好的市场业绩。香港分部着眼大局,发挥区域中转优势,为华南地区货源顺利出运作出了积极贡献。同时,在确保安全的情况下多装货,增加了运费收入5781万美元。北京分部大力挖掘腹地货源,抢抓奥运首都经济商机,综合竞争能力有了较大提高。武汉分部充分发挥区位营销优势,用“自强不息、奋起直追”的精神谱写了跨越式发展的新篇章。中远各船代公司积极开展对船优质服务活动,圆满完成“大船上线”后的船舶安全保班工作,确保了集装箱班轮运力升级的正常生产秩序。全年共计代理中远集运船舶7018班,代理准班率达100%,为船员及家属提供服务12703人次。为配合中远集运总部干支线网络的铺设,适应中远集装箱船代业务发展需要,截至2004年底,已有二级口岸船代及分支机构合计38家,正在筹建二级口岸船代4家。2004年是中远船代加强内部管理并逐步向品牌建设过渡的关键期,适时推出了“中远船代、倾情关爱”服务品牌,向社会公布了“倾情关爱五项承诺及工作标准”。全系统通过采取强化IRIS-2系统应用降本增效工作成效显著,全年国内口岸(含香港)降本增效共计折合人民币3523万元。全年综合业务收入35142万元,比2003年增长3%,占总业务收入比重32%。举行了首次货运网点星级评定活动,共评出星级网点50个(其中五星级网点有16个,四星级网点13个,三星级网点21个)。 (胡亚豫)

中国部2004年党员基本情况

项目		党员数	在岗职工	项目		党员数	在岗职工
总计		1483		学历	研究生	38	
其中	预备党员	73			大学本科、专科	1081	
	女	402			中专	130	
	少数民族				高中	140	
年龄	25岁及以下	111			初中及其以下	93	
	26岁至35岁	501					
	36岁至45岁	333					
	46岁至54岁	395					
	55岁至59岁	78					
	60岁及以上	65					

党员发展情况

项目	发展党员数	其中		年龄			学历					职称		
		女	少数民族	25岁及以下	26岁至35岁	36岁至59岁	研究生	大学本科	大学专科	中专	高中	高级	中级	初级
总计	52	21	2	8	39	5	1	31	14	5	1			

党员1483名,党委17个,党总支14个,党支部121个。

【2004年度中国部(中远国际货运有限公司)先进集体和先进个人名单】

1. 文明单位(9个)

上海分部

青岛分部

广州分部属下海南分部

天津分部属下河北分部

深圳分部客户服务中心

大连分部营口分公司

厦门分部市场部

武汉分部属下黄石分部

中国部综合业务部

2. 文明窗口(15个)

上海分部船务部现场办事处

上海分部货运部接单组

广州分部拼箱部操作科

广州分部梧州分公司

大连分部进口部

青岛分部箱管部

青岛分部报关公司

天津分部箱管部

天津分部市场出口部

厦门分部业务部

深圳盐田船代分公司

武汉分部乐山分公司

北京分部计财部

景华峰公司市场部

中国部市场部商务处

3. 优秀网点(15个)

广州分部南海分公司

广州分部属下远太公司

大连分部开发区分公司

大连分部沈阳分公司

上海分部宁波分公司

上海分部张家港分公司

青岛分部属下新疆分部

青岛分部属下河南分部

天津分部开发区分公司

天津分部富景公司
武汉分部荆州分公司
武汉分部属下江西分部
厦门分部泉州分公司
深圳分部盐田分公司
中远货柜代理有限公司

4．优秀船代(10个)

天津中远集装箱船务代理有限公司
厦门中远集装箱船务代理有限公司
深圳中远集装箱船务代理有限公司
上海中远集装箱船务代理有限公司
宁波中远集装箱船务代理有限公司
青岛分部船务部
大连分部船务部
营口中远集装箱船务代理有限公司
广州分部船代部
汕头中远集装箱船务代理有限公司

5．优秀员工(50人)

何凤莲(广州分部)(女)
王永明(广州分部)
裴耀华(广州分部)(女)
曹　睿(广州分部)
邓志宏(广州分部)(女)
梁　雄(广州分部)
田　莹(大连分部)(女)
沈凤兰(大连分部)(女)
郭　明(大连分部)
杜润杰(大连分部)(女)
谢　立(大连分部)
张古强(上海分部)
裴　锋(上海分部)
张佳音(上海分部)(女)
罗海林(上海分部)
卢　冰(上海分部)
吕观荣(上海分部)
江卫星(上海分部)
吴　赟(上海分部)(女)
耿贤春(青岛分部)
傅　玲(青岛分部)(女)
樊桂春(青岛分部)(女)
邵　峰(青岛分部)
李　荔(青岛分部)(女)
刘全结(青岛分部)
王宁波(天津分部)
刘　军(天津分部)
王国良(天津分部)
董会彬(天津分部)
哈建强(天津分部)
刘凤华(天津分部)
陈毅鹏(厦门分部)
刘东辉(厦门分部)
吴锦耀(厦门分部)
白　莉(厦门分部)(女)
朱　琳(深圳分部)(女)
王　丹(深圳分部)(女)
李超荣(深圳分部)
吕美芳(深圳分部)(女)
雷长清(武汉分部)
黄　红(武汉分部)(女)
陈　君(武汉分部)
王　智(武汉分部)
李　珍(北京分部)(女)
赵小悦(北京分部)(女)
黄　莹(香港分部)(女)
杨成骏(香港分部)
金星石(中国部)
曹　征(中国部)
邱桂华(中国部)(女)

6．销售明星(15人)

马少忠(广州分部)
陈碧珊(广州分部)
彭守民(大连分部)
许永杰(上海分部)
田　华(上海分部)(女)
林治安(青岛分部)
柳　青(青岛分部)(女)
张　震(天津分部)
淳　红(天津分部)(女)
王迎芳(厦门分部)(女)
周建农(深圳分部)
庄志勇(深圳分部)
汪　涛(武汉分部)

肖宇烨(北京分部)
谭智恒(香港分部)
7. 服务明星(15人)
陈艳君(广州分部)(女)
叶丽君(广州(东莞)分部)(女)
傅承辉(大连分部)
张　杰(上海分部)
樊　虹(上海分部)
赵铁军(青岛分部)
孙　奕(青岛分部)
赵　爽(天津分部)(女)
张　朋(天津分部)
阎　菲(厦门分部)(女)
姚美智(厦门分部)(女)
万　里(深圳分部)
常　城(武汉分部)
于　晔(北京分部)(女)
孔少玲(香港分部)(女)
8. 优秀代理个人(15人)
蔡启杰(广州分部)
刘小友(广州分部)
蔡学品(大连分部)
于　梅(大连分部)
蒋恩明(上海分部)
王　平(上海分部)
朱晓群(上海分部)
尉淑华(青岛分部)(女)
彭兴无(青岛分部)
王海继(天津分部)
吴运庆(厦门分部)
吴清波(厦门分部)
殷　涛(武汉分部)
万　雄(深圳分部)
张天伟(中国部)

2. 地 区 分 部

(1) 深 圳 分 部

【中国部深圳分部】 对外又称深圳市中远国际货运有限公司(简称深圳中货),成立于1994年3月。2003年4月,升格为区域性口岸公司,即中远集运中国部深圳分部,2000年9月28日成立深圳中远集装箱船务代理有限公司。公司总资产23800万元人民币。深圳分部机构设置分为三个模块:一是保障系统,包括办公室、人力资源部、企划部、财务部、商务部、党工部;二是货运系统,包括市场销售部、客户服务中心、物流部、报关部、沿海运输部、珠海分公司、中山分公司及货运盐田分公司、西藏分公司;三是船代系统,包括船代部、单证中心、箱管部及船代盐田分公司、船代珠海分公司。2004年,深圳分部及下属公司担负中远集装箱船舶代理工作,负责代理中远集运在深圳地区开设的美洲、欧洲、亚太、中日等16条集装箱直航干线,5条内贸航线和3条驳船支线,对船舶的进港、开航、靠泊、装卸货、船期进行现场调度,代表船公司现场处理船舶各种货运业务及运使费的审核、结算。此外还承办进出口货物的承揽、报关、报验、仓储、中转、代运、订舱、配载、签发海运提单及集装箱拼箱等国际货运代理业务;租船及与海运运输业务相关的咨询服务;道路运输、仓储服务;国际船舶代理及国内货运代理业务。为进一步提高中远集装箱运输在深圳及珠江三角洲地区的市场占有率,提供增量货源,稳定大货主,为客户提供更好的服务,深圳分部在2001年10月,与广州中远国际货运有限公司合资组建东莞市中远国际货运有限公司,在2003年12月19日与唯冠科技(深圳)有限公司合资组建深圳市唯远国际货运有限公司,在2004年9月20日,与香港福星船务有限公司合资组建深圳快航国际货运有限公司。

深圳分部现员245人,其中硕士研究生学历7人,大学学历107人,大专学历95人。另外,合资公司现员50人。

现任总经理隋力,党委书记王学良。

(宋　华)

【概况】 2004年,深圳分部全心全意依靠全体职工,全力拼搏,抓住航运市场有利时机,加大市场营销力度,提高客户服务水平,延伸经营范围,生产经营和经济效益各项指标均取得历史性突破。全年完成集装箱操作总量670456TEU,比2003年增长13%。其中,外贸出口重箱271415TEU,完成年计划的121%,比2003年增长28%;内贸本地出口20447TEU,完成年计划的136%,比2003年增长27%;拼箱业务完成31214.5CBM,完成年指标的173%,比2003年增长了151%。深圳分部实现2004年度运费回收率100%。公司根据各航线的货源结构,成功引入一批VIP客户,稳定货源。8月底,中远集运公司5条8000TEU的大船陆续上线,加大货源组织,强化各项基础工作,尤其在"COSCO SHENZHEN"轮的首航工作中,完成上级下达的各项任务,承办命名暨首航仪式。开辟了欧洲拼箱新航线和香港拼箱市场,优化了代理网络、客户服务及业务操作流程。构建以深圳西部港区为中心的珠三角及华南沿海港口的水转水联运网络,全力推进了海铁联运工作,全年累计代理总部船舶1169艘次、其他船舶306艘次,班轮准班率达到100%。向码头合理申请减免各类费用,使船舶改变了进出深圳西部港区的航道,为总部节约费用和船期,控制箱管成本,保持用箱平衡,合理利用各港和协议堆场空箱免堆量,减少堆存费支出。顺利完成阿联酋"中国城"项目、德国进口72轴平板挂车、深圳地铁首辆列车以及"迪斯尼成立100年中国巡演"深圳汇演道具的进口等项目的报关和国内运输任务。利用合资公司公共货代的特点,强化其在加班船配货、旺季转移箱量、淡季保证出货量等方面的调节作用。完成财务用友系统升级及外挂系统的改造、客户档案系统的开发及试运行、车辆管理系统开发、网上报关输单系统的开发、盐田码头EDI-BOOKING系统的开发调试及美国航线合约管理系统的开发等工作。加强对员工的业务培训,举办各类培训班48次,培训员工784人次。

(宋　华)

【"COSCO SHENZHEN"轮首航盐田港】

深圳市副市长阎小培女士由魏家福总裁(右2)和总经理许立荣(左)陪同登上"COSCO SHENZHEN"轮

2004年9月28日上午,中远集团在深圳港盐田国际集装箱码头为以深圳城市命名的集装箱船举行命名首航仪式。深圳市副市长阎小培女士为“COSCO SHENZHEN”轮命名。深圳市人大常委会常务副主任郭荣俊、中远集团总裁魏家福、德国北方基金集团首席执行官 Gunther Casjens、中远集装箱运输有限公司总经理许立荣、副总经理史美思、陆富根和深圳港航工商界知名人士等500余人出席命名庆典仪式。该轮首航满载满舱,使首航仪式获得了圆满成功。 (宋 华)

【深圳中货十周年庆典】 2004年3月23日,中国部深圳分部——深圳中远国际货运有限公司迎来10周岁生日。中远集团总裁魏家福专程来到深圳分部看望全体员工,向大家表示节日祝贺,鼓励员工再接再厉,再创辉煌。当天,深圳分部在麒麟山庄举行招待酒会。深圳市人大副主任郭荣俊、中远集团副总裁陈洪生和中远集运公司总经理许立荣、副总经理陆富根到场祝贺,深圳市有关方面的领导和一些货主代表也参加了十周年庆典。

(宋 华)

【开展主业多元化经营】 2004年,深圳分部先后中标韩国晓星公司的一期、二期化工机械设备的进口承运项目、“迪斯尼成立100年中国巡演”承运项目及四川大洋矿砂铁路进口项目等一批大型项目;开发美国大型采购商的投标,按供应链的要求成功运作中国城的运输项目;开展全球代理网络构建、物流仓储调研、异地出口业务、海外客户的中国代理等一系列业务。成功构建以深圳西部港区为中心的珠三角及华南沿海港口的水转水联运网络。 (宋 华)

【深圳南昌两地间开通“五定”货运班列】

2004年12月25日,深圳至南昌海铁联运仪式在广深铁路平湖南站举行,首列“五定”班列从该站发出。作为深圳至南昌“五定”班列的承运人之一,深圳分部承揽的集装箱被装上首列“五定”班列,运往南昌。整趟列车满载醒目的COSCO集装箱,显得壮观。按照计划,深圳至南昌海铁联运货运“五定”班列将每周对开2列,每列不少于30节。届时,两地铁路货物列车运行全部定点、定线、定车次、定时、定价。与普通货物列车相比,“五定”班列具有运行速度快、到发时间固定和运输价格低等优势。 (宋 华)

【成立客服中心与单证中心】 2004年1月1日,深圳分部成立客户服务中心和单证中心,构建了一个全新的质量服务平台,实现“一站式”服务理念的全面升华,即把一个人的“一站式”服务模式提升为一个团队的“中心式”服务模式。单证与客服两个中心的成立,使业务操作过程更加科学化和系统化,使公司每一位员工的工作量得以均衡,操作和谐顺畅,人力资源的利用更加合理,整体工作效率显著提高。 (宋 华)

【组织红色之旅继承革命传统】 2004年4月至7月,公司先后组织4批近70名员工赴革命圣地韶山、西柏坡、遵义开展革命传统教育。重访革命圣地,重温光辉历史,使职工接受了一次生动的爱国主义教育,充分体会到在新的历史环境下坚持“两个务必”精神,继承革命先辈优良传统对公司健康持续发展的现实指导意义。

(宋 华)

【中远集运粤深港第二届职工运动会在广州举行】 2004年11月28日,深圳分部、香港中远货柜、广州中货共同举办中远集运粤深港第二届职工运动会暨深圳分部第七届运动会。中远集运党委副书记兼中货公司党委书记蔡张德、中货公司副总经理傅海潮等领导出席运动会并全程观看了比赛。经过一天的激烈比赛,深圳分部获得团体总分第一名、香港中远货柜获得第二名、广州中货获得精神文明奖。

(宋 华)

(2) 广 州 分 部

【中国部广州分部】 对外又称广州中远国际货运有限公司(简称广州中货),成立于1985年1月,改制于1996年8月,是华南地区最大的货运代理企业之一。改制后的广州分部,按照扁平化管理的要求对机构进行调整,公司设市场部、沿海运输部、客户服务部、多式联运部、驳船经营部、拼箱部、报关部、船代部、单证部、箱管部、商务部、财金部等12个生产经营部门和行政管理部、人事组织部、党工部、监督部、资讯发展部等5个党政管理部门。统一管理中远集运、中远货运、中远船代在广东、广西、湖南、贵州、云南、海南六省及自治区的国际货物运输代理和船舶代理业务,下设货运分支机构40个、船代机构8个。公司经营范围:以航线遍布全球的中远集装箱船队为依托,为国内外客户承办货运代理及仓储、中转;办理内贸货物运输、进出口集装箱订舱、报关、报验、提单签发、运费结算、集装箱拼、拆、装箱及进出口货物保险代理、多式联运业务;提供船舶代理业务;提供海运等相关业务的咨询服务。广州分部构筑了强大的华南国际货运网络;经营珠江三角洲、广东、广西、海南各地至港澳、深圳、广州、南沙、黄埔支线和遍布华南的内贸驳船航线、长沙至上海长江支线等共50多条航线;铺设以广州、深圳、香港三大口岸为中心、辐射全国各地的公路运输网和长沙、贵阳、昆明至广州、深圳的海铁联运专列。为使公司进一步与国际货运接轨,以应用中远集运全球信息管理系统IRIS-2、引进开发本地业务系统Sealink为契机,进一步深化业务流程、信息流程、资金流程和人力资源流程改造,推出以客户为中心的“零距离”服务;坚持以人为本,注重人才的培养和使用,以北京大学和清华大学的专家规划设计为基础,建立了一套基本适应市场经济需要的营运机制、人力资源管理体系和客户完全满意系统(TCSS);为提高服务水平,公司于1997年按ISO9002国际标准建立了质量管理体系,并顺利通过了CQC和DNV认证。广州分部现员628人,其中大专以上学历427人,占总人数的68%。

公司现任总经理尹为宇，党委书记李国浩。 (吴梓斌 陈鑫睿)

【概况】 2004年，揽取集装箱内外贸出口箱量226047TEU，比2003年增长21.1%，其中中远箱量194718TEU，完成指标124%，同比增长18%。上交运费收入为年指标的127%，增长97%。利润完成年指标的211%，增长49%。当年运费回收率96.03%，运费支付率101%。班轮准班率100%，单证差错率1.1‰。货物费、中转费、箱管费等成本得到较好控制。全年无任何责任事故和重大事故发生，确保了各项生产经营工作的正常有序进行。全年完成LOCAL箱量指标146%(揽货量完成198%)。通过优化舱位分配，逐步完善澳洲航线的销售工作，确保了航线领先地位不动摇。通过多方位、多渠道加强揽货力度，使日本航线货量全年完成计划132%，比2003年增长63%。克服了驳船压港、公路限重等不利因素，确保沿海运输货量与运力的同步增长。全年完成内贸出口箱量119077TEU，比2003年增长25.3%。LOCAL箱量完成年指标138%。占黄埔口岸市场份额20%左右，超出运力投放份额5%以上。采取保证舱位、"捆绑销售"、"绿色通道"优先服务等措施，扩大和完善内贸驳船运输网络。新开发39家新客户，使直接客户货量比例由15%上升到20%，驳船营运率从年初的77%提高到83%，重箱舱位利用率从40%提高到45%，驳船准班率达到99%以上。加大力度发展外资班轮的货运业务，全年共承运8199TEU外资班轮重箱，比2003年增长118%。全年共代理船舶艘次、净吨、进出口集装箱量，比2003年分别增长31%、37.8%和23.2%，完成利润为年指标的129%。累计节省船舶在港班期588.9小时、148.3万元。接受加载3010TEU，为中远集运增收约630万元。代理公共船舶162艘次，代理汽车17799辆。获得"船舶准班率100%、满意度100%"的双百荣誉。全年清理超期空箱5200UNIT。处理超期重箱51个20Ft.DC、20个40Ft.DC、12个40Ft.HQ。平均在岸周转箱天为19.4天，比指标缩短3.6天，共为中远集运节省费用约440

万元。公共货代年累计完成箱量31329TEU，比2003年同期增长45.3%。拼箱累计完成11038计费吨（CBM），增长70%。保险货运险代理收入增长110%。通过引进“核心客户考核机制”、推行“客户经理负责制”，巩固并扩大了核心客户群，全口岸各单位的核心客户率平均达70%以上。进一步深化区域营销和资源整合，成立了内珠三角、粤东、云贵、西南沿海及湖南五个营销分部，加快网点变网络的进程，总体出口揽货箱量增长56.4%。其中，超万箱网点8个，入选中货星级网点13个，占其总量的26%。在构筑“营销、单证、资金、信息”四大中心中，逐步形成船东、货代、船代三位一体核心竞争力。审核拒付箱管成本、港航费用等各种不合理支出约200万元。节省港航费用近400万元。严格执行风险防范管理，及时以法律手段追回运费19万余元。加速SEALINK系统的推广，组织专题培训517人次，基本完成所有省级公司和主要直属分公司共23个点的切换和实施。做好了新版COSCON电子商务的推广工作，以新版《员工手册》、28项生产经营管理流程的修订为重点，ISO2000体系外审顺利通过为基础，进一步完善综合管理体系和企业文化环境。

（吴梓斌　陈鑫睿）

【完成流程再造，构筑“四大中心”见成效】 2004年，构筑营销、单证、资金、信息四大中心。营销中心——将市场部、沿海运输部、多式联运部、驳船经营部和船代拓展部分别构筑为外贸、内贸、联运、驳船运输和公共船代的营销中心，促进区域市场信息的高度集中和资源共享的效果；单证中心——以单证部为载体打造单证数据归口和单证质量控制中心，依托IRIS－2及SEALINK系统推进网点远程提单打印，实现了对网点单证质量的有效监控和指导，降低了风险；减少重复投入，降低了成本；资金中心——加快SEALINK系统商务模块的开发运用，为2005年网点SEALINK系统与财务衔接奠定基础；继续推进财务经理委派制，真正发挥财务监督的把关作用；进一步推进内三角洲财务集中核算管理，继续加强收支两条线及资金预算管理，提高了资金周转率；信息中心——加速SEALINK系统的推广，在全口岸提高IRIS－2应用水平和质量，基本完成所有省级公司和主要直属分公司共23个点的切换和实施，组织专题培训517人次，印制SEALINK指导文档下发各单位学习并组织SEALINK系统测试，认真做好新版COSCON电子商务的推广工作，积极宣传E－Business服务。

（吴梓斌）

【顺利完成中远集运欧洲二线聚焦南沙的系列工作】 2004年2月28日，广州分部制定《南沙港航线引入应对筹备计划》，将有关21项任务细分给各责任人；4月份起，启动仓储配送业务，为南沙上线两端进行铺垫、链接；6月2日，尹为宇总经理陪同魏家福总裁率领的中远领导小组，拜会以广东省委常委、广州市委市政府有关领导，就南沙开发、开航等问题进行了商谈；7月5日，与当地商检部门就南沙港开业后卫生检验检疫等问题进行探讨、商询；7月7日，与广州港务集团、南沙港务公司，就南沙码头费率等有关商务问题进行第一次定位探讨与操作商谈；7月15日，全部注册办妥为南沙开航上线必需的报关、船代等8个证书；9月13日，第一批94个印着COSCO标志的集装箱从黄埔调进南沙港码头；9月28日中远集团王富田副总裁率中远集运、中远太平洋、中远货运等公司领导抵达南沙港，参加该港首期工程投产剪彩暨“粤河”轮首航仪式；广东省委常委、广州市委书记林树森，副省长游宁丰，广州市市长张广宁等省市有关部门领导出席剪彩仪式。9月28日南沙港开港和中远集运欧洲航线

"粤河轮"首航，是广州分部由内陆口岸向区域基本港口岸转型的里程碑。

（吴梓斌）

【"广州分部林"装点广州天麓湖】 2004年3月28日，广州分部响应广州市政府"同在蓝天下，绿化新家园"的号召和践约"打造责任企业"的理念，组织210多名员工在广州市北郊天麓湖绿化区植下1000棵黄槐、细叶榕等树苗。在近2000名绿化大军中，广州分部是唯一的中央直属企业。广州市绿化委员会领导亲自为"COSCO广州分部林"揭牌。这是一块耸立在花丛中的70cm见方的花岗岩碑牌，也是竖立在绿化区内唯一的企业碑牌。

（吴梓斌）

【广州分部星级网点位居系统第一】 2004年，中货公司从经营资质、经营业绩、服务功能与水平、网点管理、员工队伍、办公条件和党团建设七个方面在中货系统首次开展星级网点评定工作。广州分部13个网点被评为星级网点，其中五星级网点4家：东莞中货、广西中货、湛江分公司、顺德分公司；四星级网点4家：海南中货、汕头分公司、南海分公司、肇庆分公司；三星级网点5家：湖南中货、云南中货、贵州中货、番禺分公司和中区营业部。

（郑　勋）

【驳船网络服务中远集运干线船】 广州分部共经营内外贸驳船31艘，总舱位1500TEU，服务中远集运干线经营内、外贸驳船航线51条。其中在内珠江三角洲设21个驳船揽货网点，投入外贸驳船14艘，总运力750TEU，有22条往返香港及深圳驳船支线，均列入中远集运班轮支线对外公布。2004年9月，在实施内、外三角洲驳船统一经营管理后，进一步推进串线经营和三角航线的设计，使驳船营运率从年初的77%提高到83%，重箱舱位利用率从40%提高到45%。通过期租散货驳船、加大力度发展外资班轮、规范驳船的经营管理、争取湖南长江支线的船舶外租权等措施，推动了驳船经营多元化。驳船准班率达到99%以上，协议付费率提高至95%以上，为中远集运大规模运力升级提供强大的支线运力保障。

（吴梓斌　陈　惠）

【远太集装箱工程有限公司获华南第一家修箱工厂认证书】 "远太公司"是广州黄埔地区第一家对外提供24小时全天候堆存服务的有限公司，建有湛江、海口、汕头、中山等6个修箱点。3月初获悉海关总署关于对集装箱和集装箱式货车车厢必须按规定制造、改造和维修的110号文后，立即积极采取应对举措。派遣2名代表参加贯彻110号文认证理论考核，在近80名修箱厂家代表参加的考试中，分别以88分和93分名列前茅。随后，公司通过中国船级社华南分部认证小组的审阅质询和现场检查评价。通过中国船级社修箱工厂认证，获得华南地区第一家修箱工厂认可证书。

（吴梓斌）

【实现以集装箱业务为中心多元化发展的新格局】 2004年广州分部突显以集装箱业务为核心主导业务的作用，带动了多元发展的新格局。稳步发展美加航线，在签约运价总体增长200美元/TEU的情况下，美线箱量同2003年比增长29%；欧线贸易有力开发，全年LOCAL箱量完成指标146%（揽货量完成198%）；内珠三角地区网络优势逐步凸现，完成南沙欧洲航线约70%的货量，并带动了广西、云贵等地区的发展；澳洲航线的销售工作逐步完善；日本航线货量有所提升，全年完成计划132%，同2003年比增长63%；沿海内贸完成出口箱量119077TEU，增长25.3%；LOCAL箱量完成年指标138%。积极推进驳船经营，其中外资班轮承运重箱8199TEU，同2003年比增长118%；多式联运综合运输项目及物流延伸取得较大突破，其中由本部协议车队承运的汽运量达15461TEU，创利83万元；建立黄埔自有仓储配送中心，完成约4万计费吨的进出仓量；远太堆场修理服务网络积极发展，完成进出业务量40424 UNIT，效益指标147%；船代工作服务优质，获得“船舶准班率100%、满意度100%”的双百荣誉；节省船舶在港班期588.9小时、148.3万元，接受加载3010TEU，为集运增收约630万元；代理公共船舶162艘次，代理汽车17799辆；公共货代完成箱量31329TEU，同2003年比增长45.3%；拼箱累计完成11038CBM，增长70%；保险货运险代理收入增长110%。逐步形成了船东、货代、船代三位一体的强大核心竞争力。（吴梓斌）

【广州分部通过2000版质量体系监督审核】 2004年8月5—6日，中国质量认证中心审核小组依据ISO9001:2000标准等文件要求，对广州分部质量管理体系进行了认真、全面的监督审核。审核小组专家认为广州分部质量管理体系完全符合ISO9001:2000标准，并具有充分性、有效性特点，作出了同意继续运行的审核决定。（吴梓斌　郑　勋）

(3) 厦门分部

【中国部厦门分部】 对外又称厦门中远国际货运有限公司（简称厦门中货）。1996年3月成立，2001年4月升格为中货公司直属口岸公司之一，2002年初中远集团业务重组，统一管理中远在福建地区的国际、国内海上集装箱货运代理、船舶代理业务及相关服务。公司设行政管理部、党群监督部、组织人事部、财务部、计算机中心、商务部、船代部、市场部、业务部、沿海贸易部、项目部、箱管部、拼箱部、进口开发部14个职能部门。另有福州分公司、莆田分公司、泉州分公司、漳州分公司、三明分公司5个分公司；福清办事处、石狮办事处、东山办事处3个办事处。总资产2.94亿人民币。公司在福建口岸开辟了厦门、福州至中国台湾、日本、美国、加拿大、欧洲、澳洲直航班轮，还开辟了通过香港、新加坡、横滨、高雄等地中转至世界各地的国际班轮航线；厦门、福州、莆田、泉州、漳州至中国沿海主要港口的多条集装箱内贸航线。相继推出客户经理制、零距离服务、预清关服务、绿色快航等特色品牌服务，实现了电子定舱和网上货运保险等同行领先的服务手段。2004年揽箱量超过150000TEU。现员236人，包括大专以上学历164人。其中，具有高级职称4人、中级职称20人。

现任总经理徐澎威，党委书记陈志士。（郑艺荣）

【概况】 2004年，厦门分部按照中远集运公司及中国部的工作思路，紧紧围绕“扩大经营、提升服务、塑造品牌、降低成本、提高效率”5个工作目标开展经营活动，充分调动、挖掘一切营销力量，抓住重大客户、夯实主业货源基础，完善客户贡献值评价体系，加强重点区域的市场开发，积极拓展货运延伸和增值服务，开拓以“船东物流”为特色的综合项目业务，加强成本控制。2004年公司集装箱重箱出口首次突破15万标箱，利润总额突破2000万元，提前两个月完成了全年箱量、运费指标。2004年2月27日厦门分部在厦门市2003年度港口工作表彰大会上被厦门港务管理局授予“2003年集装箱远洋运输突出贡献奖”、“2003年集装箱近洋运输突出贡献奖”、“2003年集装箱近洋班轮航线优胜奖”、“2003年开辟空箱调运业务表扬单位”。4月，厦门分部被厦门市交通委、市政府口岸办授予“文明单位”称号。“七一”前夕，厦门分部党委被评为“厦门交通口岸系统2002—2004年度先进党组织”。

（郑艺荣）

厦门中远国际货运有限公司组织机构图

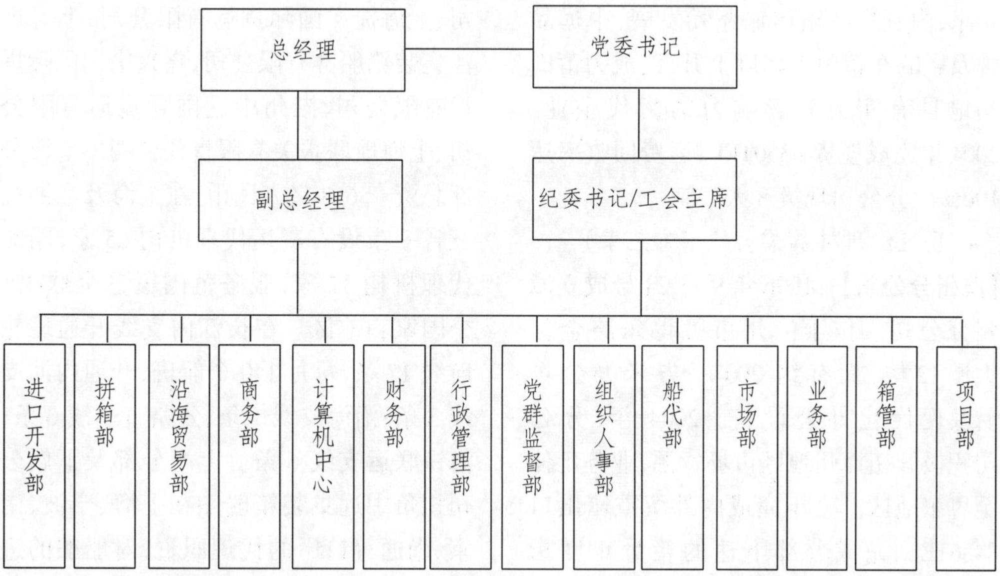

【福州分公司】 福州分公司成立于1997年4月。2001年4月成立福州中远集装箱船务代理有限公司,经过全体员工多年努力,公司业务范围进一步拓宽,2004年共实现税前利润692.10万元,获得中远集运公司团委授予的“青年文明号”称号,被中国部评为“五星级网点”及文明窗口创建单位。分公司现员35人,包括大专学历20人,大学学历10人。其中,具有中级职称6人。

现任副经理(主持工作)龙跃进。

(郑艺荣)

【泉州分公司】 1996年10月成立泉州分公司。位于泉州市丰泽街中银大厦25楼,拥有556.5平方米办公场所及现代化办公设备。服务功能从原来单一的外贸出口货代发展到现在的内外贸货代、拖车、保险等多种服务功能。2002年底,成立泉州中远集装箱船务代理有限公司。2004年共完成内外贸出口重箱

31123TEU,超额完成公司分部下达的箱量任务指标，其中内贸完成出口重箱24596TEU,内贸在泉州地区所占市场份额达20%,内贸优质服务的品牌效应在泉州地区居首位。分公司获得“中货系统(中国部)2004年度优秀网点”、“中远集运系统2004年度优秀服务网点”、“中远国际货运有限公司五星级网点”称号、“2004年度中远内贸集装箱最优协作奖”。分公司现员38人。

现任经理刘东辉。　(郑艺荣)

【莆田分公司】 1996年9月成立莆田分公司。位于莆田市文献西路外经大厦25楼,拥有300平方米办公场所及现代化办公设备。服务功能从原来的单一的外贸出口货代发展到现在的内外贸货代、船代、拖车、保险、仓储等多种服务功能。近年来,内贸集装箱运输蓬勃发展,中远品牌及影响在莆田大幅度上升,已成为莆田当地具有实力和影响力的货代企业。2004年完成揽货6350TEU,运费回收率达100%。分公司现员8人。

现任经理林荔柔。　(郑艺荣)

【漳州分公司】 1996年9月24号成立漳州分公司。位于漳州市胜得东路金保大厦12楼,拥有约200平方米办公场所及现代化办公设备。2004年,分公司积极开拓漳州地区市场货源,业务延伸至粤东地区。全年完成内外贸重箱出口8486TEU,完成分部下达的箱量年度指标。现已开设漳州至营口、天津、大连内贸航线。2003年8月成立的漳州中远集装箱船务代理有限公司,业务稳步发展,为中远集运提供良好服务。分公司现员13人。

现任经理蔡跃金,副经理吴清波。

(郑艺荣)

【三明分公司】 1997年8月成立三明分公司。位于三明市梅列区中银大厦8楼。分公司2004年每月完成揽货箱量30TEU,在当地货运市场占据了较大的市场分额,并为中远集运作出一定贡献。分公司现员3人。

现任经理张永腾。　(郑艺荣)

(4) 上 海 分 部

【中国部上海分部】 对外又称上海中远国际货运有限公司(简称上海中货)。2004年,上海分部将客户服务部更名为代理部,同时为配合中远集运泛亚航运公司的成立,撤销内贸部,成立泛亚部。现设2室17部:总经理办公室、党工部、人事部、监督部、代理部、货运部、市场部、泛亚部、项目发展部、联运部、拼箱销售部、船务部、箱管部、信息技术部、企业资讯发展部、财务部、商务部、管理部、工会办公室。合资企业6家:上海奥吉实业有限公司、上海捷洋国际货运有限公司、上海远江集装箱船务有限公司、嘉兴中远国际货运有限公司、湖州中远国际货运有限公司、上海航联报关有限责任公司。上海分部总资产6.8亿人民币,在上海及江浙皖三省一市设有货运代理机构65家,船舶代理机构12家,服务范围覆盖全球106个国家和地区。在长江内支线开通班轮航线17条,每月140个航班;开通内河支线3条;沿海支线1条;公路直通线6条;海铁联运支线6条。上海分部及下属公司担负中远集装箱船舶在上海、宁波、南京、南通等口岸的代理职责,对船舶的进港、开航、靠泊、装卸货、船期进行现场调度,代表船公司现场处理船舶各种货运业务及运使费的审核、结算。上海分部还具有集装箱调运、监督管理、信息跟踪、箱体建造维修等业务。上海分部现员1488人,其中硕士研究生学历15人,大学学历317人,大专学历525人。本部职工540人,其中硕士研究生学历13人,大学学历161人,大专学历168人。

现任总经理袁小宇,党委书记张连官。　(曹　晖)

【概况】 2004年，上海分部揽箱量547808TEU，完成计划指标125%。利润完成计划121%，同2003年比上升31%。全年完成箱量中，海铁联运6041TEU，同2003年比增长26.03%；江海联运146951TEU，同比增长15.63%；拼箱销售166781计费吨，同比增长8.06%；内贸运输31827TEU，同比增长98%。全年运费回收率98.24%，为历史最高。全年进口FOB箱量42319TEU，同比增长41%。2004年，上海分部成功代理巴斯夫LPG船，开创非集装箱船代理的业务领域；严格规范危险品装载操作程序，确保危险品运输安全；整合现场资源，成立张华浜、外高桥现场办事处。在船东销售方面，整合美线CIF零星货；创新神户二港营销政策；超额完成欧Ⅱ线加班船预定指标。开拓长江联运建设支线服务网络、紧抓淡季揽货，全年联运箱量超出指标7%；项目发展在原有基础上成功开发出逸盛石化、化工城BASF IIP、娃哈哈等新项目；拼箱业务全年超年初指标1.6万拼箱计费吨。各网点箱量再创佳绩，万箱网点达12家。抓紧运费回收工作，全年运费回收同比上升1.67%。在企业文化建设方面，成立青年志愿者服务队，对内对外宣传企业形象。 （曹　晖）

【整合美国航线CIF自揽货】 2004年2月，为配合中远集运美西航线的运力调整、整合上海市场美国航线CIF货源，上海分部美国航线CIF自揽货操作小组正式启动。这一举措加强了上海分部对CIF货的揽取，细化货源结构。至2004年底每航次已达100—150TEU，操作失误率为0。 （曹　晖）

【长江联运箱量利润猛增】 2004年，多式联运以建设支线服务网络为重点，紧抓淡季揽货，利用长江各口岸的货源来填补淡季干线舱位，缓解上海分部旺季干线舱位的供应压力，并提高淡季舱位利用率。全年联运箱量达14.7万TEU，箱量完成率超出指标7个百分点。同时，海铁联运和海陆联运同2003年比分别增长74%和106%。 （曹　晖）

【网点箱量创佳绩】 2004年，在中货公司星级网点评定中，上海分部有3家网点

分公司被评为五星级网点公司;3 家网点分公司被评为四星级网点公司;另有 5 家网点分公司被评为三星级网点公司。24 家网点中有 12 家年箱量过万。其中,宁波中货年内突破 10 万箱;嘉兴中货箱量上升幅度较大,市场占有率达 20%;张家港中货利润完成率为年度指标的 200%,在中国台湾、欧洲、内贸等航线上的箱量增幅均在 40%以上。 (曹　晖)

【运费回收成效显著】 2004 年,上海分部将运费回收放在工作的核心位置。通过"黑名单"运费预警制度、"运费一票否决制"、对大客户限定欠费总额、规定欠费时效等措施,确保了运费回收工作的完成。全年,上海分部运费回收率达 98.24%,同 2003 年比上升 1.67 个百分点,创历史最好水平。 (曹　晖)

【成立青年志愿者服务队】 2004 年 1 月,上海分部团委成立青年志愿者服务队。青年志愿者通过到员工餐厅服务、帮助困难船员子女补课、送"民河轮"船员家属上船、接船员回家、为敬老院老人服务、为砀山魏庙小学筹集资金等活动,展示了上海分部青年员工的精神风貌,树立了良好的企业形象。 (曹　晖)

【上海奥吉实业有限公司】 上海奥吉实业有限公司(简称奥吉公司)系上海远洋运输公司(1997 年改为上海中货)与香港加利荣船务有限公司(简称加利荣公司)合资组建的一家综合性合资企业。主要从事货物运输、报关、代运、中转、集装箱堆存、装拆箱及租赁等业务。奥吉公司位于浦东外高桥保税区奥纳路 18 号,占地 22000 平方米,拥有一幢建筑面积 6670 平方米的 6 层现代化综合办公大楼,10000 平方米的集装箱堆场,9000 平方米标准厂房,3000 平方米仓库。还拥有 44 吨、7 吨、6 吨铲车各 1 辆,6 吨堆高机 1 辆,3.2 吨铲车 2 辆,2.5 吨铲车 4 辆,20 辆全进口集装箱卡车。下设 4 个职能管理部门:总经理办公室、人事部、财务部、质管办;6 个经营单位:国际货运分公司、国际贸易分公司、仓储物流分公司、浦西堆场、综合部和船务部;以及一家合资控股公司上海奥吉国际货运有限公司。公司现员 119 人,临时工 17 人。

现任总经理卢冰,党总支书记金国强。 (刘锡斌)

上海分部领导深入奥吉公司现场办公

【概况】 2004年,奥吉公司围绕为中远集运“十个亿作贡献”和上海中货“从优秀到卓越”的形势要求,深入市场、狠抓箱量、加强管理,在全体员工的共同努力下圆满完成董事会下达的各项任务。全年,公司共完成营业收入3789.90万元,主营业务成本2876.20万元,实现考核利润278.40万元,比年初董事会制定的考核指标高出53.4万元,超额完成考核指标的23.73%。全年共完成COSCO箱量28162TEU,比2003年增长21.44%;保税货物入库量3712317立方吨,出库量3712315立方吨,库存量3467立方吨,同比分别增长8.72%、7.96%和2.58%。集装箱总进出量71266TEU,修箱量3883TEU,内装箱4539TEU,同比分别增长27.55%、28.66%和16.17%;集装箱运输业务箱量16928TEU,总行程562775公里,同比分别增长10.66%和1.38%。加强对各单位业务流程和财务制度的细化管理,强化利润和成本的跟踪与分析,对车队、仓储、堆场、国贸等各单位采取不同的措施完善财务制度,规范财务流程。同时,加大应收账款的回收力度。制订2004年度的经营目标和质量目标,对全年顾客投诉率、不合格服务率、行车安全率、车辆完好率都做出明确的规定和措施。3月和8月为年度的两次质量管理体系内审工作,9月,召开管理评审会议并接受了上海质量体系审核中心(SAC)的复评审核,结果表明公司质量管理体系运行持续有效。按上级要求先后开展“安全质量月”、“安全生产月”、“反三违月”、“百日安全无事故”等活动。组织员工进行安全知识测试活动,开展以“安全——效益”为主题的座谈会,举行全体员工安全签名活动等。公司为员工赠送生日贺卡和蛋糕之外,还为员工办理上海市总工会医疗住院保险和住院补充保险。同时,从2004年7月份开始实行岗位效益工资,让员工收入随着企业效益的不断增长而有所提高。8月,对东西线两部班车进行大修,确保员工有一个安全舒适的上下班环境。9月对从事有毒、有害工种的员工(包括外劳力员工)进行健康体检。举办“满月星会”活动,为下属部门增进交流与沟通提供平台;组织员工参加上海分部工会举办的知识竞赛、职工摄影书画展、登高比赛、第三届羽毛球比赛、足球队训练等,通过《奥吉通讯》和宣传栏形式,组织员工学习“三个代表”重要思想的系列讲座;与上海市外高桥出入境检验检疫局签订了“同创共建双文明公约”。有多名员工被评为上级单位的优秀员工和“青年岗位能手”,公司团总支获得了中远集运“红旗团组织”的光荣称号,奥吉公司被上海中货评为2004年度先进集体。

(刘锡斌)

【上海远江集装箱船务公司】 上海远江集装箱船务有限公司属上海分部与长江上海轮船公司合资企业。合资股比为60%和40%;资产总额3000万元。远江公司注册资本1000万元。上海中远国际货运有限公司以货币(1800万元人民币)投入,上海长江轮船公司以实物(三艘货轮评估1200万元)投入。注册地址:东大名路959号207室。办公地址:东大名路1062弄1号楼1603—1604室。公司拥有四艘集装箱专用船舶,即远江101轮、远江102轮、远江103轮、远江城轮;箱位为52TEU、52TEU、96TEU、106TEU;功率为240KW、240KW、588KW、882KW。经营业务:长江中下游集装箱班轮运输。机构设置为:安技部、财务部、综合部。2004年船舶共完成835个航次,完成长江内支线集装箱运输38865TEU,其中重箱31039TEU,空箱7353TEU。船舶周转量7501776箱/千米,折合吨位数322375吨。船舶设备完好率100%;船舶平均负载率62.4%;船舶准班率100%。1997年9月19日成立至今,安全生产无事故。2004年运输收入965万元人民币,回收率

90.05%。全年客户满意度为98%；远江公司全年亏损267万元，原因是公司收入租金每年持平，管理人员增加、船舶燃油费用不断飚升，2004年比2003年管理费用上升46%；成本费用上升15%；再加上运输费用增加，箱运量创历史新高，但企业亏损。公司现员9人（中货委派员工5人），包括大学专科以上学历5人。其中，高级职称1人，中级职称4人。

现任董事长吴亚春，总经理唐炳亮，党支部书记王建囡。（王建囡）

【上海捷洋国际货运有限公司】 上海捷洋国际货运有限公司（简称捷洋公司）成立于1993年4月，系上海中货与香港捷沪船务贸易企业有限公司的合资企业，是经国家外经贸委批准的一级国际货运代理公司，并为上海市国际货运代理协会理事单位，注册资金140万美元，其中上海中货占65%，香港捷沪船务贸易企业有限公司占35%。捷洋公司主要从事进出口货物的海运代理业务，包括揽货、订舱、集装箱的检验和修理。捷洋公司除依靠COSCO船队的优势外，还与其他各家航运公司保持密切的业务合作。2004年捷洋公司全年共完成出口箱量22374TEU，其中COSCO 16195TEU；进口箱量171TEU，其中COSCO 27TEU；散货运输113.11m^3；出口报关4066票；进口报关605票。捷洋公司下设5个职能部门：总经理办公室、财务部、营销部、操作部、报关部。现员34人，临时工1人，包括中货委派员工9人。其中，大学专科以上学历15人。

现任总经理孙政，党支部书记陈斌。（李海蓉）

【嘉兴中远国际货运有限公司】 嘉兴中远国际货运有限公司（简称嘉兴中货）成立于1997年5月28日，是由上海中货与嘉兴市陆捷物流有限公司合资组建、经国家外经贸部批准的国际货运代理企业。注册资本500万元，其中上海中货占55%，嘉兴市陆捷物流有限公司占45%。嘉兴中货主要经营：进出口货物海上直达、中转及海铁、海陆、江海、空运、汽运等多式联运服务，接受委托办理租船、订舱、配载、报关、报验、拆装箱、仓储、大件运输、进出口货物分拨、保险代理、信息咨询等货运业务。嘉兴中货在嘉兴设有中远集装箱堆场，是中远在浙北地区的指定还箱点。机构设有办公室、财务部、市场部、操作部；在乍浦港设立了现场办事处；在嘉善、海宁设立办事处。2004年嘉兴中货完成出口箱量13936TEU，进口箱量9851TEU，内贸箱量890TEU，出口拼箱9720吨，进口散货17495吨，进出口空运457吨，利润总额99万元。嘉兴中货现员66人，其中大学专科以上学历28人。

现任总经理徐亚各，副总经理兼工会主席钟明。（王和高）

【湖州中远国际货运有限公司】 湖州中远国际货运有限公司（简称湖州中货）成立于1994年1月1日，是由上海中货与湖州中大运输有限公司合资组建、经国家外经贸部批准的国际货运代理企业。注册资金500万元，其中上海中货占55%，湖州中大运输有限公司占45%。湖州中货主要经营：进出口货物海上直达、中转及海铁、海陆、江海、空运、汽运等多式联运服务，接受委托办理租船、订舱、配载、报关、报验、拆装箱、仓储、大件运输、进出口货物分拨、保险代理、信息咨询等货运业务。湖州中货在湖州设有中远集装箱堆场，是中远设在浙北地区的指定还箱点。机构设办公室、财务部、市场部、操作部；在湖州海关、安吉、长兴、德清设办事处。2004年湖州中货完成出口箱量14132TEU，进口箱量5165TEU，出口拼箱2345吨，进出口空运489吨。完成利税58.6万元。湖州中货现员41人，其中大学专科以上学历27人。

现任总经理王平，副总经理吴刚，鲍诗宏。（海　伦）

(5) 武 汉 分 部

【中国部武汉分部】 对外又称武汉中远国际货运有限公司(简称武汉中货),1996年6月在中国武汉外轮代理公司的基础上组建成立。2001年底,武汉中货(武汉外代)按照中远集团业务重组改革的决策,实现了内部机构功能性重组。武汉区域公司成为中远内部合资的全资子公司,由中远集团两大业务单元——班轮和物流合资经营,其中班轮占51%股份,物流占49%股份。2002年3月,武汉分部按照中远集团重组改革对武汉区域公司"不拆不分"的原则,组建武汉中远物流有限公司,实行"一套班子、两块牌子"管理,实施"一业为主、两翼齐飞"的经营战略,即以中远集装箱业务为主,同时经营班轮和物流两大业务。自组建以来,武汉分部在"武汉模式"下迅速发展壮大,成为中西南地区实力最强的国际货运代理和现代物流企业。公司机关设总经理办公室、市场营销部、操作服务部、箱管部、综合物流部、公共代理部、人事/监督部、财务部、党委工作部1室8部。总资产3.96亿元人民币。在鄂川赣湘渝四省一市设立子公司、分公司、货运部等营销机构23家,其中省级公司3家:重庆中远国际货运有限公司、四川中远国际货运有限公司、江西中远国际货运有限公司;直属分公司6家:武汉中远国际货运有限公司宜昌分公司、荆州分公司、岳阳分公司、黄石分公司、九江分公司、襄樊分公司;现有直属货运部3家:沌口货运部、光谷货运部、仙桃货运部;汽运公司1家:武汉远洋大型汽车运输有限公司(中汽运武汉公司);中外合资企业1家:武汉安捷国际货运有限公司。

武汉分部在长江中上游港口开通"重庆—上海"等7条海铁联运线,开通"武汉—上海"等4条公路联运城际快运线。武汉分部(武汉外代)还担负中远集装箱内支线船舶和公共内支线船舶在长江中上游口岸的代理职责,对船舶的进港、开航、靠泊、装卸货、船期进行现场调度,并代表船公司现场处理船舶的各种货运业务及运使费的审核、结算。还具有集装箱调运、监督管理、信息跟踪、箱体维修等业务功能。武汉分部现员853人,其中硕士研究生以上学历3人,双学士学历1人,大学学历163人,大专学历261人。本部职工145人,其中硕士研究生学历2人,双学士1人,大学学历52人,大专学历59人。离退休员工148人。

现任总经理姚晓鸿,党委书记杨星平。 (刘 剑)

【概况】 2004年,武汉分部完成出口揽箱量27624TEU,在大客户四川长虹受反倾销影响,中美线出口箱量比2003年锐减6000TEU的情况下,仍比2003年增长4%。利润达计划指标198%,同比上升78%。运费回收率95%,为历史最高。全年进口揽箱量25947TEU,同比增长28%。同时,公司以提高客户占有率为目标,积极发挥外轮代理公共品牌,代理直航船舶24艘次,国际直航船舶代理市场占有率100%,全年揽取出口储备货源13684TEU。2004年全区域中远进出口总箱量完成53598TEU,同比增长15%。全年进出口总箱量达75000TEU,同比增长32%。全年完成物流营业额11922万元,完成年度指标的140%。强化市场信息的收集与分析,及时建立和完善了营销周报制度、月度市场分析例会制度、区域季度市场营销例会制度等,努力发挥市场信息对集装箱营销的服务作用,掌握市场开发的主动权。重视发挥区域本部的营销龙头作用,区域营销服务、协调职能得到进一步强化。2004年,本部完成中远出口揽箱量同比增长40%,首次在全区域排名首位。强化集装箱箱体管理,加快箱体周转、提高使用效率,节约箱管成本开支。加大进口 FOB 货源和内贸货源的开发力度，做到重进重出，减少紧缺箱型的空箱调运成本。适应运费结算模式的根本性改变，强化运费回收工作，区域运费回收率和支付率显著提高。圆满完成青藏铁路年度铺架设备运输、国家安全战略物资“818 项目”运输、三峡左岸电站最后两台 460 吨水轮机转子运输、重庆醋酸项目等工程物流项目，成功中标三峡右岸进口成套设备、中石化“煤代油”项目、国家电网宜都换流站、云南小湾电站等国家重点建设项目。（刘　剑）

【加强新兴市场网点铺设】 2004 年，为努力适应中远集运欧线大船上线对长江货源的要求，8 月，武汉分部对鄂西北营销资源进行整合，在原襄樊货运部和十堰货运部的基础上组建襄樊分公司，加强营销投入，积极拓展该地区汽车、纺织品、农产品货源的出口。同时，为加大中国无纺布之都湖北仙桃市及周边地区大箱出口新兴货源市场开发力度，9 月组建成立仙桃货运部，40GP 轻泡货源开发取得成效。努力挖掘四川泸州港开港后的潜力，及时铺设揽货网点，通过泸州港出运的中远箱由零起步实现大幅度增长。积极与港口联合开发湖北周边如信阳地区的新兴货源市场，通过货主拜访、座谈等服务推介形式开发新货源。（刘　剑）

【开展星级网点评定】 2004 年，武汉分部所属网点集装箱揽货能力和创利能力有较大幅度提高，在中货公司首次货运网点星级评定中，武汉分部所属重庆中货评定为五星级网点，四川中货、江西中货、宜昌分公司、荆州分公司、黄石分公司评定为三星级网点。（刘　剑）

【承运青藏铁路项目车辆】 2004 年 3 月 18 日，武汉远洋大型汽车运输有限公司车组克服恶劣气候及道路状况，将西藏历史上首台铁路机车——1083 号东风 4 型内燃机车安全运抵海拔 4704 米的安多铺架基地，开创了中国公路运输史上“汽车运火车”的先河。至 10 月，顺利完成青藏铁路项目第一阶段运输任务，共完成单重 122.2 吨的内燃机车 13 台，单重 213.8 吨架桥机 1 台，163.5 吨铺轨机 1 台，单重 21—35吨轨道机、平车共 190 台（套），最

员工信心百倍承运青藏铁路项目车辆

长件达 50 米，累计高原行驶里程 16.42 万公里。青藏铁路项目运输车组克服高寒、缺氧、气候恶劣、大坡道运输等困难，往返于海拔 5300 米的唐古拉山口两侧的五道梁至安多之间，实现运输全过程安全无事故，并被西藏地区交通部门和青藏铁路建设指挥部授予“安全文明运输单位”荣誉称号。（刘　剑）

【中石化煤代油项目】 2004 年 12 月 8 日，武汉远洋大型汽车运输有限公司顺利完成中石化“煤代油”项目首批大件在湖南岳阳巴陵石化专用码头卸船启运。中石化巴陵分公司“煤代油”系列配套改造项目是中石化“煤代油”项目建设中重要的一环。5 月，武汉分部（武汉中远物流）以专业细致的全程方案、合理的报价和单一承运人全程控制的物流理念，一举中标，签订了该项目全部 12 个大件的全程运输合同。5 月份开始，公司积极协助巴陵分公司进行码头、道路、工地的改造，为完成配套改造项目的大件运输创造条件，为“煤代油”项目的顺利操作奠定基础。（刘　剑）

（6）青岛分部

【中国部青岛分部】 对外又称青岛中远国际货运有限公司（简称“青岛中货”），成立于 1996 年 4 月 20 日，其前身是青岛远洋运输公司属下的货运公司。1996 年，根据中远集团深化陆上货运体制改革的精神和总体部署，正式组建成立青岛分部，统辖山东、河南及苏北地区的货运、汽运、仓储、多式联运等业务。1997 年 10 月，通过挪威船级社和中国商检局质量认证中心联合组织的 ISO9002 质量体系认证。1998 年，随着中远集装箱营销一体化改革的进一步深入，开始经营中远自有和自营中外集装箱船舶代理及相关业务。1999 年 11 月 15 日正式注册成立青岛中远集装箱船务代理有限公司。2002 年 1 月 1 日，根据中远集团业务重组的部署，原属青岛分部管理的 19 家单位，计 1207 人剥离出去，与青岛外轮代理公司合并成立青岛中远物流公司。2003 年，根据《海运条例》的颁布实施，适时开展公共船代业务，成效显著。2004 年对业务流程进行再造，成立了中远集运营销中心、网点管理中心、进口 FOB 部和拼箱公司；将原青岛海威国际货运公司更名为“青岛分部国际物流有限公司”。青岛分部现下属合营公司 9 家：青岛海铁物流有限公司、青岛景华货运有限公司、新利华再生资源有限公司、青岛亚涛货运有限公司、鑫三利冷箱技术有限公司、青岛市国际货运代理有限公司、远洋大亚合作 CFS 场站、青岛神州行国际货运代理有限公司、北京中油物资国际货运代理有限公司。青岛分部现有资产 5.54 亿元人民币，下设 47 个货运网点遍及山东、河南、江苏、甘肃、新疆 5 个省及自治区，形成以青岛口岸为龙头，覆盖山东腹地及周边地区完善的货运网络和运输服务系统。现员 729 人，其中，硕士研究生学历 7 人、双学士学位 1 人、大学学历 226 人、大专学历 358 人。

现任总经理姜立民，党委书记过玲羽。（原党委书记姜立民于 2004 年 11 月 29 日卸任。）（李春燕）

【概况】 2004 年，青岛分部按照中远集运和中国部的总体部署，紧紧围绕全年工作思路和目标，不断创新管理机制和服务手段，深入挖掘潜力，全方位、多层次开拓营销渠道，经过全体职工的共同努力，各项指标均超额完成并突破历史最好水平。全年完成集装箱出口量 257891TEU，完成指标 118.2%，比 2003 年增长 13.50%；运费收入完成指标的 139.1%，比上年增长 32.1%；完成单箱收入 1080 美元，比指标增加 162 美元，比上年增加 152 美元；完成利润 1.15 亿元，超出计划指标 228.6%。2004 年共代理中远及合作方集装箱船舶1156艘次，其他船舶352艘次；完成港口费4725472美元，比指标节省63.8万美元；完成货物及中转费19058341美元，比指标节省830.4万美元；完成箱管费181.62万美元，比指标节省98.4万美元；在岸集装箱平均周转天数19.97天，比计划指标减少0.3天。2004年，青岛分部被青岛市、中远集运、中货系统评为2004年度文明单位；被中货系统评为2004年度"综合竞争力"企业管理三等奖。姜立民总经理还被山东省港航协会评为"港航优秀企业经营者"，被推举为青岛船东协会会长、山东报关协会副会长、青岛市残疾儿童医疗康复基金会副理事长。（李春燕）

【完善组织架构，实施业务流程再造】 先后进行5次组织结构调整。成立营销中心，突出强化中远集运在口岸的市场营销功能；成立网点管理中心，指导省内下属分公司、网点的销售工作；成立进口FOB部和拼箱部（2005年拟注册成立法人公司），发展和做强进口FOB和拼箱业务；将原青岛海威国际货运公司更名为"青岛分部国际物流有限公司"，以揽取集装箱为目的，充分发挥"五定"班列优势，加大内陆市场挖掘力度，为中远集运运力增加提供货源补充。（李春燕）

【发挥强强联合优势，成立合资公司】 利用COSCO品牌和资源优势，先后与中国石油集团公司合资成立北京中油物资国际货运有限公司、与青岛港务局（集团）公司合资成立青岛神州行国际货运代理有限公司。通过合作，实现了品牌经营和资源经营，对拓展公司业务范围，为中远集运的箱量需求提供配套的增值服务提供了保证。（李春燕）

【为中远集运抓好"降本增效"工作】 2004年，青岛分部通过积极协调口岸联检单位，在中远集运两条航线船舶在港"零待时"的首批试点中，为船舶保班准点、降低营运成本作出了贡献。通过抓班期、加强运使费审核和通过技术改造提高集装箱修理工艺等工作，共为中远集运节省成本500多万元。（李春燕）

【定位物流业务，开发多种项目】 青岛分部2004年对物流业务重新定位，由原来单一的多式联运业务改变为以集装箱航运为依托的国际物流经营人，业务由单一化走向多元化，紧紧围绕集装箱航运业务去开发和建立项目。2004年开发了青岛/阿拉山口集装箱班列；签定15万平方米的润海堆场10年租赁经营协议；组建成立"铁合金过境保税加工工厂"并签定年加工量20万吨的过境加工运输合同；中标"希杰精细化工设备进口运输项目"；完成"万杰美国钢厂搬迁项目"；继开通郑州至青岛周四班列，又开通了青岛—焦作"五定"班列；中标"烟台通用韩国进口CKD项目"；签定美国进口棉花在青岛保税中转至乌兹别克斯坦的过境协议。

（李春燕）

【加强信息化建设，完善网上信息查询功能】 2004年随着IRIS-2系统的全面应用，青岛分部对网上查询系统不断进行改进和完善，以最大限度满足客户的需求。目前客户查询信息，只要点击公司网站查询系统，输入提单号或箱号，就可以查询到从货物订舱、装箱、通关放行、核销退税等所有信息。全面、方便、快捷和准确的查询服务，极大地提升了客户的满意度。

（李春燕）

【抓好企业成本内控】 2004年成立了采购小组，负责对办公设备及耗材等购置实行统一招标采购，以最大限度降低企业成本开支。购置了传真管理系统，达到了提高工作效率和降低成本的目的；与青岛通信公司签定电信业务全面合作协议，实现了青岛分部本部与市区内所属公司及黄岛办事处之间的免费通话，并大大降低了宽带、DDN专线月租费、长途电话费等通讯费用。公司一年中节省成本近40万元。（李春燕）

【加强员工队伍建设和企业文化建设】 2004年,青岛分部陆续举办了公共船代业务、物流业务、营销业务、商务法律知识、危险品运输知识、海关监管政策和业务流程、六个西格玛知识等系列培训,员工整体素质和服务水平得到进一步提高。分部还积极有效地开展"爱岗敬业,奉献远洋,我为中远集运创效作贡献"大讨论活动,增强职工紧迫感、危机感、责任感和员工队伍凝聚力,为企业可持续发展奠定坚实基础。 (李春燕)

(7) 大连分部

【中国部大连分部】 对外又称大连中远国际货运有限公司(简称大连中货),创建于1996年初,是中远集团在大连地区的大型国有货运企业,是统一管辖东北三省及内蒙古东部地区货运业务的口岸公司。注册资本2000万元人民币。公司成立后,经过多次改革、调整与重组,已建立起一套适应市场经济体制的市场营销、管理与协调的生产组织机构。至2004年底,大连分部的机构设置为1室13部1厂:总经理办公室、市场部、进口部、综合业务部、散货运输部、单证部、船务部、商务部、箱管部、人事部、财务部、企划资讯部、党工部、监督部、修箱厂。公司在东北三省及内蒙东部地区设立分公司等机构9家。下属独资企业2家:营口中远集装箱船务代理有限公司、营口中远集装箱维修工程有限公司。服务范围遍布全球100多个国家和地区以及东北全境,形成以大连为龙头,以东北内陆城市为依托,以环渤海内支线和铁路、公路为纽带,集海洋、公路、铁路等多式联运及综合物流于一体的全方位、多功能的经营格局。此外,大连分部还全面承担中远集装箱船舶在大连、营口、锦州口岸的代理职责。对船舶的进港、开航、靠泊、装卸、船期进行现场调度,并代表船公司现场处理船舶的各种货运业务及运使费审核、结算。还具有与中远集装箱运输相匹配的集装箱调运、监督管理、信息跟踪、箱体制造与维修等业务功能。大连分部现员358人,其中硕士研究生学历9人,大学学历101人,大专学历118人。

现任总经理侯长春、党委书记张义财。 (杜润杰)

【概况】 2004年大连分部出口集装箱重箱量182365TEU,完成中货公司下达的年度计划的126.3%,比2003年增长17.8%。进口FOB量30263TEU,完成年计划的137.6%。海铁联运量46875TEU,完成中国部下达的年计划的104.2%。出口重箱量为大连市场份额的12.8%,比上年提高3个百分点,在大连口岸从事集装箱海运业务的船公司中仍居第一位。完成海运费总收入比上年增长62.28%。利润比上年增加106.6%。大连口岸代理中远集运船舶572艘次,准班率100%;营口口岸代理中远集运船舶624艘次,准班率100%;锦州口岸代理中远船舶12艘次。围绕中远集运在本区域的航线、运力和舱位需要,不断做强、做大、做实集装箱主业,全面提升公司的声誉和地位。积极推进"一区、两站、三港"发展战略向纵深发展,并采取"三项措施"、"三个突破"、"两个加强,一个提高"等一系列重要举措,提升了大连分部在区域市场中的核心地位。利用中央振兴东北老工业基地的契机,领导带头多次深入长春、吉林、沈阳、锦州等内陆地区,拜访当地客户和当地政府及相关业务部门,以市场为导向,发挥整体优势,开发大客户取得突破性进展。开发中石油东北公司客户,对泛亚公司舱位不紧张时带来巨大货源具有极其重要的战略意义,对长春一汽、通用进口箱返程提供充足的后备货源。揽取沈阳北盛汽车公司重大进口项目,扭转了沈阳分公司长期亏损的被动局面。抓住欧美干线和内贸线;巩固日韩、中国台湾、东南亚航线;满足船东运力和舱位的需求,同时公司营业收入和箱量也随之增长。为适应中远集运发展的需要,加快跟上中远集运运力升级、舱位放开等经营发展步伐,加强市场部的营销能力,加强对内陆分公司的管理能力和客户开发能力,提高部门经理和内陆分公司经理的管理能力、协调能力、公关能力和自我约束能力,认真经营好每条航线、每班船、每个舱位。对亏舱和临近亏舱的内贸航线加大揽货力度,采取内、外贸捆绑式的销售方法。召开航线营销专题会议,采取加大对无船承运人(NVOCC)的销售、重点揽取基本港货物、加强揽取华北东/美西周班航线(CEN)货物、增加基础签约客户量等四项措施加强营销,收到了明显的成效。公司在做好集装箱进出口业务的同时,充分利用、发挥本企业性质、品牌和经营范围的优势,努力拓展和发展其他业务,成立散运部;改变修箱厂的体制,走合资、合作的道路;扩张公共船代业务;开展整车发运的海铁联运业务等,增加企业的营业收入,形成多点效益和新的利润增长点。

(杜润杰)

【推进公共船代工作】 2004年公司完成大连、营口、锦州三个口岸公共船代业务的队伍组建,对三个口岸的船代业务人员进行有针对性的知识培训,完善了业务指导书,加强了与船公司及口岸其他代理公司的业务交流。先后走访大远、中散、烟台地区等多家船公司,并与大远签署部分代理协议,与中散及烟台部分船公司建立了良好的关系。3月,大连口岸完成了第一条公共船舶的代理工作。锦州分公司成功揽取了环渤海内支线船舶在锦州港口的代理权;中散公司对挂靠锦州船舶的代理工作非常满意。营口、锦州口岸散杂货船舶公共代理工作开展顺利。

(杜润杰)

【中远与一汽集团领导会晤】 2004年4月15日,中远集团总裁魏家福、中远集运总经理许立荣、中远集团运输部副总经理杨廷一行抵达长春与一汽集团总经理竺延风会晤。中远自1992年开始为一汽集团提供运输服务,从引进国外车辆生产线到提供原材料进出口、CKD运输和成品车运输等全方位服务。目前大连分部为一汽开通了"中远六号"铁路专列,将每天通过大连口岸进口的50个车皮货物及时发往一汽,并为一汽集团在长春设立了服务机构。

(杜润杰)

【总经理许立荣到大连分部检查指导工作】 2004年7月23日,中远集运总经理许立荣利用在大连召开中远集运全球营销会议的空隙探望了大连分部全体职工,并在大连分部科以上干部会议上作了讲话,充分肯定了大连分部"一区、两站、三港"的发展战略和"两个重点"、"三项措施"、"三个突破"等一系列重要举措。许总经理的讲话,坚定了大连分部全体员工抓住机遇、开拓进取、加速发展的决心和信心。

(杜润杰)

【开通锦州港至上海港内贸航线】 2004年10月19日,中远集运在锦州开设的第一条周班内贸航线锦州港—上海港成功首航。这标志着锦州分公司进入了一个新的发展阶段,实现了真正的船东身份,不仅为锦州分公司的发展注入了新的活力,扭亏为盈,而且增强了在锦州地区的影响力和综合竞争力。至年底,锦州分公司完成出口重箱量1854TEU。

(杜润杰)

【大连中远国际货运有限公司开发区分公司】 简称开发区分公司。成立于1996年,是大连中远国际货运有限公司在开发区设立的分支机构,主要从事集装箱进出口货运代理、报关报验等业务。开发区分公司作为公司实施的"一个重点",充分利用开发区在大连乃至东北市场的前沿作用,抓住中央振兴东北老工业基地这一重大机遇,狠抓服务质量,通过服务优势提高客户占有率和市场占有率。优质、高效、快捷和极富个性化服务赢得了佳能、东芝等大客户的信任，同佳能公司在日本线、欧洲线及美国线的合作非常稳定。2004年开发区分公司共完成出口重箱量12391TEU，比2003年增加29.3%；利润150.2万元，比2003年增加33.72%。开发区分公司现员11人，其中大学专科以上学历7人。

现任总经理彭守民。（杜润杰）

【大连中远国际货运有限公司营口分公司】 简称营口分公司。成立于1997年5月，是大连中远国际货运有限公司在营口口岸设立的网点分支机构。在上级公司领导的关心下，由当初不到20人年箱量1000多TEU的小货代公司发展成为船、货代一体、具有较强竞争力的公司。2004年在营口口岸的出口重箱量的市场份额居第一位，确立了在营口口岸同行业中强者的地位。现机构为1室8科，即：经理办公室，船务科、箱管科、单证科、内贸科、市场科、代运科、商务科、财务科。现员46人。

现任总经理张建民，党总支书记张兴建。（张兴建）

【概况】 2004年营口分公司出口重箱量109848TEU，完成大连分部下达的年度计划指标的105%，比2003年增长13%；海运费收入3233万美元，比2003年增长79%；利润940万元，完成大连分部下达的年度利润指标的149%，比2003年提高84%；代理中远船舶624航次，准班率达100%，共代理公共船舶5艘次，实现了公共船代零的突破。（张兴建）

【打造船代服务品牌】 2004年营口分公司通过与海事局联手精神文明共建，创建了中远船舶“绿色通航”，坚持人性化服务，坚持“想船舶之所想，急船舶之所急”的理念，以真诚的服务，踏实的工作，保证到港船舶及时、安全靠离港口，保证满舱满载，树立起“中远船代、倾情关爱”的服务品牌。营口船代被中远集运授予2004年度“优秀船代”称号。（张兴建）

【加强党的领导，夯实群众基础】 2004年，大连分部党委为营口分公司选派了专职书记，建立健全了党的组织，完善了党的功能，为营口分公司党的建设和全面的思想政治工作奠定了基础，为营口分公司的生产经营提供了组织支持和思想保证。

2004年度召开了营口分公司首届一次职工代表大会，在当地产生了强烈的反响，鼓舞了公司内部职工士气，增强了企业发展的信念，体现了企业主人的荣誉感。

（张兴建）

（8）天津分部

【中国部天津分部】 对外又称天津中远国际货运有限公司（简称天津中货），成立于1996年5月8日。2004年，根据企业发展需要，分别成立了北京分公司，修箱中心和秦皇岛中远集装箱船务代理有限公司。至此，天津分部拥有揽货网点27个，遍及6省1市，其机构设置为：企划管理部、总经理办公室、市场出口部、综合进口部、箱管部、联运部、商务部、财务部、资讯发展部、党工部、人力资源部、监督部和服务中心。所属单位14家，其中，合资公司2家：船代公司、富景公司；全资子公司8家：河北中远国际货运有限公司、山西中远国际货运有限公司、西安中远国际货运有限公司、内蒙古中远国际货运有限公司、青海中远国际货运有限公司、宁夏中远国际货运有限公司、秦皇岛中远集装箱船务代理有限公司、天远报关行；分公司4家：唐山分公司、天津开发区分公司、包头分公司、北京分公司。天津分部拥有资产3.77亿元。现员550人，包括硕士研究生学历7人，双学士1人，大学学历136人，大专学历190人。其中，高级职称14人，中级职称89人，初级职称170人。分部员工中，党员150人，团员118人。

现任总经理刘刚、党委书记韩军。

（邢艳杰）

【概况】 2004年，天津分部在全系统广大干部职工的共同努力下，全年累计完成进出口集装箱总量239536TEU，比2003年增长26.77%，其中中远出口重箱218574TEU，完成全年计划的114.85%，比上年增长26.52%；进口FOB 7133TEU，完成全年计划的101.9%，比上年增长13.4%；累计完成运费收入2.087亿美元，完成全年计划的138%，比上年增长48%；实现利润3200万元，完成全年计划的200%，比上年增长60.64%。为积极适应市场需求，以精品航线推进为契机，通过驻厂销售、定期拜访等手段提高了VIP客户的关注度，保持了货源的稳定；通过“捆绑销售”，提高了弱势航线舱位利用率；通过货源结构调整，实现了舱位利用的最大化。2004年船代公司荣获“中远集运优秀船代”称号。一年来，共代理船舶778艘次，服务船员1070人次，累计节省班期348小时，班轮准班率和服务质量满意率为100%，拒付不合理港口使费约人民币60万元，单证差错率低于3‰，运费结算准期率符合中远集运要求。协助中远集运“丽河”轮在渤海湾成功救助“津汉渔04045”号渔船落水渔民，受到中远集运的好评并被中央有关媒体报道。信息系统建设进行了IRIS－2的推广、CRM的推进以及VPN系统的开通等工作。IRIS－2推广方面实现6家大的网点单位全部上线，CRM已在公司本部、河北中货、山西中货、西安中货、富景公司、开发区分公司及北京分公司逐步推广应用，并已在客户管理方面建立了相对完备的基础客户数据库，基本实现了对销售人员科学统一的管理。2004年未发生任何安全事故。

（邢艳杰）

【天津分部北京分公司】 2004年7月28日，天津分部北京分公司举行了成立揭牌仪式，中货公司总经理陆富根、副总经理付海潮、副总经理兼工会主席邹斌、纪委书记赫广忱等应邀出席揭牌仪式。北京分公司的前身是天津分部北京办事处。2003年年底，天津分部根据中远集运、中货总公司关于进一步加强网点建设、调整货源结构、作好货源储备等的要求，研究酝酿大力开拓北京市场，2004年2月18日，刘刚总经理带领分部有关人员到北京，经过5个多月的筹备成立了北京分公司，拓展北京市场新的货源基地，培育了有价值的客户群，全年完成3448TEU，比2003年增长229.64%。（邢艳杰）

【张富生书记到天津分部检查指导工作】

6月22日，中远集团党组书记张富生到天津分部公司检查指导工作。在天津分部，他听取了公司主要领导的工作汇报，并对该公司取得的成绩给予了充分的肯定，并鼓励公司员工要继续努力，争取更大的成绩。（邢艳杰）

【天津分部评选"十佳客户"】 为进一步提高服务质量，增强与客户的联系，培育与客户的感情，巩固基本客户，2004年天津分部开展了"十佳客户"评选工作。按照客户货量的大小、淡旺季的走货情况、对中远的贡献值和运费回收情况，将所有客户进行评比，LG、北京燕顺、冠捷电子、太平洋自行车、河北五矿、河南安彩、世朗国际贸易、新疆屯河、湖南工艺、天津三星视界、燕桥焊接等公司被评为"十佳客户"。公司领导和有关部门负责人在春节前夕分别走访"十佳客户"，并为他们送去了"COSCO TIANJIN"集装箱船模和感谢信，对他们为中远集装箱运输作出的贡献表示感谢。（邢艳杰）

(9) 北 京 分 部

【中国部北京分部】 对外又称北京中远国际货运有限公司(简称北京中货)，成立于1993年2月，原名北京远洋国际货运公司，公司的前身是中国远洋运输(集团)总公司货运部。1996年因中远集团货运体制改革并入中远国际货运有限公司，成为其所属的北京区域公司。2002年，随中远集团航运体制改革进入班轮公司，成为中远集装箱运输有限公司亚太部北京分部。2003年7月，中远集运内部体制改革，北京分部成为中远集装箱运输有限公司中国部北京分部。2004年9月6日，经工商部门批准，北京分部正式更名改制为北京中远国际货运有限公司。年中公司根据发展需要进行了部分组织机构调整，将集装箱部航线操作划归市场部，集装箱部改名为商务部对业务统一管理，主要机构设置为经理办公室/党办/工会办、人力资源部/监督部、计财部、商务部、市场部、项目部、物流部、展运部7部1室，另有朝阳口岸办事处、塘沽办事处2个网点。公司完成朝阳办和北京分部报关行的组织整合，并在此基础上积极筹备申请成立船代公司，2004年12月17日，北京分部和天津中远集装箱船务代理有限公司合资组建成立"北京中远集装箱船务代理有限公司"。同年，经上级批准，北京分部又和天津钢管进出口有限公司合资成立"天津钢管远洋国际货代有限公司"。截至2004年12月底，北京分部现员68人，退休、内退10人，在岗人员中业务人员40人，管理人员及后勤人员28人。

现任总经理王万祥(原总经理栾小艺于2004年4月离任)，党委书记戴文彬。

（狄岩松）

【概况】 2004年，北京分部大力开发集装箱进出口业务，积极发展综合业务，规范内部管理，较好地完成了任务。是年北京分部两次进行机构微调，将集装箱部航线操作部分划归市场部；成立商务部，作为公司业务的统一管理部门。2004年集装箱出口箱量比2003年提高了35.4%，资班轮箱量增长了37%。进口箱量也有了稳步增长。展品业务比2003年增加了8个，先后完成了"伊朗中国商品交易会"、"约旦中国商品展"、"第三届沙迦中国商品交易会"等共计16个展览运输项目。全年完成散杂货10万多吨。完成拼箱指标107%，比上年增长了18.8%。投标"三峡—上海500千伏直流输变电工程华新换流站进口设备运输项目"获得成功。 取得中石油苏丹项目二期运输代理权。同时，为开拓新业务，北京分部以大通关为契机，扶植培育朝阳口岸的建设，完成了朝阳办口岸与报关行的组织整合，逐步理顺朝阳办的操作、商务、财务流程，提高了报关报验工作效率和质量。同时配合中远集运、中货关于北京分部朝阳口岸网点建设的部署，进行了大量的市场调研和前期探索，为北京分部船代业务的启动做了铺垫。与天津钢管进出口公司成立"天津钢管远洋国际货代有限公司"。2004 年 5 月，公司将各类相关规定进行汇总修改，制作并下发了新版《北京分部规章制度汇编》，做到有章可循。以商务管理、质量管理为龙头，进一步修改完善质量体系文件，进行业务流程的梳理，加强业务录入管理力度，严格并细化联系单制度，增大了业务过程和垫付款的透明度。出台了新的《合同管理办法》和各类合同范本。对运费回收工作指派专人负责、制定运费回收管理办法、严格执行考核办法，效果显著。全年运费回收率达到98%。举办多次不同层面人员的培训。下半年，在广泛征求群众意见和借鉴其他单位经验的基础上，制定并审议通过了《北京分部 2005 年业绩工资考核办法》。组织员工分两批赴井冈山参观学习，接受革命传统教育。工会组织职工开展货运安全知识学习和竞赛，并积极参加集团在京单位运动会、建国 55 周年文艺汇演和职工工间操等活动。　（赖家荣）

【北京分部改制】 2004 年 9 月 6 日，经工商部门批准，北京分部正式更名改制为北京中远国际货运有限公司。名称由北京远洋国际货运公司变更为北京中远国际货运有限公司。公司由中远（集团）总公司的全资公司变更为由中远国际货运有限公司持股 80%、中远集装箱船务代理有限公司持股 20%的有限责任公司。

（王钥琳）

【船代公司成立】 2004 年对朝阳口岸进行市场调研和前期探索，为北京分部船代业务开展做积极准备。经上级公司批准，下半年开始申请注册船代公司，2004 年 12 月 17 日，经工商部门批准，"北京中远集装箱船务代理有限公司"正式成立。

（王钥琳）

【迪拜中国城】 2004 年 12 月 3 日，"迪拜中国城"开业典礼在阿联酋迪拜举行。在

"迪拜中国城"开业典礼

此之前，北京分部为保证“迪拜中国城”的顺利开幕，制作了详尽的操作指南、举办了多次协调会和讲座，并在上级和各有关单位的密切配合下完成货物出运。

（王钥琳）

【棉花进口联代运】 2004年北京分部成立“棉花项目进口代运操作组”，服务上乘，货量不断增长，并横向开发出新客户。2004年北京分部共完成棉花进口联代运298票，21754TEU，全年承揽的棉花进口量约占全国进口棉花20%。为公司创造了很好的经济效益。（王钥琳）

【中石油苏丹空运项目】 2004年随着中石油苏丹项目的不断开发，随着服务水平的改进和提高，北京分部的空运操作量不断增加，共完成空运业务10万千克，创造了历年空运量之最。（王钥琳）

【井冈山参观学习】 2004年5月20日、27日，公司党委、工会组织员工分两批到井冈山革命根据地参观学习。通过参观井冈山革命烈士纪念塔、烈士陵园、黄洋界哨口等，大家对“中国革命的摇篮”井冈山有了较为深刻的了解和认识，接受了一次很好的爱党、爱国主义教育。从井冈山回来后有多名同志写了感想和体会，还有两名同志向组织递交入党申请书。

（王钥琳）

（十二）组织/人力资源

【组织/人力资源部】 2004年10月1日，中远集运公司组织/人力资源部由公司原组织/人事部重组而成，实行一个机构两块牌子，直属于公司党委、公司行政领导，下设组织工作部、员工发展部、薪酬保障部和劳动保险统筹部。组织/人力资源部的主要职责为：贯彻执行上级有关组织人事工作的方针、政策和法律、法规、制度；结合公司实际，研究起草公司组织人事工作的各项规章制度，拟订和组织实施工作计划；负责对公司员工的管理工作，实施对员工的监督检查职能；根据管理权限，负责员工关系管理、评价、培训以及奖惩工作；大、中专毕业生招聘录用及管理；编制公司劳动工资计划，管理并使用工资总额；管理公司因公临时出入境，选派、推荐和管理常驻国机构人员；编制发布和监督实施公司员工培训年度计划，制定、认定和评审公司员工专业技术职务；公司党代会的筹备和组织工作；公司党员发展、党员教育管理工作；公司党员党籍管理和组织处理；建立健全公司党委工作责任制和抓好基层（船舶）党支部建设的责任制工作；公司民主党派、无党派人士的联络工作。组织/人力资源部现有员工29人，包括硕士研究生学历5人，大学学历18人，大专学历5人，中专学历1人，在读研究生5人。其中，具有高级职称1人，中级职称13人，初级职称11人。

现任部长/总经理倪集禾，副部长/副总经理陈祥、王桂叔，（原部长/总经理吴秋平于2004年10月离任，原副部长/副总经理时国权于2004年10月离任）。

（张红晓）

【概况】 2004年，组织/人力资源部为公司经营机构的调整提供了坚实的人力资源保障。按照公司LUCKY项目的需要，本着精简高效、利于管理的原则，更好地发挥各部门职能作用，2004年9月对总部党群管理部门机构和职责进行调整；加强组织人事管理工作，继续完善各项基础工作；完成了中远集运公司人力资源管理系统（HRMS）的开发并在总部推广使用；在员工管理上，进一步完善推广推行全员360°考核制度，进一步加强各级领导、员工的培训活动，选派总部优秀员工到海外短期工作学习培训；在工资制度上，进一步完善中国部副职及各分部正职的年薪制管理办法，对泛亚公司、上海远洋运输公司实施工资包干管理，配合公司LUCKY项目，积极探索高管股权激励机制，船舶关键岗位工资待遇调整；为在职职工建立住房补充公积金个人账户，保证了公司的改革、稳定和发展。

（张红晓）

1. 员工发展

【员工发展部】 员工发展部是在2004年10月1日由员工管理部重组而成。主要负责公司干部管理、员工的招聘及日常管理、公司组织架构和编制管理、教育培训、临时出国和常驻出国员工的管理。员工发展部下设评价与发展管理、员工关系管理、培训发展管理和海外员工管理等职能科室。员工发展部现员12人。

现任经理刘家琰，原副经理袁健于2004年11月份离任。 （张红晓）

【公司实行干部年度考核】 2004年11月29日至2005年1月18日，根据中远集运公司党委的统一部署，由公司组织/人力资源部牵头成立的公司党委考核组，对公司总部全体员工以及泛亚航运公司、中国部及各分部、上远公司、资讯科技公司领导班子和有关干部进行了年度考核。组织/人力资源部依托公司近几年干部考核的良好基础，结合公司改革及干部调整后的实际情况，采取重点考核、视频访谈和一般考核访谈等三种方式进行考核。考核小组通过对总部13个部门，公司下属25个单位领导班子，直接管理的154名中层干部进行考核，初步掌握公司总部、直属单位领导班子和中层干部的年度情况，为干部培养和交流奠定了基础。

（倪沈建）

【非常设机构的设立】 为确保公司各非常设机构正常运转，根据机构、职责和有关成员岗位变动情况，2004年11月，公司对原有业务发展委员会等26个非常设机构及成员进行调整。2004年12月，新成立了中远集运公司安全现状评估专家组。

（王 坚）

【公司对拟提拔干部实行任前公示】 按照《中远集装箱运输有限公司试行干部任前公示制度的意见》（中远集运党组[2000]022号），2004年公司将党委（扩大）会讨论拟提的37名中层干部人选及部门拟提的18名科级干部人选进行任前公示，加强群众监督，扩大干部选拔工作中的民主成分。（王 坚）

【公司直接管理的处级干部现状】 2004年，公司聘任调整直接管理的处级干部161人次，降（免）职32人次。现有直接管理处级干部186人，包括中共党员169人。其中，硕士研究生学历50人，大学学历67人，大专学历59人，大专以下学历10人。其中，30岁以下2人，31—40岁52人，41—50岁74人，50岁以上58人。

（王 坚）

【公司机关科级干部现状】 2004年，公司聘任调整机关科级干部47人次，降（免）职23人次。现有机关科级干部104人，包括中共党员77人。其中，硕士研究生学历8人，大学学历79人，大专学历15人，大专以下学历2人；其中，30岁以下29人，31—40岁63人，41—50岁11人，50岁以上1人。（王 坚）

【新员工招聘】 2004年，公司对船舶专业技术人员和陆地经营管理人员队伍进行适量补充，共招聘新员工113人。包括应届高校毕业生102人，退伍军人4人，退役运动员1人，外单位调入6人。其中，航海类专业毕业生69人（本科学历47人，大专学历22人），陆上经营管理类专业33人（硕士研究生学历3人，本科学历29人，大专学历1人）。（张红晓）

【解除及终止劳动合同】 2004年公司解除或终止劳动合同363人，其中解除劳动合同129人（个人提出102人，违纪解除12人，调离公司15人），终止劳动合同234人（其中退休216人）。终止劳动合同人员中，有6名系中远集运公司总部员工。（张红晓）

【机构调整】 2004年2月，经公司第2次总经理办公会研究决定，将贸易保障部商务部的租船业务整建制划转到企业策划部的规划合作部，相应的船舶租赁合同的洽谈、订立和履行跟踪职责调整至企业策划部。同时为理顺关系，避免职责交叉，公司对贸易保障部、企业策划部的部分工作职责予以调整：企业策划部牵头负责研究各航线港口的选择；贸易保障部负责公司海内外代理的设立、监督以及更（撤）换等管理职责，牵头负责对各航线使用码头、泊位的研究和选择。5月，公司撤销中日贸易区、沿海贸易区，成立上海泛亚航运有限公司。9月，根据中远集团《关于明确中远集运与上远公司职能定位的通知》（中远企划[2004]228号）精神，为理顺上海远洋运输公司内部管理关系，进一步整合原中远集运船舶管理公司、上海远洋陆上产业总公司和中远集运公司保留在上海远洋运输公司的有关职能,公司决定,恢复其独立法人的经营职能。上海远洋运输公司仍保持现行全民所有制性质,出资人仍为中远(集团)总公司,中远(集团)总公司授权中远集运公司对上海远洋运输公司行使管理权。在具体业务管理方面,上海远洋运输公司相对独立,承担相应责任。撤销原中远集运船舶管理公司(中远集运管理部)和上海远洋陆上产业总公司。中共中远集运船舶管理公司委员会和中共上海远洋陆上产业总公司委员会一并撤销。在原中远集运船舶管理公司和上海远洋陆上产业总公司基础上,将中远集运公司留在上海远洋运输公司有关职能合并,重新设置上海远洋运输公司机关职能部门,原上海远洋陆上产业总公司所属陆上产业单位和原中远集运船舶管理公司船岸职工全部留在上海远洋运输公司。新上海远洋运输公司于2004年9月25日正式营运。为配合公司LUCKY项目的需要,2004年9月公司对总部行政和党群管理部门机构和职责进行调整。将原总经理办公室秘书、信访、机要、文书档案管理职能划入文秘部;将外事职能划入公关管理部,同时负责上市公司与政府、媒体的联系和协调,以及对外企业形象的设计;将收发、行政、房管等部分职能划入行政部;把整建制的原总经办档案管理中心、年鉴编辑部和部分机要、信访、房管、行政的职能划入新的上海远洋运输公司。将原中远集运公司管理部撤销,把原船舶管理公司部分对船舶监督管理等职能划入中远集运公司,设立安全技术管理部,下设安全监督部(含安委办)、运营管理部(含科研办)、综合质量部。将原公司组织/人事部中的组织工作部、员工管理部和劳资综合部划入新成立的组织/人力资源部。将员工管理部更名为员工发展部,劳资综合部更名为薪酬保障部,原保险统筹中心更名为劳动保险统筹部/劳动保险统筹中心,实行“一套班子、两块牌子”,原职能保持不变。中远集运公司今后产生的退休人员由劳动保险统筹部/劳动保险统筹中心负责管理。原离退休管理中心整建制划入上海远洋运输公司。将原党办、组织、宣传/企业文化、机关党委、团委等部分职能合并设立党委工作部,下设文秘部、宣传部。原宣传/企业文化部报刊整建制划入上海远洋运输公司。将原企业策划部中的审计部划入纪委,合并成立审计监督部,实行一套班子、两块牌子,下设检查部、综合部、审计部、保卫部。对公司工会内部机构进行调整,下设组织宣教部、综合部。10月,公司对总部经营部门部分机构和职责进行调整,在企业策划部成立单独的法律部;在财务部增设投资者关系管理部和资金运营部;将原企业资讯发展部全球单证中心注册成立一家独立公司,对内称中远集运全球单证中心,对外为中远集运全球单证服务公司。为进一步深化和完善美洲地区组织机构,增强航线经营能力,公司对美洲贸易区组织机构进行调整和完善,美洲贸易区下设市场营销部、运营质量部、航线管理部、综合财务部4个部门,以及美国分部、加拿大分部2个分部。2004年12月,公司决定在公司企业策划部企业管理部增设投资管理业务单元,将原公司财务部承担的投资管理职能划入公司企业策划部。　　(陈　昊)

【223名员工取得专业技术职务任职资格】 2004年,全公司共有223人取得专业技术职务任职资格。其中,参加评审取得的为27人,参加全国统考取得的为24人,通过认定取得的为172人;其中,高级11人,中级35人,初级177人。

(郑旭红)

【员工培训】 2004年,根据年度教育培训计划,以“突出重点,注重实效,分层培训,强化服务”为原则,以做强做好培训工作为目标，精选课程，精选师资，精选对象，组织了系列日常培训和讲座。全年共举办培训和讲座41个，员工培训2159人次。（郑旭红）

【举办国际航运经营管理人员培训班】 为培养一批适合集装箱运输事业发展需要的务实型高层次专业管理人，公司与上海海事大学联合举办为期15个月的以国际航运、国际货运、外语强化为主的国际航运经营管理人员培训班。培训时间从2004年11月到2006年1月，来自公司总部、上海远洋运输公司和中国部的22名优秀员工参加本次培训。（郑旭红）

【围绕公司LUCKY项目举办现代企业管理知识系列讲座】 2004年7月到12月，公司举办了资本市场及企业上市、上市公司组织架构与人力资源管理、上市公司薪酬体系建设及高管激励、资产重组中的相关财务处理知识、H股发行及上市法律知识、信息披露、资本运作、关联交易及实际操作等现代企业制度相关系列专题讲座。培训员工418人次。（郑旭红）

【选派总部优秀员工到海外短期工作学习培训】 2004年，为适应公司发展需要，在总结互动销售经验的基础上，分别在美洲贸易区、欧洲部、澳洲分部和东南亚分部设立了海外短期工作、学习培训点。选派优秀员工16名，赴海外短期工作学习1—3个月，接受培养和锻炼。

（郑旭红）

【选派总部优秀业务骨干赴基层授课】 2004年，在充分调研的基础上，主动转变观念，改变传统培训模式，积极协调总部有关部门和基层单位，精选部分培训课程——美洲新版合同、以提单为核心的商务法律知识、箱管信息培训、危险货物管理知识培训、IRIS-2系统相关知识培训、租船业务培训等，由总部派员到基层单位授课或指导授课，共计派遣师资15人次，培训1813人次。（郑旭红）

【慰问专家】 中远集运公司现有21人曾被评为“享受政府特殊津贴专家”，2人被评为“有突出贡献中青年专家”，其中陈忠获得上述两种荣誉称号，全公司共计有专家22名。按照中远集团总公司中远人函〔2004〕26号《关于2004年春节期间开展慰问专家活动的通知》精神和公司领导要求，2月，组织/人事部对专家分别进行了慰问，向专家汇报了中远集团和中远集运公司2003年度的经营概况和取得的成绩、以及2004年面临的形势和任务。同时，了解专家的家庭、生活情况和身体状况，并虚心听取他们对公司的意见和建议。（郑旭红）

【海外员工管理】 截至2004年12月31日，中远集运公司海（境）外从事集装箱运输业务的中方外派人员共计149人，其中欧洲部46人，美洲贸易区24人，东南亚分部24人，澳洲分部9人，日本分部9人，韩国分部4人，南非分部7人，西亚分部4人，香港分部14人，南美分部8人。2004年，向海（境）外的中远集团集装箱运输业务体系新派出中方外派人员31人（其中欧洲地区9人，美洲地区4人，澳洲2人，日本2人，东南亚3人，中国香港6人，西亚2人，南非3人），调回37人（其中欧洲地区12人，美洲地区9人，东南亚4人，中国香港3人，澳洲2人，日本2人，西亚2人，南非3人）。2004年，向海（境）外的中远集团非集装箱运输业务体系新派出中方外派人员4人，调回7人。

（沈　瑜）

2. 薪酬保障

【薪酬保障部】 2004年10月1日，薪酬保障部由劳资综合部重组而成。主要负责编制劳动工资计划、控制工资总额的使用、组织制订工资、奖金分配方案和其他有关待遇方面的规定；核定和管理机关员工的工资、奖金发放；核定部分陆地单位的工资总额计划，对各陆地单位的工资进行管理;公司教育卫生和计划生育工作。薪酬保障部下设薪酬管理、员工保障管理等职能科室。薪酬保障部现员7人。

现任经理徐保东。 (张红晓)

【完善中国部副职及各分部正职的年薪制管理办法】 2004年初,中远集运公司根据总部年薪激励模式,结合中国部经营管理指标情况,进一步完善了中国部副职及各分部正职年薪考核兑现办法,在对重箱量、运费收入、利润指标考核的基础上,重点凸显了重箱量指标的考核,对各分部总经理设定了有效箱量特殊奖励。中国部领导年薪制管理模式使企业经营者的年薪与经营业绩紧密结合,更好地发挥年薪的激励作用。 (潘晓燕)

【配合公司LUCKY项目,积极探索高管股权激励机制】 为了配合公司LUCKY项目的稳步推进,规范高层管理人员激励和约束机制,完善经营风险机制,形成长期激励效应,在学习高管股权激励的有关法律、法规及国际通行做法的基础上,公司积极探索股票增值权计划的激励模式,完成了初步的研究工作,为建立符合新形势需要的激励机制奠定了理论基础。

(潘晓燕)

【对泛亚公司、上远公司实施工资包干管理】 在中远集运公司机构重组中,泛亚公司、上海远洋运输公司相继成立,为了使工资制度符合新机构的发展需要,中远集运公司分别对原沿海贸易区和中日贸易区、原船舶管理公司、上海远洋陆产总公司的工资情况进行了清理,结合泛亚公司、上海远洋运输公司的单位性质及工资管理特点,对泛亚公司、上海远洋运输公司执行了工资包干管理。实现机构重组前后工资制度稳步过渡,确保激励机制的连续性和有效性。 (潘晓燕)

【船舶关键岗位工资待遇调整】 为了抵御市场激烈的人才竞争,同时更好地做好船员管理工作,在中远集团的大力支持下,根据市场化的原则,公司自2004年4月1日起,在保持船舶原工资结构基本不变的基础上,对一、二类船舶的关键岗位(船长、轮机长、政委、大副、大管轮和电机员)的月业绩工资标准进行适当调整。同时,在2001年推行船长、轮机长、政委“补充养老保险制度”的基础上,调高补充养老保险标准。提高船舶关键岗位员工工作积极性,稳定了船员队伍。

(潘晓燕)

【工伤事故统计】 2004年公司统计口径内发生工伤事故3起,伤害3人,其中重伤1人,轻伤2人;公司统计口径外,发生工伤事故15起,伤害17人,其中死亡2人,重伤4人,轻伤11人。但与2003年相比,事故总起数有所下降,死亡和重伤人数却有增加。 (严学平)

【安全培训考证】 2004年中远集运公司组织公司总部及下属单位领导和安全管理干部参加上海市安全生产管理证书初复训考证31人次;组织举办焊工初训班2期85人,复训12期480人;举办劳动安全监督员培训班5期294人次;举办船舶领导安全培训3期150人次;完成四批新任船长(政委)劳动安全教育培训任务;举办新船员安全教育229人次。特殊工种作业人员全部实现持证上岗。

(归建身)

【劳动鉴定工作】 2004年中远集运公司对一批因工伤残、因病非因工丧失劳动能力的职工开展鉴定工作,共完成鉴定材料25份,其中16份工伤伤残等级、9份因病非因工丧失劳动能力鉴定材料。

(归建身)

【计划生育工作】 公司通过建立健全计划生育二级组织网络,深化管理,规范服务,实现全年无计划外生育情况。各项指标均达到上海市规定要求,计划生育符合率为100%。 (归建身)

【无偿献血工作】 根据上海市政府关于实行无偿献血的要求,公司下属单位各级献血组织网络健全。2004年上海市下达

给公司的献血人数为 300 人，完成无偿献血 294 人。（归建身）

3. 保 险 统 筹

【劳动保险统筹部】 中远集运公司保险统筹中心成立于 1998 年 7 月 6 日，挂靠组织/人力资源部。负责公司在职职工、离退休人员及其供养亲属的各项保险统筹的日常管理工作，指导和检查公司所属各单位和挂靠单位的各项保险统筹工作。保险统筹中心下设养老、医疗、财务等，负责全公司的养老、医疗、工伤、生育、失业及公积金统筹业务。保险统筹中心现员 6 人。

现任主任陈祥（兼），副主任田华。

（潘正伟）

【保险统筹工作】 2004 年，中远集运公司参加统筹人员共计 25005 人（含中国部），其中在职职工 12457 人，离退休人员 3790 人，供养亲属 8758 人。在职职工均建立了养老、医疗、工伤、生育、失业保险及住房公积金个人账户。（潘正伟）

【医疗保险个人账户】 中远集运公司于 2004 年 6 月 30 日对参加医疗保险人员的个人账户余额进行计息，计息定期利率为 1.98%，活期利率为 0.72%。2004 年 7 月 1 日为参保人员的个人账户重新划入金额，在职职工按年龄段分别划入 750.00 元、843.80 元、937.50 元、1031.30 元，退休人员划入 900.00 元。上年度本息与当年划入个人账户数额合并使用。

（潘正伟）

【职工因工伤残和劳动能力鉴定】 中远集团总公司于 2004 年 12 月召开了“中远集团职工劳动鉴定及伤残评审委员会”年度评审会议，参加被评审的中远集运公司有 16 名因工伤残人员和 9 名因病非因工丧失劳动能力人员。鉴定结果经北京市劳动鉴定中心最终认定完成。

（潘正伟）

【增加工伤人员伤残抚恤金】 根据中远统筹[1998]0328 号文精神和中远人力[2004]260 号文规定，公司对 2003 年 1 月 1 日前经终审评定为一级至六级伤残和一级至三级护理的，享受定期伤残抚恤金人员在原待遇的基础上每人每月增加 55 元至 110 元的伤残抚恤金，享受生活护理费人员调整为每人每月 554.10 元或 738.80 元或 923.50 元。（潘正伟）

【调整工亡（航病死亡）职工供养亲属定期待遇】 根据中远统筹[1998]0328 号等文件规定，公司对工亡（航病死亡）职工供养亲属的定期抚恤金进行了调整，调整后标准为每人每月 554.10 元或 738.80 元。

（潘正伟）

【提高离休干部待遇】 根据上海市委老干部局通知，自 2004 年 1 月 1 日起，增加离休干部离休金，每人每月增加 195 元—240 元不等。调整护理费每人每月 120 元—180 元不等。年底发放相当于 12 月份离休金数额的一次性补贴以及相应的 1—2 月生活补贴。（史晓丽）

【调整退休人员养老金】 根据沪劳保养发（2004）39 号文件规定，自 2004 年 7 月 1 日起，调整退休人员养老金，每人每月增加养老金 55 元，对部分年龄大、退休早、养老金低的退休人员，再每月增加不超过 100 元的养老金。（史晓丽）

【调整职工基本养老保险单位缴费比例】 根据中远人力（2004）45 号文规定，自 2004 年 1 月 1 日起，调整职工基本养老保险单位缴费比例，单位缴费比例由 19% 调整为 20%，个人缴费比例维持为 8%。

（史晓丽）

【调整职工基本养老保险缴费基数】 根据中远劳险函（2004）022 号文规定，自 2004 年 4 月 1 日起，调整职工基本养老保险个人缴费基数，职工个人缴费基数根据本人 2003 年月平均工资确定，并以 6011 元封顶，465 元保底。（史晓丽）

4. 离退休职工管理

【离退休管理中心】 公司离退休管理中心成立于1998年7月6日，挂靠公司组织/人事部。2004年9月26日上海远洋运输公司重组启动，离退休管理中心划入上海远洋运输公司，挂靠公司工会，下设离休干部管理科和退休职工管理科。主要负责公司离退休职工的日常管理和服务，指导和检查各基层单位退休职工管理工作。离退休管理中心现员12人，包括大学学历1人，大专学历6人。其中，高级职称1人，中级职称5人。

现任主任徐长城。 （顾兴宝）

【概况】 2004年离退休管理中心共接收退休职工500人，累计总数为3219人，其中离休干部为91人（含代管1人）。组织离退休职工一日游680人，疗养76人。按照规定给500名离退休职工进行体检。全年定期组织离退休职工活动45次，向他们传达上级和公司有关文件精神，通报公司情况，组织收听形势报告讲座等；同时提供看病、报销医药费等服务项目，参加人员约4100人次左右。解决57户住房未达标的离休干部的住房问题，共支付住房补贴金4619700元。代为外地退休职工报销医疗费达2050人次（含家属劳保），费用为2161875元。代为居住外省市退休职工办理公积金邮寄手续194人次，费用为5356100元。为离退休职工提供帮困52人次，帮困金额为10800元。探望离退休职工155人次。协助办理35名病故离退休职工的后事，其中离休干部4人。 （顾兴宝）

【举办离退休职工迎春团拜会】 2004年1月14日下午1时，公司假座东虹大酒店五楼礼堂，召开离退休职工迎春团拜会。公司在沪的党政领导、机关有关部室以及部分陆地基层单位的领导，全体离休干部和部分退休职工代表共300余人出席。会议由公司总经理助理韩成敏主持，党委书记吴树雄代表公司党政领导向全体离退休职工恭贺新年，感谢他们为远洋事业发展作出的贡献，并简要通报公司2004年的生产经营和机构改革等各方面所取得的成绩。会上，公司艺术团和离退休职工演出精彩的文艺节目。（黄建忠）

【离休干部参观"多伦路文化名人街"】 2004年4月7日上午,应上海市老干部活动中心北片活动区的邀请,公司部分离休老同志参观了"多伦路文化名人街"。虹口区文史馆副馆长向老同志们介绍了"多伦路文化名人街"形成的历史背景、近几年来虹口区对这条历史名街进行新开发的情况。离休老同志随后还参观了同条街上的"左联"纪念馆、古钱币博物馆,浏览了富有特色的民间收藏和名人故居及多伦路上风格各异的各国建筑。

(李　绮)

【组织离退休职工疗休养和"一日游"】 公司离退休管理中心先后组织二批公司离休干部和退休职工76人赴浙江溪口、雁荡山疗养;2004年5月10日至18日、2004年11月3日又分别组织离退休职工750多人赴浙江南浔、上海松江"一日游"。2004年3月8日"国际三八妇女节",离退休管理中心组织公司离退休女职工36人赴江南古镇木渎"一日游"。

(李　绮)

【代为外地离退休职工报销医疗费、代领公积金】 截止到2004年12月31日,公司居住外省市的离退休职工1198人。为解决这些离退休职工报销医疗费用的困难,离退休管理中心指定专人负责,对每位外地离退休职工邮寄来的医疗费用逐一登记,凭单据到公司有关部门报销,并及时邮寄给离退休职工本人。全年共代报销医疗费用2050人次,金额2,060,875元。同时,还为新退休职工代领、邮寄公积金194人次,金额为5,356,100元。

(李　绮)

【为年满70周岁高龄退休职工办理优待证】 根据上海市退管会有关通知精神,公司离退休管理中心2004年为1933年出生的52名退休职工办理了高龄老人优待证。他们持优待证可根据有关规定享受10项免费、9项优惠和24项优先等尊老服务。

(李　绮)

【中源船务部】 中源船务部隶属公司离退休管理中心,主要为离退休职工发挥余热提供相关的服务。2004年共输出劳务工134人次,营业额117212元,实现利润4640元。2004年6月1日,中源船务部已迁址到大连西路21号105室办公。

(李　绮)

【离退休职工合唱队、舞蹈队】 公司自离退休管理中心成立以来,就一直活跃着由27人组成的合唱队、舞蹈队。他们中年龄最大的81岁,最年轻的也有56岁。多年来,他们坚持自编、自导、自娱、自乐,每年都参加公司"离退休职工迎春团拜会"的演出,并在公司举办的各类"文艺汇演"中多次获奖。同时,他们还积极参与所在社区的精神文明建设,成为社区精神文明建设的活跃分子和文体骨干。

(李　绮)

（十三）综合管理

1. 总经理办公室

【总经理办公室】 总经理办公室是协助公司领导贯彻执行上级指示和部署，协调各部门关系，确保公司运输生产和其他行政工作正常运转的综合性部门。其主要工作职责是：遵照上级指示和规定，编制公司工作方针、计划、目标，并组织实施；开展调查研究，掌握公司生产经营和安全质量情况，提供综合性分析资料；协助公司领导组织召开公司综合性行政会议、庆典活动，并组织实施和督促检查各项会议决议的贯彻落实；负责公司往来业务文电的接收、登记、编号、分发、流转、催办、审核、打印和归档，公司印信的保管和使用；公司的对外接待和群众来信来访接待；公司机要工作；公司信件和报刊杂志的订阅和收发；公司办公大楼的管理、办公设备的配备和管理；职工工作用餐、会务、车辆管理等后勤保障工作；公司职工自管公房的管理及公司住房制度改革等工作。1964年上远公司成立时，即设公司办公室。“文化大革命”时，改为办事组。1978年恢复处科级建制时，更名为经理办公室。1993年，改称总经理办公室。2004年9月，上海远洋运输公司恢复独立法人的经营职能后，总经理办公室原有的史志年鉴编撰职能、档案管理职能保留在上海远洋运输公司，中远集运通过同上海远洋运输公司签订委托管理协议，委托上海远洋运输公司管理档案。机构改组后，总经理办公室由原来内设秘书室、行政部、档案管理中心，改为内设文秘部、公关管理部、行政部，将原秘书、信访职能划入文秘部，将外事职能划入公关管理部。截至2004年底，现员22人，包括大学以上学历12人，大专学历4人。其中，高级职称1人，中级职称4人。

现任主任朱德璋，副主任徐文军、张晓岚。 （乐鹏峰）

【文秘部】 文秘部于2004年9月成立，其主要工作职责是：协助总经理办公室组织召开公司综合性行政会议、庆典活动，并组织实施和督促检查各项会议决议的贯彻落实；负责公司往来业务文电的接收、登记、编号、分发、流转、催办、核审、打印和归档，公司印信的保管和使用；公司的群众来信来访接待；公司机要工作；公司史志年鉴的编撰。截至2004年底，现员10人，其中大学以上学历7人，大专学历2人；含中级职称2人。

现任文秘部经理张晓岚（兼）、副经理郭伟。 （乐鹏峰）

【概况】 2004年，总经理办公室文秘部（2004年9月以前为秘书室）成功举办和承办2004年系统工作会议，2004年第一次、第二次长江流域集装箱运输工作会议，2004年全球代理工作会议，中远集运系统2004年年中工作会议，“中远长滩”轮、“中远深圳”轮、“中远温哥华”轮首航庆典及招待酒会，巴哈马总理访华代表团参观上海远洋大厦，中远集运业务发展委员会例会，中远集团2004年班轮工作会议，以及中远集运系统2005年航运主业工作务虚会等大型会务活动。综合管理体系顺利通过内、外审。接收外来文件1971份，制发公司文件397份，内部流转文件3506份，做到了“零差错率”；安排公司全年会议计划，参加各类同经营管理密切相关的会议；每周编制生产情况快报，每月代公司总经理制订公司月度工作计划，编排月度生产会议议程；安排报刊杂志订阅计划，并监督执行情况；处理客户的咨询和投诉，接待各种形式的推销。进一步加大行政工作督办力度，督办面、督办回复率均达到100%。2004年1—9月，原秘书室外事科接待公司来访外宾计1094次（9月外事职能划归公关部）；做好庆典活动、签字仪式、会务工作的总体策划、费用报批和现场协调工作；完成日常文字校对、内宾接待和财务核销工作。承担了同公司经营有关的商业机密的传递工作、公司与中远（集团）总公司、中国部和物流系统各地区分部以及海外机构的信息传递工作。及时反映职工群众的呼声，以理服人，以情感人，化解矛盾，维护一方稳定；健全信访工作责任制和信访网络。史志年鉴编辑部编写的《2003中远集装箱运输有限公司年鉴》获得首届中国地方志年鉴奖特等奖。《2004中远集装箱运输有限公司年鉴》于年内出版，发行至公司机关各部门、陆地各单位、公司船舶以外，还赠送中远（集团）总公司领导及有关部门和中远（集团）总公司所属各远洋运输公司，寄发至全国31省、直辖市、自治区的年鉴编辑部和国家级图书馆、藏书楼，还赠送给上海市及各区、县、局、部、委、办的年鉴编辑部，传递出公司各方面的信息，大大扩大了公司在全国的知名度。做好普通信件、报刊杂志、机要信件、电报等的收发工件，准确率达到100%。

（乐鹏峰）

【2004年系统工作会】 2004年1月9—10日，在上海东虹大酒店召开中远集运系统2004年工作会议，出席会议的有：上海市总工会副主席张兴淮，中远（集团）总公司党组书记张富生、副总裁陈洪生，以及党组办、运输部、工会负责人等；公司领导，中国部海内外各分部和各口岸单位负责人，上远公司部门负责人共220人参加会议。张兴淮在开幕式上讲话，张富生在闭幕式上讲话。会议听取并表决通过了《总经理工作报告》、《财务工作报告》和《职代会决议》。会议号召全系统海内外职工坚持实践“三个代表”重要思想，认真贯彻党的十六届三中全会和中央经济工作会议精神，以发展来增强效益提升能力，以调整来释放技术进步功效，以创新来适应市场格局变化，为全面提升中远集运的核心竞争力，实现公司持续盈利能力的增长，不懈努力。（乐鹏峰）

【2004年全球代理工作会议】 2004年3月2日，在远洋大厦6楼多功能厅召开中远集运2004年全球代理工作会议。中远（集团）总公司总裁魏家福发表电视讲话；中远（集团）总公司副总裁陈洪生率总裁办、运输部、财金部、企划部、人力资源部有关负责人到会指导并讲话。公司总经理许立荣讲话，史美思主持。公司企业策划部、贸易保障部、企业资讯发展部、财务部负责人先后作专题报告。美洲、欧洲、亚太地区代理单位代表 Howard Finkel、Kraus Christian Karl Berg、Alan Brundish 先后代表本单位作交流发言。（乐鹏峰）

【庆祝公司成立四十周年系列活动】 2004年4月1日，举行“同舟共济，继往开来——公司成立四十周年纪实访谈”活动。刘昌龙主持，蔡张德出席并讲话，宋汝涛出席。公司老同志陆少华、李庆伍讲述了公司发展历程及亲身感受，并同部分优秀青年代表进行了交流。4月8日，召开“叙历史、谈发展、话未来——庆祝公司成立四十周年座谈会”。中远（集团）总公司党组书记张富生，公司领导许立荣、吴树雄、韩成敏、蔡张德、房迪坤，公司离退休老领导、老同志代表，公司各单位负责人及党团员代表出席。许立荣主持，张富生、吴树雄讲话。部分公司老领导、中青年干部代表等作交流发言。（乐鹏峰）

【“中远长滩”轮首航厦门—长滩庆典】 2004年8月6日，“中远长滩”轮（COSCO LONGBEACH）首航厦门—长滩港庆典活动在厦门海沧国际货柜码头举行。厦门市委常委、市府秘书长黄杰成，副市长徐模，市人大、政协领导，中远（集团）总公司副总裁陈洪生，中远集运总经理许立荣、副总经理史美思、党委副书记蔡张德，以及港航各界人士100余人出席。陈洪生、黄杰成先后在庆典仪式上致辞。

（乐鹏峰）

【中远集运业务发展委员会例会】 2004年9月17日，公司在浙江绍兴召开中远集运业务发展委员会例会。会议听取了公司企业策划部关于中远集运运力和航线发展计划的报告，并就公司运力及有关航线发展计划进行了讨论，提出了富有建设性的意见和建议。公司总经理许立荣、党委书记吴树雄讲话。（乐鹏峰）

【“中远温哥华”轮首航温哥华港招待酒会】 2004年12月7日，“中远温哥华”轮首航温哥华港招待酒会在加拿大温哥华Pan Pacific酒店举行。中远（集团）总公司副总裁王富田、中远美洲公司董事长高伟杰、总裁张立勇、中远集运副总经理周琥，加拿大温哥华市市长Larry Campbell，中国驻温哥华总领事李元明，温哥华港务局主席David Stowe、总裁Gordon Houston、TSI码头主席Bill Ireland、总裁Norman Stark等出席。王富田讲话，宣读中远（集团）总公司总裁魏家福的贺信。Larry Campbell、李元明、Gordon Houston、Norman Stark分别致辞。招待会由中远美洲公司副总裁陈晓敏主持。周琥讲话并祝酒。来自加拿大的货主代表、港务局和装卸公司以及各有关协作单位代表约100人参加酒会。

（乐鹏峰）

【中远集运同希腊船东COSTAMARE就5艘8500TEU型船舶租约举行签订仪式】

2004年2月25日，中远集运同希腊著名船公司COSTAMARE在远洋大厦6楼多功能厅就5艘8500TEU船舶租赁举行签约仪式。许立荣同COSTAMARE总裁Vassilis C. Constantakopoulos分别代表双方公司签署合约。中远集团总裁魏家福在签约仪式上作了热情洋溢的发言。原中国驻希腊大使杨广生应邀出席了本次

总经理许立荣（左2）参加5艘8500TEU型船舶租约签订仪式

签约活动。（邵维维）

【美国弗吉尼亚州州长来访】 2004年6月11日，美国弗吉尼亚州州长 Mark R. Warner 先生率州代表团来公司访问。韩成敏代表公司会见了代表团成员，对 Warner 州长表示热烈欢迎，并向代表团简要介绍公司情况。Warner 先生也介绍了弗吉尼亚州的有关情况，并表示希望继续加强弗吉尼亚所属港口和公司的合作。（邵维维）

【哈佛大学商学院教授代表团来访】 2004年6月19日，哈佛大学商学院教授代表团来公司进行调研访问。许立荣、周琥，中远（集团）总公司研发中心杨世成副主任等出席，公司机关各部门分别派出代表参加会谈。双方就中远航运业务发展等问题进行探讨交流。（邵维维）

【荷兰前副首相来访】 2004年10月28日，总经理许立荣会见并宴请来公司访问的荷兰前副首相兼交通部部长、现鹿特丹港口促进委员会主席 Roelf de Boer 先生一行。（邵维维）

2. 史、志、年鉴

【史、志、年鉴编辑部】 1994年2月，上海远洋运输公司党政领导决定抽调6名对公司情况熟悉、有较好文字写作能力的同志成立上海远洋运输公司修志办公室，承担收集资料和编辑出版《上海远洋运输志》任务。在抽调的3名处级干部和3名科级干部中，4人具有高级职称，2人具有中级职称。1995年9月，上海市人民政府交通办公室（95）第249号文件批复上海远洋运输公司（95）第346号文的请示，同意上远公司会同上海海兴轮船有限公司、中波轮船股份有限公司、上海市锦江航运有限公司联合成立《上海远洋运输志》编纂委员会。编纂委员会下设修志办公室，曹永群任主任，陈忠任副主任。修志办公室人员一直重视《上海远洋运输志》的史料收集、整理、编辑、出版工作。1997年底，上远公司领导要求编写人员编辑公司年鉴，为积累资料，提供信息，总结历史，知往鉴来。修志办公室人员一边修改《上海远洋运输志》，一边编写年鉴。1998年12月由上海人民出版社公开出版发行《上海远洋运输公司年鉴》，这是自1964年公司成立以来第一次出版年鉴，在中远（集团）总公司历史上也是第一次。1999年11月18日，经过5年多时间编纂的《上海远洋运输志》，由上海市地方志办公室组织专家、学者一评二审三验收之后，正式由上海社会科学院出版社出版发行。填补了上海乃至中国远洋运输史书的一个空白。是年12月28日，《1999中远集装箱运输有限公司年鉴》由上海人民出版社出版发行。2000年12月，《2000中远集装箱运输有限公司年鉴》由上海人民出版社出版发行。2001年12月，《2001中远集装箱运输有限公司年鉴》由上海人民出版社出版。还为《上海通志》、《上海年鉴》、《上海经济年鉴》、《上海建设》、《虹口年鉴》、《上海国际航运中心年鉴》等刊物纂写有关远洋运输的章、节、条目。2002年11月，《2002中远集装箱运输有限公司年鉴》由上海人民出版社出版。同年4月，公司领导要求编写《中远集装箱运输有限公司（上海远洋运输公司）史》，编辑部组织人员，拟订篇目，查阅档案，悉心写作，至年底，完成史稿初稿的三分之二。2003年12月，《2003中远集装箱运输有限公司年鉴》由上海人民出版社出版。是年，《中远集装箱运输有限公司（上海远洋运输公司）史》经过一年七个月的努力，定稿为45万字，各个历史时期的照片150幅，送公司领导审定后，列入中国水运史丛书，交由上海人民出版社出版。

2001年9月，公司史、志、年鉴编辑部获上海市地方志系统先进单位。2002年3月，《2000中远集装箱运输有限公司年鉴》获全国年鉴校对质量评比优秀奖。

2003年3月,《2002中远集装箱运输有限公司年鉴》获全国年鉴编校质量评比优秀奖;9月,获上海市第一届年鉴优秀成果三等奖。《2003中远集装箱运输有限公司年鉴》荣获首届中国地方志年鉴特等奖,主编许立荣获首届中国地方志年鉴特等奖证书。2004年12月27日在海南省海口市召开颁奖大会,工会主席房迪坤和史、志、年鉴编辑部负责人陈忠出席会议并领奖。《2004中远集装箱运输有限公司年鉴》被中国年鉴研究会列入"中国年鉴资源全文数据库核心年鉴"。

11年来,史、志、年鉴编辑部编辑出版了史、志、年鉴书10本计600多万字;在各种报刊、杂志上发表文章15万多字。先后有16人在编辑部工作过,由于调动和退休,现员4人,其中高级职称、中级职称各2人。

现任执行副主编陈忠。

(陈　忠)

【概况】 2004年年鉴编辑工作于1月启动。2—3月收集条目初稿。4—5月修改和分纂。6—7月由执行副主编总纂,筛选调整,填平补齐后定稿。前置彩页初排送公司领导审阅,审定后送上海人民出版社立项审批。8—9月三审发排,10月校改付型,12月成书。这本年鉴58.3万字,前置32版彩色插页93幅图片,串文照40幅。大16开版本精装,印1400册。公司年鉴被中国年鉴研究会列入"中国年鉴资源全文数据库核心年鉴"。这本年鉴除下发公司机关各部门、陆地各单位、公司船舶以外,送中远(集团)总公司领导及有关部门和中远集团所属各远洋运输公司,寄发全国31省、直辖市、自治区的年鉴编辑部和国家级图书馆、档案馆,还赠送给上海市及各区、县、部、委、办、局的年鉴编辑部,传递出公司的各方面的信息,大大地扩大了公司在全国的知名度。编辑部还为《上海年鉴》、《上海经济年鉴》、《虹口年鉴》等刊物撰稿1万余字。12月2—3日由公司承办的上海市年鉴学会2004年年会暨第9次年鉴协作会在上海远洋宾馆召开。上海市年鉴学会的领导,各区、部、委、办、局的年鉴主编86人出席会议,公司党委书记吴树雄出席并致欢迎辞。主编、总经理许立荣因公在美国专门致电祝贺年会召开。

《2003中远集装箱运输有限公司年鉴》荣获首届中国地方志年鉴特等奖,主编许立荣荣获首届中国地方志年鉴特等奖证书。2004年12月27日在海南省海口市召开颁奖大会,工会主席房迪坤与史、志、年鉴编辑部负责人陈忠出席会议并领奖。　(陈　忠)

【2004中远集运年鉴出版发行】 2004年12月,《2004中远集装箱运输有限公司年鉴》顺利出版、发行。这本年鉴58.3万字,900多个条目,前置32版彩色插页、93幅照片,串文图照40幅,印1400册,发公司机关各部门,船舶管理公司,陆产总公司,计算机中心,中国部;赠送中远集团领导和有关部门及中远集团所属各远洋运输公司,还赠送给全国31个省、直辖市、自治区年鉴编辑部和国家图书馆、档案馆,上海市及各区、县、局,扩大了公司知名度。《2004中远集装箱运输有限公司年鉴》被中国年鉴研究会列入"中国年鉴资源全文数据库核心年鉴"。

(陈　忠)

【公司承办上海市年鉴学会年会】 2004年12月2—3日,由公司承办的上海市年鉴学会2004年年会暨第9次年鉴协作会在上海远洋宾馆召开。上海市年鉴学会的领导、各区、部、委、办、局的年鉴主编等86人出席会议,公司党委书记吴树雄出席并致欢迎辞。总经理、主编许立荣正在美国出差,专门致电祝贺年会召开。上海市年鉴学会认为这次会议不论是年鉴业务的研讨,还是会议的组织安排都是一次非常成功的会议,为此,给公司总经理许立荣发来了感谢信。　(陈　忠)

党委书记吴树雄(右2)和上海市地方志办公室主任沙似鹏(左2)观看公司年鉴编辑部举办的获奖展示

【2003中远集运年鉴获特等奖】 公司编辑出版的《2003中远集装箱运输有限公司年鉴》在中国地方志指导小组、中国地方志协会组织的评比活动中获得首届中国地方志年鉴奖特等奖，主编许立荣获首届中国地方志年鉴奖特等奖证书，2004年12月27日在海南省海口市召开颁奖大会，工会主席房迪坤与史、志、年鉴编纂委员会执行副主编陈忠出席会议并领奖。这为公司在全国范围内赢得了不小荣誉，是企业文化建设的一个丰硕成果。这个奖来之不易，82部年鉴在全国1000多部

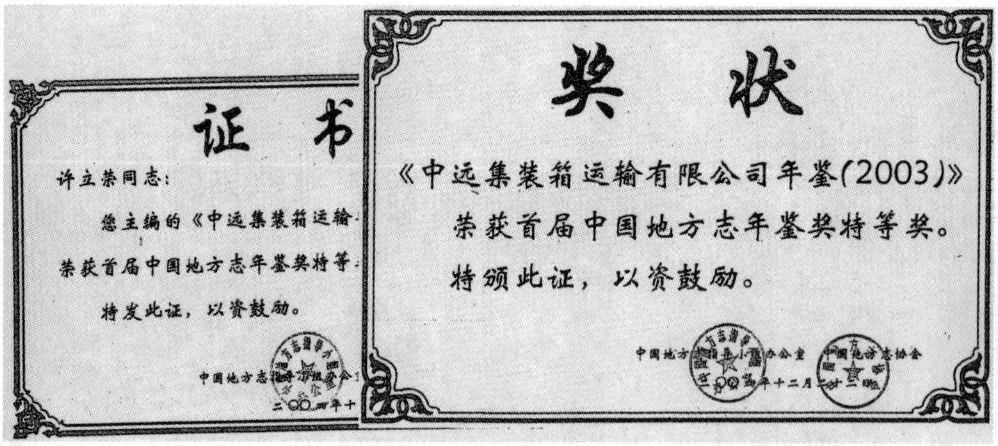
证书

许立荣同志：

您主编的《中远集装箱运输……

荣获首届中国地方志年鉴奖特等……

特发此证，以资鼓励。

奖状

《中远集装箱运输有限公司年鉴(2003)》

荣获首届中国地方志年鉴奖特等奖。

特颁此证，以资鼓励。

中国地方志指导小组办公室　中国地方志协会

年鉴评比中脱颖而出获得特等奖，获特等奖的82部年鉴中只有6部是专业年鉴，其中企业年鉴只有中远集运公司1家。这个荣誉的获得，主要是公司领导的重视和支持，公司各部门各单位的支持和协作，其次是年鉴编辑部的同志们克服困难，悉心努力，甘于清苦，乐于奉献，表现出共产党员的认真负责，为公无私的精神。　　（陈　忠）

【中远集运史出版发行】　2004年3月29日，《中远集装箱运输有限公司（上海远洋运输公司）史》分3篇24章86节，45万字，150幅照片，公司领导审定同意后，经中国航海史研究会同意列入“中国水运史丛书”，由上海人民出版社公开出版发行，印16开和大32开两种版本。这本史书对公司成立40年以来的船队发展、航线设置、经营管理、职工队伍、陆上产业及思想政治工作等方面作了全面的记述。中远（集团）总公司党组书记张富生作序，公司总经理许立荣题写书名。该书编写工作开始于2002年4月，拟订全书目录，五易其稿，8月，印发编委及有关领导征求意见，没有异议。与此同时，编写人员一边千方百计克服困难、收集整理资料，一边试写初稿，并大体做了分工，由曹永群编写第一、二篇，张启尧负责编写第三篇和附录，陈忠负责统稿和全面修改，并负责照片收集、编排和日常组织工作。编写人员在以往收集大量资料的基础上，又补充收集500余万字的资料，进行梳理，去伪存真、去粗取精，筛选出200余万字的可用资料，然后进行分类编写。全书初稿于2003年4月基本完成，经统稿修改后于6月打印成征求意见稿送编委会各位委员、部分离退休老同志和几位史学家，广泛征求意见。同时编写人员冒着酷暑炎夏，上门逐个听取公司离退休老领导、老同志的意见。10月中旬，编写人员去浙江溪口集体讨论修改，用11天时间对收集的意见和建议认真讨论，择善而从，对书稿逐节逐字增删修改，填平补齐、纠错润色，仔细推敲、精雕细刻，11月重新誊清打印，经公司领导审核同意后送出版社。史书的编写工作，得到公司领导、机关各部门、陆地各单位的支持，提供了良好的工作条件，对史稿的修改提出了宝贵意见。书稿得到了史学界专家张云、姚金祥、魏启宇、马小奇和王继杰等人的精心指导和帮助。（陈　忠）

【上海市年鉴学会给许立荣发来感谢信】

2004年12月2—3日，公司为上海市年鉴学会承办了2004年年会，为此，上海市年鉴学会于12月8日给总经理许立荣发来了感谢信，全文刊载如下：

中远集装箱运输有限公司许立荣总经理：

您好。上海市年鉴学会2004年年会暨第9次年鉴协作会在您和公司有关领导的鼎立支持和重视下，于12月2—3日在远洋宾馆胜利召开。贵公司的党委书记吴树雄莅会向全体与会代表介绍了公司的基本情况并对公司史、志、年鉴编辑部的工作给予高度评价，使与会代表对中远集运公司领导和员工的高度事业心和对国家的突出贡献有了深切的了解；从中也深深感受到了贵公司领导对年鉴工作的高度重视，这对上海年鉴界是很大的鼓舞。贵公司史志年鉴编辑部的同志们对会议的精心安排和夜以继日的工作态度受到与会代表的一致好评。特别是组织参观“新鉴真”轮，使与会代表大开眼界，许多与会代表表示出了明年学会的年会和年鉴协作会在“新鉴真”轮上召开的浓厚兴趣。这不仅是一次不寻常的参观活动，而且是一次成功的企业宣传活动。与会代表一致反映，这次会议不论是年鉴业务的研讨，还是会议的组织安排都是一次非常成功的会议。为此，上海市年鉴学会并代表学会的全体会员单位和年鉴编纂单位向您及公司的全体领导，向贵公司史志年鉴编辑部的同志表示衷心的感谢。

祝愿中远集装箱运输有限公司蒸蒸日上，祝愿您和公司的全体领导以及全体员工身体健康，事事如意。

（陈忠　辑）

3. 档案管理

【档案管理中心】 2004年9月15日前档案管理中心系中远集装箱运输有限公司总经理办公室的所属部门，下设文书、技术档案（包括综合管理体系外来文件资料室）和干部人事档案；2004年9月15日后档案管理中心整建制划归上海远洋运输公司，系行政事务部所属部门，并受中远集运委托代为管理中远集运有关档案材料。主要负责管理公司的文书档案、船舶技术档案、科技档案和基建档案、财务档案、干部人事档案、公司综合管理体系的外来文件和技术资料。其主要职能是：遵照上级指示和规定，负责贯彻执行国家和上级机关有关档案管理的法律法规和规定，认真执行公司有关质量、安全、职业健康和环境保护的方针、目标和档案管理各项规定。建立健全公司档案管理工作制度和确保档案设施的完好；公司机关文书、船舶技术档案和财务档案的集中统一管理和提供利用；管理公司的人事档案，对公司人事档案材料进行收集、鉴别、整理和提供利用等。档案管理中心还负责对本公司系统内基层单位档案工作进行业务指导、监督与检查。公司综合管理体系的外来文件和技术资料的订购、分类、存放和发放管理。2004年9月15日后原中远集装箱运输有限公司财务部会计凭证装订工作移交档案管理中心。中远集装箱运输有限公司的档案暂且由上海远洋运输公司行政事务部档案管理中心保管。

档案管理中心办公室及档案库房在公司长阳大楼北2楼。现员9人,其中大学学历4人,大专学历3人。

现任档案管理中心主任巫振华。

(徐建民)

【概况】 2004年档案管理中心主要从事文书、技术、干部人事档案的接收归档,以及档案的管理和提供利用;转发上级文件;做好档案的防火、防霉潮、防虫、防盗、防尘、防鼠、防高温等工作;对陆地基层单位档案工作检查指导;在公司范围内分别建立干部人事档案二级管理网络和文书档案二级管理网络;按照公司综合管理体系《外来文件和资料控制程序》的要求,对全公司的ISO9002质量体系、ISO1400环境管理体系、OHSAS1800职业健康安全管理体系和ISM安全管理体系中有关外来文件资料进行有效控制,保证船舶在国外港口国检查中都能提供有效的外来文件。

(徐建民)

【船舶技术档案管理移交】 2004年对集装箱船舶修理资料进行整理、目录翻译、编目上架保管以便提供利用,共计整理2000年度修船档案7卷、2001年度修船档案15卷、2002年度修船档案1卷、2003年度修船档案38卷、2004年度修船档案1卷;还将退役集装箱船舶和退租集装箱船舶"瑞云河"船舶设备档案40卷、"虹云河"船舶设备档案38卷、"华云河"船舶设备档案29卷、"白云河"船舶设备档案37卷、"祥云河"船舶设备档案43卷和"海龙"船舶设备档案17卷经再次检查核对、整理后移交。

(徐建民)

【干部人事档案规范化管理】 2004年,人事档案根据中远(集团)总公司《关于进一步规范干部人事档案管理工作的通知》要求,对在职干部的"干部任免材料"和"干部离任审计材料"的缺少情况进行自查,根据自查情况做好材料的补缺工作。对公司在职的354名科以上干部历年任职、考核材料进行核查,通过文书档案复印44名离任干部的审计材料归入人事档案;根据人事部门提供的在职干部名单,对在职干部的任免材料进行核查,联系相关部门对1998年任免的52份缺少任免材料的档案进行补齐,对整理出的137份缺少图章的干部考核材料补盖图章。加强档案零星材料的收集与整理,共收集零星材料8037份,全部归档并进行整理;一年中共完成778卷退休退养人员档案箱号调整和档案袋换新工作;接收新档案65卷(包括基层代管档案),转出档案241卷;按照档案管理一级标准对档案进行整理,已累计完成579卷档案专用夹的更换工作;在确保档案安全的情况下,经常利用传真方式为公司有关部门、基层单位提供服务。下半年开始开发"中远集运档案管理子系统",目前已完成系统开发需求征询,进入系统开发阶段。同时,计划添置必需的服务器和计算机,进一步提高计算机等现代化技术在档案管理中的应用。

(宋　辉)

【文书档案管理】 2004年,文书档案归档工作按照国家档案局颁发的《归档文件整理规则》、中远(集团)总公司要求以及中远集运《文书档案管理办法》规定,采取以件为单位的归档方法。为使档案管理人员的业务适应这一变化,使机关文书人员掌握按"件"归档的要求,档案管理中心组织举办了文书和陆地基层单位档案管理人员业务培训班,邀请上海市档案局派员讲授相关业务知识和档案工作法律知识。2004年接收公司机关各部门文件材料归档案卷共计2588件,其中永久档案185件,长期档案697件,短期档案1706件。 (徐建民)

【档案利用情况】 2004年,档案管理中心共接待查阅档案人员1444人次,查阅档案3580卷次。其中,文书档案:接待60人次,查阅档案149卷,复印800张;技术档案:接待261人次,查阅档案413卷,复印260张;财务档案:接待224人次,查阅档案1002卷,复印64张;人事档案:接待716人次,查阅档案2016卷;安全技术资料:接待183人次。 (徐建民)

【中远集运财务档案纳入档案中心管理】 2004年档案管理中心接收公司1998年至2001年财务档案,严格按照《会计档案管理实施细则》进行操作。在接收过程中坚持原则,使入库的财务档案质量得到保证。全年接收财务档案共26758卷,其中,1998年度4336卷,账册425卷,凭证3911卷;1999年度6468卷,账册485卷,凭证5983卷;2000年度7103卷,账册465卷,凭证6638卷;2001年度8851卷,账册467卷,凭证8384卷。2004年9月15日后原中远集装箱运输有限公司财务部会计凭证装订工作移交档案管理中心。

(徐建民)

【档案相关人员的培训】 2004年2月26—29日在上海市希望工程教师培训中心举办公司机关、陆地及船舶管理公司专兼职文书、内勤、档案管理人员和人事档案管理人员的档案管理学习班,并对全年档案工作提出具体要求。邀请市档案局和市组织人事部的领导讲课。通过业务培训,提高了档案管理人员的业务水平和管理能力。 (徐建民)

【对公司基层单位档案指导和检查】 2004年3月9—10日,根据中远(集团)总公司的通知要求,档案管理中心组织人员对供应公司、远洋医院、通导公司的档案管理和安全进行检查并对档案工作业务进行指导,同时将三家单位的检查结果向总公司汇报。 (徐建民)

4. 行政事务

【行政部】 总经办行政部是负责公司机关行政管理和后勤保障工作的部门。1976年6月公司设立行政组,1978年3月恢复处科建制时设行政处,1993年公司机构调整时划并到总经理办公室,1995年6月30日又恢复行政处,2002年1月再次划入总经理办公室,分行政管理和房屋管理两块。主要职责:负责公司办公大楼的管理、办公设备的配备和管理;公司员工午餐、会务、车辆管理和集体宿舍等后勤保障工作;公司办公用房、自管公房大修的质量验收;公司职工自管公房的管理及住房制度改革的有关工作。2004年9月,上海远洋运输公司恢复独立法人的经营职能后,行政部其中4人调往上海远洋运输公司,公司职工自管公房的管理及住房制度改革、集体宿舍管理等有关职能同时划转。机构改组后,行政部增加公司信件、报刊杂志的收发工作,信访职能也划入行政部。截至2004年底,行政部现员7人,其中大专以上学历2人,含高级专业技术职称1人。

现任经理周益良。 (杨节根)

【概况】 2004年行政部完成了公司下达的经营管理目标和任务,综合管理体系运行进一步得到完善。落实上海市政府"关于解决离休干部住房解困工作意见"的通知精神,公司出资223.8万元补贴解决了25名住房面积未达标的离休干部;完成上海泛亚航运有限公司搬迁18楼办公室的装修工程,完成东大名路378号远洋大厦和东大名路388号东楼土地属性由"划拨"转为"出让",并取得房地产证工作;指导协助上海远洋运输公司完成起草解决符合条件的船员和已退休员工住房货币化一次性补贴实施办法草案及所需资金测算工作；进一步加强对上远物业公司的监督、指导和协调职责，根据体系要求，分别在6月和11月进行了防汛防台与消防演练，提高了员工的自救能力和防范意识；办公楼的各项设备保持完好，运行正常，未发生任何意外事故；重视员工午餐的管理，加强对午餐供应的监督、检查以及管理力度，经常与快餐部进行协调，要求严格把好食品的进货关和菜肴的操作关，确保员工午餐质量、卫生安全；重视安全行车措施的落实，年初与各配车部门签订了“年度部门机动车辆安全责任书”；严格执行车辆出上海市的申报制度，坚持每月和节假日前对机关所属车辆进行系统的安全检查，及时排除车辆的安全隐患，并在每月底和节假日前后抄录车辆行驶里程数，履行对机关所属车辆使用情况的跟踪与监督。每月定期编写一期《交通安全信息》简报；年底拟定公司部分车辆公转私改革方案，做好对41辆机动车进行车改前的评估工作。理清公司机构变动后固定资产的变更工作；加强对军工路集体宿舍的管理，经常进行防火、防盗、防煤气中毒的宣传和安全检查，并对集体宿舍各类设备进行维修，确保住宿员工安全舒适的生活环境。（杨节根）

【办公大楼物业管理】 2004年，行政部进一步完善对上远物业公司在机关办公楼日常管理中的监督、指导和协调职责，并针对大厦的具体情况，完善了相关的规章制度，在继续落实岗位职责、操作规程的同时，制订了大厦防火防盗、防台防讯和设备突发性故障等应急预案，并采取了大厦能源降耗控制措施，使大楼物业管理质量进一步提高，污染源控制和环境卫生管理取得明显成效。2004年办公楼的各项设备得到及时保养和维修，基本保持完好，运行正常，未发生任何意外事故。

（余晓平）

【房管房改工作】 2004年，应LUCKY项目要求，办理东大名路378号远洋大厦和东大名路388号楼房土地转性手续，即由“划拨”土地转为“出让”土地，支付土地出让金29,845,171元。办理取得了东大名路378号远洋大厦和东大名路388号东楼房产权人为中远集装箱运输有限公司的房地产权证。指导协助上海远洋运输公司完成起草《上海远洋运输公司关于解决符合条件的船员和已退休人员住房货币化一次性补贴的实施办法》，并测算一次性补贴所需资金为4.01亿元，解决历史遗留问题。根据沪委办[2002]14号文件精神要求，利用一年半时间，在2004年6月30日前全部解决公司离休干部的住房解困工作。（周益良）

【车辆管理与行车安全】 2004年，公司总部机关有各类机动车辆共计79台，登记在册的持证驾驶员共有265名。总部机关全年机动车辆行驶里程为103.54万公里。公司被授予“2004年度虹口区机动车安全先进集体”荣誉称号。年初与机关各直属部门签订了《部门机动车辆安全管理责任书》，落实了车辆安全责任制，使用车人、管车人目标清、职责明、考核实。在日常工作中，坚持每月和节假日前对机关所属车辆进行系统的安全检查，及时排除车辆的安全隐患，并在每月底和节假日前后抄录车辆行驶里程数，履行对机关所属车辆使用情况的跟踪与监督。

（陈若明）

【收发工作】 2004年9月，总经理办公室收发职能由文秘部（原秘书室）划入行政部。主要负责中远集运机关、基层的特快专递、平信、挂号信、机密信、电报等信息的收发传递，负责机关的报刊杂志订阅收发分送工作。2004年全年寄出平信106000封、挂号信16600封、特快专递8845件、国外信7540封、机要信552封；收进平信83490封、挂号信9100封、特快专递18228件、电报56个、报刊杂志215868份。2004年度被评为邮局系统先进集体。现有收发员2人。

（顾德权）

【信访工作】 2004年，公司共受理来信来访498件，其中来访155件，来信94件，反映问题的来电249件。外出调解矛盾、处理纠纷54件。纵观信访工作情况，虽遗留问题矛盾、集体访、越级访仍时有发生，但在公司领导的重视和直接过问下，在各相关职能部门的配合支持下，把握稳定这一大局，化解了数起群体性棘手矛盾。2004年，公司进一步制定完善了重大疑难信访事项排查化解、信访督查、重视重复上访等方面的细化规定，加强网络建设，挖掘网络潜力，层层落实信访工作责任制，做到事事有回音，件件有着落，信访当事人对公司信访受理后的满意率为100%。年内，公司每月召开信访工作例会，由公司工会主席房迪坤主持，公司总经理办公室、组织/人事部离退休管理中心、公司工会、船舶管理公司、陆产总公司等多家有关部门（单位）参加。例会要求进一步提高对信访工作重要性的认识，加强领导，健全机制，落实领导负责责任制，明确责任，落实到人，切实解决职工反映的实际问题和带倾向性矛盾。例会强调信访督办和落实问题，指出要做好信访排摸和预测，重视初信初访，控制重复信访，竭尽全力遏制集体访和越级访，从源头上发现问题，化解矛盾，使公司信访工作走上了良性循环的轨道。2004年9月，上海远洋运输公司恢复独立法人的经营职能后，信访例会由上海远洋运输公司组织召开。

（孙建学）

【交通安全宣传工作】 2004年，行政处在加大交通安全宣传力度的同时，定期编辑《交通安全信息》；及时传递有关交通信息、安全行车以及指导车辆基本养护小常识等。全年共编发12期。（陈若明）

【集体宿舍管理】 公司集体宿舍现住有公司员工108人。为加强对集体宿舍的综合管理，2004年行政部重点就防火、防盗、防煤气中毒等安全方面进行每月2次检查，并对集体宿舍各类设备维修192次，确保住宿员工有一个既安全又较舒适的生活环境。

（顾苟度）

Party Affairs

六 党群工作

COSCO Container Lines Almanac 2005

(一)公司党委工作

【中共中远集装箱运输有限公司委员会】 中共中远集装箱运输有限公司委员会隶属中远(集团)总公司党组,挂靠上海市建设党委。现任党委领导班子由吴树雄、许立荣、蔡张德、徐政军、房迪坤、史美思 6 人组成。公司党委下设党委工作部、组织/人力资源部、审计监督部/纪委。至 2004 年 12 月底,公司党委直属党委 5 个、党总支 1 个、党支部 2 个,机关部门党支部 14 个,下属单位党委 35 个、党总支 13 个,陆地基层党支部 205 个,船舶党支部 185 个(含外派船舶党支部)。

2004 年,公司党委认真学习贯彻党的十六届三中、四中全会精神,以“三个代表”重要思想为指导,坚持以人为本理念,树立和落实科学发展观,深化企业改革重组,围绕生产经营,加强和改进党建和思想政治工作,团结带领海内外员工,齐心协力,拼搏奉献,完成上级赋予的各项任务,公司经济效益实现历史性跨越。加强各级领导班子的思想政治建设,发挥党组织在企业改革发展稳定中的政治核心作用和党员的先锋模范作用;为实现打造高品质、大规模、数字化班轮公司目标,与行政一起,积极参与制定和实施公司发展规划;围绕效益、发展和队伍建设,在全系统组织开展“我为效益作贡献”和“两个务必,两个不忘”主题活动,将广大员工的思想注意力集中到公司的中心工作上;坚持做深入细致的思想政治工作,保证机构重组等项改革顺利实施和大局稳定;围绕党风廉政建设,认真组织党员干部学习党内《两个条例》,积极开展争创党风廉政建设先进单位的活动,坚持教育、制度、监督三并重,加强廉洁从业教育和制度建设,开展经营纪律大检查,加大对违纪违法案件查办力度,进一步规范公司经营管理;充分调动员工积极性,进一步深化凝聚力工程建设,组织大谈心活动、“温馨同舟”活动、帮困助学“多帮一”活动、疗休养活动;进一步提高安全控制力,制定出台《安全生产管理责任制》,签订《安全生产责任书》,编发《安全文化探寻》一书,举办“关注安全、关爱生命”等主题活动;创建学习型组织,积极开展“争做知识型职工”活动,组织职工参加中远集团船员技能选拔赛,取得团体总分第二的好成绩。充分发挥工会、共青团组织开展民主管理和群众喜闻乐见的文体活动,发挥群众组织的桥梁纽带作用。 (时国权)

【调整公司领导班子工作分工】 2004 年 1 月 14 日,公司党政联合下发《关于调整公司领导班子工作分工的通知》。调整如下:总经理、党委副书记许立荣全面负责公司行政工作,协助党委书记分管全面党务工作;与吴树雄共管干部工作。党委书记、副总经理吴树雄全面负责公司党务工作,协助总经理分管全面行政工作,与许立荣共管干部工作;分管老干部工作。副总经理史美思协助许立荣全面负责公司生产经营工作。副总经理刘昌龙协助许立荣分管公司陆上产业。副总经理陆富根协助许立荣全面负责中国部行政工作。副总经理周琥协助许立荣、史美思分管公司生产经营工作,重点跟踪美国航线、全球信息系统建设工作。副总经理韩成敏协助许立荣分管船舶技术、安全生产、船员管理、质量监控工作。总会计师邓黄君协助许立荣分管财务、投融资工作。党委副书记蔡张德协助吴树雄分管组织、宣传、精神文明建设;并分管人事、企业文化建设工作。全面负责中国部党务工作。纪委书记徐政军主管公司纪检监察工作;并分管公司经营纪律检查、安全保卫、交通战备、综合治理、共青团、交通安全工作。工会主席房迪坤主管公司工会工作;并分管公司后勤、房改、信访、教育卫生、统战、保密工作。 (陆　坚)

【信访工作】 2004年,公司党委共受理职工来信来访75件次,其中来信12件,来访63人次。信访焦点主要是住房问题、养老保险、职工退养以及在改革过程中出现的劳动关系变更等问题。按照“分级负责、归口管理”的原则,公司党委职能部门在提高信访工作的预见性和洞察力上下功夫,积极主动地化解矛盾,对信访中涉及的问题,与有关部门及时沟通、及时解决。 (袁　立)

【主辅分离、改制分流工作动员大会】 2月26日　公司在远洋大厦6楼多功能厅召开主辅分离、改制分流工作动员大会。会议传达中远(集团)总公司主辅分离、改制分流工作动员大会精神,进行动员并部署相关工作。公司党委书记吴树雄、副总经理刘昌龙讲话。来自公司总经办、党办、企划部、组织/人事部和陆产总公司机关、陆产基层单位及教育中心负责人及相关人员共50多人参加会议。

(王民锋)

【中远集运2004—2007年党建规划】 2004年3月1日,公司党委印发《中远集运2004—2007年党建规划》,明确今后几年党建工作的指导思想、工作目标,并确定主要任务:以思想建设为保证,把学习贯彻“三个代表”重要思想的任务落实到各基层单位;以组织建设为基础,完善基层单位党组织的工作体系;以队伍建设为重点,提高基层党组织队伍的整体素质;以作风建设为抓手,保持共产党员先进性;以制度建设为根本,坚持民主集中制,规范公司各级党组织日常工作和领导班子决策重大问题的程序;以改进基层单位党组织的工作和活动方式为突破口,进一步增强党组织协调、服务保障的能力;以加快信息化建设为支撑,扩大党组织工作的覆盖面和影响力。 (时国权)

【保密暨调研督查工作会议】 2004年4月15—16日,公司在无锡召开保密暨调研督查工作会议。机关各部门、中国部、船舶管理公司、陆产总公司和计算机中心的有关负责人参加会议。会上,中国部、船舶管理公司、陆产总公司和计算机中心分别交流调研、信息、督查、保密工作经验;公司党委办公室就保密、信息、调研、督查工作作总结发言,并从业务角度提出要求。公司工会主席房迪坤出席并讲话。

(袁　立)

【公司与上海国际港务(集团)有限公司共建“精品航线、文明窗口”】 2004年5月12日,中远集运公司与上海国际港务(集团)有限公司在上港集箱外高桥码头举行共建“精品航线、文明窗口”签约仪式。双方商定以中远集运公司新开航线“上海/长滩快航”为项目平台,围绕航线舱位利用率、进出口及中转箱量、班轮准班率、码头作业效率、船舶和港区安全生产、进出口货运服务质量和安全、环境保护和国际安保、企业文化和员工队伍建设,建立全新合作互动机制,共同打造“精品航线”和“文明港口”的服务品牌。上海国际港务(集团)有限公司总裁陆海祜、中远集运公司总经理许立荣先后在仪式上讲话。上海国际港务(集团)有限公司党委书记张国强、中远集运公司党委书记吴树雄分别代表各自企业在共建协议书上签字。中远集运副总经理周琥宣读同创共建协议书。上海市文明办、市国资委和市建委有关负责人,双方有关领导及双方参与共建的基层单位(部门)代表出席签约仪式。

(柯　嘉)

【公司开展“牢记‘两个务必’,保证‘两个不忘’”主题宣传教育活动】 2004年8月13日,公司发出《关于在全系统开展“牢记‘两个务必’,保证‘两个不忘’”主题宣传教育活动的通知》。《通知》指出在公司经营效益好转而改革、发展、稳定任务异常繁重的情况下,我们在思想上不能有任何骄傲自满的情绪,管理上不能有任何松懈的现象,“务必保持谦虚谨慎、戒骄戒躁的作风,务必保持艰苦奋斗的作风;不忘成本控制,不忘作风建设”。《通知》要求,各(部门)单位要广泛宣传“两个务必,两个不忘”的重要意义,深入查找并解决作风建设与成本管理上的问题。《通知》就活动计划作出具体布置。

(时国权)

【上海市建设党委来公司进行党建、思想政治工作调研】 2004年10月25日,上海市建设党委副书记孙熙宁一行6人,来公司进行党建、思想政治工作调研。公司党委书记吴树雄、副书记蔡张德以及公司党群各部门、上海远洋运输公司党工部、上海分部党委有关负责人出席座谈会。会上,按照调研课题,吴树雄结合公司的工作和“十一五”发展规划,着重汇报公司学习贯彻党的十六届四中全会精神的情况。公司党委组织部汇报党建、思想政治工作情况。听取汇报后,孙熙宁副书记对公司改革发展和党建、思想政治工作所取得的成绩表示满意,并就下一步工作提出要求。 (时国权)

【2005年党群工作务虚会】 2004年12月22日,2005年党群工作务虚会在远洋大厦召开。会议主题是“聚焦新目标、谋划新举措、实现新跨越”。吴树雄、蔡张德、徐政军、房迪坤、周琥、韩成敏、邓黄君和公司总部各部门、上远公司、中国部及各口岸、泛亚公司、计算机中心等单位党群组织的主要领导等近百人参加会议。吴树雄在会上讲话。他在回顾了2004年工作后,提出2005年工作指导方针:躬身践行“三个代表”重要思想,深入贯彻十六届四中全会精神;坚定不移地发挥各级党组织政治核心作用;坚定不移地凝聚海内外全体员工;坚定不移地确保全系统改革、发展和稳定;坚定不移地促进中远集运持续盈利。2005年工作奋斗目标是:班子和队伍建设要有新面貌;安全和稳定工作要有新局面;服务和保证上要有新举措;党建和思想工作要有新优势;机制和体制建设要有新突破;工会和青年工作要有新拓展。2005年工作主线是:锁定新的目标创业绩;坚持以人为本强管理;强化求实创新做工作;围绕第一要务善服务;突出重点工作抓落实;创新机制体制求突破,为全面完成效益指标努力奋斗。

(陆 坚)

1. 党委工作部

【党委工作部】 2004年9月24日,原党委办公室、宣传/企业文化部、公司团委、机关党委机构和职责进行调整,组建党委工作部(以下简称党工部),并于2004年10月8日正式开始运作。原公司宣传/企业文化部的报刊编辑部整建制划归上海远洋运输公司。调整后的公司党委工作部设部长1人(兼任机关党委书记),编制8人,下设:文秘室、宣传部。主要负责公司党委内部及外来文件的批发和流转,党委会议的安排及组织,公司党委各项决策的落实及反馈等工作;公司党委理论宣传教育规划,公司精神文明建设、企业文化建设、员工思想政治教育和对外对内宣传报道等工作;对机关党委、公司团委的管理工作。

现任部长时国权。 (时国权)

【公司举办党委中心组学习辅导报告会】 2004年3月26日,公司在远洋大厦6楼会议厅举行“中远集运公司党委中心组学习辅导报告会”,邀请全国人大代表、上海社会科学院院长尹继佐主讲“全国‘两会’

的主要精神及热点问题”。来自公司及下属两级中心组学习成员、机关部室负责人共100余人出席。（陆 坚）

【2004—2006年企业文化建设实施纲要】 2004年3月6日，公司印发《中远集运公司2004—2006年企业文化建设实施纲要》。纲要明确未来3年公司企业文化建设目的：加快公司海内外各单元企业文化的融合，统一思想，规范行为，调动积极性，为集装箱运输效益最大化而共同努力；形成以中远集团倡导的企业文化为基础的具有集装箱运输特色的中远集运公司企业文化，使之成为中远集装箱运输发展的核心竞争力。企业文化建设的主要任务：建立视觉识别（VI）体系；建立行为识别（BI）体系；建立理念识别（MI）体系。（王民锋）

【公司举办成立四十周年纪实访谈活动】 2004年4月1日，以“同舟共济，继往开来”为主题的公司成立四十周年纪实访谈活动在远洋宾馆影视厅举行，公司领导、公司离退休干部、党群部门和基层党组织负责人与曾经获得先进荣誉称号的优秀团员青年共60多人参加了活动。公司离退休老领导、中青年干部分别以接受访谈的形式，畅谈在公司“创业、发展、奋进”的不同阶段各自最难忘的经历。公司副总经理刘昌龙、党委副书记蔡张德分别讲话。（陆 坚）

【举办二级党委中心组学习《两个条例》专题讲座】 2004年5月10日，公司党委在远洋大厦6楼多功能厅举办二级党委中心组学习专题讲座。邀请上海市纪委常委赵增辉同志对《中国共产党党内监督条例（试行）》和《中国共产党纪律处分条例》进行讲解。公司党委书记吴树雄主持，公司党委中心组学习成员和来自公司机关、船舶管理公司、陆产总公司及上海分部近120人参加讲座。（陆 坚）

【公司与上海海关同创共建联谊会】 2004年2月27日，公司与上海海关在远洋宾馆举行2004年“同创共建”联谊会。联谊会以“携手共进结挚情，齐心报国创伟业”为主题，回顾双方同创共建文明活动开展11年来的成果。上海海关各级领导、公司领导班子成员以及各部门负责人等共100余人参加活动。联谊会由公司总经理许立荣主持。公司党委书记吴树雄、上海海关关长鲁培军在联谊会上讲话。（王民锋）

【制定下发《VI手册使用指南》及《VI战略实施细则》】 2004年，公司先后制定下发《VI手册使用指南》及《VI战略实施细则》，进一步完善公司视觉识别（VI）体系。制定企业文化建设实施纲要，明确今后3年主要工作任务及工作进度。在充分宣传中远集团企业精神、价值观和经营理念的基础上，着手制定有公司特色的理念识别（MI）体系。（王民锋、柯 嘉）

【举办庆祝建国五十五周年暨学习十六届四中全会精神茶话会】 2004年9月28日，公司在远洋大厦召开庆祝中华人民共和国五十五华诞暨学习十六届四中全会精神茶话会。会议以“庆祝国庆，展望中华民族的伟大复兴；深化改革，实现中远集运公司可持续发展”为主题，畅谈中华人民共和国建国五十五年来取得的伟大成就和学习十六届四中全会体会，以及远洋事业发展的过去、现在和将来。来自总部机关、上海远洋运输公司、各基层单位党政领导以及先进、模范代表共60多人参加会议。公司党委书记吴树雄出席会议并讲话。公司党委副书记蔡张德主持会议。（陆 坚）

【公司政研会工作获建委表彰】 2004年10月20日，在上海市建设交通系统思想政治工作研究会第八次会员大会上，上海分部党委书记张连官，上海远实房地产党支部书记、副总经理肖亮被评为上海市建设交通系统优秀思想政治工作者。公司党委副书记蔡张德当选为上海市建设交通系统政研会第八届常务理事。

（王民锋）

【开展“我为10亿做贡献”主题活动】 2004年2月初，公司开展“我为10亿做贡献”的主题活动，口号是人人尽职，事事尽力，天天创收。公司各级组织成立由主要领导担任组长的主题活动领导小组，广泛进行动员，形成人人参与活动的良好局面。此项活动围绕效益这一主题，突出作风建设、改进服务和加强成本管理，激发广大员工的创效热情，抓住市场好转的机遇，使公司效益实现历史新突破。

（时国权）

【机关党委组织新党员参观《井冈山精神》大型展览】 2004年6月30日下午，机关党委组织新党员和部分入党积极分子代表共30人，参观由市委组织部、宣传部和江西省委宣传部等联合举办的《井冈山精神》大型展览。（时国权）

【庆祝公司成立四十周年系列活动】 2004年4月1日是公司成立四十周年的纪念日。当日下午，组织部和团委在远洋宾馆影视厅举行以“同舟共济，继往开来”为主题的公司成立四十周年纪实访谈活动；4月8日下午，公司在远洋大厦6楼多功能厅召开以“叙历史、谈发展、话未来”为主题的庆祝公司成立四十周年座谈会。座谈会由许立荣主持，张富生、吴树雄分别讲话。公司老领导、中青年干部等8位同志先后作交流发言。大家结合公司开创和发展实际，畅谈自身的感受和体会，表示将传承中远集运公司（上海远洋运输公司）四十年的优良传统，进一步解放思想，开拓创新，努力开创中远集装箱运输事业更加美好的未来。

（时国权）

【公司成立四十周年宣传工作】 为宣传好公司成立四十周年，宣传部制作和编发以“传承优秀文化，开创美好未来”为主题的“公司成立四十周年图片展”、“走过四十年”纪实访谈录像片、《中远集运》报和《上海远洋》杂志迎四十周年特刊、电子版、《中国远洋报》上的专版报道等。

（陆　坚）

【机关工会开展文体活动】 2004年4月12日—5月10日，公司开展以“振奋精神，拼搏效益”为主题的庆祝公司成立四十周年系列文体活动。机关15个部门约400人次参加系列文体活动。

（郑琪坤）

【总部机关召开员工与援藏干部座谈会】 2004年12月17日，公司在远洋大厦23楼多功能厅召开中远集运公司总部机关员工与援藏干部座谈会。总部机关各部门党支部委员，机关工会委员、机关各部门工会小组长，机关团委委员、机关各团支部书记及青年员工代表共30多人参加座谈。会上，公司援藏干部、现西藏昌都洛隆县县委常委、副县长王居仁向与会员工详细介绍中央制订的企业援藏政策的背景，中远集团对口援助对象洛隆县的地理环境、社会状况、经济情况和当地群众的生产生活情况以及他本人4个月来在洛隆县的工作、学习和生活情况，以及自己的感受和体会。座谈会上，总部机关员工就自己所关心的问题向王居仁提出咨询，并畅谈对援藏工作的感想和建议。机关团委负责人在座谈会上委托王居仁向洛隆县青少年儿童转赠爱国主义教育系列光碟。（时国权　陈联国）

【吴树雄同志参加中国部党员领导干部民主生活会】 2004年8月10日上午，公司党委书记吴树雄在北京参加中国部党员领导干部民主生活会，并作讲话。吴树雄高度评价中国部领导班子的工作，要求中国部在形势好的情况下，要防止思想作风上的松懈和工作上的松劲，牢记“两个务必”，做到“两个不忘”，认真学习科学发展观，谋划好中货的发展；结合LUCKY项目，抓住重组机遇理顺体制，要加强管理；加强与口岸的协调；加强领导班子建设，落实人才发展规划，抓好廉政建设，协同

总部做好稳定工作。中国部领导班子全体成员出席会议,中国部党委书记蔡张德主持会议。（时国权）

2. 组织工作

【组织工作部】 组织工作部隶属组织/人力资源部,是负责公司党委组织工作的职能部门。主要职责为负责贯彻执行有关党组织工作的方针、政策、法规、制度;结合公司实际,研究起草组织工作的各项规章制度,拟订工作计划,并加以组织实施;负责公司党代会的筹备和组织工作;党员发展、党员教育管理及党组织、党员情况统计工作;党员党籍管理、组织处理及开展民主评议党员和党内先进评比工作。各级党组织的思想政治建设、作风建设和组织建设,建立健全组织工作责任制和抓好基层党支部建设的责任制工作。负责党费的收缴、使用和管理。负责民主党派、无党派人士的联络工作。组织工作部现有员工2人。

现任组织工作部主任陈正安。

（李振中）

【组建中共上海泛亚航运有限公司总支部委员会】 经2004年4月12日公司党委(扩大)会议研究决定,组建中共上海泛亚航运有限公司总支部委员会。任命韩国敏为中共上海泛亚航运有限公司总支部委员、书记,项风为总支委员、纪检员,朱涛为总支委员。（李振中）

【公司党委直属党组织概况】 2004年8月20日中远集运公司党委决定,撤销中共中远集运船舶管理公司委员会、中共上海远洋陆上产业总公司委员会建制,组建中共上海远洋运输公司委员会。至年底,中远集运公司党委直属党组织,除实行中远集运党委和地方党组织双重领导的中远集运中国部(中货公司)党组织外,在沪的有中远集运公司机关党委、上海远洋运输公司党委、中国部上海分部(上海中货)党委、上海泛亚航运有限公司党总支部、计算机中心党支部。党组织关系挂靠中远集运党委的有:中远香港集团上海代表处党委、上海中远船务工程有限公司党委、中远川崎重工钢结构有限公司党总支部、中远关西涂料化工有限公司党总支部。（李振中）

【党员发展工作】 2004年,公司共发展党员107名,按不同口径统计:35岁以下的67名,占发展总数的63%;大专以上文化程度的67名,占发展总数的63%;各类专业技术骨干103名,占发展总数的96%。（李振中）

【民主生活会】 2004年8月20日,公司党委在远洋大厦23楼会议室召开了2004年度党员领导干部民主生活会。10名领导班子成员出席了会议。上海市建设和管理委员会副主任倪蓉,市建设和管理工作党委组织处/干部处长黄永平、干部处调研员卢国强,中远集团党组成员、纪检组组长李云鹏,人力资源部企业领导室经理王威等出席会议。公司党委书记吴树雄主持会议。会议强调,要坚持一手抓安全效益,一手抓改革发展稳定。要做到“五个高度关注”:要高度关注航运市场的变化,采取有效措施,确保公司效益;要高度关注员工的思想,确保安全稳定,同时,要坚定信心,推进改革,抓住有利时机,努力实现公司跨越式发展;要高度关注成本控制和作风建设,广泛深入地开展“两个务必”和“两个不忘”的宣传教育(务必戒骄戒躁、务必艰苦奋斗;不忘成本控制、不忘作风建设);要高度关注领导班子的建设;要高度关注人才队伍的建设,为公司发展提供人力资源保障。上海市建委和中远集团领导在会上讲话,对中远集运过去一年的工作和当前为保持公司持续盈利和发展而进行的工作给予高度评价,对公司领导班子及成员提出了希望和要求。根据民主生活会前征求的职工群众意见建议和会上各位领导的发言情况,会议制

定了8条整改措施。　　（陈正安）

【2004年公司党内统计情况】 按照中组部及上海市委组织部的要求，2004年12月21日，对2004年度公司的中共党员、党组织基本状况等进行统计并上报。

一、党组织关系在上海的党员及党组织情况（含党组织关系挂靠中远集运的党组织及党员，组织关系在中远集运的各海外公司党员）

（一）党员基本情况

项目		党员数	在岗职工
总计		4990	4620
	预备党员	160	160
	女	303	295
	少数民族	9	8
年龄	35岁及以下	1101	1101
	36岁至45岁	927	926
	46岁至54岁	2471	2232
	55岁至59岁	373	344
	60岁及以上	118	17

（续表）

项目		党员数	在岗职工
入党时间	1927年8月至1937年7月6日	1	
	1937年7月7日至1945年9月2日	9	
	1945年9月3日至1949年9月	40	
	1949年10月至1966年4月	65	21
	1966年5月至1976年10月	1580	1362
	1976年11月至1992年9月	1020	967
	1992年10月及以后	2275	2270
学历	研究生	67	67
	大学本科	1001	986
	大学专科	1214	1179
	中专	903	873
	高中	488	463
	初中及以下	1317	1052

（二）发展党员情况

项目	发展党员数			年龄			学历						职称		
		女	少数民族	25岁及以下	26岁至35岁	36岁至59岁	研究生	大学本科	大学专科	中专	高中	初中及以下	高级	中级	初级
总计	107	16	1	4	63	40	2	29	38	30	7	1		42	45

(三)党的基层组织情况

党委数	党总支(含挂靠单位)数	党支部数
18(含集运党委)	8	276

二、党组织关系属地化的党员及党组织情况(中国部及各口岸)

(一)党员基本情况

项目		党员数	在岗职工
总计		1177	975
年龄	预备党员	62	
	女	316	285
	35岁及以下	488	
	36岁至45岁	268	
	46岁至54岁	292	
	55岁至59岁	65	
	60岁及以上	64	
学历	研究生	35	
	大学本科	481	
	大学专科	382	
	中专	85	
	高中	109	
	初中及以下	84	

(二)发展党员情况

项目	发展党员数		年龄			学历			
	男	女	25岁及以下	26至35岁	36至59岁	大学本科	大学专科	中专	高中
合计	25	16	8	26	7	27	12	1	1

党委15个,党总支11个。党支部96个。 (李振中)

【召开"七一"表彰暨党内"两个条例"知识竞赛大会】 2004年7月1日,公司党委在远洋宾馆召开"七一"表彰暨党内"两个条例"知识竞赛大会。公司领导,各单位党政负责人及党员代表,离退休党员代表近200人出席会议。会上,四个代表队参加党内"两个条例"知识竞赛,表彰了34个"先进基层党组织",37名"优秀共产党员",16名"优秀党务工作者",6个"改革创效好班子",7名"职工公认好干部"。党委副书记蔡张德主持大会。公司党委书记吴树雄在会上讲话。(李振中)

【对公司特困党员进行补助】 在2004年

春节前夕，为体现对因病、工伤等困难党员的关心，公司党委按照党费使用的规定，对原船舶管理公司和离休的六十余名按时交纳党费、有特殊困难的党员，给予了一次性补助。补助金额达14400元。同时，机关党委等有党费留存的党组织也分别对困难党员进行补助。（李振中）

【落实2003年度公司党委民主生活会整改意见】 2004年，公司党委认真落实在2003年度领导班子民主生活会上形成的整改意见。通过三级党委中心组学习交流，组织党员学习《两个条例》，举办培训班，开展调查研究，为解决改革发展稳定中的重大课题进一步理清了思路，统一了思想，提出了解决问题的办法。围绕“如何保持公司持续盈利、提高核心竞争力，做强中远集运”等重大课题，组织座谈会开展大讨论，研究制定并出台企业2010年前的发展规划，推进主辅分离，辅业改制等重大改革。在全系统开展了“我为效益作贡献”的主题活动，落实效益和成本管理的措施，加强对合作航线的管理，发挥总部、口岸和海外区域部的作用，有效地提高舱位利用率，经营质量显著提高。按照集装箱管理一体化和IRIS－2系统的要求，完善国内口岸和海外集装箱管理体制，提高了系统运作的效率。推进选人用人机制创新，制定了未来五年的人力资源发展规划，积极引入员工考核培训激励的新机制，有效地调动了员工的积极性。建立信息联系制度，制定了《公司党委与所属党组织工作联系制度》。通过改版中远集运网站、开通思想政治工作网、强化办公自动化系统，建立市场信息分析与预测工作制度，构建信息交流平台，提高了对市场反应灵敏度。制订了《2004—2006年企业文化建设实施纲要》，出台了2010前的运力发展规划。以“传承优秀文化，开创美好未来”为主题，加强了企业精神和企业价值观的宣传教育，营造了良好的氛围。坚持以人为本抓安全，建立安全工作问责制，将“五项评估”列入安全管理体系，着力优化船员队伍结构，进一步提高了对安全工作的控制力，巩固和发展安全稳定的局面。通过加强思想作风、民主集中制建设，强化考核，对软弱班子进行组织调整，显著地提高各级领导班子的战斗力；加强对基层党组织的工作指导，较好地发挥基层党组织的政治核心作用和党员的先锋模范作用；通过开展各种形式“栓心留人”的工作，显著地增强了企业党组织的凝聚力。（李振中）

【举办党支部书记岗位知识培训班】 2004年6月22—24日，11月2—4日，党委组织部会同公司党校，举办两期党支部书记培训班，99名专（兼）职党支部书记参加学习。2004年首次将党支部书记的培训扩展到中国部网点。培训采取集中授课、互动交流及集体参观等多种形式，邀请市委党校、市社科院的专家对党的十六届四中全会精神、党内《两个条例》等进行系统地讲解。（陈正安）

【出版《怎样当好基层党组织书记》一书】 迎接第七次党代会的胜利召开，2004年2—5月，公司党委组织部组织各级党组织负责人撰写《怎样当好党委（支部）书记》的经验、体会文章。船岸各级领导干部踊跃参与，共收到征文70余篇。党委组织部对征文进行了整理修改，从中选出68篇汇编成《怎样当好基层党组织书记》一书，于2004年年末出版。（李振中）

【做好保持共产党员先进性教育活动准备工作】 从2004年2月开始，根据市建设党委、集团党组的要求，认真做好保持共产党员先进性教育活动准备工作。对公司范围内半年以上未纳入党组织有效管理或未接转党组织关系的“隐性党员”进行了一次集中梳理。对党员队伍状况和党支部建设状况调查摸底。从4月至6月下旬采取随机抽样、开座谈会、个别访谈等形式进行深入细致的调查研究，摸清党员队伍中存在的主要问题和党员教育管理、党组织建设的实际状况，广泛征求党员、干部和职工对开展保持共产党员先进性教育活动的意见建议。党委组织部在深入调查研究的基础上撰写出调研报告分别报建设党委、中远集团党组。在调查摸底基础上，对基层党组织负责人进行调整，为开展先进性教育活动打牢基础。（李振中）

【纪念江泽民同志视察远洋大厦并为公司题词两周年】 2004年5月9日下午，公司在远洋大厦召开座谈会，纪念江泽民同志视察远洋大厦并为公司题词两周年。公司领导与60名中青年干部一起进行座谈。党委书记吴树雄在会上讲话，要求年轻员工发奋学习，牢固树立科学的发展观和正确的政绩观、世界观、人生观、价值观、群众观，在公司发展中贡献自己的智慧和力量。（陈正安）

【表彰先进基层党组织和优秀共产党员】 6月23日，中央企业党建工作会议在北京召开。会上，中远集运公司宋金玉同志被授予中央企业优秀共产党员称号。2004年6月23日，集团党组印发了《关于表彰2003年度先进基层党组织、优秀共产党员、优秀党务工作者的决定》。公司纪委党支部、上海远洋医院党委、"竹子"轮党支部、船舶管理公司船管一部党委、中国部上海分部江苏分公司党委等5个基层党组织被评为2003年度集团先进基层党组织；上远对外劳务有限公司船长宋金玉、中远集运公司贸易保障部商务部经理冯波鸣、上海远洋陆上产业总公司财务总监王世平、中远集运公司中国部青岛分部副总经理于英诺等4位同志被评为2003年度中远集团优秀共产党员；中远集运公司中国部深圳分部党委书记王学良、中远集运公司中国部广州分部监督部部长兼党工部部长黄志成等2位同志被评为2003年度中远集团优秀党务工作者。（李振中）

【划分与上远公司党委组织工作职能】 自2004年9月25日起，党委组织工作职能划分如下：中远集运公司党委对上海远洋运输公司党委实施领导，上海远洋运输公司党组织关系隶属中远集运公司党委。中远集运公司党委对上海远洋运输公司党委主要进行宏观指导和管理。中远集运公司党代会按一定比例安排上远公司的党员代表参加。上海远洋运输公司在条件成熟时建立党代会制度。上海远洋运输公司下属单位党组织的设置或撤销，由上海远洋运输公司党委决定，并报备中远集运公司党委。党内各项统计、上报途径归口中远集运公司党委。（李振中）

【制定2004—2007年党建规则】 2004年3月1日公司党委制定了《2004—2007年中远集运公司党建规则》，确定2004—2007年公司党建的主要任务是：以思想建设为保证，把学习贯彻"三个代表"重要思想的任务落实到各基层单位；以组织建设为基础，完善基层单位党组织的工作体系，不同单位和不同层面基层党组织组建率要继续保持在100%，实现党的工作在各个业务领域的全覆盖；以队伍建设为重点，开展以加强基层党组织书记队伍建设为内容的"班长工程"，以提高基层党组织负责人的能力，提高党建工作水平，加强对党务干部的培养，把党务干部纳入公司培训体系，加强对党员的教育管理，开展主题教育活动，党员受教育面要达到90%以上，积极做好发展新党员工作；以作风建设为抓手，加强以思想作风、工作作风、学风、领导作风、生活作风为主要内容的"五风"建设，保持共产党员先进性；以制度建设为根本，坚持民主集中制，规范公司各级党组织日常工作和领导班子决策重大问题的程序；以改进基层单位党组织的工作和活动方式为突破口，推进基层单位党组织的工作和活动方式创新，进一步增强党组织协调、服务保障的能力；以加快信息化建设为支撑，扩大党组织工作的覆盖面和影响力。（陈正安）

(二)公司纪委工作

【纪律检查委员会】 中共中远集装箱运输有限公司纪律检查委员会(简称公司纪委)是在公司党委领导下,围绕公司中心工作,协助公司党委抓好反腐倡廉,维护和执行党的纪律,保证党的路线、方针、政策及公司各项规章制度能够顺利贯彻落实的执行机构。公司纪委委员为徐政军、李平文、周卫东、蔡洪斌、苌建军(1—4月)、姜汉宝(4—12月)、吴秋平(1—10月)、倪集禾(10—12月)、周建信。2004年9月,中远集运下发《关于调整公司总部部分机构和职责的通知》(中远集运人[2004]135号),将原公司企业策划部审计部划入纪委,合并成立公司审计监督部,实行“一套班子、两块牌子”。总编制16人。下设:综合部,检查部,审计部,保卫部。现员16人,包括硕士研究生学历2人,大学学历5人,大专学历8人。其中,高级职称1人,中级职称8人。

现任纪委书记徐政军,审计监督部总经理/纪委副书记李平文。(周卫东)

1. 纪检监察

【综合部】 2004年9月,中远集运LUCKY(兴运)项目对机关进行调整,纪委办公室与审教室合并为综合部。主要负责审计监督部/纪委综合性的行政事务和内部工作催办及外部工作协调,审计监督部/纪委召开的有关会议筹备及会议决议的催办落实,上报工作计划、总结及以审计监督部/纪委名义上报下发的文件,审核审计监督部/纪委各部草拟需要报领导签发的文稿,审理违反党纪、政纪案件,党风建设和反腐倡廉宣传教育,受理不服党纪、政纪处分的申诉案件,纪检监察培训,《廉政之窗》的编发,对审计监督部(纪委)各会议纪录及文件、文书、材料的整理归档。综合部现员2人。

现任综合部主任周卫东。

(周卫东)

【检查部】 2004年9月,中远集运LUCKY(兴运)项目对机关进行调整,纪委检查室改为检查部。主要负责信访举报工作,办理上级纪检机关及领导批办的党员违纪问题或案件的初核和调查,纪委立案案件的调查和处理,公司经营纪律检查委员会的日常工作,公司行政监察和效能监察,中远集运机关纪委工作。检查部现员2人。

现任检查部主任姜汉宝。

(周卫东)

【概况】 2004年,中远集运审计监督部/纪委深入学习贯彻“三个代表”重要思想和十六届三中、四中全会、中纪委三次、四次全会精神,按照公司党委和上级纪委统一部署,坚持与时俱进精神,紧紧围绕“保持公司可持续赢利,提高核心竞争力”这个目标,结合公司在全系统开展“牢记‘两个务必’,保证‘两个不忘’”主题活动,不断加强和改进纪检监察审计工作,深化廉政文化建设和效能监察,拓宽审计工作范围,创新审计工作项目,融入公司生产经营、管理,强化源头治理,坚持标本兼治,保障和促进公司经营管理健康发展,为公司各项目标顺利实现提供保障。公司党风廉政建设总体状况比较好,领导干部廉洁自律以及监督工作进一步增强。

（周卫东）

【召开“廉洁从业、奉献远洋”动员大会】 2004年2月17日下午，公司“廉洁从业、奉献远洋”动员大会在东虹大酒店5楼礼堂召开。公司领导刘昌龙、韩成敏、蔡张德、徐政军、房迪坤，技术顾问宋汝涛，公司中层干部及船长、政委、轮机长代表共200余人出席大会。公司副总经理刘昌龙主持会议，党委副书记蔡张德就公司的反腐倡廉工作作讲话，纪委书记徐政军回顾了2003年反腐倡廉工作和纪检监察工作情况并对2004年反腐倡廉工作和纪检监察工作进行布置。会议期间，举行中远集运第一层面以上领导干部“廉洁从业、奉献远洋”集体承诺活动，与会的领导干部都在承诺签字版上郑重签字承诺。总经理许立荣、党委书记吴树雄因外出参加会议，于2月16日晚上提前在承诺签字版上签字承诺。（周卫东）

【开展领导干部“廉洁从业、奉献远洋”承诺活动】 2004年，公司纪委在公司第一层面以上领导干部中开展“廉洁从业、奉献远洋”承诺活动。承诺内容为自觉学习有关理论和新知识，不断提高自己的思想理论素质和工作能力；严格遵守中央纪委三次全会提出的“四大纪律”、“八项要求”和国有企业领导人员“三个不得”；遵守中远集团“企业纪律”和中远集团“三重一大”规定；自觉接受上级监督，领导班子成员监督，员工群众监督；严格要求和监督下属单位领导人员，履行好领导人员监督职责；管好家属子女和身边工作人员，做到严格要求、严格管理、严格监督；把职工群众最关心的问题放在心上，做到充满感情、全力以赴地去解决；求真务实，忠于职守，尽心尽责，艰苦奋斗，一心一意为增强公司核心竞争力，提高公司经济效益而顽强拼搏等8项内容。承诺方式为：一是书面承诺，承诺的领导签订承诺书并送公司纪委备案；二是公开承诺，在年初召开的“廉洁从业、奉献远洋”动员大会上承诺对象在承诺签字版上公开签字承诺，会后承诺签字版在远洋大厦大堂公示。

（周卫东）

【广泛开展两个《条例》学习活动】 2004年，公司纪委根据《中国共产党纪律处分条例》、《中国共产党党内监督条例（试

行)》要求,会同组织/人事部、宣传部,开展学习贯彻两个《条例》活动:一是购买两个《条例》单行本发给公司全体党员学习并遵守执行;二是编写44道1.8万余字的两个《条例》复习题下发各级党组织,供学习参考用;三是邀请上海市纪委常委、监察委副主任赵增辉给公司中层以上领导干部作两个《条例》学习辅导报告;四是购买两个《条例》辅导报告录像资料供各单位组织观看;五是在公司网上《廉政之窗》上编发11期学习两个《条例》指导文章,在公司《纪检监察》开辟两个《条例》学习交流专栏;六是组织公司全体党员进行两个《条例》知识测试;七是组织由总部机关、中国部、陆产总公司、船舶管理公司四个代表队参加的两个《条例》知识竞赛。

(周卫东)

【建立实施"双向报告制度"】 2004年4月,公司纪委下发《关于实施党风建设责任制和领导干部廉洁自律情况"双向报告制度"的通知》,规定公司直接管理的领导班子和领导干部把执行党风建设责任制和廉洁自律情况,以书面形式,一年一次,既向中远集运党委报告,又向同级党组织报告。 (周卫东)

【开展勤廉格言警句征集活动】 2004年,公司纪委组织开展勤廉格言警句征集活动。要求陆地单位副科以上领导干部,船舶船长、政委、轮机长,每人结合自身工作特点,至少写出一句体现自己行为准则的勤廉格言警句。这项活动得到公司领导干部广泛响应,公司领导带头人人撰写,共有837人撰写949条勤廉格言警句。4月开始,公司纪委将征集到的优秀勤廉格言在网上《廉政之窗》上宣传,并在公司《纪检监察》杂志上开设优秀勤廉格言欣赏专栏。征集活动结束后,公司纪委将优秀勤廉格言警句整理、归类,编印成《心正,言正,身正——中远集运领导干部勤廉格言集》一书下发。 (周卫东)

【案件查办】 2004年,公司纪委按照党的十六大强调的"对任何腐败分子都必须彻底查处、严惩不贷"要求,加大查办案件工作力度。全年共收到各类信访举报24件,对8个举报件进行初核,了结8件,信访了结率100%;立案查处5件,结案5件,结案率100%。 (周卫东)

【重视礼品、礼金上交登记工作】 2004年,各单位共有6人次上交礼金,共计人民币14300元;共有363人次上交礼品,共计727件,估价人民币98660元。两项合计人民币112960元。 (周卫东)

【深化经营纪律检查工作】 2004年,公司纪委围绕确保公司生产经营健康有序发展这个宗旨,深入开展"规范经营行为,严肃经营纪律"活动。结合公司生产经营任务和2003年工作中发现的相关问题,制订下发《中远集运经营纪律检查委员会2004年工作要点》、《关于2004年开展规范经营行为严肃经营纪律活动安排的通知》,对全年公司经营纪律工作作出具体安排,明确任务目标,确定工作重点,提出舱单更改与实收运费差额、滞期费减免和运输合同履约率下降10%的工作目标。开展"诚实守信、依法经营、按规操作"专题教育活动以及评选"模范执行经营纪律"优胜单位等五项活动,得到各贸易区、中国部及各口岸分部等经营单位和部门的支持和参与,收到较好效果。下发重点整治经营纪律"五大问题"(运价管理、开航后更改舱单、滞期费违规减免、违规吃差价、违规套约)简报,通报有关单位经营纪律工作开展情况。开展经营纪律自查和大检查工作。在有关部门和单位自查的基础上,10月份组织三个经营纪律检查小组赴总部各经营部门、中国部各地区分部及经营网点(共计30个单位)执行经营纪律检查,发出整改意见书23份、整改问题104项。 (周卫东)

【与时俱进抓好纪检监察干部队伍建设】

2004年,公司纪委按照企业纪检监察工作发展要求,与时俱进抓好纪检监察干部队伍建设,着力提高纪检干部的思想素质和综合业务能力,更好地适应新形势、新任务的要求。要求公司纪检监察干部进一步增强工作责任心和事业心,要不断学习新知识、了解新情况,要甘于默默无闻,耐得住寂寞,勇于奉献。要求纪检监察干部要坚持做到“三多三少”:多讲真话、实话,少讲大话、空话;多些学习、找自身问题,少些应酬、埋怨别人;多做贴近生产实际、维护企业利益的工作,少做形式主义、没有效果的工作。年内,选送5名专职纪检监察干部赴中纪委培训中心进行业务培训。　　(周卫东)

2. 企业安保

【保卫部】 保卫部是负责公司内部治安保卫工作管理的职能部门,同时还有武装部、交通战备办公室、治安综合治理领导小组办公室等工作职能。主要负责公司船舶、陆地单位的安全保卫工作;公司内部治安管理,维护内部安全稳定;开展治安综合治理,落实治安综合治理工作领导责任制;协助公安机关侦查各类刑事案件,查处治安案件,追查破坏事故,参与调查重大事故;开展调研,加强重点人员管理和帮教,预防和减少职工违法犯罪;依照消防法规,对陆地单位防火安全工作进行督促、检查和指导,火灾事故调查处理和统计上报;武装民兵、双拥慰问及交通战备工作。保卫部原编制7人(1—9月),公司总部机关体制改革后定编3人,现员3人。

现任部长蔡洪斌,副部长朱生林(1—9月)。　　(俞文龙)

【概况】 2004年,保卫部紧密围绕公司效益和改革发展稳定大局,开展治安综合治理,维护内部稳定;督促、指导船舶管理公司做好反恐、保安履约、防海盗、防偷渡等船舶安全保卫工作;做好陆地单位防火、创安等治安保卫工作;完成上级军事部门指令的船舶租用(“0210”工程)及外交部指令的特资运输安全等重要任务;完成“民兵船运团”组建。全年未发生影响内部稳定和企业形象的重大刑事、治安案件;未发生船舶遭受恐怖活动袭击、海盗登轮抢劫事件;未发生船员国外叛逃、船员参与运送他人偷渡案件;未发生重大火灾等治安灾害事故;未发生境内外人员潜船(潜箱)偷渡案件,创造了18年以来首个无偷渡年。全年共办理各类案件10起(其中船员在船失踪案1起1人,船员国外港口离船出走3起3人),抽查抵港船舶安全保卫工作21艘次;检查陆地单位治安、防火等内保工作70单位/次;排摸处理不稳定因素15起;上报各类信息40份(被上级有关部门录用15份);船舶保卫工作信息传递31份;组织27名综治保卫干部参加业务培训;对机关临时出国人员进行派前宣教62人次;为机关员工办理长期边防《登轮许可证》47张、边境管理区通行证103张。　　(俞文龙)

【做好维护内部稳定工作】 2004年,维护内部稳定的任务比较突出,其难点、热点问题主要表现在:一是东虹、远宾资产重组过程中95名员工的安置问题;二是船员在船病故、交通事故死亡及员工非正常死亡后的善后处理问题;三是个别单位员工的“法轮功”问题;四是公司主辅分离、机关机构改革中的人员安置问题;五是部分农合工船员的转制问题等。对此,保卫部密切关注和跟踪上述难点、热点问题,始终把维护内部稳定作为工作的首要任务。坚持每月对不稳定因素进行排查分析;积极做好相关的走访、慰问、谈话帮教等工作;针对不同问题和重要节点会同相关单位制订化解对策和落实预防措施;协助有关部门现场处置员工上访事宜,维护内部安全和稳定。　　(俞文龙)

【开展“如何加强劳务船员的管理”专题调研】 2004年,保卫部选定“如何加强劳务船员的管理”这一课题开展调研。在船舶管理公司人力资源部和对外劳务公司等部门的支持协助下，调研组先后走访了外派环洋公司、船舶管理一部、上海中协船员管理有限公司（劳务船员中心）及“永定河”轮、“磐河”轮等单位和船舶，并与部分劳务船员进行交谈。调研重点是了解掌握公司和船舶在招聘使用劳务船员过程中成功经验和存在问题，并与有关人员进行交流研讨。在此基础上，撰写《浅谈如何加强劳务船员的管理》调研文章，得到公司主要领导和市建委综治办的重视，党委书记吴树雄和公司总经理许立荣阅后都作了批示。该调研文章入围市建委“社会治安综合治理优秀调研论文（14篇）”，被评为三等奖，并受到市建委的通报表彰。此次调研对督促和推动有关部门进一步加强劳务船员的管理，产生了积极作用。 （俞文龙）

【完成“0210”工程船舶租用任务】 2004年，保卫部为参加海军“0210”工程海上医疗救护演习，事先对船舶技术资料、费用测算、船舶改装工程、签定租用协议书等事项作了周密安排、协调和筹划。9月6日及11月6日，指定船舶按时参加海军“0210”工程海上医疗救护演习，保卫部派员到现场动员和督导。中央军委领导高度重视和关注这次演习，11月12日，中央军委委员廖锡龙、张定发专程到现场观摩。在军方、船舶和有关部门通力协作下，顺利完成“0210”工程军方两次租用船舶任务，受到军方和有关部门的表彰。

（俞文龙）

【完成“民兵船运团”的组建】 2004年7月至8月，保卫部（武装部）根据上海市国家动员委员会和警备区召开的“组建船运团”工作会议精神，在对原先的“海上运输大队”、“海上救护大队”和“区直属通信连”进行调整基础上，成功完成“民兵船运团”的组建。“民兵船运团”隶属上海“民兵船运师”领导，团部机关设司令部、政治处和后勤装备处，下设9个海上民兵中队。“民兵船运团”的组建，为公司海上武装民兵工作逐步向规范化、制度化和专业化方向发展，迈出了坚实的一步。

（俞文龙）

【远洋大厦举行消防疏散演练】 2004年11月9日，保卫部会同远洋大厦管理处，在上海市水上消防监督站的指导下，举行

“0210”工程中部队领导在船舶驾驶台和船长、政委一起筹划

消防防火疏散演习，全员参与，全方位监督，全过程控制。演练从上午10:45开始，11:20结束，达到“以防为主、保障安全”，增强所有大厦业户消防防火意识和发生火灾后自救能力的目的。

（俞文龙）

【信息报送工作奖励】 2004年2月10日，保卫部在船舶管理公司召开的年度治安综合治理、船舶保卫工作会议上，就2003年度船舶保卫信息报送工作情况进行总结和讲评，对在信息报送工作中作出显著成绩的人员给予表彰和奖励。“丽河”轮政委屠建军获“最佳信息员奖”；外派“宝洋一号”轮船长毛金发、“飞云河”轮船长郑明华、政委陈金星和“华云河”轮报务主任张德响获“最有价值信息奖”；船舶管理公司船管三部保卫干部刘永明获“最佳组织者奖”；船舶管理公司船管四部政工科长周立新、“艳河”轮政委陈伟达、“怀来河”轮政委丁祥虎、“春河”轮政委余同大、“中远菲利斯托”轮政委甘得贵、“中远安特卫普”轮政委江长城获“优秀信息奖”。 （俞文龙）

3. 审计监督

【审计部】 中远集装箱运输有限公司审计部成立于1984年，原属于企划部，2004年10月起归属于公司新成立的审计监督部/纪委。下设财务科、综合科。审计部现员8人，包括大学学历3人、大专学历4人。其中，具有中级职称4人。

现任审计部主任周建信，副主任马家骅。 （张 微）

【概况】 2004年，根据中远（集团）总公司审计工作会议精神，审计部仍以效益审计为重点，通过审计人员努力，全年直接核减金额为人民币375.87万元，其中船舶修费审计核减201.53万元；备件物料费用审计核减174.34万元。全年共审计被审单位20家，其中经济责任审计7项，财务审计2项，专项审计11项。审计船舶修费、备件、物料供应等项目，报审金额共计14,373.61万元。全年共提交审计信息报告20篇，审计便函1,298份。

（张 微）

【常规审计】 2004年，审计部共进行经济责任审计7项，财务审计2项，提出审计结论和审计建议51条。审计建议落实率为96%。5月，审计部对上海远洋泛奥发展有限公司、上海远洋宾馆原总经理离任进行经济责任审计，10月对中远集运船舶管理公司、上海远洋陆上产业总公司原总经理，上海远洋教育中心原主任离任进行审计。全年会同中国部对北京分部、武汉分部原总经理离任进行经济责任审计。上述单位中，资产增值单位4家，增值金额5,251.93万元，资产减值单位2家，减值金额5,990.74万元。

（张 微）

【船舶备件物料的审计】 2004年，审计部对1578艘次的船舶备件物料进行费用审计，报审金额为人民币4591.11万元，审计核减金额为人民币174.34万元，核减率为3.8%。 （张 微）

【船舶修费审计】 2004年，审计部审计修理船舶72艘次，报审金额为人民币9782.50万元，审计核减金额为人民币201.53万元，核减率为2.06%。

（张 微）

【基建工程审计】 审计部为防止基建工程的错弊给企业造成损失，根据中远（集团）总公司规定和《中远集团房地产开发项目审计工作办法》，积极开拓公司所属房地产开发项目——扬子江家园的审计工作，对其进行全过程有效地审计监督。

（张 微）

(三)公司工会工作

【中国海员工会中远集装箱运输有限公司委员会】 中国海员工会中远集装箱运输有限公司委员会(简称公司工会)隶属中国海员工会中国远洋运输集团委员会,辖6个基层工会。公司工会委员19人,常委7人,经费审查委员3人。2004年有会员16244人,其中女会员2681人。公司工会设综合宣教部、组织劳保部,现员6人。

现任公司工会主席房迪坤,副主席高才(原副主席徐道顺于2004年10月离任)。(钱　华)

1. 综合协调

【综合宣教部】 工会综合宣教部主要承担有文秘、督查、协调、信息、信访、调研、财务、职工宣传教育、素质工程建设、文体活动等工作职能。定期组织召开主席办公会、信访工作例会和年度、年中、季度工会工作会议,听取工作总结、工作安排,布置工作;汇集整理有关信息,编发《工会信息》,为领导决策提供参考意见和依据;负责对公文处理,包括上级工会和基层工会公文接收、流转、管理和归档;负责对上级工会及公司工会重要工作部署、重要决定事项落实情况督查,对上级和本级领导批示和交办事项落实情况督查;协调工会内外、上下之间各种工作关系,确保各项工作顺利进行;开展职工宣传教育,推进职工素质工程建设,提高职工综合素质;参与企业文化建设,组织开展文化体育活动,丰富职工文化生活,营造企业员工积极向上、和谐的文化氛围。综合宣教部现员3人。

现任工会综合宣教部主任周培军。

(钱　华)

【概况】 2004年,工会综合宣教部筹备召开4次季度工作会议和2005年工会工作务虚会。组织开展2004年公司工会特色工作评比活动,促进基层工会工作有效开展。召开12次信访工作例会,对会议提出的意见进行协调落实。接待处理职工来信来访25件。协助工会主席召开有关船员工伤处理、医疗费报销等专题会议。收集、上报工会信息,编印《工会工作》4期、《中远集运工会信息简报》26期,开辟专栏宣传、反映各级工会开展"我为公司效益作贡献"主题活动情况;上报市总、海总、中远集团工会以及公司两办等信息214条。公司工会财务接受上海市总工会财务规范化达标审查。12月,组织召开工会财务工作会议。全年收阅上级来文173件,审核印发工会发文22件,协调督办53项。协助做好公司四届二次职代会、2004年公司政工会和公司系统工作会的秘书、宣传组的各项工作和有关大会筹备,做好接待,简报编发及协调,做好大会有关宣传报道。开展"创建学习型组织、争做知识型职工"活动,召开"创争"活动经验交流会,组织职工技能选拔赛,在中远集团职工技能竞赛中,取得团体总分第二的好成绩。协助工会主席慰问10多个省市16个一线揽货网点的150余名职工,宣传网点职工在"我为效益作贡献"活动中的好人好事,关心基层员工工作和生活。开展以"建、创、做"活动为主要内容的文明创建活动,其中"锦云河"轮被上海市总工会评为"2004年上海市职工职业道德十佳单位”。开展职工文化活动，创作和编排具有远洋特色的文艺节目，举办庆祝公司成立40周年文艺演出。

（钱　华）

【上海市总工会主席陈豪一行到公司进行工作调研】 2004年10月28日，上海市人大副主任、市总工会主席陈豪，副主席张兴淮、秘书长徐季平等一行6人到公司进行调研及指导。公司总经理许立荣、党委书记吴树雄、工会主席房迪坤分别就公司2004年生产经营、党建思想政治工作情况和工会工作情况，以及如何认真学习贯彻党的十六届四中全会精神，做好2005年的工作向市总领导作了汇报。陈豪主席对公司工会在党委的正确领导下、行政的大力支持下所做的工作表示满意，并就如何落实十六届四中全会精神，做好2005年的工会工作提出要求。

（钱　华）

【“创建学习型组织、争做知识型职工”活动】 2004年，公司工会在全系统开展“实施职工素质工程，创建学习型组织，争当知识型职工”活动，研究制定《中远集运开展“实施职工素质工程，创建学习型组织，争做知识型职工”活动的意见》。加强职工培训，发挥职工教育培训基地作用，为职工搭建多层次学习平台，教育职工树立“提高技能就是提高生存能力”理念，实现由“终身职业”向“终身学习”理念转变；深入开展“我为安全献一计，立足岗位创效益”为主题的职工合理化建议活动，增强职工敬业爱岗精神，努力成为“精一门、会二门、学三门”的复合型人才；深入开展群体性职工技能比赛活动，在中远集团职工技能竞赛中，取得团体总分第二；岗位全能2个第一、4个第二、3个第三；英语单项4个第一、3个第二、3个第三的好成绩；并有2人获全国技术能手称号。

（钱　华）

【工会特色工作评选活动】 2004年12月，公司工会围绕公司“提升核心竞争力、实现可持续盈利”工作目标，以开展“我为公司效益作贡献”、“安全在我身边、降本增效从我做起”等主题活动，突出各级工会在安全、效益、凝聚力等方面所取得的成功经验和好的工作方法，开展2004年工会特色工作评选活动。近30家陆地及船舶的基层工会入围，10家基层工会获“中远集运工会2004年十佳特色工作成果奖”。

（钱　华）

【慰问活动】 2004年3—7月，公司工会会同宣传/企业文化部、中国部工会走访慰问昆明、贵阳、兰州、九江、保定、银川等10多个省市的16个一线边远揽货网点的150余名职工，并进行工作调研，在网点职工中开展“愿作中远星星火，甘为效益燃青春”签名活动，宣传网点职工在“我为效益作贡献”活动中的好人好事，激发网点职工的工作热情和敬业精神，拉近与各网点职工之间距离，凝聚人心，鼓舞士气。

（钱　华）

【安全、效益主题活动】 公司工会利用《工会工作》、《中远集运工会信息》广泛宣传主题活动意义，并辟以专栏宣传、反映各级工会开展主题活动好的做法和成效，形成“人人尽职、事事努力、天天创收”良好氛围。各船舶工会以“查隐患、抓整改、严管理、促效益”为重点内容，组织各船舶开展劳动安全竞赛，倡导“在岗一分钟，安全六十秒”，“从安全准班上盈利，在服务客户中扬名”；各陆地基层工会围绕“改革促效益”，以班组为单位，以优质服务、节约成本、创新创效为主要内容开展活动，以此推进陆上产业的改革改制；各揽货网点工会以“提高箱量、降本增效”为宗旨，开展各类劳动竞赛和合理化建议活动，将创效活动的内容落到工作实处。

（钱　华）

【庆祝公司成立40周年职工文艺演出】 2004年4月9日，为庆祝中远集运（上海远洋运输公司）成立40周年，宣传公司40年来的辉煌业绩，展示职工精神风貌，公司工会举办庆祝中远集运(上海远洋运输公司)成立40周年文艺演出。广大职工以自编自演的歌舞、小品戏曲、配乐诗朗诵等形式歌颂公司40年来取得的成果,抒发对公司美好未来的无限憧憬。公司各单位和离退休老同志表演大合唱《中远集团歌》,"为我中华繁荣昌盛,团结拼搏奋发图强",激励每一位员工去创造更加美好的未来。 (钱 华)

2. 组织劳保

【组织劳保部】 工会组织劳保部主要职责:指导基层工会工作,帮助新建企业组建工会组织;办理新会员入会手续及负责会籍管理,建立、健全工会组织和民管工作台账;负责公司职工代表大会筹备、指导基层工会召开职工(代表)大会和工会(代表)大会的工作;根据工会主席意见和要求,负责筹备和召开职工代表大会联席会议;负责职工代表(会员代表)培训;负责企业民主管理、企务公开的日常工作和开展调研活动;组织集体协商和指导基层工会开展集体协商,签订集体合同,维护职工合法权益;组织职工代表对职工(代表)大会决议的落实和集体合同履行情况的巡视检查;负责工会代表大会以及工会全委会筹备和召开;加强对基层工会换届选举工作指导,按照要求和规定做好工会干部协管工作;指导基层工会开展创建"职工之家"活动,负责"模范职工之家"、优秀工会工作者和优秀工会积极分子及其他有关项目评选推荐;制订公司工会劳动保护检查员培训计划,检查、指导各基层劳动保护及安全生产等活动开展,参与职工工伤事故调查处理;组织开展增收节支,合理化建议和技术改进及船舶、班组安全生产等劳动竞赛活动;组织职工开展岗位练兵、技术比武;负责劳动模范评选及管理;按国家劳动保险规定,办理职工家属劳保手续;负责因工(航病)死亡职工供养直系亲属定期抚恤费、非因工以及因病死亡职工供养直系亲属生活困难补助费审核发放,加强对享受抚恤和生活补助费职工遗属管理;负责公司职工帮困基金和助学基金发放和管理,对特困职工定期进行帮困。工会组织劳保部现员2人。

现任工会组织劳保部主任郑琪坤。

(郑琪坤)

【概况】 2004年,组织劳保部筹备召开公司四届二次职工代表大会。大会闭会后,组织对职工代表提案的答复处理,完成对代表提案答复和反馈职代会民主测评干部情况;在闭会期间,公司工会分别于2月18日、8月4日、9月14日,组织召开3次职代会联席会议,讨论、审议和决定职代会闭会期间需要解决的重要问题;指导并帮助基层工会召开职工(代表)大会;召开公司工会二届三次、四次全委会,按照规定和程序,对第二届工会委员会组成人员进行调整。开展"工会组织在公司主辅分离辅业改制分流安置富余人员工作中如何发挥作用"的调研;举办企业改革改制法律知识培训和讲座,提高工会依法维权水平和能力;派员全过程参与东虹大酒店、远洋宾馆资产重组。按照公司部署,组织人员对公司和基层13个单位(船舶)企务公开民主管理工作情况检查和调研,根据检查调研情况对进一步推进企务公开民主管理工作提出意见。加强对基层工会召开职代会、工代会的指导,做好代表培训,把好召开工代会和工会换届选举关,提高基层工会活力。组织并参与上海市总工会评比活动,远实房产总经理王友龙获"2004年上海市心系职工好领导"称号;财务部SAP系统应用项目部、"中远上海"轮获"2004年上海市红旗班组"称号;供应公司获"上海市厂务公开民主管理先进单位"称号。围绕公司"我为效益作贡献"主题活动,组织"安全在我身边、降本增效从我做起"活动,开展以节约燃油,做好维修保养,确保安全、准班为主要内容的船舶劳动安全竞赛，成功举办“迎国庆安全文化系列大赛”，组织4期劳动保护检查员培训班，培训201名劳动保护检查员。在开展全国“安康杯”劳动保护竞赛活动中，选择供应公司和“远河”轮等8家单位和船舶参加全国“安康杯”（上海赛区）竞赛，组织各船舶、陆地各单位基层班组参加海总“船舶、班组安全竞赛”活动。“裕固河”轮和“远河”轮荣获2004年度全国“安康杯”竞赛（上海赛区）“优秀班组”称号；加强对劳动模范管理，组织劳模参加上级有关活动，积极参加劳模评选，中远集运欧洲贸易区总经理梁波获2004年中央企业劳模称号。加强凝聚力工程建设，关心和帮助困难职工和家庭，开展帮困助学、访贤求能活动。继续组织结对帮困“多助一”助学活动，与32名特困职工子女签订《中远集运帮困助学“多助一”工作协议书》，并实施和落实帮困助学工作；组织公司74名业务骨干赴云南丽江休养；96名船长、轮机长等船舶骨干携家属赴海南、武夷山休养旅游。会同上海远洋船舶管理公司组成了11个慰问组，慰问5个省市57个县（市）的472户外地船员家庭，发放困难补助款26260元、慰问金44432元。全年组织1021名职工疗休养，对786名外地退休职工采用人均发放600元休养费的办法，做好外地退休职工就近休养工作。（郑琪坤）

【四届二次职代会】 2004年1月9—10日，中远集装箱运输有限公司四届二次职工代表大会在上海远洋宾馆召开，131名职工代表参加大会。上海市总工会副主席张兴淮，中远（集团）总公司党组书记张富生、中远（集团）总公司副总裁陈洪生，中远集团工会副主席陈永生以及党组办、运输部负责人莅临指导。张兴淮在大会开幕式上讲话，张富生在大会闭幕式上讲话。会议听取并审议通过《总经理工作报告》和《财务工作报告》，表决通过《中远集运四届一次职代会闭会期间召开联席会议情况报告》、《中远集运四届一次职代会民主测评干部情况报告》、《中远集运四届一次职代会提案处理情况报告》、《2003年中远集运业务招待费使用情况报告》、《2003年中远集运职工代表巡视检查情况报告》、《2003年中远集运企务公开监督考核情况报告》、《2003年中远集运帮困、助学基金使用情况报告》和《大会决议》。大会收到职工代表提案14件，民主评议干部49人，并推荐公司领导及公司中层岗位后备人选。（郑琪坤）

【四届二次职代会联席会议】 四届二次职代会闭会期间，公司工会于2004年2月18日、8月4日、9月14日，召开3次职代会联席会议，先后讨论和审议《中远集运四届二次职代会民主测评干部情况报告》、《中远集运四届二次职代会提案征集及答复处理情况报告》；听取公司企业策划部关于《中远集运LUCKY项目组织架构重组方案》说明和组织/人事部《关于公司补充住房公积金方案》介绍；讨论和审议通过中远集运五届一次职代会表决办法、大会议程、日程（草案）；大会主席团组成人员、各代表团团长、副团长（草案）及职代会工作机构组成人员、职工方协商代表和参加有关委员会（小组）的职工代表推荐情况等事项。（郑琪坤）

【工会第二届委员会全委会】 根据《工会法》、《中国工会章程》规定，公司工会第二届委员会分别于2004年7月13日、11月3日召开2次全委会。全委会由工会主席房迪坤主持，公司工会第二届委员会委员出席。2次全委会按照民主程序，调整中远集运工会第二届委员会组成人员。会议选举邹斌同志替补张义财同志为中远集运工会委员、常委，缪兔根同志替补余文华同志为中远集运工会委员；选举高才同志替补徐道顺同志为中远集运工会委员、常委、副主席。会议同意免去徐道顺同志的中远集运工会副主席、常委、委员职务，免去张义财、沈威新同志的中远集运工会常委、委员职务，免去许永贵、余文华同志的中远集运工会委员职务。

（郑琪坤）

【职工代表巡视检查】 2004年11月24—25日，公司工会组成由船舶、陆地单位、机关的职工代表和集体合同监督检查小组成员20人参加的巡视检查小组，对公司总部、上海远洋运输公司及其所属供应公司和通导公司2个基层单位进行巡视检查，听取公司有关LUCKY（兴运）项目的实施和经营管理、上海远洋运输公司重组及有关安全生产、船舶保班、降本增效、劳动保护知识培训、组织船员参加集团技能竞赛、凝聚力工程建设等方面的情况汇报。（钱　华）

【帮困结对“多助一”助学活动】 为切实解决特困职工子女读书难问题，公司工会开展帮困结对“多助一”助学活动。公司总部各机关、船舶管理公司机关、上海分部、计算机中心、远实房产公司等部门（单位）与公司33名特困家庭的孩子结成“多助一”帮困助学对子。为确保助学活动长期性和有效性，工会组织召开中远集运帮困结对“多助一”助学见面会（签字仪式），签订《中远集运帮困助学“多助一”工作协议书》，发放学期助学金（小学300元、初中500元、高中1000元）。这些资助部门（单位）采用家访、与受助人谈话、书信联系等形式，勉励受助学生努力学习，争取优异成绩，受助学生则以勤勉刻苦、自强不息精神，实践着他们对资助人和工会干部的承诺。（钱　华）

【节日慰问】 根据公司实际情况，公司工会将因职工本人及家属患大病重病或需长期治疗的慢性病，个人负担医疗费较重影响家庭基本生活的特困职工家庭等五类对象列为2004年元旦、春节帮困送温暖重点对象，并通过调查摸底，建立特困职工档案，实施动态管理。慰问特困职工72户，慰问困难职工1126户，慰问离退休困难职工258户；慰问救助总金额为75.17万元。（钱　华）

【聚人心活动】 2004年，公司工会在聚人心活动中，组织公司业务骨干74人，分2批到云南丽江疗休养。在船舶管理公司工会的支持下，走访慰问150名船舶优秀骨干；组织96位船长、轮机长携带家属赴海南、武夷山旅游；组织25位船舶优秀骨干家属随“新鉴真”轮、“苏州号”轮考察，体验船员生活。（钱　华）

【拓展企务公开内涵】 2004年，公司工会积极探索推行企务公开新方式，不断拓展内涵，注重提高实效。坚持将党风廉政建设和效能监察工作与企务公开相结合。实行领导干部廉洁自律情况向职代会报告（述职）的制度，通过企业业务招待费使用情况、职代会民主评议领导干部评议结果向职代会报告（公布）等途径，依靠职工对领导干部党风廉政建设情况实施监督。坚持将企业改革改制有关情况列为企务公开重点内容。将主辅分离企业改制、职工安置、劳动关系变更、工资奖金分配、干部提升、内部规章制度制定等涉及职工切身利益问题，作为企务公开的重点内容公开，通过企务公开的有效形式和途径听取职工意见，修改、完善改革改制方案和有关制度、规定。紧紧围绕企业生产经营活动推进企务公开。注重把企务公开融入到企业经营管理工作中，将企业面临激烈竞争形势、经营业绩、目标任务以及需采取的措施及时通报职工，使职工认清形势，明确任务和责任，增强主人翁意识，牢固树立“我为改革创效作贡献”观念，自觉维护企业利益，积极为企业增效作贡献。坚持因地制宜拓展船舶的船务公开内涵。通过上船谈话、现场办公、简报、《工作交流》、《工作月报》、宣传橱窗、船务公开栏等多种形式积极推行企务（船务）公开，形成船舶管理公司——船管部——政工科——船舶落实、反馈、指导检查等三级工作环节，从形式上、制度上保证公开工作措施与检查监督到位，营造企务公开的

良好氛围。（钱　华）

【船舶劳动保护培训班】 2004年，公司工会举办4期船舶劳动保护培训班，共有201名船长、政委、轮机长以及劳动保护监督员参加培训。内容有2004年1月1日起实施的《工伤保险条例》、《中华人民共和国安全生产法》、劳动安全技术知识、操作规程和历年事故案例分析等。

（钱　华）

（四）共青团工作

【公司团委】 2004年，公司团委紧紧围绕企业中心工作，发挥共青团作为党的助手和联系青年桥梁纽带作用，拓展团的工作领域，积极创新并富有成效地开展共青团和青年工作。“松子”轮团支部荣获2004年度“全国五四红旗团支部”称号；中国部团委荣获2004年度中央企业“全国五四红旗团委”称号；公司团委被授予2004年度上海市“青工工作先进团组织”称号；上海远洋运输公司投资管理部获2004年度“上海市新长征突击队”称号；3人获2004年度“上海市新长征突击手”称号；13个团组织被命名为公司“红旗团组织”；29个青年集体被授予公司“青年文明号”称号；9人被称为公司“杰出青年岗位能手”；28人被评为公司“青年岗位能手”；10人被评为公司“优秀团干部”。

截至2004年底，公司35岁以下青年有5637人，其中团员2244人；全年共发展30名青年入团，推荐49名团员入党，212人超龄离团。公司团委现共有18个基层团委，6个团总支，162个团支部。

现任公司团委书记陈联国。

（陈联国）

【开展“中远集运青年精神大讨论”征文活动】 2004年5月，公司团委为纪念五四运动85周年召开表彰会，对获得2003年度团内各类先进称号的集体和个人进行表彰。总经理许立荣在表彰会上作了题为《培育五种精神，在企业建设发展中建功立业》的讲话。6月，在全公司青年员工中开展“中远集运青年精神大讨论”征文活动，共收到各类征文60余篇，部分优秀作品在公司刊物上发表。

（陈联国）

【公司优秀青年当选市青年企业家协会会员】 2004年5月16日，在上海市青年企业家协会第五次会员大会上，由公司团委推荐的上海远洋陆上产业总公司副总经理陈大龙和上海远洋船舶管理有限公司总经理李德水当选为上海市青年企业家协会第五届会员。（陈联国）

【召开纪念希望工程10周年暨青年志愿者活动事迹报告会】 2004年9月1日，公司团委在远洋大厦六楼多功能厅召开“公司纪念希望工程10周年暨青年志愿者活动事迹报告会”，公司总部机关、陆上产业总公司、中国部上海分部、部分陆地基层单位领导和团员青年代表近80人参加会议。公司团委书记陈联国作“服务企业，奉献社会——中远集运公司10年‘希望工程’和青年志愿者活动回顾”汇报；中国部上海分部团组织负责人和青年代表分别交流上海分部青年志愿者队伍活动开展情况和个人体会；全国十大志愿者查文红老师应邀出席会议并作志愿者事迹报告。会上放映了由公司团委和宣传/企业文化部联合采编“助学情怀——安徽砀山魏庙上海希望小学慰问考察纪实”新闻片，使与会人员受到深刻教育。公司党委副书记蔡张德出席会议并讲话。

（陈联国）

【团员青年开展捐资助学活动】 2004年5月，公司团委和中国部上海分部团委赴安徽砀山魏庙上海希望小学慰问和看望在当地志愿义务执教的查文红老师和失学儿童，并对学校现状进行考察。9月2

日，公司团委在全公司团员青年中发起“我为安徽砀山上海希望小学捐献一个月团费活动”。截止到年底共收到团员捐款28000元，为砀山魏庙上海希望小学教育事业和孩子们献上一份爱心。

（陈联国）

【中秋青年联欢晚会】 2004年9月28日，公司团委会同上海海关、上海海事局、上海港务集团公司、上海中远物流等单位在东虹大酒店举办“天涯共此时——中秋青年联欢晚会”活动。参加活动的青年有200多人。联欢活动主要由文艺表演、竞猜游戏、幸运抽奖、自助餐等内容组成。这次活动使家在外地的青年员工度过了一个快乐温馨的中秋夜，而且也搭建了一个良好的交友平台，深受大家好评。

（陈联国）

【举办“上远劳务”杯青年足球联赛】 2004年5月21日，由公司团委主办的“中远集运2004‘上远劳务’杯青年足球联赛”在静安工人体育场开幕。活动主题为“振奋精神拼搏效益”。参赛单位有中远集运公司机关、船舶管理公司、陆上产业总公司和中国部上海分部，100余人参加开幕式。参赛单位领导分别向各自球队授球。陆上产业总公司获得比赛第一名。“中远集运2004‘上远劳务’杯青年足球联赛”得到中远集运公司领导的重视，纪委书记徐政军为比赛球队开球，党委书记吴树雄参加开幕式并讲话。 （陈联国）

Shanghai Ocean Shipping Company

七　上海远洋运输公司

COSCO Container Lines Almanac 2005

【上海远洋运输公司】 2004年9月26日，根据中远集团、中远集运公司主辅分离、改制分流的部署和要求，上海远洋运输公司实施重组。重组后的上海远洋运输公司出资人为中远集团总公司，由中远集团总公司授权中远集运公司管理，恢复独立经营法人地位。

上海远洋运输公司（以下简称上远公司）以船员和船舶管理为重心，加快劳务输出、管理输出产业化，拓展多元产业经营增长空间，形成集船舶管理、劳务输出、综合实业等为一体的产业多元化经营新格局。公司拥有一支良好职业道德、业务技术精湛的高素质船员队伍。现有远洋船员9000余名，其中高级船员4100多名，大学及以上学历占21.1%，大专学历占25.2%，中专学历占35.8%；持有中远英语等级证书或大学英语等级证书的占32.7%，持有计算机等级证书的占20.7%。管理的100多艘全集装箱船舶，航行于全球20多条主干航线，挂靠世界100多个重要港口。上海远洋运输公司为中远集运公司船舶的安全、准班营运，提供重要的人力资源支持。上海远洋运输公司具有四十年远洋船舶管理经验和优势，建立了船舶局域网、船岸数据通信和船舶管理信息系统，管理着总箱位居中国第一、世界第七的集装箱运输船队，对中远集运公司航运主业发挥着重要支撑作用。在船舶日常管理中，上海远洋运输公司全面推行综合管理体系，贯彻执行《国际船舶和港口设施保安规则》等国内外有关条约和规定，按照安全、质量、环境和职业健康等国际、国内标准要求，形成全方位管理格局。上远公司积极开拓国内外劳务市场，密切与船东合作，优势互补，管理逐步与国际接轨，建立顾客化招聘程序，在为船东、客户提供全方位服务过程中赢得了良好声誉，劳务输出正在逐步形成产业化。上远公司以多年来形成的船舶管理优势，积极向国内外船东、航商提供船舶管理服务。拥有中国海事局认可的DOC证书，有资格管理国内外各种类型的船舶，目前已与多家船公司建立合作关系，在国内外船舶管理市场，以及管理资源输出、船舶咨询服务等相关领域形成了有影响的品牌。上远公司现有十多家陆上产业，经营业务涉及船舶

供应、船舶修理、通信导航、航海图书、缩微印刷、国际贸易、客货运输、宾馆旅游、房产开发、物业管理、医疗保健、教育培训等领域，为船东、客户和社会各界提供全方位优质服务。

上海远洋运输公司下设：行政事务部、党委工作部、海务监督部、船舶技术部、安全质量部、财务部、投资发展部、船舶监造中心、人力资源部、工会/职工保障部、船舶管理一至四部、对外劳务部、对外船管部。上海远洋运输公司现有十三家陆上产业。

现任总经理、党委书记徐政军，副总经理仇鑫尧、陈正杰、任勇青、韩超，党委副书记崔连邦，纪委书记宋振庭，财务总监王世平，工会主席颜铁观，总经理助理陈大龙、毛建良、麦昌年，技术顾问宋汝涛。（周燕萍）

【概况】 2004年，上海远洋运输公司以中远集运公司效益最大化为目标，积极开展"我为10亿（效益）做贡献"主题活动，深化安全管理，提高财务管理水平，增强持续发展和防抗风险能力，在"安全、改革、发展、稳定"等方面都有了长足的进步，较好地完成了中远集运公司下达的各项年度指标。船舶安全面达到99.5%；综合准班率达到95.5%；船舶营运率达到98.9%；船舶防抗台成功率达到100%；燃油单耗、机务"五费"均控制在指标之内；陆上产业实现利润5920万元，完成年度计划的185%。劳务输出在船岗位人数2875人，直接签约率76%，租金回收率99%，内部贡献利润完成2950万元。对外全面管理船舶21艘，实现利润超过300万，投资回报率达到60%。根据中远集团总公司的战略部署，上海远洋运输公司于9月26日正式重组。上远公司承担中远集运存续公司的责任，半年来，在确保三方人员磨合平稳过渡，继续为主船队提供船舶管理和船员管理的同时，紧紧围绕中远集团对上远公司的职能定位，着重规划公司未来产业发展方向和重点领域。公司及时召开工作务虚会议及有关专题会议，成立了相应的专项工作小组，对历史遗留问题进行梳理，明确2005年的工作目标和任务。进行了员工队伍结构战略性调整，调整船员队伍结构，优化人员组合。深化教育培训工作，提高队伍素质。推进管理体制改革，12月27日，公司把原来五个船舶管理部，重组为四个船舶管理部。同时对船员管理体制进行重新调整：公司所有船员资源划入对外劳务部（上海远洋对外劳务有限公司）。在船员资源总体配置上划分为中远集运船舶板块、上海远洋船管板块和上海远洋其他劳务板块等三大板块，并实行统一管理，分块配置，最大程度提高人力资源的开发效率，有效地降低公司的用工成本。坚持"安全第一，预防为主，防线前移，标本兼治"，推进船舶安全管理体系有效运行和管理方法创新，强化了安全责任和管理职责，实现安全管理的规范化和制度化，对机关各级安全管理人员，实施逐级问责和相应的奖惩。建立了综合管理体系，发挥"五项评估"对安全管理的重要作用，提高安全管理体系运行的效能。努力推进信息化建设，逐步实现船舶管理现代化。陆上产业改革改制本着"统筹规划、规范操作、积极稳妥、有序推进"的原则，结合实际，深入调研，配合中远集运公司就企业改制设想与相关单位进行沟通、协调，并初步拟制了企业改制总体计划上报集团。上半年，全面完成远宾的资产重组工作，人员得到妥善安置，土地资产权属合一，历史遗留问题得到解决。上远公司培育企业安全文化特色鲜明，推进船队思想政治工作创新富有成效，组织参加中远集团"船员技能竞赛"活动，获得团体总分第二名。2004年综合治理工作成效比较显著。

（周燕萍）

公司领导干部情况统计表

序号	姓名	性别	出生年月	政治面貌	学历	职　称	现任职务	任命机关	任职时间
1	徐政军	男	1955.09	党员	硕士	政工师	总经理 党委书记	中远集运	2004.8.23
2	仇鑫尧	男	1954.12	党员	硕士	高级轮机长	副总经理	中远集运	2004.8.23
3	崔连邦	男	1951.02	党员	大学	政工师	党委副书记	中远集运	2004.8.23
4	陈正杰	男	1953.07	党员	大普	高级工程师	副总经理	中远集运	2004.8.23
5	任勇青	男	1959.05	党员	硕士	助理政工师	副总经理	中远集运	2004.8.23
6	韩　超	男	1970.06	党员	硕士	工程师	副总经理	中远集运	2004.8.23
7	王世平	男	1956.07	党员	大专	助理会计师	财务总监	中远集运	2004.8.23
8	宋振庭	男	1951.11	党员	硕士	高级船长	纪委书记	中远集运	2004.8.23
9	颜铁观	男	1953.05	党员	硕士	政工师	工会主席	中远集运	2004.8.23
10	陈大龙	男	1962.03	党员	硕士	工程师	总经理助理	中远集运	2004.8.23
11	毛建良	男	1955.03	党员	硕士	高级经济师	总经理助理	中远集运	2004.8.23
12	麦昌年	男	1962.10	党员	硕士	高级工程师	总经理助理	中远集运	2004.8.23

（曹国春）

2004年末船员人数统计

职　务	人数	职　务	人数	职　务	人数	职　务	人数
船　长	358	轮机长	361	事务员	105	电　工	5
政　委	214	大管轮	324	船　医	61	大　厨	264
大　副	356	二管轮	494	防火员	5	厨　工	166
二　副	433	三管轮	354	水手长	297	服务员	298
三　副	478	轮机见习生	135	木　匠	205	社会保障部	484
驾驶见习生	151	电机员	195	一　水	906	人力资源管理中心	246
报务员	167	电气见习生	0	二　水	935	其　他	39
报务见习生	0	客运主任	1	机　工	1176		

职务和人数	职务分布
劳务船员(高级船员)419人	驾驶员231人，轮机员188人
劳务船员(普通船员)1843人	水手长32人，木匠21人，水手1100人，机工518人，电工1人，大厨6人，厨工108人，服务员53人，其他4人

说明：2004年年末总人数：9160人(其中公司自有船员6898人，劳务船员2262人)

（曹国春）

船长年龄、文化统计(2004年底)

部门	人数	年龄							文化程度			
		35岁以下	35—40	41—45	46—50	51—55	56—60	平均	大专及以上	中专	高中及中技	初中及以下
船管一部	46	0		8	12	11	9	48.9	19	14	12	1
船管二部	46	1	8	9	13	9	6	47.3	19	12	14	1
船管三部	48	1	5	12	14	10	6	47.9	19	11	17	1
船管四部	44	0	9	7	14	11	3	47.1	18	11	14	1
劳务公司	156	1	35	36	40	36	8	46.3	68	32	52	4
社会保障部	3	0	0	0	1	2	0	51.3	0	0	3	0
其他部门	15	0	2	4	6	2	1	47.0	10	2	3	0
总计	358	3	65	76	100	81	33	47.1	153	82	115	8

公司政委年龄、文化程度统计(2004年底)

部门	人数	年龄							文化程度			
		35岁以下	35—40	41—45	46—50	51—55	56—60	平均	大专及以上	中专	高中及中技	初中及以下
船管一部	46	0	1	3	13	16	13	52.0	21	6	9	10
船管二部	42	1	3	2	11	18	7	50.7	19	12	7	4
船管三部	44	1	2	2	9	24	6	51.0	27	0	10	
船管四部	43	0	1	8	10	14	10	51.3	24	4	8	7
劳务公司	30	0	0	4	9	14	3	50.6	10	7	7	6
社会保障部	5	0	0	0	0	5	0	53.0	2	1	1	1
其他部门	4	0	0	0	3	1	0	48.5	4	0	0	0
总计	214	2	7	19	55	92	39	51.2	107	30	42	35

(曹国春)

公司轮机长年龄、文化程度统计(2004 年底)

部门	人数	年龄							文化程度			
		35岁以下	35—40	41—45	46—50	51—55	56—60	平均	大专及以上	中专	高中及中技	初中及以下
船管一部	44	0	8	10	12	9	5	47.0	24	9	10	1
船管二部	47	0	4	8	14	18	3	48.9	19	9	12	7
船管三部	47	0	11	10	13	9	4	46.3	22	14	7	4
船管四部	48	1	7	15	11	6	8	46.6	21	12	11	4
劳务公司	147	0	35	30	37	37	8	46.5	73	30	37	7
社会保障部	2	0	0	1	0	1	0	48.5	2	0	0	0
其他部门	26	0	7	11	4	3	1	44.2	20	3	3	0
总计	361	1	72	85	91	83	29	46.7	181	77	80	23

(曹国春)

(一)上远公司机关

1. 海务监督

【海务监督部】 2004年9月26日上海远洋重组后,原来的中远集运海监室划归上海远洋运输公司,改称海务监督部(简称海监部)。主要职责:负责所有受委托管理船舶海务安全的监管。贯彻国内外航海法规、法令、公约及上级有关安全工作指示;督促检查、指导船舶安全工作;深入了解船舶海务安全情况,提出指导性意见;审阅航行记录和甲板关键性操作记录;检查船舶救生、消防等设施使之符合法规要求和处于正常技术状况;布置冬防(防风、防冻)、雾航、防台等季节性安全工作;负责所有受委托管理船舶和中远系统在上海地区的船舶防抗台日常工作;参与所有受委托船舶海事抢险救助以及一般等级以上的海损事故调查、分析、处理,总结经验教训和制订安全措施;协助海事理赔处理相关事项;搜集研究国内外航海科学技术及国内外港口船舶安全航行资料,向所有受委托管理的船舶推荐;使用北极星POLARIS系统对全球灾害性天气监视,对受影响的船舶提出相应安全措施,组织和指导船舶正确使用气象导航;编制、订购、分发船舶中外文版航海图书资料和指导船舶正确修改使用;负责船舶普航仪器的修理和更新;参与所有受委托管理船舶开辟新航线的设计;对老龄船、特殊情况船舶重点跟踪和指导;协助中远(集团)总公司开展安全纪律大检查;对自查和船舶管理部复查的船舶进行抽查;掌握和分析船舶有关部门的安全工作并进行必要的调研和上报。海监部现有人员10人(其中返聘1人),设海务管理、海事处理、海务监督、消防监督、航保等岗位。在编专业技术人员9人,其中高级工程师2人,工程师7人。

现任海监部部长(总船长)乔归民,副部长赵庆爱。(原海监室副主任黄泽因年龄原因于2004年2月离任,原海监室副主任徐伯民,海监部副部长吴长干分别于2004年9月、12月调离)。

(赵庆爱)

【概况】 2004年,海监部加强海务安全监督工作,跟踪大风浪及寒潮大风航行船舶99艘次、雾航船舶77艘次、冰区航行船舶2艘次,特殊情况船舶2艘次。跟踪船舶航线调整31艘次,督促船舶及时制订或修改《航行计划及值班指导书》,全年31艘船舶反馈《航行计划及值班指导书》。为船舶防范各种风险,避免和减少各类事故的发生,确保船舶航行、靠离泊位、装卸货物的安全,收集、整理各类航行安全、防污染信息并及时向船舶发布安全管理信息41次。根据国际、国内新生效的公约、法律、法规及行业标准,对船舶34个操作性文件提出修改意见。根据国际公约的要求,重新修订《船舶值班、工作和休息须知》。解决船舶生产营运中的实际问题,向船长提供技术咨询,为船舶首靠南沙码头,制定《南沙港靠泊注意事项》。在吴淞口500KV越江架线工程施工期间,跟踪、关注上海港航道情况,指导船舶安全进出港口。搞好对外协作及技术咨询,参加上海海事局一系列关于长江口南水道南北航槽水深变迁研讨及安全对策会议并提出要求和建议。参加上海海事局关于长江口及深水航道实施船舶定线制的方案制定和实施工作。参加上海海事局深水航道和南支航道的浮标设置和重新编号方案制定及实施工作。参加交通部公安局、船级社《船舶消防安全技术和管理研究》项目课题。

（秦　臻）

【船长业务培训】 2004年海监部实施新晋船长全面素质和技术业务培训、实习30人，新船长面试38人次。对即将派上船的船长谈话或交流安全信息76人次。组织召开船长例会5次，参加166人次。船长例会传达上级有关安全指示精神，通报近期海损事故和港口国检查信息，布置季节性安全工作，确保船长上船前全面获取国内外航海安全信息和公司安全生产最新动态。为做好船舶防抗台工作，组织召开船舶防抗台研讨会，参加70人次。为提高船长的船舶操纵技术，对公司船长和新晋船长船舶操纵模拟器训练141人次。（杨惠安）

【船舶防抗台】 2004年全球范围内所监察到的台风、飓风（热带气旋）共45个，防抗历时185天，计4440小时。其中西北太平洋30个（含南中国海），其他海区15个（中国编号30个，国外编号29个）；其中台风中心风力大于12级的有17个，防抗历时76天。全球受台风（热带气旋）影响船舶共359艘次，其中在航船舶103艘，停靠码头船舶抗台风12艘，锚泊抗（避）台111艘，其中抛“一点锚”船舶59艘，防抗台成功率达100%。海监部，在船舶防抗台过程中恪尽职守，履行船舶防抗台指挥中心的职责，全年防抗台加班58人次，计883.5小时，保证了防抗台期间船岸信息畅通，确保船舶安全。

（秦臻）

【航海保证】 2004年海监室航海保证工作共为船舶审、购、寄、发、送航海图书资料1215艘次，购发航海参考书4370本，购发航道图、蓝图2310张，转发安全信息通告12期；安排船舶更换普航仪器10件；为船舶购发磁罗经自差表46张（船舶自校磁罗经），节约人民币32200元；安排罗经师为船舶校正磁罗经59艘次；为船舶调换修理望远镜50架，节约人民币20000元；全年购发中、英、日等各类航海通告10815册；为船舶复印和胶印英版《进港指南》11套，节约人民币60500元。

（徐水祥）

【船舶安全形势平稳尚不容乐观】 2004年公司船舶安全面达到99.5%，重大海损事故为零，与2003年相同。安全生产形势基本稳定但还不圆满，上半年发生“飞云河”轮与“振奋5号”轮在长江深水航道碰撞事故；年内仍有小事故和险情发生。发生责任性海损小事故2.5件，还发生了不作统计的船舶水上交通事故及险情5起，由于处理妥善，未造成不良影响。

（施庆中）

【使用气象导航确保船舶安全】 2004年公司船舶428艘次使用气象导航，其中63艘次使用北京全球气象导航技术有限公司的气象导航服务，216艘次使用美国海洋气象导航有限公司的气象导航服务，149艘次使用马瑞康公司的气象导航服务。在多家气象导航公司的有效服务下，使公司受导船舶缩短航线，节省燃油，增加航行安全保障及提高船舶准班率。

（施庆中）

【开展火灾隐患排查整治】 为确保船舶消防安全，彻底消除火灾隐患，公司船舶集中开展火灾隐患排查整治。船舶成立火灾隐患排查小组，海务监督部对抵港船舶进行抽查。消防隐患排查整改实行责任制，船舶在自查、消除隐患的整改中需要公司支持的，由船舶管理部协助。通过消防隐患排查活动，共发现各类缺陷108个，自行整改62个，船舶管理部协助整改46个，未发现重大火险隐患。

（潘秉光）

【"119"消防日活动】 在上海市第14届"119"消防活动日,海务监督部制作居家消防幻灯片在网上宣传,对机关人员进行火灾预防、报警方法、初期火灾扑救、火灾脱险培训;组织机关人员大楼安全疏散逃生演习、灭火演练;各船舶组织船员学习《机关、团体、企业事业单位消防安全管理规定》、综合管理体系文件,增强船员消防责任感和法制观念;结合实际,因地制宜,运用各种形式进行针对性的消防安全宣传,102艘船舶对消防设备进行自查,出消防安全宣传黑板报,组织船员观看船舶消防、救生演习电教片。船舶消防演习、消防培训102艘次。 (潘秉光)

【船舶消防安全管理】 海务监督部结合公司船舶实际,制定《中远集装箱运输有限公司2004年船舶消防工作要点》,指导船舶做好全年消防安全。加强对船舶消防安全检查,冬防春运期间消防安全检查船舶89艘次,上海市春运联合检查组对公司2艘客轮安全检查无缺陷通过;海务监督部组织船舶参加4月安全月、百日安全无事故、上海市第14届"119"消防日活动;2月和4月派督察检查组赴外港进行检查,全年检查船舶295艘次。全年对实习船长29人进行船舶消防、救生安全管理上岗前培训;举办2期三副业务技能提高培训班;集中开展消防隐患排查整治,整治各类缺陷108个,其中自行整改62个,船舶管理部协助整改46个。

(潘秉光)

2. 船舶技术

【船舶技术部】 2004年9月,原中远集运公司管理部和船舶管理公司共同所属的技术部重组为上海远洋运输公司船舶技术部,在原有机务管理科、备件管理科和物料管理科的基础上,增加通导管理科和信息开发管理科。负责制定年度船舶修理、设备更新改造、能源、备件、物料和油漆消耗计划,制定技术发展规划和措施、机务安全管理和环境保护方针、目标和措施;制定船舶修费、修期、备件、物料、通导费分解指标,对重大修理工程的选厂审批、对修理厂商的评价和控制;组织有关部门对船舶管理合同的评审;船舶改旗、登记、注销和换证,方便旗船相关证书,代管费用、吨位税等的管理;对备件申购的审核、询价、选厂、订购及组织送船;制定船舶物料管理原则、定额标准、调控物料费用,平衡和协调船舶物料供应;汇总分析船舶防污染动态和污染事故原因,制定相应预防和纠正措施,指导船舶开展防污染;负责船舶退役、报废、交接船及改变用途的技术审定,船舶技术状况跟踪;落实船岸各部门节能措施;贯彻执行国家标准化政策、法令和国家计量法规;对各船舶管理部安技管理检查、指导,参与对轮机人员技术考核;根据港口国检查要求、"华铜海式船舶"标准等有关规定,对船舶抽查;船舶发生紧急情况时,参与制定应急抢险方案,并向遇险船舶提供技术支持和物质援助,负责机损、污染事故及由此引起的火灾事故调查处理和事故统计上报。重组后的船舶技术部,取消负责船舶退役、报废、交接船及改变用途的技术审定职责。增加下列职责:负责船舶通信导航业务工作,提出船舶通信导航设备的年度费用预算,指导船舶通信人员做好通信导航设备日常管理工作和为船舶提供技术支持,审核安排船舶通信导航设备的修理和审核修理账单,制定设备更新改造计划,统计管理公司机关和船舶的通信费用的使用情况;协助编制公司信息系统建设规划,协助公司审核确定信息开发项目及组织对完工项目评审与验收,信息新技术研究与引进,船舶信息管理系统(SMIS)的安装、维护及升级工作和对使用人员的培训,制定船舶配载仪的年度更新改造计划以及负责船舶配载仪的日常维护、修理安排。

船舶技术部现员 38 人。其中,高级工程师 10 人,高级轮机长 1 人,工程师 23 人。

现任部长王新全,副部长刘维波,总轮机长应功伟。（王新全）

【概况】 2004 年按计划完成修船 42 艘。全年各项费用指标为 43000 万元,坞检修费用支出 9892 万元,航修费用支出 6082 万元,备件费用支出 18978 万元,通导费用支出 2798 万元,物料费用支出 7166 万元,扣除按船东要求支付不列入考核的 2714 万元,实际总数为 42202 万元,占全年指标的 98.13%。为指导船舶机务管理工作,共发出机务安全信息 15 份。为了使公司船队 PSC 检查保持平衡态势,船舶技术部和有关部门一道,抵达各港口对船舶进行督导检查,指导船舶做好 PSC 迎检工作,共检查船舶 23 艘,发现缺陷 215 项,发出 PSC 检查简报 19 份,扭转了 PSC 检查的严峻局面。PSC 检查船舶共有 263 艘次,其中无缺陷通过船舶为 214 艘次,占检查总数的 81.37%。有缺陷通过的船舶为 45 艘次,占检查总结的 17.11%。为了确保能在规定的时间内完成巴拿马运河船舶油污应急计划,船舶技术部及时组织各相关安技科整理有关资料,委托办理巴拿马运河船舶油污应急计划编制、审核通过等有关事宜,保证公司所管理船舶满足运河当局的要求。经过三年多时间的艰苦努力,原技术部与信息中心同上海海运学院合作开发的船舶管理信息系统于 1 月 15 日获得国家版权局计算机软件著作权登记,于 5 月 11 日获得上海市科学技术委员会颁发的科学技术成果证书,于 8 月份获得 2004 年度“中国航海学会科学技术奖”二等奖(一等奖空缺)。为了保证公司所管理船舶能于 7 月 1 日前满足 ISPS 的履约工作,组织各安技科及通导科利用修船的机会,提前完成 ISPS 履约的硬件工作。为泛亚公司的成立,顺利完成 23 艘船舶国籍证书及船舶所有权证书变更工作。为中远集运公司 LUCKY 项目整理、汇总大量的基础数据。为了配合公司船队结构调整,按照中远集运公司企划部的要求,完成了 2 艘老龄船的退役及 5 艘船的出售交船工作。经过 5 个月努力,完成公司所属船队的设备状况评估报告。上远公司重组后,与中远集运公司安全技术管理部共同起草、修订船舶委托管理协议、双方联系制度、机务费用管理流程等文件,制订 2005 年修船计划及机务费用测算,建立双方正常的沟通渠道。做好船舶修理厂和供应商评审工作,共审定修理厂、备件及物料承包方 203 家,其中,新增 12 家,由于服务质量原因除名 16 家。（王新全）

【修船管理】 2004 年原技术部按公司修船管理要求,组织每月修船平衡会,加强与各有关部门协调和沟通,制定修船计划,合理选择修理厂家,与有关修理厂签订互利的修船协议,有效控制修船费的支出。全年共修船 42 艘,总修天 461 天,平均单船修天 10.98 天,顺利完成年度的船舶修理任务。（舒　毅）

【PSC 检查管理】 2004 年船舶技术部利用公司局域网,每月发布公司船舶港口国检查(PSC)统计。对检查出的缺陷汇总分析、通报,使船岸机务人员了解 PSC 检查最新动态,指导船舶做好 PSC 检查的自查和迎检。全年上海远洋运输公司 PSC 检查船舶 263 艘次,有缺陷批注通过船舶 45 艘次,占受检船舶 17.11%;无缺陷批注通过船舶 214 艘次,无缺陷批注通过率 81.37%。（舒　毅）

【节能和润滑油管理工作】 2004 年按照中远(集团)总公司下达的能源单耗指标,上海远洋运输公司实际完成能源平均单耗为 9.13 千克/千吨海里,比指标下降 7.3%,节约燃油 447867 吨,按公司 2003 年燃油平均油价 135 美元/吨,计节约燃油费用 5 亿元人民币,技术部从实行船舶模块管理,加强基础管理出发,加强润滑油管理,到2004年底,公司船舶润滑油的定额节约量为1194吨,节约量比2003年增加168吨,节约润滑油费用138.94万元。技术部实施跟踪管理,每月初将各轮燃油和润滑油消耗量统计表格通报各船舶管理部,共同督促和指导船舶做好节能降耗、降本增效。（周佩国）

3. 安全质量

【安全质量部】 原安全质量部隶属中远集运船舶管理公司(中远集运公司管理部)。中远集运公司实施主辅分离、改制分流,取消船舶管理公司(管理部)及其隶属的安全质量部。2004年9月,上海远洋运输公司(简称上海远洋)在重组中把原安全质量部部分职能划出成立安全质量部,下设安全督察科、体系管理科。主要职责为负责贯彻实施ISM规则、ISPS规则、质量管理体系标准、环境管理体系标准和职业健康安全管理体系标准;建立、完善和维护公司综合管理体系;策划编制、会签会审、完善修改和制作发布体系文件;组织和管理内审员及质量监督员队伍;协助公司安全质量经理做好管理评审的会议准备、决议汇总、实施验证和记录归档;组织实施公司综合管理体系内部审核和协调外审认证;指导船舶建立、运行综合管理体系并协调其审核认证;负责开展公司安全工作委员会办公室的日常工作;组织实施公司安委会例会和其他安全会议;协助开展各类安全宣传教育和安全专题活动;贯彻督促公司各部门和陆地各单位落实上级机构有关安全批示和要求;统计、分析和上报公司安全生产信息;负责公司质量管理(QC)小组活动的管理。安全质量部现员9人,其中高级技术职称3人,中级技术职称4人。

现任部长宋国梁,副部长殷敏力(原安全质量部经理顾伟华,副经理吴爱民、殷敏力9月离任)。（陈宝坤）

【"安全生产月"和"反三违月"活动】 2004年6月1—30日,中远集运公司成立"安全生产月"、"反三违月"活动领导小组。开展一系列贴近船舶和陆地基层安全生产实际的宣传活动;组织学习《安全生产法》、《劳动法》、《国务院关于进一步加强安全生产的决定》、《危险化学品安全管理条例》、《中华人民共和国道路交通安全法》等安全生产法律法规;开展事故反思活动,增强员工忧患意识,吸取事故教训;收到各类征文163篇。开展网上ISPS知识竞赛活动;派出海、机务148人随船帮助检查,解决存在的缺陷。检查船舶82艘次,查出缺陷728项,整改594项,整改率达81.6%,检查船舶覆盖面达89%;组织检查组,对陆地单位的易燃易爆场所、娱乐场所、车辆情况、电器、消防设施及防止工伤等情况进行安全检查,提出改进建议,帮助落实整改措施。

（刘安昌）

【公司安全生产委员会】 上海远洋运输公司安全生产委员会(简称安委会),负责对全公司安全生产工作宏观管理、综合协调。其办事机构设在安全质量部。主要职责为在安全生产委员会主任(公司总经理)的领导下,布置、综合、协调、检查和总结全公司安全工作。各级安全委员会组织架构:公司安全委员会为一级安全委员会,船舶管理部(对外劳务部、对外船舶管理部)安全委员会为公司安全委员会分会,船舶安全委员会、陆地单位安全委员会为二级安委会。2004年公司安全委员会成员:

主　任:徐政军

副主任:仇鑫尧　崔连邦　陈正杰　任勇青　韩　超　王世平　宋振庭　颜铁观　陈大龙　毛建良　麦昌年

成　员:黄楠平　谢志宏　乔归民　王新全　宋国樑　唐益池　乐根伟　常华明　邵　平

丁振华　殷焕宇　李德水
许庆成

（童成志）

【中远(集团)总公司督导检查】　2004年中远(集团)总公司对停靠在国内各港口的船舶进行督导检查，检查船舶81艘次，检查出的一般缺陷157项，无重大、大缺陷。大部分船舶对查出的缺陷进行整改并反馈信息。（刘安昌）

【船舶安全自查】　2004年公司体系内船舶93艘，船舶自查整改缺陷应反馈279艘次，实际反馈271艘次，占船舶自查反馈总数97.1%；检查出的一般缺陷2831项（无重大、大缺陷）；自查缺陷属消防救生方面524项，占被查缺陷总数18.5%；机械设备方面的缺陷629项，占被查缺陷总数的22.2%；机舱应急设备方面的缺陷157项，占总数的5.5%；污染设备方面缺陷188项，占总数6.6%；基础工作方面缺陷156项，占总数5.5%；其他方面（如锚机、链、舷梯、舱盖等）缺陷1177项，占总数41.6%。船舶对自查出的缺陷能自己整改的自己解决，自己不能整改的，由船舶管理部安排逐步解决。（刘安昌）

【安全委员会例会】　2004年，中远集运公司分别于1、4、9月召开3次安全委员会例会。会议学习领导关于安全工作的重要批示，传达国家安全生产监督管理局、交通部全国交通安全工作会议和中远系统安全工作会议及上海市政府、市安全生产监督管理局工作会议精神；落实安全生产责任制；通报公司及兄弟单位事故，布置迎接中远集团船舶安全大检查有关事宜；推进实施与完善质量及安全管理体系；布置公司安全质量月、“反三违月”（违章指挥、违章操作、违反劳动纪律）；安全生产月、百日安全无事故等安全宣传教育活动，推进《航行计划与值班指导书计划》，落实防碰撞措施以及防台防汛、雾航、冬防等季节性安全工作要求。

（童成志）

【建立安全管理体系】　2004年12月1日，上海远洋运输公司安全管理体系开始运行。安全管理体系覆盖总调度室、行政事务部、海务监督部、船舶技术部、安全质量部、人力资源部、党委工作部（保卫科）、船舶管理一至四部等11个部门及代表船“春河”轮，安全管理体系文件包括安全管

理手册、安全管理程序、安全管理须知和各部门岗位职责。12月24日，公司取得中华人民共和国海事局颁发的管理中国旗船舶临时“符合证明”(DOC)；12月29日取得中国船级社颁发的管理巴拿马旗船舶临时“符合证明”(DOC)。

(张建文)

【安全情况】 2004年，公司安全生产局面总体上保持比较稳定态势。船舶未发生上报机损、污染事故。船舶安全面达98.9%。陆地单位安全情况也比较稳定，并有较大改善。公司全年发生4起人员公伤事故，工伤事故控制在上级下达的考核指标以内。 (刘安昌)

【安全生产动员大会】 2004年2月6日，中远集运公司在长阳北楼5楼礼堂召开2004年安全生产动员大会。公司领导、公司安委会委员、各部门领导、机关员工、在沪公休的船舶领导及船员代表、陆地单位领导及员工代表出席会议。会议总结2003年安全工作情况、分析存在的问题，部署2004年安全工作要求。2004年安全工作指导思想是：深入贯彻落实全国安全生产工作会议精神，认真学习《国务院关于进一步加强安全生产工作的决定》，全面落实《安全生产法》，以各级安全生产责任制为抓手，健全综合管理体系，完善安全管理体制与机制，坚持“安全第一，预防为主”的方针，通过强化监控、防范在先、标本兼顾、综合治理，努力掌握安全工作主动权，确保全年安全面保持在100%。2004年安全工作的奋斗目标是：杜绝重大责任性事故，控制大事故，最大限度地减少一般事故和小事故，保持安全水准，实现安全优质服务；船舶安全面不低于98%；千人死亡率不超过0.08，千人重伤率不超过0.6；船舶综合准班率不低于95%；船舶港口国检查滞留率为0；船舶防抗台成功率100%；船舶安全、救生设备完好率100%。 (童成志)

【船舶安全管理体系外审】 2004年1—12月，公司共有35艘船舶通过中国船级社实施的船舶安全管理体系中间审核。

(黄叶建)

【综合管理体系文件修改】 根据中远集运公司综合管理体系外审提出的不合格项和有关部门的建议，今年年初，公司对2003/0版体系文件作部分修改，修改后的2003/1版文件于2004年2月1日正式生效。此次修改、新编的文件共26个，其中修改《环境管理手册》等管理手册3个，修改《相关方控制程序》等程序文件6个，新编《办公大楼消防安全实施细则》等须知9个，修改《驾驶台航行值班须知》等须知8个。 (陈宝坤)

【船舶综合管理体系内审】 2004年1—12月，中远集运公司共完成90艘船舶质量及安全管理体系内审，船舶管理一部19艘、船舶管理二部14艘、船舶管理三部21艘、船舶管理四部17艘、船舶管理五部19艘。船舶内审中共查出40项不合格，有59艘船舶在内审中未发现不合格。 (陈宝坤)

【公司机关综合管理体系内审】 7月12—16日，中远集运公司机关进行年度内部审核，审核组对公司总经办、各贸易区、贸易保障部、企划部、财务部、组织/人事部、党委办公室、宣传部、纪委、工会、计算机中心和原船舶管理公司等14个部门进行全面审核。审核采用谈话询问、查看资料、核实记录等方法。审核结果，公司综合管理体系运转基本正常。审核发现并正式提交不合格报告10项。其中涉及文件和记录控制的3项，过程监控的2项，人员培训的2项，其他日常管理3项，同时提出建议项数十项。各部门对发现的问题进行整改。 (陈宝坤)

【船舶安全和防污染管理评审会】 2004年5月8日，中远集运公司召开船舶安全和防污染管理评审会议。会议由中远集运公司许立荣总经理主持，吴树雄书记等公司领导和总经理办公室、企划部、贸易保障部、各贸易区、组织/人事部、财务部和原管理部(原船舶管理公司)等部门的负责人出席评审会。会议对“泰河”轮机损,“高河”轮污染险情,“海龙”、“天后”和“泰河”轮在港口国检查中被滞留,“汉水河”轮在广州黄埔碰撞小船,“飞云河”轮发生碰撞等几起较为严重的险情和事故进行分析后认为,主要由于部分船岸人员在管理体系运行过程中缺乏主观能动性,管理技能相对较弱;船舶日常管理和日常维护存在死角和盲区;公司对突发事件的报告、协调和处理环节不畅;港口国检查信息中相关要求落实不到位;部分船员对船舶防污染管理盲目无知。因此作出决定,加强对船舶现场督导管理和在职三副、三管轮培训,完善和加强安全管理责任制和对抵港船舶实施专项检查。要求有关部门制定和实施整改措施,使管理体系运行更有效。（陈宝坤）

【管理评审会】 2004 年 7 月 19 日,中远集运公司召开管理评审会。会议由总经理许立荣主持,党委书记吴树雄等公司领导和总经办、各贸易区、贸易保障部等 13 个部门的负责人出席评审会。会议首先由总经办、企划部、贸易保障部、组织/人事部和原管理部等部门就公司目标完成情况、法律法规遵守情况、顾客满意度测量、客户投诉处置、航运市场分析、班期管理、应急计划实施、公司机构调整、人员培训、事故统计分析、港口国检查和文件修改等情况分别进行小结。会上还通报 2004 年内审的有关情况。会议对正在运行的综合管理体系文件进行评审,认为体系文件符合 ISO9001、ISO14001、GB/T28001 标准、ISM 规则和国内外法律法规的要求,是适宜和充分的,体系文件和公司实际操作基本相符,具有可操作性和实效性。会议还对公司的综合管理方针实施、目标和指标完成、法律法规遵循情况、组织机构(包括人员和资源)设置、顾客满意度测量、事故分析等的充分性、合理性、有效性进行评价。认为公司自 2004 年外审以来,综合管理体系基本符合要求,公司的各项目标达到预期的要求,2003 年管理评审的决定和外审发现的不合格均已得到纠正,综合管理体系运行基本有效。会议作出决定,加强对方便旗船船员证书的管理,将安全管理体系文件翻译成英文,将“五项评估”的相关规定纳入综合管理体系。要求有关部门制定措施,对存在问题进行整改。（陈宝坤）

【中国籍船舶安全管理体系通过年度审核】 8 月 16—19 日,中华人民共和国海事局安全管理体系审核组对公司中国籍船舶安全管理体系进行第三次年度审核。审核组共 5 人,浙江海事局副局长何易培为组长。审核组经过审核认为,公司安全管理体系运行一年来,安全文化建设逐步深入,船舶安全和防污染状况比较稳定。公司所管船舶在港口国检查中无缺陷通过率稳中有升,公司安全管理体系运行有效,宣布公司中国籍船舶安全管理体系现场审核通过。审核中也发现 8 项不符合规定的一般情况。审核组将报请中国海事局给予公司安全管理体系符合证明年度签注。（陈宝坤）

【巴拿马籍船舶安全管理体系通过年度审核】 9 月 27—29 日,中国船级社对公司巴拿马籍船舶安全管理体系进行换证审核。换证审核按 ISM 规则规定每五年进行一次。此次审核是与综合管理体系第二阶段审核同时进行。审核组由中国船级社 3 人组成。审核组经过广泛询问和查看资料,发现 2 项一般不合格, 认为公司巴拿马籍船舶安全管理体系经运行基本有效,基本符合 ISM 规则要求,现场审核通过,符合证明(DOC)予以年度签注。

（陈宝坤）

【国际船舶保安规则培训】 为推进国际船舶和港口设施保安规则的有效实施,确保所属船舶按时顺利履约,公司组织船舶管理相关人员进行集中封闭式培训。4

月份公司安全质量部分三期组织对公司主管领导和管理部负责人，以及各船舶管理部正副总经理、全体海机务人员进行培训。就国际船舶和港口设施保安规则履约动态、审核要求和实施难点，邀请中国船级社有关专家为培训班人员进行介绍、讲解和剖析；安全质量部主管人员就公司制定的船舶保安计划在船舶的实施要求、注意事项和存在的问题，进行分析讲解。培训班采取互动形式，对规则实施过程中的热点和难点问题进行充分的交流和研究。 （顾伟华）

【质量管理小组取得成果】 2004年，中远集运公司质量管理（QC）小组活动共注册登记41个。4月，公司组织召开QC小组成果评审发布会，并选取22个成果上报中远（集团）总公司进行优秀成果评选。 （黄叶建）

【制定综合管理体系推进计划】 为适应上海远洋运输公司的业务开展和发展，公司制定建立综合管理体系推进计划。综合管理体系推进计划共分七个阶段：第一阶段10月初至10月底，完成上海远洋运输公司（简称上远公司）安全管理手册编制、代表船选定与管理合同的签订；第二阶段11月初至12中旬，完成安全管理程序、须知和岗位职责编制，并在公司机关和代表船正式运行，获取DOC临时证书；第三阶段12月中旬至2005年春节前，根据GB/T19001、GB/T24001和GB/T28001标准要求，编制质量管理手册、环境管理手册、职业健康安全管理手册，增加有关程序，进行环境因素、危险源调查评估，完成综合管理体系文件的编制；根据上远公司与中远集运公司、泛亚公司的管理合同，在所管理的船舶上推行上远公司安全管理体系；第四阶段2005年春节后至3月中旬，综合管理体系开始运行；组织全体员工培训，组织内审员培训，监控机关和船舶体系运行情况；第五阶段2005年3月中旬至4月中旬，组织机关和船舶内审，对发现的问题进行纠正；第六阶段2005年4月中旬至5月底，向海事局申请安全管理体系外审，向中国船级社申请综合管理体系外审；第七阶段2005年6月至7月底，完成所有船舶安全管理体系的外审，上远公司综合管理体系完全取代原来的体系并正式运行。2004年底公司已完

成计划安排的所有内容。（张建文）

4. 财务会计

【财务部】 在上海远洋运输公司重组中，船舶管理公司财务部与陆产总公司计财部合并，设立上海远洋运输公司财务部，下设船舶财务科、结算科、会计科，管理范围包括上海远洋运输公司本部和所属分公司、全资子公司、控股单位。主要职责是：贯彻、执行国家的财税方针、政策，根据会计法和会计准则以及上级有关规定，加强会计基础工作，保证上海远洋运输公司会计工作依法有序地进行；规范会计行为，如实反映财务状况，确保会计资料真实、完整；公司生产经营活动的财务分析；公司及所属单位年度收入、成本费用、利润预算以及资金计划的编制、汇总、检查、分析、监督和考核；指导和监督下属单位的财务管理；负责公司及所属单位固定资产更新改造和各项投资计划的编制、汇总、审核和报批；负责公司和所属单位年度财务决算工作；参与公司及所属单位经营管理、改制、业务重组和相关投资项目的调研和可行性分析论证；参与公司及所属单位目标责任书的年度考核工作；公司本部各项经济业务的会计核算、资金调度、船舶财务管理、预算编制、财务决算和费用报销等。财务部现员26人，包括研究生学历1人，大学学历8人，大专学历6人。其中，会计师6人，助理会计师14人。

现任部长鲍佳洪，副部长范宝成。

（鲍佳洪）

【概况】 2004年，上海远洋运输公司重组前，原上海远洋陆产总公司计财部根据中远集运公司以及陆上产业财务管理的各项规定，积极发挥网络财务功能，规范会计行为，进一步加强对各陆地单位财务工作的指导和监督；完成陆产系统2003年度财务决算工作；每月提供陆地单位效益完成情况分析报表；积极参与改制工作，摸清公司家底，清理债权债务，清晰产权关系，揭示不良资产；配合人力资源部，测算补偿金和安置费对净资产的影响度；负责两家公司的具体改制方案的草拟工作；根据国资委和中远集团批复，确认2002年清产核资批复结果，落实账务处理方案，统一上海远洋运输公司《企业会计制度》。原船舶管理公司财务部认真抓好成本控制工作；保质保量地按时完成了2003年财务年度决算工作；顺利通过了利安达信隆会计师事务所对原船舶管理公司《2003年度会计年报》的审计；根据中远集运公司纪委要求编制和上报了《2004年船管公司系统效能监察报告》；原船舶管理公司财务部加强与全球单证中心的联系和沟通，派专人对供应商的信息进行定期地维护，并加快账单审核的速度，及时将拒付的账单反馈给单证中心，确保了公司利益不受损失；加大船舶财务报账的管理力度，专门召开了专题会议，深入船舶了解情况，对查出的问题作了严肃处理；上海远洋运输公司重组后，财务部建立了一系列规章制度，以适应重组后公司功能定位和日常核算管理需要；根据重组后公司职能定位，结合经营和管理状况，对上海远洋运输公司财务收支情况进行深入分析和详细测算，并将分析报告递交中远集运公司和中远集团。

（鲍佳洪）

【填报企业基础材料】 根据国有企业监事会工作办公室填报“企业基础材料”的要求，原上海远洋陆产总公司计财部完成了陆产系统22家所属单位2003年度“企业基础材料”的填报工作，从企业概况、生产经营、管理、内控制度、企业战略发展等方面反映各单位情况。（鲍佳洪）

【清产核资和执行企业会计制度】 根据中远集团《关于对上海远洋运输公司清产核资结果及执行〈企业会计制度〉的批复》，上海远洋运输公司财务部及时召集相关单位对批复内容和要求进行学习和领会，并对批复的金额逐笔进行核对和确认，严格执行批复中的各项规定，并督促和指导各单位建立健全财务及资产管理制度，统一公司《企业会计制度》，避免国有资产新的流失。此次国资委对上海远洋运输公司及所属单位清产核资批复金额为 3089 万元，实际核销金额 1698 万元，减少了公司净资产损失。

（鲍佳洪）

【改制重组】 2004 年根据上海远洋陆产总公司改制重组部署，原上海远洋陆产总公司计财部积极参与远洋宾馆招商引资方案的实施计划，进行了股权转让和增资扩股，远洋宾馆增资 1.15 亿元，资产负债率从 110%降到 34%；对上远酒店管理公司，同步实施了股权转让，并由计财部进行财务托管；对投资不规范的企业加大清理力度，转让了上海远洋供应公司投资的浦联公司股份，转让了上海远洋缩微公司工会投资的天隆储运公司；对东虹大酒店实施歇业处理，安置分流人员，清理处置资产。（鲍佳洪）

【做好成本分析测算工作】 原船舶管理公司财务部每月对本月发生的各项成本费用情况做出统计报表，分析节约或超支的原因，并反馈给主管领导和有关控制部门。财务部还做好半年一次的财务分析工作，找出成本中可以挖掘的节支潜力。为了做好上海远洋运输公司重组的准备，财务部对船员成本和管理成本进行了反复的测算，完成和上报有关新公司各项收支盈亏的测算资料及《重组后上海远洋运输公司财务部的基本框架和初步测算》报告，并对重组后上海远洋运输公司的财务收支及资金状况进行了分析，为船员租金的确定打下了坚实的基础；此外，财务部还多次测算了泛亚公司船舶的船员租金，为财务管理、成本控制和领导的正确决策提供良好保证。（范宝成）

【控制成本】 原船舶管理公司财务部积极发挥财务的预控、监督作用，把中远集运公司下达的机务费用、共同费用、管理费用等指标都控制在计划以内。此外，对未列入指标但中远集运公司财务部要求船管公司管的对船员在国外发生的出租车、通讯等费用加强规范管理，减少因船舶随意使用乘车证给公司带来不必要支出。（范宝成）

【计算机船员差旅费报销系统投入使用】

在计算机中心的大力协助下，原船舶管理公司财务部经过半年多的准备和努力，开发了计算机船员差旅费报销系统，并于 4 月 1 日起正式投入使用。同时新的《船员路费报销办法》也开始实施。经过近 9 个月的运行，系统被证明是稳定、可靠的。这既提高了船员差旅费报销工作效率，又有效控制了船员差旅费非正常支出。

（范宝成）

【强化财务服务功能】 2004 年，财务部坚持回答船员及家属来人来电查询工资、公积金，现场报销，接待供应商查账等一系列服务举措。根据公司工会协调会关于船员工资预发改实发并提早发放船员岗位工资的决定，财务部及时做好各项准备工作，确保了船员工资提前在每月 10 日发放。中国银联网络全面升级，财务部及时邀请招商银行派人上门为原船舶管理公司所属 279 名员工办理了更换“银联一卡通”及其他理财服务。（范宝成）

【参与 SAP 财务系统开发】 为 SAP 财务系统在 2005 年 1 月正式开始运作，财务部指定专人做了大量的前期准备工作，与中远集运公司财务部 SAP 项目组一起赴深圳向中远集团 SAP 项目组和 IBM 顾问提出核算需求，咨询有关问题，探讨、研究初步框架。此外，还多次与项目组开会讨论开发和上线的具体细节，对发现的问题及时沟通、解决，进行原有业务流程及差异分析、各模块业务流程设计、系统主数据收集等工作。在 SAP 项目组和财务部相关人员的共同努力下，上海远洋运输

SAP财务核算系统如期完成了配置，并通过集成测试，确保2005年正式上线。

（范宝成）

【建立公司财务核算流程】 上海远洋运输公司重组后，将原上海远洋运输公司、中远集运船舶管理公司和上海远洋陆产总公司的财务核算内容融合在一起。根据公司的实际业务状况，上海远洋运输公司财务部对财务核算流程进行了再造，并做了大量的基础工作，将上海远洋陆产总公司金蝶账套的账转入上海远洋运输公司用友账套，原船舶管理公司和中远集运公司调入上海远洋运输公司员工使用的固定资产转入上海远洋运输公司账等。结合重组后的上海远洋运输公司将以租金和管理费的形式与中远集运公司结算船员劳务和船舶管理的情况，与中远集运公司财务部就费用的划分、结算的形式等多次开会进行了探讨和沟通，最后达成了共识，并形成了会议纪要。在此基础上，重新设计了各科的财务核算方式，为2005年财务核算工作打下了基础。

（范宝成）

【建立健全财务规章制度】 财务部把建立健全各项财务规章制度作为重组后的一项主要工作，由副部长具体负责，并落实到相关人员。根据国家的各项财务法律法规、中远集团和中远集运公司的各项财务制度、规定，结合上海远洋运输公司的具体业务情况，陆续起草了各种文件。在短短三个月时间内财务部就印发了《上海远洋运输公司财务管理办法》等20个有关投资、成本、资金、资产、检查监督等方面的财务文件，还制定了《财务部岗位职责》等4个内部控制文件，并按计划在年底前汇编成册。 （范宝成）

5. 投资发展

【投资发展部】 投资发展部是上海远洋运输公司主管公司的投资发展和企业管理工作的一个职能部门。下设规划发展科、企业管理科、综合管理科和审计科。主要职责：编制公司中、长期发展规划，投资企业的经营管理，项目投资与开发，资本运营，产权管理，法律事务和效益审计等工作；国内外市场形势、市场信息和政策的研究；制定公司总体发展规划；公司投资项目考察、调研、分析、论证、洽谈、立项和报批；制定公司所属全资企业、控股企业经营管理考核奖惩政策；负责公司投资控股企业董事会秘书处工作，协助合资合营企业、参股企业我方董事长、董事和监事开展工作，维护股东合法权；对公司所属全资、控股、参股及其他有权益企业的经营管理、业务调研和指导；负责公司投融资的研究和资本运营的实施；协调处理公司经营管理事务中引起的法律纠纷及所属企业法律事务的咨询与指导工作；所属全资企业、控股企业收支审计和效益审计。投资发展部现员11人。

现任部长黄圣兵，副部长江滨俊。

（汪有才）

【概况】 2004年，投资发展部围绕经济效益目标，抓好陆上产业的经营管理、改革改制、建章立制等工作。全力以赴认真做好公司三年发展规划；如期完成对各单位2003年经营管理绩效考核工作，并改进完善考核指标与考核方法；提出并下达各单位年度利润计划指标；通过仔细调研与分析，提出建议，采取措施，使远洋宾馆一举扭亏为盈；设法开拓船舶代理经营新业务，使陆上产业增添新的经济增长点；根据中远（集团）总公司"中远船务合资项目有关问题专题会纪要"和中远集运公司"土地转性和入股中远船务专题会"的精神，抓好龙吴路土地评估转性和产证变更工作，并为上海远洋运输公司减少支出1553万元；为推进远洋宾馆新一轮资产重组，抓好大名百货使用权的回购工作；为提高企业管理水平，促进生产发展，提高企业经济效益，定期开展经营活动分析;为适应重组后的上海远洋运输公司下一步的经营与发展需求,办妥了增加公司经营许可范围一事。根据中央和上级有关精神,深入调研,与所属单位进行沟通、协调,初步拟制了企业改制总体计划;拟制了关于投资管理发展方面的各项规章制度。 (汪有才)

【制定上海远洋运输公司三年发展规划】 上海远洋运输公司重组后,面临的首要工作是制定公司三年发展规划,明确今后三年的发展定位和战略部署。在经过多次深入广泛调研讨论,综合各方面建议的基础上,紧紧围绕中远集团对上海远洋运输公司的职能定位,以"加快结构调整步伐,实现上海远洋运输公司可持续发展"为主线,着重规划公司未来产业发展方向和重点领域,提出了上海远洋运输公司在人力资源改革调整、组织架构重组等方面的规划,基本形成了三年规划的主体部分《上海远洋运输公司(2005—2007)三年规划》和附件部分。 (尹 捷)

【投资企业经营效益良好】 2004年公司投资企业必保利润指标是3200万元,一部分是13家考核单位利润,一部分是投资收益。经过努力,全年实现利润为5920万元(含投资收益),完成年度考核利润指标的185%。其中,全资企业实现利润667万元,比2003年同期净增994万元;控股企业实现利润2255万元,比上年同期增长91.9%;参股企业按股比投资收益为2998万元。陆地考核单位主营业务收入累计为111142万元,比上年增长26.3%。其中,全资企业主营业务收入为16768万元,比上年增长12%;控股企业主营业务收入为94374万元,比上年增长29%。 (汪有才)

【越洋公司股权转让受让】 在2003年度越洋公司董事会上,荷兰股东方提出退出该公司的要求,公司研究并报请中远集运公司同意,决定由上海远洋通导公司工会下属的上海捷讯科贸发展公司出资收购荷兰无线电公司所持35%越洋公司股份。投资发展部克服股权转让操作中的困难,积极跟踪、指导、协调,股权转让工作按期完成,2004年6月8日正式获得外资委的批复,9月17日工商局颁发了营业执照,同时还将越洋无线电有限公司合作期限延长10年。 (汪有才)

【转让上海远洋船舶供应公司所属浦联公司股份】 针对上海远洋船舶供应公司在1993年元月与上海友谊实业有限公司和南京第三建筑工程公司合资组建"上海浦联工程建设实业有限公司"中投资行为有不规范现象,投资发展部根据中远集团"清理四代企业"的要求和中远集运公司(2002)59号会议纪要精神,对浦联公司股份提出转让退出的意见。经过多方寻找多次洽谈,确定上海安天置业有限公司收购上海远洋船舶供应公司所持浦联公司13.51%股份,双方与2004年8月19日草签了股权转让意向书,报请中远集运公司获批复同意后,又与其正式签署股权转让协议书。经过努力,各种相关手续的办理工作也按期推进,至2004年底,终于全部完成转让手续,转股资金也安全到账。

(汪有才)

【关闭上海远洋缩微公司所属天隆储运公司】 为避免管理的失控和诉讼案件的发生,根据中远集团的有关精神,投资发展部提出了对上海远洋缩微公司工会投资成立的上海天隆储运公司实施清理关闭的建议。上海远洋运输公司同意后,投资发展部组织专门清理工作小组负责推进落实。最后在公司财务部以及上海远洋缩微公司努力配合下,通过转让方式完成清理退出工作,天隆储运公司于11月底全额转让给上海高隆储运服务有限公司和上海日阳家具有限公司。

(汪有才)

【开拓船舶代理经营新业务】 根据2003年中远集运公司领导在陆产现场办公会上的指示精神,投资发展部就陆上产业开展船代业务事宜，指定专人，与泛奥公司一起做了大量的前期准备协调工作，经过努力，获得了交通部、海事局和工商局的批文和执照。为了尽快将船代业务开展起来，又对两家轮渡公司进行专题了解、调查，提出了"新鉴真"和"苏州号"轮的船代业务转移的具体方案。通过协调、沟通，在上海中货公司的大力支持下，泛奥公司船代部于2004年4月29日正式成立。从5月1日起，"新鉴真"轮的船代业务正式由上海中货公司转移到泛奥公司，陆上产业又开拓了一块新业务。

（汪有才）

【东虹大酒店资产重组工作】 经国家国土资源部土地利用司同意，上海市房屋土地资源管理局批准，远洋宾馆、东虹大酒店实施资产重组。东虹大酒店的土地、房产以划拨土地方式并入远洋宾馆，通过对并入的房地产与其他资产的评估，以实物资产作价实现对远洋宾馆增资。投资发展部为此办理了相关的资产转移、产权变更登记手续，完成了资产重组的法律程序。（赵建帼）

【东虹大酒店人员重组工作】 远洋宾馆、东虹大酒店在资产重组中，根据"人随资产走"的原则进行员工安置工作，对部分不愿意合同变更为远洋宾馆的员工，可以选择协议解除劳动合同，给予一次性补偿金的安置方式。工作小组对方案进行多次修正，测算分析建立平台的利弊，落实补偿资金来源，进行员工补偿金的发放工作，走访员工家庭做思想工作，尽力帮助解决员工提出的问题。共有44名员工变更到远洋宾馆，3名员工办理退休，45名员工办理了协议解除劳动合同，2004年6月完成了全部员工的安置工作。

（赵建帼）

【远洋宾馆资产重组】 由于历史原因，远洋宾馆股东投资规模小，注册资本为4708万元，宾馆主要依靠上海远洋运输公司的贷款维持经营。为了提高对外融资能力、改善上海远洋宾馆的账面财务状况，上海远洋运输公司决定对远洋宾馆加大投资。资产重组中，上海远洋运输公司对远洋宾馆的债权11710万元作为增资扩股转变为股权，其中1960万元实施了股权置换，由上海远洋实业公司增加对远洋宾馆投资1960万元。东虹实物资产并入远洋宾馆的价格为1800万元。通过内部股权重组，远洋宾馆的注册资本增加到18218万元，上海远洋运输公司占股82.63%，上海远洋实业公司占股17.37%。远洋宾馆的资产负债率降为31%，从而减少债务负担，改善了债务结构，增加融资能力和持续经营能力。

（赵建帼）

【远洋宾馆招商引资】 在原上海远洋陆产总公司积极推进远洋宾馆、东虹大酒店内部资产重组的同时，远洋宾馆对外招商引资工作取得了实质性进展。2004年5月8日，许立荣总经理与上海地产集团皋玉凤董事长、上海城市投资开发总公司高国富总经理，签署了"远洋宾馆合资项目"意向书。（赵建帼）

【远洋宾馆从中外合资改为中中合资】 远洋宾馆有限公司成立于1985年1月，注册资本4708万元，原是一家中外合资企业，合资期限已于2004年1月到期。经上海市外国投资工作委员会的批准，远洋宾馆改制为内资企业，并同意由上海远洋实业总公司收购香港海通的25.6%股权。远洋宾馆于2003年12月22日正式经上海市工商行政管理局变更登记。改制后，注册资本仍为4708万元，股权结构为：上海远洋运输公司占股74.4%；上海远洋实业总公司占股25.6%。远洋宾馆改制为内资企业后，上海远洋运输公司有条件实施远洋宾馆和东虹大酒店内部资产重组。（赵建帼）

【龙吴路土地转性后增资中远船务集团公司】 原上海远洋船务公司龙吴路2600号地块，土地面积为37269平方米，为国家划拨土地。按中远(集团)总公司要求，投资发展部办理了划拨土地转性为出让土地，补缴了土地出让金，变更权利人为上海远洋运输公司。解决了船务公司在重组中遗留的土地权属不清，土地和房产分离等问题。中远船务集团有限公司引进新加坡胜科海事集团有限公司参股，于2004年12月22日变更为中外合资企业。上海远洋运输公司将上述出让土地使用权，经中远(集团)总公司资产评估作价4520.7万元向中远船务集团有限公司增资。增资后，上海远洋运输公司占中远船务集团的股份由原来的5.71%增加为8.23%。（赵建帼）

【上海远洋船舶管理有限公司、上海远洋对外劳务有限公司股权变更】 根据中远(集团)总公司对中远集运公司资产重组中相关股权划转的要求，投资发展部对上海远洋船舶管理有限公司、上海远洋对外劳务有限公司股权办理了工商变更手续。将中远集运公司持有的上海远洋船舶管理有限公司90%的股权，分别划转给上海远洋运输公司持有80%股权和上海远洋对外劳务有限公司持有10%股权；将中远集运公司持有的上海远洋对外劳务有限公司的90%的股权划转给上海远洋运输公司持有80%股权和上海远洋船舶管理有限公司持有10%股权。股权变更后，上海远洋对外劳务有限公司股权结构为：上海远洋运输公司占股权90%，上海远洋船舶管理有限公司占股权10%。上海远洋船舶管理有限公司股权结构为：上海远洋运输公司占股权90%，上海远洋对外劳务有限公司占股权10%。

（赵建帼）

【完成远洋大厦、东楼房地产规划用途变更和土地转性】 中远集运公司实施LUCKY项目，要求在较短的时间内获取远洋大厦、东楼房地产的全产证。在领导重视和政府相关部门的支持下，采取特事特办、急事急办的方式，按规定时间完成了远洋大厦、东楼房地产规划用途变更和土地转性工作，取得了出让土地的全产证。远洋大厦和东楼土地由原来的划拨土地，通过补付土地出让金，变为出让土地性质；土地用途由原来的交通，通过规划批准变为综合办公。远洋大厦和东楼房屋用途由原来的交通设施变为办公大楼。（赵建帼）

【起诉大名百货公司欠租】 远洋宾馆大厦的北辅楼一至四层，建筑面积为3763m²，房屋产权归远洋宾馆所有，房屋使用权属于上海七百集团下属的大名百货公司。按当时与大名百货公司签订的协议，房屋所有权为远洋宾馆和东虹大酒店所有，大名百货每月按上海市房地局规定标准向远洋宾馆和东虹大酒店交纳租金。近年来，由于大名百货公司经营困难，长期处于歇业状态，2000年起至今没有支付房租等费用，累计欠款三百多万。公司决定通过诉讼途径解除与大名百货公司的租赁关系。2004年10月28日我公司正式向虹口区人民法院递交诉状，虹口区人民法院依法受理案件后，于12月21日开庭审理此案。（李茹华）

【上海远洋运输公司与上海远洋缩微公司被诉】 上海远洋缩微公司三产上海远洋装潢公司成立后交由个体户承包，因与上海市食品进出口公司发生经济纠纷，上海市食品进出口公司诉上海远洋运输公司及上海远洋缩微公司等财产损害赔偿纠纷一案于2004年4月30日由浦东新区法院一审判决生效[(2004)浦民二(商)初字第176号]，赔偿上海食品进出口公司经济损失611,010元、利息损失60,990元，支付法院案件受理费11,846元，共合计683,846元。本案的对外赔付工作已结束。但通过本案暴露出上海远洋缩微公司及所属装潢公司在企业内部管理中存在诸多问题，企业为此蒙受巨大损失，教训深刻。

（李茹华）

【中日轮渡公司上市融资可行性研究】 为了使中日轮渡公司能在资本市场融资，发展快船业务，扩大业务规模，投资发展部对中日轮渡公司在当前状况下通过资本市场上市融资发展的可能性进行了可行性研究，包括查阅大量的有关国家法律、法规，了解有关上市的必要程序以及时间要求、大约所需费用，并向有关证券专业人员进行详细咨询等。产生的研究结论是：对照中日轮渡公司的实际情况，由于存在同业竞争问题，且规模相对较小、市场占有率较低、业务单一，因此目前在资本市场上市融资尚不能成为最佳的融资渠道。但今后条件成熟，仍可以在资本市场上融资。 （尹　捷）

【协助下属企业开展 QC 小组活动】 投资发展部协助陆地基层单位开展和推进 QC 小组活动，小组活动课题内容涉及船舶物料供应、供船物品采购和建立职业健康安全管理体系等。供应公司物料供应部 QC 小组《提高物料供应满足率》的成果荣获 2004 年度交通部优秀质量管理小组称号，并参加了 2004 年度全国交通行业优秀质量管理小组活动经验交流暨表彰会，在会上作了演讲。 （钱大成）

【上海远洋船舶供应公司改制调查及研究情况上报中远集团】 2004 年 10 月，根据中远集团的要求，投资发展部就上海远洋船舶供应公司改革改制工作进行了进一步调查研究，拟制了初步方案并进行了改革改制成本测算。改制调查情况及改制方案经上海远洋运输公司研究通过，已报中远集运公司并转报中远集团。

（钱大成）

【完成 2004 年度利润审计】 根据上海远洋运输公司发给所属各公司的目标责任书，投资发展部对各陆地单位 2004 年度经营业绩责任书执行情况进行审计。依据经审计、审核的企业财务决算报告和审计数据，结合企业负责人年度总结分析报告，对企业负责人考核目标的完成情况进行审计核查，确认销售收入、净利润、国有资产保值增值率等指标的实际完成情况，为兑现奖罚提供依据。同时还对 2004 年收入的真实性和成本支出的合理性进行了分析。 （王　歆）

【制定公司内部审计办法】 为健全企业内部审计制度，有效加强内部控制，审计科根据《中华人民共和国审计法》、《审计署关于内部审计工作的规定》及《中远集团内部审计工作规定》结合上远公司的实际情况，制定下发了《上海远洋运输公司内部审计办法(暂行)》。 （王　歆）

【制定公司财务收支审计实施细则】 为了促进企业严格执行财经法规和财务制度，强化内部管理，提高经济效益，持续健康地发展，同时更好地规范企业财务收支审计工作，使公司的审计部门能够按照规定的职责范围对企业的资产、负债、损益的真实、合法和效益进行审计监督，投资发展部制定了上海远洋运输公司财务收支审计实施细则。细则中明确规定了对会计报表、会计账簿和会计凭证审计的主要内容。 （王　歆）

【奥友公司划归原上海远洋陆产总公司管理】 从 2004 年 3 月 1 日起，中远集运公司团委所管理的上海奥友物资有限公司划归原上海远洋陆产总公司经营管理。

（汪有才）

6. 船舶监造

【船舶监造中心】 2004 年 9 月，原中远集运船舶管理公司造船中心划归重组后的上海远洋运输公司，改称船舶监造中心。主要职责为负责中远集装箱运输公司及上海远洋运输公司新造船舶技术任务书的编制与报批；新造船舶技术与商务谈判；新造船舶审图和现场监造；新船舶投入营运后一年保修期内的保修工作。同时，开展对外新造船、二手船的技术、商务咨询及技术服务工作。船舶监造中心现有人员16人,其中高级工程师4人,工程师8人。

现任船舶监造中心主任麦昌年(兼),副主任范志勤(原副主任施永新于8月离任)。 (范志勤)

【7500TEU集装箱船监造】 2003年,中远集运公司与德国E.R.SCHIFFAHRT公司签订了期租5艘7500TEU集装箱船的租船合同。船舶监造中心派遣两位监造师以租方代表的身份赴韩国现代重工蔚山船厂全程参加了该批船现场建造工作。这批船的首制船"COSCO LONGBEACH"于2004年7月底交付,最后一艘船"COSCO YOKOHAMA"于2004年12月23日交付。在此次合作中,两位监造师与外方监造人员密切配合,团结协作,克服多方面的困难,圆满完成监造任务。 (范志勤)

【175000DWT散装船监造】 2004年,船舶监造中心在立足于为中远集团服务同时,向中远集团系统以外的市场拓展。通过介绍和竞聘,向美国福茂航运公司派出一名船舶轮机兼船舶电气监造师参加在外高桥船厂2艘175000DWT好望角型散货船的监造工作。该监造师于2004年2月1日开始驻厂,与美国福茂航运公司另外聘用的四位船体和涂装监造师一起工作。首制船于2003年8月8日铺龙骨,2004年8月18签字交接,船名为"德梅"号;后一艘于2005年1月4日由国务院副总理吴仪命名为"安梅"号后签字交接。这是船舶监造中心成立以来首次派遣技术人员为国外船东提供技术服务。

(林晨阳)

【52800DWT散货船监造】 日本尾道船厂为中远(香港)航运有限公司建造的4条52800DWT散货船的监造工作由原造船中心负责。该船厂已是第二次为中远(香港)航运有限公司建造船舶。2004年2月,监造组进驻日本尾道船厂。首制船于2004年2月27日举行开工仪式,最后一条船于2004年9月30日交船。从船舶实际使用情况来看,船舶建造质量良好,运行可靠。 (于 刚)

【74500DWT散货船监造】 2003年,中远(新加坡)有限公司在江南造船厂订造了2艘74500DWT散货船,并在国内寻找技术服务的合作伙伴。船舶监造中心凭借自身的实力,在多家竞争对手中,获得该

批船从审图到监造的全部技术服务合同。该批船的审图工作从2003年底开始，至2004年8月基本结束。首制船从7月15日开工，8月中旬，监造中心派遣监造组进厂开始监造工作。到2004年年底，2艘船已全部开工，首制船已进入船台合拢的最后阶段。（沈泽民）

【为期租集装箱船提供监造及技术支持】

中远集运公司在签订5条7500TEU集装箱船的期租合同后，马上开始与德国E.R.SCHIFFAHRT公司及希腊COSTAMARE公司就期租3条8200TEU和5条9400TEU集装箱船展开商务谈判。船舶监造中心作为项目的参与成员之一，就该批船的技术性能进行分析论证，并对其中5条船主机油耗及使用维护等方面进行深入研究，确保该系列船能够满足公司的经营需要。同时，船舶监造中心还参与期租合同部分内容的谈判工作，并落实该系列船在建造过程中分别派遣监造人员参与现场监造的事项。（范志勤）

【建造5100TEU及10000TEU集装箱船的技术谈判】 根据中远集运公司2010年船队运力升级计划，从2005年开始，公司将订购大批新船以扩充船队运力。船舶监造中心组织多个专业的技术人员分别与韩国韩进重工、韩国现代重工以及日本川崎重工就建造4艘5100TEU集装箱船和8艘10000TEU集装箱船进行了多次技术谈判。在对各种船型参数、技术特点、系统配置进行了大量分析比较和研究的基础上，船舶监造中心及时拿出可行的技术意见，并通过谈判与上述船厂达成技术协议，为最终签订造船合同提供有力技术支持。中远集运公司成为世界上第一个订造10000TEU集装箱船的班轮公司。

（范志勤）

【对外技术服务】 2004年，船舶监造中心在做好现有项目的同时，积极拓展外部市场。分别与南通中远川崎造船有限公司和中国航天远洋测量船基地达成主机监造和为新造科学考察船提供技术服务的协议。其中，科学考察船项目于年内正式启动，开始对该船提供技术咨询和图纸审查的服务。另外，船舶监造中心在2003年签订的为中远（新加坡）有限公司监造的2艘55000DWT散货船的审图工作也陆续展开。在做好新造船/造机项目的同时，船舶监造中心积极扩大在修船领域的技术服务力度，前后共4次为国外船东提供修船技术监督服务。

（范志勤）

7. 人力资源

【人力资源部】 2004年9月25日，中远集运船舶管理公司组织/人事部、上海远洋陆上产业总公司人力资源部合并组建上海远洋运输公司（简称上远公司）人力资源部。该部由上远公司党政共同领导，下设员工任免、员工管理、劳动工资、证件培训、保险统筹科。主要职责为制定上远公司人力资源管理的相关政策和规定，实施对公司员工的考核、任用管理及参与船舶领导的适任资格考核、评估；对员工的劳动用工、劳动工资、劳动安全及社会保险统筹管理；办理船员各类出国证件和适任资格、履约专业证书；开展员工的教育培训；负责计划生育和爱国卫生；负责公司人力资源、冗员分流及劳务基地船员管理等。

人力资源部现员32人，包括大专以上学历27人。其中，具有高级职称4人，中级职称11人。

现任人力资源部部长、机关党委书记唐益池，人力资源部副部长钱勇成、贾振山（原中远集运船舶管理公司组织/人事部副部长王国进、陆上产业总公司人力资源部副部长葛腾林2004年9月25日离任）。（王国进）

【考证培训】 2004年海船船员适任证书全国统考按照“97规则”进行，学员需先经过适任评估(实际操作考试),合格后参加理论培训考试,考试及格后,完成船上培训或船上见习,并取得认可后方能取证(大副、大管轮可直接取证)。全年,上海远洋运输公司组织250人次参加三副、三管轮、大副、大管轮、船长和轮机长适任证书考试及补考。162人通过评估和理论考试,并相继安排上船培训或见习。

(丁大立)

【船员英语六级考试】 2004年,上海远洋运输公司船员英语六级考试,由教育中心安排考前三星期培训,船员自愿报名参加,全年共有532名船员参加培训、考试,300名船员考试合格,合格率56.3%。

(丁大立)

【高层次英语培训】 2004年,原船舶管理公司委托上海海运学院举办1期为期40天高层次驾驶、轮机英语培训班。培训对象为较年轻的船长、大副、轮机长、大管轮,授课内容为港口国检查(PSC)、租船条款、ISM规则、1972年海上避碰规则、SOLAS国际公约、轮机业务、轮机设备和管理,以英语授课为主,共50人参加。

(丁大立)

【船电业务培训】 2004年2月和10月,为缓解公司船队对电机员需求,公司选派年龄35岁以下、大专学历以上的轮机员24人、电子员(报务员)11人,分别在教育中心和青岛远洋船员学院举办船电业务培训。经过4个月的强化培训,并进行严格考试和评估,参加培训的学员成绩优良,这为今后电子员转岗摸索一条成功的道路。 (丁大立)

【"驾通合一"培训】 2004年,上海远洋运输公司继续在教育中心举办了5期"驾通合一"培训班。二副、三副和部分大副及船长104名参加培训,培训结业船员在船承担电子员职责的有50人。

(丁大立)

【保安培训】 为加强船舶和港口设施的保安管理,根据国际海事组织通过的SOLAS公约中的《加强海上保安的特别措施》和《国际船舶和港口设施保安规则》(ISPS规则),以及《中华人民共和国船员培训管理规则》的规定,上海远洋运输公司委托教育中心举办了船舶保安员和公司保安员培训班30期,船长、政委、大副、轮机长、海务监督、机务监督938名参加培训,并参加上海海事局组织的考试,取得专业培训合格证书。 (丁大立)

【危险品证书培训】 为让航行美国航线的船舶驾驶员持有《危险品运输船舶船员培训证书》,经公司职能部门和我国唯一的颁证授权点青岛远洋船员学院多次协商,青岛远洋船员学院派老师来公司进行授课、考试、发证服务。2004年共举办3期危险品证书培训班,160人取得培训合格证书。 (丁大立)

【轮机模拟设备操作(初级)培训】 2004年,原船舶管理公司安排10名年龄25岁—30岁的轮机员,参加在上海远洋教育中心举办的轮机模拟器培训班。经考核,成绩均优秀。 (丁大立)

【航海模拟器培训】 2003年1月,上海远洋教育中心获取国家海事局颁发的大型船舶操纵(即航海模拟器)特殊培训许可证。培训对象为在8万载重吨或总长250米以上船舶任职的船长或大副。培训内容分理论和实际操作两部分。2004年上海远洋运输公司安排船长、大副102人(15期)参加航海模拟器培训,经上海海事局考试,102人均取得特殊培训合格证书。 (丁大立)

【三副、三管轮综合业务素质提高培训】 针对一部分三副、三管轮暴露出应知应会技能的不足,相应的管理能力和应变能力较差的薄弱点,2004年5月中旬首次组织开办三副、三管轮综合业务素质提高培训班。培训班共举办6期(驾驶、轮机各3期),有130人参加培训。

(丁大立)

【调整船员业绩工资标准】 经中远集运

公司批准，上海远洋运输公司决定调整部分船舶关键岗位船员的工资标准(详见附表)，该标准自2004年1月1日起执行。

(张保民)

【船员工资发放日提前】 2004年7月起，船员工资发放日，提前至每月的10日，将(上月下船)船员的业绩工资发放日提前至每月的12日(上述两项，如遇节日长假仍为12日及15日)，船员工资单的发船日为每月的10日之前，船员各项工资数据上网日为每月的20日。

(张保民)

【中远集团养老保险计算机管理系统(LIMS二期)启动】 2004年4月起，中远集团养老保险计算机管理系统开始试运行，经过整理，原船舶管理公司共有船员及陆地职工8007人纳入该系统，该系统记录每位员工的养老保险相关信息，信息包括每个人的历年缴费基数、个人及单位缴费比例、计账利率、参加工作日期等。

(张保民)

【调整员工住房公积金缴费基数】 自2004年7月起，计算职工住房公积金的工资基数由2002年月平均工资调整为2003年月平均工资，职工本人和单位住房公积金缴存比例仍为各7%，2004年度住房公积金月缴存额上限为776元(个人和单位的合计)，下限为136元(个人和单位的合计)。 (张保民)

附表：

中远集运公司远洋船员业绩工资标准表

执行日期:2004年1月1日

职务	业绩工资标准			
	一类船	二类船	三类船	四类船
船长	22700	18600	4800	4100
轮机长	18800	14900	4350	3800
政委	8000	6100	3550	2800
大副、大管轮	7650	6050	3100	2300
电机员	7650	6050	2600	2000
二副、二管轮	4200	3250	2300	1700
报务员	3800	2800	2200	1600
三副、三管轮	3150	2500	1800	1450
管事	2600	2000	1700	1440
船医	2600	2000	1700	1440
水手长、机工长	3250	2600	1900	1550
大厨	2550	1950	1650	1420
木匠	2470	1870	1600	1400
一水、机工	2060	1760	1560	1360
厨工、服务员、电工	1790	1590	1440	1290
二水	1790	1590	1440	1290

注：一类船舶为5000TEU以上的船舶；二类船舶为3000—4999TEU的船舶；三类船舶为1000—2999TEU的船舶；四类船舶为999TEU以下的船舶。

各类培训一览表

分类	序号	培训班名称	培训地点	参加人数	小计
适任证书考证	1	船长考证(2期)	上海海运学院	31	283
	2	轮机长考证(2期)	上海海运学院	38	
	3	大副考证(2期)	上海海运学院	82	
	4	大管轮考证(2期)	上海海运学院	79	
	5	三副考证	上远教育中心	1	
	6	三管轮考证	上远教育中心	4	
	7	各类职务补考	上海海运学院	48	
专业证书培训	8	船上医务培训(2期)	上远教育中心	71	1117
	9	高级消防培训(2期)	上远教育中心	6	
	10	大型船舶操纵特殊培训(15期)	上远教育中心	102	
	11	保安专业证书培训(30期)	上远教育中心	938	
岗位培训	12	驾通合一(5期)	上远教育中心	104	724
	13	电焊初训(2期)	上远教育中心	89	
	14	电焊复训(9期)	上远教育中心	362	
	15	油轮特殊培训	海工大	2	
	16	滚装客货轮知识更新培训(2期)	上远教育中心	82	
	17	机电合一培训(2期)	教育中心/青院	35	
	18	新进水上专业毕业生入司教育	上远教育中心	50	
继续教育	19	政工知识培训(2期)	青院	77	1089
	20	高层次轮机员英语强化班	上远海运学院	24	
	21	高层次驾驶员英语强化班	上远海运学院	26	
	22	危险品证书培训	上远教育中心	160	
	23	冷装箱技术培训	陈家宅	17	
	24	三副综合业务素质提高培训(3期)	上远教育中心	66	
	25	三管轮综合业务素质提高培训(3期)	上远教育中心	64	
	26	劳动保护培训	工会	202	
	27	提高船长船舶操纵避碰技能培训(31期)	海监室	107	
	28	散装船大副业务培训	外派部	17	
	29	SMIS系统管理信息培训(10期)	信息技术中心	239	
	30	国际海上从业人员素质培训	船东协会	2	
	31	港口收费规则和操作知识培训	中集	27	
	32	轮机设备模拟操作培训	上远教育中心	10	
	33	水手长业务英语培训	上远教育中心	29	
	34	RYDEX/AMOS培训	技术部	15	
	35	交通部6号令培训	海事局	7	
			总计:	3213	

(丁大立)

【招收水上专业毕业生】 2004年,公司招收水上专业毕业生69人,包括大学学历47人,大专学历22人。其中,驾驶专业25人,轮机专业44人。分别来自上海海事大学、大连海事大学、集美大学、青岛远洋船员学院。 (曹国春)

【船员退休退养】 2004年,公司496人办理退休手续,其中,机关13人,船员483人。在办理退休的483名船员中,正常退休22人,提前退休461人;另外,办理退养201人。 (曹国春)

【合同管理】 2004年,公司合同到期船员共94人。其中74人续签合同;20人终止合同。机关员工13人合同到期,续签13人。 (曹国春)

8. 工会/职工保障

【上海远洋运输公司工会】 上海远洋运输公司工会现有会员9318人,其中女会员632人。下属公司机关、上海远洋对外劳务有限公司、12个陆地基层工会和200艘船舶基层工会。工会专职干部17人。工会设职工保障部和离退休管理中心,负责宣传教育、组织民管、文秘信息、船舶文体用品发放、劳动竞赛、先进评比、工会财务、家属劳保、船员家属工作、离退休职工管理、退养职工和永久下船船员管理、死亡职工善后处理。

现任公司工会主席颜铁观,副主席乐根伟;职工保障部部长乐根伟,副部长李海良;离退休管理中心主任徐长城。(原中远集运船管公司工会副主席李海良、上海远洋陆产总公司工会主席沈威新于2004年9月25日离任。) (丁建东)

【概况】 2004年9月,上海远洋运输公司重组,中远集运船舶管理公司工会和上海远洋陆上产业总公司工会合并为上海远洋运输公司工会。原中远集运船舶管理公司和上海远洋陆上产业总公司工会紧紧围绕公司"提升核心竞争力,实现可持续盈利"的工作目标,进一步深化工会自身建设,努力推进工会的各项工作。原船舶管理公司工会组织召开三届二次职工代表大会暨工会第二次会员代表大会;开展"工会如何履行好维权基本职责"的研讨活动;对企务公开工作进行检查和调研;认真贯彻《关于开展"我为公司创效作贡献"活动的通知》,积极开展合理化建言献策活动;号召船舶工会及工会会员在"查隐患、抓整改、严管理、促效益"活动中发挥作用;组织优秀船员参加中远集团"船员技能竞赛"活动取得了好成绩;为普及船员计算机操作能力,工会为船舶配备计算机,组织船员开展学习计算机活动;会同人事部组织船长、政委、轮机长以及劳动保护监督员参加船舶劳动保护培训班;组织船员及机关员工参加中远集运公司庆祝公司成立四十周年文艺演出活动;协助宣传部拍摄安全系列职工素质教育情景短剧;组织船舶优秀骨干及家属疗养旅游。原上海远洋陆上产业总公司开展"我为改革创效作贡献,我为'十个亿'增光添彩"、"安全在我身边,降本增效从我做起"主题活动;开展职工技能培训、岗位练兵、献计献策"活动。原中远集运船舶管理公司和上海远洋陆上产业总公司以及重组后的上海远洋运输公司工会继续开展对船员职工慰问,做好"送温暖"活动,对困难船员职工进行帮困补助;建立多种形式的帮困助学机制;做好退休、退养船员职工的管理和服务;积极组织开展献爱心"一日捐"等活动。对公司不稳定因素进行排模,及时采取预防和解决措施,确保了公司的安全稳定。

(丁建东)

【原船舶管理公司三届二次职工代表大会】 原船舶管理公司三届二次职工代表大会于2004年1月11日在长阳北五楼礼堂召开。出席大会的正式代表155人,家属代表6人列席会议。会议审议和通过船舶管理公司三届二次职代会总经理工作报告;职工代表对公司领导班子和领导班子成员,对各船舶管理部、上海远洋对外劳务有限公司以及机关职能部门领导进行民主评议;表彰2003年度各类先进。会议确立了"传承安全文化,提高公司机关管理水平,提高职工队伍安全素养,确保船舶安全准班与成本控制,以安全、稳定、和谐的工作局面保障经营成果,进一步发展劳务输出和管理输出事业,逐步增加船员收入"总体目标。中远集运公司党委书记吴树雄、副总经理韩成敏、工会主席房迪坤出席会议。(丁建东)

【民主评议干部】 2004年1月11日,原船舶管理公司三届二次职代会对公司领导班子、各船舶管理部和上海远洋对外劳务公司领导班子以及公司领导班子成员和机关各职能部门、各船舶管理部、上海远洋对外劳务公司、上海远洋船舶管理有限公司中属中远集运公司第三层面以上干部共计39人进行了民主评议。测评结果:公司领导班子、各船舶管理部和上远劳务公司领导班子平均得分为94.65分。公司领导班子成员平均得分为93.86分。部门主要领导平均得分为91.18分。

(丁建东)

【提案处理】 原船舶管理公司三届二次职代会,收到职工代表递交提案87件。经提案审理委员会审理,全部有效。其中涉及公司企业、船舶管理30件;安全生产5件;增收节支、设备物料管理11件;人才、人力资源9件;素质教育、技能培训8件;劳动保护10件、生活福利14件。提案采纳率为44%。(陈有诚)

【船员技能竞赛】 2004年10月11日至15日公司33名船员赴青岛船员学院参加中远集团的"船员技能竞赛",获得了集团团体总分第二名;获个人岗位全能或单项名次的共有23人,具体名单和成绩如下:

船管四部船长马丹阳 获船长岗位全能第二名、英语第一名

劳务公司船长陈柏华 获船长岗位全能第六名、英语第五名

劳务公司大副侯 鹏 获大副岗位全能第三名、英语第二名

船管三部大副董健华 获大副岗位全能第五名、英语第五名

船管四部大副肖步洲 获大副岗位全能第九名

船管二部二副胡耀春 获二副岗位全能第一名、英语第二名

船管五部二副王 斌 获二副岗位全能第二名、英语第四名

劳务公司二副刘剑峰 获二副岗位全能第九名、英语第三名

船管三部三副袁晓东 获三副岗位全能第二名

船管五部三副程晓俊 获三副岗位全能第三名、英语第六名

船管一部三副陈 强 获三副岗位全能第八名

船管一部轮机长李 熙 获轮机长岗位全能第二名、英语第四名

船管五部轮机长侯进波 获轮机长岗位全能第三名、英语第三名

船管五部大管轮朱国荣 获大管轮岗位全能第八名

船管二部二管轮潘 峰 获二管轮岗位全能第四名

船管三部二管轮段永生 获二管轮岗位全能第六名

船管五部二管轮倪志锋 获二管轮岗位全能第八名、英语第五名

劳务公司三管轮谢云鹏 获三管轮岗位全能第一名

船管三部三管轮胡雪峰 获三管轮岗位全能第九名

劳务公司机工孙伏春 获机工岗位全能第八名、英语第六名

船管四部厨工任明魁 获厨工岗位全能第五名、英语第三名

劳务公司厨工陆显坤 获厨工岗位

全能第六名、英语第一名

劳务公司厨工潘德裕　获厨工岗位全能第九名、英语第二名

劳务公司水手沈宝东　获水手英语第一名

船管四部轮机长王宁波　获轮机长英语第一名

劳务公司大管轮刘文光　获大管轮英语第四名

（丁建东）

【丰富船员业余文化生活】 为更好地服务船舶，公司工会对船舶图书和VCD碟片的购买采取了“点菜”式服务，由各船舶管理部政工科组织船员挑选目录后集中购买。为船舶购买新图书4531册、发放VCD碟片60871张，发放船舶文体用品价值40万余元。全年图书、VCD碟片和文体用品总投入70万余元。（万正清）

【慰问及帮困】 2004年，上海远洋运输公司工会组成慰问组分别对福建、河南、安徽等地船员家庭进行慰问。同时，做好日常送温暖工作，全年向困难职工家庭补助742人次，发放困难补助款188932元；慰问船员职工568人次，慰问费用43313元；工会为家庭发生生活困难船员和因病长期上不了船、月收入低于483元的困难船员进行帮困补助，全年为91人发放帮困补助金85134元；为帮助困难船员子女上学，公司机关开展由部门认助的“多助一”活动，为33名困难船员子女建立了多种形式的帮困助学机制。（陈定维）

【献爱心活动】 公司全体职工积极参与“一日捐”献爱心活动，向云南、四川等灾区捐助棉衣、棉裤、毛毯、绒毯、毛衣裤等捐助物资4308件（条）；公司机关367名员工捐款27240元。（汤伟民）

【善后处理】 2004年由上海远洋运输公司工会负责牵头处理职工死亡善后14起。其中工伤死亡1起；比照工伤及航病死亡善后处理3起；职工因病死亡善后处理10起。癌症死亡8人，占全年死亡人数的57%。是年，死亡职工平均年龄51.14周岁。（陈定维）

【病退养船员管理】 2004年12月，上海远洋运输公司工会（职工保障部）管理病退、退养船员478人；全年共接收病退、退养船员217人，为238人办理病退、退休、调离等手续。为外地船员报销医药费289人次，金额487175元。组织退养干部船员赴武夷山疗休养。（陈定维）

【船员家属联络站工作】 2004年，船员家属联络站数为62个，其中外地22个站，市郊14个站，市区26个站；分布7省22个市，覆盖船员家庭2700余户。公司工会出资改建联络站负责管理的家属活动室，通过联络站组织船员家属参加公司职代会、慰问工作报告会、职工艺术节、迎春联欢会、安全生产动员大会等大型会议和活动，向船员家属宣传公司的有关会议精神和经营、改革、发展动态。组织船员家属和船员家属工作者代表赴桂林、上海等地游览。组织船员家属90多人（次）参加插花、烹饪、法律知识、劳动保护等培训。联络站协助工会做好船员家属的思想工作，全年船员家属联络站共走访船员家庭2700多户次，探望生病船员及家属400多人次，调解家庭、邻里纠纷60多起，帮助解决困难及矛盾100多户次，被中远集团评为优秀家属工作者1人，优秀船员家属4人。（王　萍）

9. 综合协调

【行政事务部】 2004年9月26日成立行政事务部，主要工作职能：了解掌握公司的经营生产状况，协调公司所属和有关各部门、单位间的关系，检查督办公司有关会议布置的各项工作，充分发挥综合、协调、枢纽的职能；组织策划公司各类行政会务及庆典活动的筹备、实施工作；协助安全质量经理维护质量及安全管理体系，确保公司的外来文件和内部文件受控，确

保公司的公文流转符合体系运行的要求；做好归档和档案利用工作；负责公司外来文件的控制和管理；抓好信访工作，积极化解矛盾，做好公司内部的稳定工作；抓好文件的保密管理工作；负责机关车队管理工作；负责公司信件收发工作；抓好公司的行政后勤管理工作；完成史、志、年鉴编辑工作；抓好部内两个文明建设。现员57名。

现任部长：谢志宏，副部长：徐伟良。

（周燕萍）

【概况】 2004年，行政事务部围绕公司的中心工作，充分发挥综合、协调、服务、保障的职能，为公司完成年度指标发挥了积极作用。下半年，上海远洋运输公司（简称上远公司）重组后，改革、调整、安全、管理各项工作任务繁重，各种会议和来往文件比较多。行政事务部团结协作，克服人少、工作量大等困难，圆满完成公司务虚会、职代会、专题会、季度会、例会等各种会议有关工作报告、会议纪要、简报及计划、总结等起草和会议的组织服务工作。充分发挥督办职能，及时督促、检查领导部署的各项工作贯彻落实情况，使信息反馈和汇总做到快捷、准确，保证公司上下政令畅通。公司在推进改革、改制过程中，每天有大量的来电、来访，事务部坚持认真做好信访工作，下半年共计处理来电来访及信访2000件。做好档案归档工作，健全档案收集归档制度，开发了人事管理档案系统。完成2004版《中远集装箱运输有限公司年鉴》的编辑出版工作，做好车辆的调配、使用和管理，全年没有发生任何事故；购置和发放办公用品及时，保证机关的正常运转；安排好公司值班，协助公司领导和职能部门做好安全稳定工作，全年没有发生重大安全责任事故。根据上远公司重组后的职能和定位，明确行政事务部的工作职责，制定和完善各项管理制度15项。 （周燕萍）

【上远公司重组启动】 2004年9月25日，根据中远集团的部署，中远集运在远洋宾馆举行“上海远洋运输公司新纪元揭幕仪式”。仪式由中远集运副总经理史美思主持。中远集团党组书记张富生讲话并开通上远公司门户网站。中远集运总经理许立荣、党委书记吴树雄分别讲话。

上海远洋运输公司从1964年4月1日成立，经历了艰苦创业时期、全面发展时期。1998年1月27日，由中远集装箱运输总部与上海远洋运输公司合并成立中远集装箱运输有限公司（上海远洋运输公司），实行“两块牌子一套班子”。2004年9月25日，上海远洋运输公司实施重组，成为集船舶管理、船员劳务、综合实业等多元化产业为一体的具有独立法人经营资格的现代企业。 （徐伟良）

【上远公司干部大会】 2004年9月26日，中远集运在东虹五楼礼堂召开上远公司干部大会。会议由中远集运党委书记吴树雄主持。中远集团党组书记张富生、中远集运总经理许立荣到会并讲话。中远集运党委副书记蔡张德宣读重组上海远洋运输公司的有关决定，上远公司党委副书记崔连邦宣读对中层干部的任职决定。中远集运纪委书记、上远公司总经理、党委书记徐政军代表上远公司领导班子在会上作表态发言。 （徐伟良）

【召开2005年工作务虚会】 2004年11月12—13日，上远公司在远洋宾馆召开2005年度工作务虚会。公司领导、技术顾问、机关各部门正副部长、陆地各单位党政负责人出席会议。中远集运总经理许立荣、党委书记吴树雄到会并作重要讲话。中远集运纪委书记、上远公司总经理、党委书记徐政军在会上分析了公司2005年度需重点思考的问题，并对2005年的工作进行全面部署。（徐伟良）

【中远集运年鉴获首届中国地方志年鉴奖特等奖】 2004年12月27日在海南省海口市召开首届中国地方志年鉴奖颁奖大会，中远集运公司工会主席房迪坤与史志年鉴编辑部执行副主编陈忠出席会议并领奖。公司编辑出版的2003版《中远集装箱运输有限公司年鉴》参加由中国地方志指导小组、中国地方志协会组织的全国方志系统开展的首届年鉴评奖活动中荣获首届中国地方志年鉴奖特等奖，主编许立荣荣获首届中国地方志年鉴奖特等奖证书。（陈　忠）

10. 党委工作

【党委工作部】 2004年9月25日，上海远洋运输公司重组时成立党委工作部。该部是上海远洋运输公司党委的综合管理部门，负责公司党建、宣传、精神文明建设、企业文化、纪检监察、综合治理、信访等工作。下设组织科、宣传科、纪检科、保卫科、报刊编辑部，公司团委挂靠党工部。现员25人。

现任部长黄楠平，副部长赵添球。

（张　昊）

【概况】 2004年，党委工作部围绕公司中心工作和经济效益指标，贯彻落实中远集运公司2004年系统工作会议、“三会”和年中工作会议精神，调动员工的积极性，把全体干部和员工的思想统一到抓船舶安全管理、节约和控制成本，推进陆地基层单位主辅分离、改制分流、完成效益指标上，为公司的生存、发展、安全、稳定、创新提供有力的思想政治保证。为推进船队思想政治工作创新，明确各直属党组织创新工作的着力点，努力探索船队思想政治工作中带有规律性的问题，汇编了《中远集运公司船队思想政治工作创新案例之二》；为做好保持党员先进性教育活动，成立先进性教育活动领导小组和活动办公室，提出开展先进性教育活动的具体要求；为打造学习型团队，改进党委中心组学习方式，举办《学习与创新》论坛、到先进单位参观，使理论学习融于实践，生动有效；针对公司重组后，少数员工中存在不稳定情绪，及时组织人员深入调研，查找问题症结，对不稳定因素进行排摸、化解，使广大员工理解并支持公司的各项改革；做好公司党委文件起草和编发工作；做好公司保密工作；做好督办上级机关批转和公司领导作出批示的来信、来访等工作。（张　昊）

【年度思想政治工作会议】 2004年1月11日，原船舶管理公司2004年度思想政治工作会议在长阳北五楼礼堂召开。80名政工会代表出席，127名职工代表、2名特邀代表、6名家属代表列席。中远集运党委书记吴树雄出席会议并讲话，副总经理韩成敏、工会主席房迪坤出席会议。会议由船管公司工会主席颜铁观主持。党委书记崔连邦代表党委作题为《以咬定青山不放松的坚韧精神，进一步推进船队思想政治工作创新》工作报告，报告简要回顾2003年度推进船队思想政治工作创新所取得的经验，阐述推进过程中形成的对创新工作的认识，提出2004年度工作重点是继续推进船队思想政治工作创新。

（张　昊）

【党组织基本状况】 上海远洋运输公司的组织基本状况：下属党委11个，党总支3个，党支部258个。其中公司委托管理船舶的党支部102个，上海远洋对外劳务有限公司所属机关和外派船员党支部102个，上海远洋运输公司所属陆地单位党支部36个，机关职能部室和船舶管理部党支部18个。2004年12月21日公司统计党员人数为4058名。（邵秋英）

【提高政委能力培训】 原船舶管理公司党委决定，自2002年起，用3年时间举办政工知识培训班，分期分批安排船舶政委参加在青岛远洋船员学院为期2个月的培训，实施持证上岗。2004年是此项培训的最后一年，安排64位船舶政委分两批参加培训，通过考试都取得了证书。至此，共有196名政委，分6批参加了培训，完成了公司党委要求政委“持证上岗”的

任务。（邵秋英）

【发展党员工作】 2004年上海远洋运输公司各级党组织认真贯彻中组部"坚持标准、保证质量、改善结构、慎重发展"十六字方针，全年共发展88名新党员。按不同口径统计：年龄35岁以下54人，占发展总数61%；大专以上文化程度57人，占发展总数65%；各类专业技术骨干83人，占发展总数的94%。（邵秋英）

【民主生活会】 原船舶管理公司党委于8月5日召开了2004年度党员领导干部民主生活会，党委7名成员参加了会议。中远集运公司副总经理韩成敏同志和组织/人事部副部长时国权同志、纪委办公室主任周卫东同志参加会议。船舶管理公司党办主任和组织/人事部部长列席会议。会议由党委书记崔连邦同志主持。民主生活会围绕"讲党性、顾大局、比廉洁、促发展"主题，结合船舶管理、安全准班、降本增效的实际，联系个人的工作、思想实际和班子的建设，认真查找和解决班子及成员在思想作风方面存在的影响公司改革、发展、稳定的突出问题，各自开展批评与自我批评。崔连邦同志代表仇鑫尧同志分别对班子成员进行讲评。中远集运公司副总经理韩成敏同志和组织/人事部副部长时国权同志对本次民主生活会作了讲评。民主生活会形成了整改措施，并就整改措施的落实，领导班子成员作了分工。（邵秋英）

【纪念建党83周年座谈会】 为纪念中国共产党建党83周年，原船舶管理公司机关党委在"七一"期间开展纪念活动——召开庆"七一"座谈会暨新党员入党宣誓仪式：预备党员在全国"五一"劳动奖状获得者王新全领誓下，在党旗下进行了宣誓；新老党员代表就"立足本职、保持共产党员先进性，争做合格党员"进行座谈，公司纪委书记宋振庭讲话。（邵秋英）

【特困党员补助】 春节前，根据党费管理的有关要求，在党内开展送温暖工作，上海远洋运输公司党委对公司范围内按时交纳党费有特殊困难的党员，给予一次性的补助。费用由往年补助200元—300元提高到300元—500元。2004年共补助困难党员61名，补助人民币19991元。

（邵秋英）

【开展"最有价值员工"评选活动】 为激励广大船岸职工立足岗位，有所发明，有所创造，经部门推荐、立项、公示，上海远洋运输公司党工部全年跟踪和年底综合考察，并通过上海远洋运输公司专家评估组反复审核评比，贺信、尤风鸣、吴璀强、朱同庆、龚士忠、裘荣、卢兴福、任鹤、孙仕栋等9位同志获2004年度"最有价值员工"称号。（杨 炯）

【文明船舶】 2004年度，党委工作部修订了《船舶文明创建检查验收工作说明》、《船舶文明创建活动实施办法》、《文明船舶申报表》等文件，使2004年的船舶文明争创活动进一步规范。经各船舶管理部自查反馈，"远河"、"腾河"、"盛河"、"隆河"、"艳河"、"松云河"、"锦云河"、"锡伯河"、"珞巴河"、"布依河"、"怀来河"、"滹沱河"、"皖河"、"晋河"、"银河"、"香河"、"松河"、"秋河"、"星河"、"丽涟"、"滨城"、"商城"、"高城"、"中远青岛"、"中远菲利斯托"、"中远安特卫普"、"中远新加坡"、"汉中河"、"新会河"、"凤后"、"天河"、"阳江河"、"梅子"、"松子"等34艘船舶被评为2004年度文明船舶。（杨 炯）

【船员素质教育情景短剧】 2004年，党委工作部拍摄了《船员素质教育情景短剧（系列之三）》。短剧以安全教育为主题，用身边人讲身边事，自编、自导、自拍，由在船船员参与演出。短剧共有四集，分别为《安全帽》、《安全第一》、《安全习惯》、《收工之后》，重点突出"安全就是生命，安全就是效益"的企业安全理念。

（杨 炯）

【船员素质教育讲座】 2004年4月21日—30日，党委工作部对全体在沪公休船员开展了形势任务集中教育活动，参加人数867人。教育内容为"形势任务的分析与报告"、"四五普法专题教育"、"外派岗位专题教育"、"公司四十年历史回顾"等。教育形式以专题讲座为主，辅以PowerPoint演示，力求通俗易懂、贴近船员实际，增强了教育的可视性、趣味性和有效性，收到了较好的效果。（杨　炯）

【在线学习、辅导】 2004年，党委工作部分别利用船岸数据通信系统和公司内部局域网络编发《在线辅导》、《在线学习》。《在线辅导》为船舶提供党的十六届三中全会、全国"两会"和企业文化、航运形势、公司发展、安全形势、安全管理、生产经营等情况解读，全年共编发9期；《在线学习》作为党委学习中心组专刊，围绕中央政策理论导向，国内、国际热点动态分析，紧扣公司当前中心工作，对于中心组成员开拓思路、指导实践、提升素养都具有一定的指导意义。（杨　炯）

【研究会工作】 2003年4月，公司思想政治工作研究分会（企业文化研究分会）秘书处对2004年公司思想政治工作研究分会（企业文化研究分会）理事会组成人员作出调整。根据2004年公司中心工作，结合新的形势任务，确立六大课题，并成立了相应的课题组。年终，课题组完成了《积极推进船舶安全文化的发展和创新》、《浅议船舶思想政治工作效果》、《浅谈ISPS规则的实施与船舶政委工作的关系》、《如何加强船舶思想政治工作的主动性》、《职工教育"入脑"三探》、《浅议社会船员的现状与管理》6篇政研论文的撰写及上报工作。（杨　炯）

【"关注安全、关爱生命"征文活动】 2004年5月，结合"安全生产月"活动，组织全体船岸职工开展"关注安全、关爱生命"主题征文活动。征文以小说、诗歌、散文、警句、评论等形式，反映身边的有关安全生产方面的人与事，弘扬安全文化，普及安全知识，实现员工自我教育与自我提高。征文来自船舶一线，陆续在《海员之友》上发表，结合工作实际，以小见大，真实感人，营造了船舶安全生产良好氛围。

（杨　炯）

【纪律检查委员会】 中共上海远洋运输公司纪律检查委员会是在上海远洋运输公司党委领导下，围绕公司中心工作，协助党委开展党风建设和反腐倡廉工作，维护和执行党的纪律，履行纪检监察职能，确保党的路线、方针、政策顺利贯彻落实，维护企业改革、发展、稳定的执行机构。上海远洋运输公司重组后，于2004年12月21日组建中共上海远洋运输公司纪律检查委员会，公司纪委委员由宋振庭、黄楠平、曹建东、唐益池、黄志涵、许庆成、茅佐涛7位同志组成。公司纪委下设纪检科和保卫科（合署办公）。现员6人，其中纪检监察3人、保卫3人，现任纪委书记宋振庭，纪委副书记黄楠平。

（曹建东）

【概况】 2004年，公司党委、纪委对抓党风建设和反腐倡廉教育工作高度重视，结合企业自身特点，把重点放在科以上的党员领导干部身上，注重从源头上进行治理，积极开展形式多样的党风和反腐倡廉宣传教育。以正反两方面的典型事例为主要内容，在党员干部中开展反腐倡廉警示教育活动。利用中午机关集中就餐时间，组织播放反腐倡廉专题教育片，对机关党员干部进行勤政廉洁宣传；组织机关科以上干部和在岗的船舶主要领导撰写"勤廉格言、警句"；发挥网上教育优势，在公共网上编发《学习与交流》专辑；组织开展学习《中国共产党纪律处分条例》和《中国共产党党内监督条例》和有关知识测试活动，公司纪委购买两个《条例》，下发给基层每个党员，并及时地制作了两个《条例》的学习辅导讲座录像片155套，下发各轮及外派船舶；组织公司二级党委"一把手"撰写党风建设专题文章，并在中远集运公司纪委编缉的《纪检监察》杂志上发表;组织纪检监察干部和机关党员干部参加中纪委、上海市法律法规知识培训班学习;组织公司领导班子成员参加中央企业"两个条例"知识测试和公司专职纪检监察人员及所属单位的纪委书记参加全国纪检监察干部专业知识测试;制定计划,组织开展党员领导干部谈心和诫勉谈话活动;全年,公司中层以上干部未发现有重大的违纪违规问题。（曹建东）

【开展效能监察调研工作】 2004年,公司纪委针对职工中反映最多的"船舶物料供应"这一热点问题,开展效能监察的调研工作。公司纪委与公司船舶物料主管部门技术部进行协商,共同配合搞好这一调研;派人到抵沪船舶进行现场了解,听取船员反映;召开公休船员座谈会,听取船舶物料供应情况的意见;由公司纪委书记带队,到物料供应单位进行实地调研,了解供货渠道和物料质量与价格等基本情况;派人随船对船舶实际使用物料的情况进行专项调研,并写出调研专项报告上报公司领导。通过调研,基本掌握船舶物料供应情况的现状以及相关环节中存在问题。为公司2005年开展船舶物料供应的专项效能监察工作打下基础。

（曹建东）

【纪检信访和案件查处工作】 2004年,上海远洋运输公司纪委共收到信访举报信8件,其中立案的有2件,一件因1人发生嫖娼而受到开除党籍处理;另一件是普河轮船长等3人参与倒卖咖啡问题,分别给予党纪、政纪处分和经济上的处罚。给船长行政记大过处分,大副行政记过处分,主报兼管事行政记过处分并取消预备党员资格。今年案件结案率100%,信访了结率100%。（曹建东）

【礼品礼金登记上报工作】 据统计,2004年公司礼品礼金登记上报人数共404人次,其中处以上干部166人次,占上报总人次41%,折合人民币102340元。

（曹建东）

【船舶燃油监控管理纳入公司管理体系】 为建立"船舶燃油监控管理措施落实工作流程",从燃油加装、使用到油渣退岸"三个关口"进行规范管理,形成"三级网络四级管理"的监控体系。2004年,根据公司燃油管理综合体系文件中缺少清退废污油管理这一工作程序,公司纪委会同技术部门与各船舶管理部,在广泛征求相关部门和船员意见的基础上,汇总形成了《船舶清退废污油管理须知》体系文件,并纳入公司管理体系文件。（曹建东）

【船舶保卫工作】 2004年,上海远洋运输公司未发生偷渡和海盗登轮事件;未发生严重干扰机关办公秩序和群体社会性上访事件,较好地处理了几起船员死亡的善后工作;加强了与边防、海关、水上公安局等执法部门及中远货运公司各口岸的协调沟通,进一步提高了为船舶服务的质量;信息报送工作取得突破,共有12条信息被中远集团总公司、国家安全部门、公安部门录用,受到表扬;"丽河"轮6名船员被上海市见义勇为评审委员会评为上海市见义勇为先进分子;"秋河"轮顺利完成海军战备征用任务。但也存在一些问题,发生船员境外出走事件3起(3人),发生被海关查处的船员倒卖咖啡事件1起。（胡彦放）

【信息工作】 2004年与2003年相比,收集信息的数量有所增加,信息内容涉及的面有所拓宽。全年收集上报各类信息100余条,内容涉及反恐、海盗活动、偷渡动向、ISPS检查、港航治安等,多条信息在面上作了转发,使船舶及时掌握防范工作的重点。其中"高河"轮等上报的12条信息为中远集团、国家安全部门所重视,受到表扬奖励。同时,保卫科积极与边防检查、执法部门沟通,将近期发生的偷渡案例和近年查处的船舶发生的各类走私案例等信息,提供给船员,让他们从中汲取教训。（胡彦放）

【农民合同工转制工作稳步推进】 为规

范用工制度，2003年4月份起公司将陆续与666名农民合同工终止劳务关系。按照“早作宣传，耐心解释，争取主动，依靠地方，依法办事，即转基地”的方案，到2004年底，公司与662名农合工办理了合同终止手续，占总数的99.4%。期间，未发生任何不稳定情况。（胡彦放）

【综合治理专项整治活动见成效】 针对第一季度公司船舶发生的违纪现象，公司党委从第二季度起在公司船队开展为期3个月的治安综合治理专项整治活动。公司领导多次在月度生产会、党群工作会上作具体布置，提出具体要求。纪委及时下发了《关于开展治安综合治理专项整治活动的通知》，各船舶管理部、上海远洋对外劳务有限公司召开了党委会、专题会议，就如何贯彻落实这一通知精神进行专题讨论研究，并迅速布置到船。专项整治活动开展以后，船员的遵纪守法意识得到提高，工作责任心得到加强，促进了ISPS的有效实施，活动取得了预期的效果。

（胡彦放）

【上海远洋运输公司团委】 经2004年11月22日上海远洋运输公司党委会讨论决定，并报请中远集运公司团委同意，组建共青团上海远洋运输公司委员会，委员由王斌、吕忠兴、张昊、张晶(女)、杨天放、曾凡遵、潘忠英(女)7位同志担任。2004年上海远洋运输公司共有35周岁以下青年2391人，其中党员647人，团员649人。上海远洋运输公司团委所属团组织：机关团支部、船舶管理部团工委、上海远洋对外劳务有限公司团委、联合远洋团委、上海远洋船舶供应公司团委、上海远洋教育中心团委、远洋宾馆团委、远洋医院团支部、上海远洋通导公司团总支、上海远洋物业公司团支部、泛奥公司团支部和符合建团条件的船舶团支部。2004年，上海远洋运输公司团委围绕企业中心工作，以青年“成才、成家”工作，推进青年“创新创效”、“号、手”和“导师带徒”等活动，团结和带领青年为公司生产经营发挥作用。上海远洋运输公司团委专职干部1人，挂靠党委工作部。

现任团委书记曾凡遵。

（曾凡遵）

【举办船岸青年大联欢活动】 2004年12月20日，上海远洋运输公司团委在远洋宾馆水晶殿举办2005年船岸青年大联欢，中远集运公司团委书记陈联国，上海远洋运输公司纪委书记宋振庭、工会主席颜铁观和来自机关、船舶、陆地基层单位的120名青年共同联欢。联欢会上，公司纪委书记宋振庭讲话，勉励团员青年奋发向上、志存高远，主动迎接时代的挑战，为上海远洋运输公司美好的明天挥洒自己的青春和热血。（曾凡遵）

(二)船舶管理部

1. 船舶管理一部

【船舶管理一部】 船舶管理一部成立于2000年3月18日。主要职责:负责船舶的委托管理和所属船员的管理。至2004年底,所委托管理的集装箱船27艘:"鲁河"、"川河"、"中远青岛"、"中河"、"远河"、"腾河"、"飞河"、"珍河"、"大河"、"山河"、"松云河"、"峰云河"、"锦云河"、"奇云河"、"彩云河"、"密云河"、"盛河"、"磐河"、"隆河"、"艳河"、"洛河"、"辽河"、"沙河"、"汉江河"、"汉水河"、"汉涛河"、"汉中河"轮。经营航线:远东—美西、美东;远东—红海;中国—西北欧;中国—澳大利亚;日—韩—中国香港—新;爱琴海快航;香港—东南亚;华北—韩国;华南—关东;内支线;内贸线。船舶管理一部机关设船员管理科、安全技术科、政治工作科,现员17人,其中中级以上职称12人。所属船员1096人,其中农村合同工、基地工161人。

现任船舶管理一部部长、党委书记常华明(原一部总经理蔡德清2004年9月离任,由麦昌年兼任一部总经理至2004年12月离任),副部长、纪委书记蔡祖华。

(沈建胜)

【概况】 2004年,船舶管理一部以安全、准班、节支为重点开展工作,圆满完成了各项任务。全年船舶安全面、设备完好率、船舶营运率均为100%;船舶综合准班率97.89%;船舶港口国(PSC)检查无缺陷通过率82.25%、滞留率为零;防抗台成功率100%;在中远集团安全大检查

中无重大、大缺陷；综合管理体系运行良好，单船中间审核8艘次，内审覆盖率100%；完成"中河"、"远河"、"腾河"、"飞河"、"大河"、"山河"、"隆河"、"洛河"轮等8艘船舶的修船任务；全年安排船员换班1133人次；外派船员200人次；发展党员17名、转正预备党员21名；船员62人提升职务；在公司《公共信息网》上发表宣传报道稿件125篇；编发《一部月报》13期；慰问病困船员265人次，补助困难船员159人次，补助金额6.1万元；全年未发生工伤死亡事故，发生重伤1起；完成船员各类培训256人次；7月，船舶管理一部党委获得2003年度中远集团先进基层党组织称号；8月，安全技术科QC小组获得2004年度全国交通行业优秀质量管理小组称号，船舶管理一部被评为2004年度中远集运公司"文明部室"。

（沈建胜）

【船舶"每周工作报告制度"】 2004年1月1日，船舶管理一部向所托管船舶下发通知，要求船舶实行"每周工作报告制度"。报告的主要内容为船舶开展周日安全巡查情况；船舶一周主要工作情况；船员素质教育开展情况；存在主要问题及解决方法。由船长、政委负责周报工作，每星期日通过E－mail上报机关政工科。对船舶上报需岸基支持的项目，机关负责跟踪，并在《一部月报》上将落实情况给予公布。（沈建胜）

【对获得船队思想政治工作创新成果奖者给予奖励】 2003年度，船舶管理一部8人入选《中远集运船队思想政治工作创新案例》。其中，"锦云河"轮政委陈述松、"奇云河"轮政委张升增获公司创新成果四等奖；"沙河"轮政委黄勤海、"腾河轮"政委张元山、"珍河"轮政委陈天容、"大河"轮政委徐海荣、"峰云河"轮政委薛国荣、"远河"轮政委赵开生获公司创新成果入围奖。2004年2月10日，船舶管理一部党委决定对上述人员给予奖励。

（沈建胜）

【实施"船舶管理级岗位人员后评估制度"】 2004年5月18日，船舶管理一部向所属船舶下发通知，要求船舶实施"船舶管理级岗位人员后评估制度"。船长、政委、轮机长、大副、大管轮等船舶管理级岗位人员上船工作一个月后，在了解和掌握前任工作质量和效果的基础上，对前任十余项工作作出评估。由机关负责评估表的整理、归档和保密工作。评估表作为机关了解掌握船舶管理工作情况、分清工作责任的依据之一。实施"船舶管理级岗位人员后评估制度"，旨在督促、提高船舶主要管理人员的工作责任心和管理技能，以保证船舶管理工作的连续性和有效性。

（沈建胜）

【实施"港口国检查预警"通告】 2004年5月开始，船舶管理一部所属船舶实施"港口国检查预警"通告。对远航船舶，不论船舶的PSC检查周期是否已到，根据船舶动态，对每一艘即将抵达国外港口的船舶发出由本部总经理签发的"港口国检查预警"通告。对近航周班船舶每月发送一次"港口国检查预警"通告。同时，在港口国检查时，部领导及相关人员对船舶实施跟踪指导，随时给予船舶必需的支持，直到检查结束。通过强有力的岸基支持和密切的船岸配合来努力避免船舶的被滞留。（沈建胜）

【慰问在沪公休的船舶骨干】 2004年国庆、中秋节前夕，船舶管理一部党委领导到包括崇明岛在内的上海市郊，走访慰问了部分在沪公休的船舶骨干。详细询问他们的家庭和生活情况，征求他们对机关工作的要求和建议。准备在两年的时间里，对所有的船舶骨干家庭进行一遍走访慰问，转变机关作风，做好船舶管理工作。

（沈建胜）

【中远集运"峰云河"轮聘用菲律宾船员】

2004年9月24日，中远集运开始聘用

4名菲律宾船员上“峰云河”轮工作，船上职务为大副、大管轮、水手长、机工。“峰云河”轮营运航线是日本—韩国—香港—新西兰，沿途挂靠东京、釜山、基隆、香港、惠灵顿、陶兰加等17个港口，来回航次42天。为了使外籍船员适应中国船上工作，对船上设备的操作规程、工作要求、注意事项，翻译成英文，并张贴。工前会用中、英文布置工作，航海日志和轮机日志用英语填写，有关台账用英文记录，消防、救生、保安演习等均用中、英文进行演习讲评。重新制订作息时间，增加“COFFE TIME”，便于中外船员之间对话交流。中远集运开始聘用外籍船员，结束了只向外轮派出中国船员的局面。

（沈建胜、陈　忠）

【“锦云河”轮获2004年度上海市职工职业道德十佳单位】 2004年12月17日，上海市职工职业道德十佳单位评选揭晓，船舶管理一部托管的“锦云河”轮获此殊荣。（沈建胜）

2. 船舶管理二部

【船舶管理二部】 船舶管理二部成立于2000年3月18日，主要职责：负责船舶的委托管理和所属船员的管理。原管船舶14艘，所属船员1231名；2004年12月27日上海远洋运输公司重组后，委托管理船舶25艘：“粤河”、“晋河”、“皖河”“布依河”、“裕固河”、“珞巴河”、“景颇河”、“哈尼河”、“锡伯河”、“纳西河”、“青云河”、“腾云河”、“飞云河”、“凌云河”、“大清河”、“子牙河”、“滹沱河”、“永定河”、“明城”、“商城”、“高城”、“松城”、“滨城”、“怀集河”、“怀来河”轮。主要航行于华北东—美西、远东—美西北、上海—长滩快航、中国—西北欧、中国—澳大利亚、中国香港—东南亚、以及中国—日本、中国—韩国、中国内贸线等航线，所属船员1041人。船舶管理二部机关设安全技术科、船员管理科、政治工作科。现员16人，包括大专以上学历12人。其中，中级以上职称13人。

现任船舶管理二部部长邵平，副部长

吴长干(原副部长陈志强12月27日离任)。 (吴正康、孙再清)

【概况】 2004年,船舶管理二部继续贯彻“建立预控型船队,打造全能型船员,创建学习型机关”的总体思路,扎实有效地做好工作。经过全体船岸员工的共同努力,全年船舶通过PSC检查51艘次,通过内外审船舶14艘次;通过中间审核船舶8艘次;节约机务五项费用10%;3艘船舶获得中远集团“华铜海式船舶”称号,9艘船舶获得公司“华铜海式船舶”称号,10艘船舶获得“文明船舶”称号;提升各类技术人员和干部78人,其中船长6人,政委1人,轮机长6人;发展党员14人,预备党员转正19人;加强对船舶安全的预控能力,制定和落实《船舶PSC检查五项报告制度》、《船舶指导函》等制度。组织船长对“进出港及狭水道航行安全”进行研讨,征集论文20多篇。管理方面,突出体系长效管理,组织机关员工完成了ISPS培训;全面推进SMIS信息管理系统,完成11艘船的SMIS系统的开发和应用。积极开展思想政治工作创新。进行创新案例搜集、整理、归纳、提炼,编写创新案例30个。提高船舶政委的管理能力,全部完成了年龄55岁以下政委的培训,实行持证上岗。加强廉政警示教育,完善对船舶退污油的监控管理。

(吴正康、孙再清)

【制订并实施《船舶PSC检查五项制度》】 2004年2月8日,船管二部制定了《船舶PSC检查五项制度》。包括分类跟踪制度,根据二部船舶航线、船龄、船况等特点,进行分类跟踪,对重点航线、重点船舶进行重点跟踪;专题培训制度,加强与各船级社、海事局、驻外机构等方面的联系,通过请进来、走出去等方式,对机海务监督和船舶主要干部进行专题培训,提高他们管理船舶的水平;情况上报制度,任何船舶遇到PSC检查,必须第一时间通报机海务主管,检查结束后,立即将《PSC检查情况报告表》、PSCO签发的检查表(FORM A、FORM B)以及检查过程中的其他详细情况等传真上报安技科;信息通报制度,跟踪港口国检查的最新动态、通报港口国检查相关的新情况、新要求;资料积累制度,对所有船舶的PSC检查情况进行汇总分析、分类存档,达到科学管理、规范管理的目的。通过对《船舶PSC检查五项制度》的贯彻实施,及时把各种问题解决在初始阶段,彻底扭转了船舶在PSC检查中的被动局面。

(吴正康、孙再清)

【实施“日学习、周检查、旬汇报”制度】 2004年5月船舶管理二部制订“日学习、周检查、旬汇报”制度。“日学习”是指每天都要以不同的形式组织船员学习,包括体系文件、国际法规、安全须知等;“周检查”是指每周末组织部门长以上干部对全船进行检查,查找隐患,及时整改;“旬汇报”是指船舶必须在旬末将“日学习”和“周检查”情况,包括各部门重要工作、存在问题和整改情况等上报管理部。通过贯彻实施“日学习、周检查、旬汇报”制度,使机关管理人员更好地掌握船舶在安全生产、船舶保安、PSC迎检等各方面的工作情况,及时对船舶进行跟踪指导,从而提高了船舶的安全系数。

(吴正康、孙再清)

【全面推进SMIS系统的开发和应用】 2004年,船舶管理二部认真落实公司实施信息化管理的规划,全面推进SMIS系统的开发和应用。全年完成对轮机长、轮机员的培训35人次,并将这些人员安排上船,形成带教队伍。在信息中心的协助下,完成了对“布依河”、“裕固河”、“珞巴河”、“景颇河”、“哈尼河”、“锡伯河”、“纳西河”、“大清河”、“子牙河”、“滹沱河”、“永定河”等11条船舶的局域网安装,开发了SMIS系统,并投入应用,从而有效提升了船舶以及公司管理部门的管理效率。

(吴正康、孙再清)

【认真做好 ISPS 工作】 船舶管理二部认真抓好 ISPS 规则实施工作。机关和船舶关键岗位人员参加了公司举办的 ISPS 培训班并获得证书；在船船员按时间、质量要求以多种方式完成了培训；机关干部通过向船舶发工作指导函、信息通报、推广经验、召开座谈、组织培训、及时提醒等形式积极帮助和指导船舶做好基础工作，推进船舶保安活动的开展。船舶管理二部所有船舶在 5 月份以前全部完成 ISPS 外审认证。2004 年 7 月 1 日 ISPS 规则正式生效后，所有船舶均顺利通过各国的港口国检查。

（吴正康、孙再清）

【开展设备评估和整治工作】 根据公司开展设备评估和整治的指示，船舶管理二部按计划完成了对 10 艘船 8 个项目的重点整治。机海务监督员对长期不回国内的"裕固河"轮和"滹沱河"轮进行跟船检查。对其他各轮也有序地安排了跟船，加强了对船舶各项工作的现场指导，解决了一些船舶的重点和难点问题。

（吴正康、孙再清）

【开展"一次海务信息一堂课"活动】 船舶管理二部在船舶开展"一次海务信息一堂课"活动，要求船长充分利用公司《海务信息》针对性强、要求明确的特点，把《海务信息》当成最好的现实安全教材，并结合本轮实际进行讲解。克服了过去传阅签字了事的简单做法，对航行安全起到促进作用。船舶管理二部还要求各轮把"一次海务信息一堂课"活动情况记录在案，作为现场办公必查项目，对做得不到位的及时进行督促和指导。

（吴正康、孙再清）

【组织"进出港和狭水道航行安全"专题研讨会】 2004 年 12 月 3 日，船舶管理二部组织机关干部、机海务监督以及在沪公休船舶领导，召开了"进出港和狭水道航行安全"专题研讨会。会议就进出港和狭水道航行安全进行专题研讨，3 位船长和 2 位海务监督员进行专题发言，总船长乔归民向大家介绍公司改革、发展的形势，要求大家树立新的安全理念，增强为船东服务的意识，从公司求生存、求发展的高度来认识安全工作的重要性，以对公司高度负责的精神来做好安全工作，加强公约和体系管理，确保船舶的安全。

（吴正康、孙再清）

【"裕固河"轮率先启动紧急英语培训机制】 为适应 4 名菲律宾籍船员（大副、大管轮、水手长、机工）于 8 月中旬上"裕固河"轮工作，船舶管理二部启动英语培训紧急机制，开始了"裕固河"轮英语学习试点工作。通过近半年的努力，"裕固河"轮全体船员的英语水平尤其是口语能力有了明显的提高。"裕固河"轮还对开展船员英语学习试点工作进行了总结，为在船舶管理二部及全公司范围内推广船员英语学习积累了经验。（吴正康、孙再清）

【积极开展"两个务必"主题教育活动】 在公司开展的"务必保持谦虚谨慎戒骄戒躁的作风，务必保持艰苦奋斗的作风，不忘成本控制、不忘作风建设"的主题教育活动中，船舶管理二部把帮助船舶解决实际问题、解决船员的实际困难作为主要内容，并提出"以加强机关工作作风为重点，提高工作效率，提高安全预控能力，提高人性化管理能力"的目标，制定和落实《船舶 PSC 检查五项报告制度》、《船舶指导函》等制度，对船舶的具体工作进行跟踪指导；同时深化凝聚力工程，把访贫问苦与访贤问能结合起来，走访慰问病困船员和技术骨干、船舶领导 35 名。

（吴正康、孙再清）

【船队思想政治工作创新立项和案例征集】 船舶管理二部把船队思想政治工作创新作为船舶党支部的一项重要工作来抓，认真做好船队思想政治工作创新的立项和案例征集工作，做到"每个政委有创新任务、每艘船舶有创新课题"，在"探索心理素质教育"、"船员成长包"、"美西线

PSC迎检工作”等课题中取得明显成果。全年共搜集、整理、归纳、提炼，编写创新案例30个，其中11篇收录进公司的《船队思想政治工作创新案例之二》。

（吴正康、孙再清）

【胡耀春荣膺“全国技术能手”称号】 2004年，船舶管理二部共有三名船员参加中远集团职工技能大比武，其中胡耀春荣获二副岗位全能第一名，潘峰荣获二管轮岗位全能第四名。胡耀春还被国家劳动和社会保障局授予“全国技术能手”称号，并按照相应程序进入中远集团“三个三百”工程人才库及单位人才库。

（吴正康、孙再清）

【“布依河”轮把好成本控制关】 “布依河”轮常年航行在远东美西航线上，他们在精心研究气象资料的前提下，选用“经济”大圆航线，每航次减少航行里程400海里，节约燃油63吨；船长对码头资料进行详尽的研究，在确保安全的前提下，通过少用拖轮来节约港口使费。此外，他们还积极与港方及代理进行联系，合理调整到港时间和开船时间来节约各种港口使费。该轮全年节约燃油562吨，折合人民币近94万元，节约港口使费人民币7万多元。

（吴正康、孙再清）

3. 船舶管理三部

【船舶管理三部】 原船舶管理三处成立于2000年3月18日。主要职责：负责船舶的委托管理和所属船员的管理。委托管理的船舶23艘：“皖河”、“晋河”、“粤河”、“聪河”、“俊河”、“秀河”、“荣河”、“雅河”、“丽河”、“松河”、“冰河”、“玉河”、“香河”、“庄河”、“银河”、“星河”、“春河”、“秋河”、“潮河”、“丽海”、“丽波”、“丽涛”、“丽涟”轮。主要经营航线：华北—东南亚、福建—中国台湾、新加坡—南非、华东—美西、中国—日本、欧洲二线、环球线、内贸线。船舶管理三部机关设船员管理、安全技术、政治工作3个科，现员16人，包括大专以上学历11人。其中，高级职称2人。所管船员1021人，其中干部船员512人，含船长44人，政委40人，轮机长38人。2004年底共有中共党员444名。

现任部长丁振华，副部长黄志涵（原副部长蒋永根2004年9月13日离任）。

（解柏顺）

【概况】 2004年，船舶管理三部船岸员工共同努力，以安全为中心，各项工作取得了较好的成绩。船舶平均准班率达到公司要求；船舶港口国(PSC)检查一次性无缺陷通过率81%；船舶机电设备完好率100%；营运率100%；船舶综合治理良好，无各类偷渡、引渡、海盗袭船事件。船岸职工开展"安全质量月""百日安全无事故"等活动，增强安全准班控制力。修订《船舶管理三部机关"示范岗"创建标准》、《内贸线船员诚信守则承诺书》、《船舶管理三部船员业绩工资考核标准》。坚持以综合管理体系为工作依据和准则，通过了中远集运公司体系内、外审。船舶安全管理体系(SMS)运行良好，重点推行开发SMIS信息系统。继续推进船队思想政治工作创新。进一步落实党风责任制，以机务监督员和人事调配员为重点，坚持纪委书记谈话制度，坚持船舶领导上船前谈话制度，坚持对船员上船实行择优、有情、合理搭配。全年共培养船长11人，轮机长10人，政委1人，大副9人，大管轮6人，发展党员15名。 （解柏顺）

【凝聚力工程】 2004年船舶管理三部开展"串百家门、知百家情、解百家难、凝百家心"活动。部领导带队把主要骨干和困难船员作为重点，进行家访和慰问。全年共计慰问137人次，发放慰问金22936元人民币，给生病船员借支112000元人民币。代船员及家属办理劳保手续48人次，办理工会手续19人次。调解船员邻里纠纷5起，接待来访11人次，处理来信9封。安排92名船员及家属疗休养。领取和托带文件、信件、录像光盘、药品及体系要求的记录本85艘次。（解柏顺）

【"冰河"轮成为日照港集装箱专用码头首航船舶】 2004年10月12日上午10时18分，日照港集装箱专用码头正式投产营运，中远集运公司"冰河"轮作为该码头第一艘集装箱班轮成功靠泊作业。

日照港西港区集装箱专用码头总长844米，泊位水深16米，建设集装箱专用泊位2个，计划2005年8月全部建成，届时年通过能力将达到150万TEU。先期投产的是第一个泊位，可满足装箱量为8500TEU的第六代以上的集装箱船靠泊作业。日照港集装箱专用码头的投产，不仅使中远大型集装箱船舶在山东半岛港口选择余地上更加宽广，也为日照港同中远集装箱船在干线上的合作建立了坚实的平台。 （解柏顺）

【上海市授予"丽河"轮抢救渔民的船员为"见义勇为先进个人"】 2004年8月28日上午，"丽河"轮航行在黄海区域，发现水面漂浮物上有人求救，立即驶向求救目标，同时向有关方面报告。天津海事局任命"丽河"轮为本次救助行动的现场指挥船，"丽河"轮在7级大风浪中施放救生艇救起5名落水渔民。国内有二十多家报刊、杂志、网站报道了这次"丽河"轮抢救渔民的消息。11月10日，上海市有关部门召开大会，奖励一批见义勇为先进个人。"丽河"轮二副金利斌、三管轮孙峰、木匠沈跃华、一水丁小马、一水席建国、二水毛志杨6位船员被授予"上海市见义勇为先进个人"。大会颁发了奖状和奖金。

（解柏顺）

【"银河"轮救助"鲁胶渔0176"轮】 2004年9月9日，"鲁胶渔0176"轮在大海航行中丢失推进器，船上8名渔民无法与岸上联系，因风浪大，渔政船无法出海，公司收到求救信息后指派航行在该区域的"银河"轮前往救助。"银河"轮得悉后以最快航速抵达现场进行搜寻，积极配合有关方面救助，直至险情解除。连云港搜救中心致信公司表示感谢。 （解柏顺）

【公司动用直升飞机救助生病船员】 2004年2月2日7时15分，"玉河"轮满载正航行在营口至黄浦的洋面上，在船上工作的政委许耀明因上消化道出血，"玉河"轮又不能进上海港，而且病员身体十分虚弱，在病情十分严重的紧急关头，公司领导决定请上海海事局和交通部东海救助中心给予救助。10点45分直升飞机从高东机场起飞,11时30分抵达"玉河"轮上空,11时54分成功将病号吊上飞机,12时45分安全返回机场,将病员送到远洋医院进行进一步抢救。

(陈　忠)

【"雅河"轮新加坡装箱创纪录】 2004年9月11日,南非FAX航线1900TEU的"雅河"轮第13航次在新加坡共计装重箱1830TUE,创下该轮投入营运以来装箱最多的历史纪录。

(解柏顺)

4. 船舶管理四部

【船舶管理四部】 船舶管理四部成立于2000年3月18日。主要职责:负责船舶的委托管理和所属船员的管理。委托管理的全集装箱运输船舶24艘,其中,5400TEU系列船舶:"中远上海"、"中远青岛"、"中远香港"、"中远汉堡"、"中远新加坡"、"中远鹿特丹"、"中远安特卫普"、"中远菲利斯托"、"鲁河"、"川河"轮;2700TEU系列船舶:"民河"、"东河"、"高河"、"泰河"、"普河"轮;724TEU系列船舶:"商城"、"高城"、"明城"、"滨城"、"松城"轮;422TEU系列船舶:"汉江河"、"汉涛河"、"汉中河"、"汉水河"轮。主要经营航线:中国—西北欧线、东南亚—美西线、中国—海湾线、中日线、内贸线等。所管船员1176人。四部机关设政治工作科、船员管理科和安全技术科,现员16人。

现任部长张建新,副部长沙镇毅。

(韩　飞)

【概况】 2004年,船舶管理四部紧紧围绕"安全、准班、效益"这一中心工作,基本上完成了《2004年目标任务书》所下达的各项任务指标。全年无重大责任性事故,无污染事故,准班率(月平均)高于95%,PSC检查无缺陷通过率81.6%,设备完好率100%,防抗台成功率100%,体系运行单船认证100%,无重伤及死亡工伤事故,未发生船舶火灾和影响营运的机械故障。全年新培养能操纵5400TEU轮的船长5人、2700TEU轮的船长3人;培训"驾

报合一”人员15人，“机电合一”人员9人；共有26位轮机员掌握电机员岗位要求，28位驾驶员掌握报务员岗位要求，有7艘船舶实施了“驾报合一”，8艘船舶的电机员岗位是由轮机员担任；在“民河”、“中远青岛”两轮实施船员英语试点工作；挑选优秀船员参加中远集团技能比武，有4位同志获得较为出色的成绩，其中马丹阳获得船长岗位全能比武第二名、英语第一名的优异成绩。全年大力开展安全活动，推进船舶安全文化建设；加强船舶内审工作，确保体系有效运行；应用SMIS系统，提升船舶管理能力；加大船员队伍结构调整力度，制定了“船员五年发展规划”；深化和推进思想政治工作创新，确保了船舶管理各项任务的完成。

（韩　飞）

【许立荣在迪拜看望慰问“民河”轮】 2004年11月30日，中远集运公司总经理许立荣利用陪同中远集团总裁魏家福在迪拜进行工作考察的间隙，在亚太贸易区领导以及当地中远代表等的陪同下看望慰问停靠在迪拜的“民河”轮。在迪拜期间，中远集团总裁魏家福也打电话给“民河”轮船长，向全体船员们表示慰问，勉励全体船员再接再厉，进一步抓好船舶的安全准班和优质服务，争创更大的经济效益。（韩　飞）

【中国东方航空集团总裁李丰华参观“中远汉堡”轮】 2004年11月7日下午3点50分，中国东方航空集团总裁李丰华、党组书记李文新等一行，在中远集团副总裁马泽华、中远集运总经理许立荣、党委书记吴树雄等人的陪同下，登上“中远汉堡”轮参观指导。船长和政委领着客人们从驾驶台到生活区、会客室，介绍了船舶的情况。“中远汉堡”轮良好的船风船貌和船员们所体现出的优良素质得到东航集团领导的称赞。（韩　飞）

【“鲁河”轮成功首航欧洲二线】 2004年8月26日下午，第五代集装箱“鲁河”轮成功靠泊意大利那波利港。“鲁河”轮作为中远集运公司新辟远东至地欧航线(欧洲二线)的第一条5400TEU船舶，缓解了远东至地中海的出口压力，抢占意大利出口到北欧地区的货源市场。“鲁河”轮成功挂靠那波利港创造了该港口的三项之最——第一艘吃水最深的船舶(12.8米)；第一艘在船载箱量最多的船舶(4982TEU/47466T)；第一艘COSCO最大的集装箱船舶。（韩　飞）

【学习英语活动】 2004年，船舶管理四部在“民河”轮进行学习英语试点，要求船舶开船员大会、部门会、工前会要坚持用英文，干部船员要起骨干带头作用，普通船员要会说自己岗位常用语，特别要求一水能熟练运用日常用语接待国外来访人员。“民河”轮成立了由船长、政委为组长的学习英语领导小组，利用“海上课堂”的优势，实行每周三次的全体船员英语课制度。另外，为了提高大家学习英语的兴趣，还开展了推选“每周之星”活动，每周推选一名船员作为当周的学习明星，负责带教监督。目前，船管四部在所属的四条主要航线，美西线、欧洲线、海湾线、中日线各选了一艘试点船开展学习英语活动，并在船岸交流刊物《四部工作》中开辟英语专栏，多方面、多角度地提高船员的英语阅读、会话能力。（韩　飞）

【“中远鹿特丹”轮开启船员家属随船工作】 2004年4月10日，船舶管理四部轮机长龚道林家属谢秀凤踏上“中远鹿特丹”轮，正式开启船员家属随船的美好旅程。这是继2000年“阳江河”轮船员家属随船试点之后，中远集运公司正式启动船员家属随船工作。当天上午10点，船管公司党委书记崔连邦专程前往上海外高桥码头欢送谢秀凤随船。船长夏亚明在船边向谢秀凤献上了一捧鲜花，代表全体船员热烈欢迎“海夫人”随船。“中远鹿特丹”轮于4月11日0时30分上海开船，途经大连、青岛、盐田、香港、新加坡、苏伊士、鹿特丹、费利克斯托、汉堡、安特卫普、苏伊士、新加坡和香港回上海,整个行程为56天。此次家属随船是中远集运公司船员家属正式随船的第一次,也是中远系统船员家属正式随船的第一个。这是中远各级领导为船员办的一件实事、好事,体现了中远集团、中远集运公司各级领导对船员、船员家属的关心。(韩 飞)

【“中远香港”轮首获DNV颁发ISPS证书】 2004年1月28日,挪威船级社(DNV)新加坡籍主任审核员周顺华一行在盐田港对“中远香港”轮进行国际船舶及港口保安规则(ISPS)的船舶外审。在持续6个小时的审核过程中,审核员对船舶保安计划,甲板、机舱、生活区的保安设施及船舶采取的保安措施进行了详尽的审核,并对近20名船员进行了询问,最后还在船舶实施了一次防海盗袭击应变演习。由于船舶对ISPS体系的建立和培训工作高度重视,组织有方,措施得力,每一位船员都对船舶保安知识掌握全面、理解透彻,对提出的问题对答如流。在签署《国际船舶保安外审证书》(ISSC)时,审核员称赞COSCO船员素质一流,并当场向船舶颁发了有效期为5年的DNV证书。这是公司第一艘接受挪威船级社外审的船舶。

(韩 飞)

【“明城”轮鲅鱼圈救助“锦翔18”轮】 2004年2月7日,“明城”轮在营口鲅鱼圈港成功帮助锦州市海运公司“锦翔18”轮破冰脱险。受困船离“明城”轮4.5海里,被冰困住,情况危急,要求周围船舶给予援助。“明城”轮船长立即请示公司有关部门,经同意后实施援助工作。经过一个小时协助破冰,“锦翔18”号轮成功脱离冰区。(韩 飞)

5. 船舶管理五部

【船舶管理五部】 船舶管理五部成立于2000年3月18日。主要职责:负责船舶的委托管理和所属船员的管理。委托管理的船舶21艘:“天后”、“海后”、“凤后”、“龙后”、“天河”、“瑞云河”(2004年4月2日退役)、“凌云河”、“祥云河”(2004年4月30日退役)、“腾云河”、“飞云河”、“潮汕河”、“肇庆河”、“阳江河”、“新会河”、“松子”、“竹子”、“梅子”、“中远樱花号”、“中远兰花号”、“中远菊花号”、“东龙”轮(2004年3月23日退役)。经营航线:亚洲—地中海快航、中国—澳大利亚航线、中—日绿色快航、霓裳快航、中国—美西快航、中国大陆—中国台湾航线等。机关设政治工作、安全技术和船员管理3个科。现有员工19人,包括大专以上学历13人。其中,高级职称3人,中级职称7人。所属船员1116人。

现任总经理殷焕宇(原总经理倪集禾2004年9月离任),副总经理常华明。

(吴文虎)

【概况】 2004年,船舶管理五部经过船岸职工共同努力,船舶主要机电设备完好率100%;综合准班率96.12%;船舶燃润油消耗总量控制在公司下达的年度定额指标之内,机务五项费用节支率19%;安全质量体系运行内审共18艘次,换证审核6艘次,中间审核5艘次,完成全年船舶设备评估和设备整治工作;完成15艘船舶SMIS系统安装并投入使用;未发生工伤事故;完成本部船舶ISPS审核认证并获得《国际船舶保安证书》;加强党风建设,机关科以上、船舶部门长以上干部无严重违法违纪事件;治安综合治理情况良好;提升干部55人次,发展党员14人;开展凝聚力工程建设,慰问病、困船员65人次,补助金额14200元;推进两个文明建设,7艘船舶被评为“华铜海”式船舶。

(吴文虎)

【建立有效的监控沟通渠道】 在安全管理中,船舶管理五部针对监控不及时、不到位,情况沟通不顺畅,信息传递失真的问题,强化有效监控、沟通机制,保证管理部决策的科学性和管理的有效性。推进随船检查指导制度,变靠港时的静态检查为航行中的动态检查,变间隙式指导为跟踪式指导。实施船岸对比检查制度,对自查无缺陷而机关检查有缺陷的船舶进行教育、指导、批评,强化船舶安全自查意识,提高自查质量。开设"总经理信箱",要求各轮每半月向部领导发一份邮件,提出需要总经理协调解决的问题,提高岸基支持力度。在五部的《情况交流》上设立"焦点论坛"栏目,让船员把最关心、最难办、最想解决的问题讲出来,并及时给予解答。船员可用 E-mail、书信、电话等形式反映问题,受到船员的欢迎。

(吴文虎)

【"海后"轮开展学习英语的试点工作】 船舶管理五部为提高船员的英语水平,把"海后"轮定为学习英语试点船。船舶党支部在组织船员进行学习英语培训方面进行了有益的尝试。要求船员明确学习目标,端正学习态度,变要我学为我要学,在确保船舶安全生产的前提下,把注意力集中到学习英语上来;在组织形式上实行分层次教育,提倡勤学多练。他们根据船员的不同文化层次、不同工种和不同年龄结构,灵活多样,积极为船员营造英语学习环境,收到了很好的学习效果,船员的英语水平得到了较大的提高。

(李汉培)

【"中远兰花"轮创安全无事故 1000 天】 "中远兰花"轮自 2001 年 11 月 28 日投入运营来,至 2004 年 8 月 25 日,实现安全无事故 1000 天。该轮是中日航线上的绿色快航周班船,在日本内海航行 276 次,进出港 552 次全部自引、自靠、自离,节约使用拖轮 1300 艘次,未发生任何事故。

(黄　忠)

【"松子"轮团支部获"上海市青年文明号"和"全国五四红旗团支部"称号】 "松子"轮团支部带领全体团员青年出色地开展共青团工作,继 5 月份获得"上海市青年文明号"称号后,12 月,又被共青团中央命名为"全国五四红旗团支部"。

(黄　忠)

【"凌云河"等三艘船舶被评为 21 世纪优质船】 航行在中国——美西航线上的"凌云河"、"飞云河"、"腾云河"三艘船舶十分注意质量管理,多次通过港口国的检查。从 2004 年 4 月起,这三艘船舶分别被美国海岸警备队评为"21 世纪优质船"。

(黄　忠)

【中央电视台到"凌云河"轮拍摄新闻片】

2004 年 8 月 26 日,中央电视台摄制组一行十余人到停靠在上海外高桥码头的"凌云河"轮拍摄《走向国际化的中远》电视专题片。接到任务后,全体船员在不影响船舶装载工作的前提下,按照摄制组的要求,全力配合,密切合作,搞好拍摄场景所需的照明和安全等工作,保障整个拍摄工作顺利完成。"凌云河"轮船员的忘我工作精神,展示了中远船员的工作风范,受到了摄制组同志的高度赞扬。

(黄　忠)

6. 上海远洋对外劳务有限公司

【上海远洋对外劳务有限公司】 上海远洋对外劳务有限公司是由原船舶管理公司劳务合作处改制而成。2001 年 1 月 9 日,公司完成工商注册。1 月 12 日,上海远洋对外劳务有限公司在船舶管理公司二届一次职代会和 2001 年政工会召开期间正式揭牌成立。2004 年 11 月,经中远集团批准,中远集装箱运输有限公司将所持上海远洋对外劳务有限公司 90% 的股权无偿划转。股权变更后,公司股东为上海远洋运输公司和上海远洋船舶管理有限公司,分别持 90% 和 10% 股权。劳务公司的主要职能是开拓国内外劳务市场,承揽海上船员和陆上人员派出业务;招收各航海学校的大中专生，培训外派船员；为外派船员办理护照、签证等手续，对派出船员合同期内跟踪管理；为适任世界各种类型船舶，组织外派船员专业技能训练和特种专业培训；举办英语强化班，不断提高外派船员英语水平与会话能力。公司具有船舶管理功能和全球船舶供应网络，可为客户提供船舶备件、物料，造船设计、船舶监造、科研开发、技术、业务及咨询方面的优质服务。公司还建立了陆上劳务信息和人才资源网络。公司下设行政人事部、业务部、船员管理部、计财部、海事服务中心和人力资源开发中心。机关现员84人，包括硕士学历2人，大学学历27人，大专学历29人。其中，高级职称6人，中级职称14人；外派在船船员2875人。上海远洋对外劳务有限公司下属有：上海环洋劳务有限公司、上海远洋兰波技术服务公司及所辖上海中威船舶管理有限公司。

现任上海远洋对外劳务有限公司总经理兼党委书记毛建良，副总经理杜一珉、许庆成。（毛建良）

【概况】 2004年上海远洋对外劳务有限公司外派船员2875人，直接签约率76%，租金回收率98%，新接高租金班子比例27%，外派船达108艘，其中新接外派班子24套。年内，强化了对船东、船舶、船员的服务，加强市场开拓、外派专业化船员队伍建设、船员培训的力度，实现船员管理、安全预控力、成本控制力水平的提高。公司成功召开了第三届上海远洋国际劳务洽谈会；利用在上海召开劳氏国际配员和培训大会的契机，接触各地船东，开展宣传，提高公司的知名度；采取“走出去，请进来”的办法，出访日本、韩国、香港等地主要船东，邀请船东到公司访问，全年共接待船东来访66家次；实行客户服务专人负责制，建立船东要求快速反应机制；健全船东档案，汇总纪录船东资料；为船东提供船舶备件、修船中介、租船业务等延伸服务；为全套班子外派船提供最新的PSC检查、ITF检查资料，给25条处于台风区的外派船舶提供了防抗台指导；根据新的国际惯例更新配员合同范本，并根据香港CBA标准调整合同报价，提高公司的经济效益；公司对环洋公司进行重组，将人力资源部并入环洋公司；完成了

660名农合工的转制工作；继续推进"人人参与节约每一分钱"的活动，实行新的《劳务公司总经理奖励基金使用办法》；调整奖励办法，避免发生重发的现象；分析成本升降的各种要素和原因，实现成本控制和节约；加强干部船员培养提升和合理流动，使外派高级船员资源得到充分合理的利用；积极协调各家船东，组织200名持证一水、机工上船顶职。全年安排船员英语培训214人，船东面试前培训575人，各种业务技术培训536人；全年共计对52艘外派船进行了现场办公和联合检查；认真做好对船员的节日慰问，对伤病船员进行重点跟踪，提供各种帮助；此外，还召开船员家属座谈会，了解船员家属的困难，给他们提供援助。（毛建良）

【评选外派先进船员】 2004年1月17日，上海远洋对外劳务有限公司经理办公会研究决定，评出2003年度外派先进船员共240名。其中，获得2003年度外派先进船员一等奖25名，二等奖55名，三等奖160名。（陈志平）

【外派船员被中远(新加坡)有限公司评为优秀船员】 2004年2月，中远新加坡公司对上海远洋对外劳务有限公司外派的153名船员进行评比，评出12名在船舶安全生产工作中作出了突出贡献的船员为2003年度的优秀船员，他们是COS BONNY轮船长吴金涛、大管轮忻智敏，COS GOLRY轮船长莫志伟、水手长马学才，COS HERO轮轮机长张云、三副樊利明，COS KNIGHT轮船长陆国俊、一水苏延勇，COS ANGEL轮船长龚小才、轮机长徐立，COS ANGEL轮水手长黄粉宝、机工长胡章义。这家公司给予他们一定现金奖励，同时从中选出部分优秀船员的家属到新、马、泰等国旅游。（毛建良）

【上海环洋劳务有限公司实施业务重组】

2004年3月，对上海远洋对外劳务有限公司所属的上海环洋劳务有限公司进行了业务重组。重组后的上海环洋劳务有限公司主要职责：开拓国内劳务市场，为上海远洋对外劳务有限公司输送劳务船员、社会船员。面向全国招募船员，并负责培训劳务船员。已先后在上海崇明、江苏、河南、河北、湖南、湖北等地建立了船员劳务中心，并建立了劳务、社会船员资源库，2004年外派在船船员达到1232名。公司还实施了"业务经营多元化"的经营策略。大力拓展陆地劳务市场，建立了广泛的陆上劳务信息和人才资源网络，向飞利浦、达浦等公司派出劳务工。上海环洋劳务有限公司下设综合部，人力资源部，陆上劳务部，财务部。公司董事长、总经理毛建良，常务副总经理吴新华，副总经理周迅。（徐乃平）

【招募菲律宾船员】 2004年8月5日至7日，上海远洋对外劳务有限公司总经理毛建良一行5人赴菲律宾为"裕固河"轮和"峰云河"轮招募8名菲律宾船员，为中远主船队使用外籍船员首开先例。

（王　琳）

【上远对外劳务公司获上海市跨国经营20强单位】 2004年3月1日，上海市副市长周禹鹏在全市各委办、各区县和有关方面负责人会议上，向中远集运所属"上海远洋对外劳务有限公司"颁发"上海市跨国经营20强"奖牌。这次会议，旨在推进上海劳务协作走向世界的战略。

（陈　忠）

【公司对外派船"鹏图"轮参与海上营救行动给予表彰和奖励】 2004年2月27日晚，外派船"鹏图"轮在烟台锚地发现海上遇险小渔船"鲁芝0013"艇，全体船员主动配合烟台海事局等有关单位和船舶，积极开展海上营救工作。烟台海事局专门致电中远香港远洋运输公司给予表扬，中远香港远洋运输公司将此传真发给上海远洋对外劳务有限公司。上海远洋对外劳务有限公司总经理签发电报表彰"鹏图"轮全体船员，并给予该轮一次性奖励1万元人民币。（金佳慧）

【召开第三届上海远洋国际劳务洽谈会】 2004年5月18—22日,第三届上海远洋国际劳务洽谈会在江西庐山召开。26名来自世界各地的船东代表参加会议。会议期间,各地船东就航运界的新问题,发展的新趋势以及各公司的应对措施等议题进行交流和探讨。 (王 琳)

【嘉奖"顺风"轮船员抓获偷渡者】 2004年8月23日,上海远洋对外劳务有限公司党委书记兼总经理毛建良向"顺风"轮船长暨全体船员发嘉奖电,嘉奖该轮在尼日利亚的PORT HARCOURT抓获2名偷渡者,给予一次性奖励人民币1万元。

(金佳慧)

【参加劳氏国际船员配备与培训大会】 2004年10月25日至27日,上海远洋对外劳务有限公司派员参加了英国劳氏主办的国际船员配备与培训大会。出席大会的有外经贸部商务司、中国外派海员协调机构、国际运输工人联合会、国际劳工组织、国际航运联合会、挪威船级社等行业组织的代表以及来自世界各大配员公司的代表。各国代表就国际航运发展需求,船员标准的发展,船员工资,船员之间语言文化差异与安全之间的关系,船员的培训、招募等问题进行了积极的讨论。

(王 琳)

【举办第二届劳务中心船员管理研讨会】 2004年11月10日,上海远洋对外劳务有限公司在江苏溧水举办第二届劳务中心船员管理研讨会,会议总结一年来的工作,规划下一步发展的方向。上海远洋运输公司、上海远洋对外劳务有限公司、环洋公司和各劳务中心主管领导,各公司机关与江苏、湖北等9个劳务中心代表共59人参加会议。 (吕忠兴)

【"鹏隆"轮一周内二次PSC检查获无缺陷通过】 2004年11月12—18日,外派船"鹏隆"轮一周内先后在美国的New Orleans港、PASCAGOULA港接受了二次USCG的PSC检查,都以无缺陷通过,为船东和上海远洋对外劳务有限公司争得了荣誉。 (毛建良)

【"英雄"轮三次查获当地偷渡者】 2004年,外派船"英雄"轮在停靠科特迪瓦、尼日利亚等非洲国家港口装卸货时,认真仔细做好防偷渡检查工作,分别在2月14日、7月12日、11月29日科特迪瓦的阿比让港和尼日利亚的哈库特港离港检查中,三次查获了7名当地偷渡者。

(郭志森)

【毛建良参加船员劳务经营专题会】 2004年12月3日,上海远洋运输公司2005年船员劳务经营专题会在江苏昆山召开。徐政军、仇鑫尧、崔连邦、毛建良等出席会议。会议指出船员劳务的发展要真正做到与国际接轨,就必须确立新的经营理念,用改革提高市场竞争能力,用创新提高盈利水平,用发展做大做强劳务外派。 (王 琳)

【举办兼职党支部书记及带队负责人培训班】 2004年3月25—26日、6月17—18日、9月16—17日、12月9—10日,上海远洋对外劳务有限公司先后共举办了4期兼职党支部书记及带队负责人培训班,有89名大副、大管轮以上的干部船员参加了培训。培训班讲授了外派船党支部书记工作流程概要,外派船党支部季度汇报工作,发展党员的有关要求,外派船员评估体系及注意事项,船舶安全保卫工作知识及要求,突发事件处置的几个原则,外派船"五防""四禁"及综合治理专项整治工作要求,劳动保护知识及工伤案例分析,劳务外派财务有关规定,合同期满时党支部及个人小结的要求等内容。

(金佳慧)

【金佳慧同志参加共青团十五届三中全会】 2004年12月15日,上海远洋对外劳务有限公司员工、团中央候补委员金佳慧出席在北京人民大会堂召开的共青团十五届三中全会。会后,她分别向中远集团、中远集运公司、上海远洋运输公司、广州远洋运输公司、大连远洋运输公司、青岛远洋运输公司、天津远洋运输公司的团委书记以及上海远洋对外劳务有限公司的全体团员传达了会议精神。

(陈志平)

【开办外派船员英语培训班】 2004年,上海远洋对外劳务有限公司为全面提高外派船员的英语水平,开办英语培训班9期,培训船员214人。公司总经理亲任英语教学小组组长,教师全部由船上实践经验丰富、具有多年外派资历和英语基础较好的相关部门经理与新进英语水平较高的机关员工担任。(卢兴福)

【积极扩大与合作供方的劳务合作】 2004年,随着上海远洋对外劳务有限公司的不断发展和壮大,社会船员的需求量日益增大,全年面向社会招募使用各级社会船员563人次,其中高级船员142人次,普通船员421人次,在船社会船员由2003年底的195人,上升到2004年底的525人。合作供方(中介公司)由2003年底的12家增加至23家,社会船员已遍布江苏、安徽、湖北、湖南、河南、浙江、福建、山东、辽宁、广东、四川等地,为上海远洋对外劳务有限公司的发展提供了人力资源保证,同时也创造了可观的经济效益。

(谭佩华)

【上海远洋对外劳务有限公司荣获上海市劳动模范集体称号】 2004年4月21日下午,上海市委、市政府在市委党校召开2001—2003年度上海市劳动模范表彰大会,隆重表彰3年来为上海建设和发展作出突出贡献的872名劳动模范和380个劳模集体。上海远洋对外劳务有限公司获得了上海市劳动模范集体的殊荣。

(陈志平)

【郁国华荣获上海市劳动模范称号】 2004年4月,上海市人民政府发文,表彰2001—2003年度上海市劳动模范。上海远洋对外劳务有限公司外派船长郁国华同志荣获上海市劳动模范称号。郁国华同志热爱远洋,忠于本职,刻苦钻研业务技术,工作上不断有新的建树,在他任船长的16年里,一直保持着人、船、货均安全无事故的记录,所在船舶多次被评为各类先进集体、先进班组。(徐小明)

7. 上海远洋船舶管理有限公司

【上海远洋船舶管理有限公司】 上海远洋船舶管理有限公司(简称上远船管公司)是由中远集运公司和上海远洋运输公司投资成立的独立法人公司,行政上隶属于上海远洋运输公司。2003年1月7日正式成立。2004年11月根据中远集团要求,对公司进行了改制,股权变更为上海远洋运输公司和上海远洋对外劳务有限公司。上远船管公司主要职责:为船东客户提供船舶管理,技术咨询,船员配备,计算机应用,船舶监造、修理、备件物料供应,通导设备管理,船舶买卖和租赁等相关船舶服务。下设船舶管理部、业务部、供应部、船员部、财务部、综合部。机关现有员工19人,包括大专学历以上17人。其中,中级职称以上17人。

现任公司总经理兼党总支书记李德水,副总经理孙飞、吴爱民、陈志强。

(李德水)

【概况】 2004年上远船管公司投资回报率达到70%,同比增长翻一番。上远船管公司利用COSCO品牌,做好市场调研,为船东客户提供船舶管理及相关服务。上远船管公司与多家国内外船东建立联系,与日本富士、三伸等公司合作,聘请多名国外专家做假驻外业务代表。上远船管公司不断扩大业务范围,向船舶买卖、船舶和集装箱租赁等船舶管理业务延伸,创造较好效益。上远船管公司与中远新加坡等船公司达成船舶部分管理和技术咨询服务协议。上远船管公司越来越得到船东的信赖。(戴　卓)

【开拓市场,增加效益】 2004年,上远船管公司利用COSCO品牌效应和丰富的船舶管理资源,与国内、外船东联系开拓业务。至年底,与俄罗斯、法国、斯洛文尼亚、丹麦、新加坡及国内船东建立关系,全面管理的船舶已达到了25艘。营业收入同比增加了2倍,净利润高于2003年。

(董关法)

【船舶管理和技术咨询】 2004年上远船管公司新增加15艘委托管理船舶。这些船舶的外籍船员全部由上远船管公司替换为COSCON船员。2004年上远船管公司与中远新加坡有限公司,继续执行2002年达成的有关聘用中国地区首席代表的协议。上远船管公司管理部经理毛庆东作为中远新加坡有限公司的中国首席代表,全权负责中远新加坡有限公司船舶抵中国港口的机、海务管理。完成船东所交给的各项任务,全年为中远新加坡有限公司在中国修船提供监修、技术指导、船员考核、航修、物料和备件供应以及技术咨询20余艘次。 (周建国)

【船舶供应和修理】 上远船管公司依托中远集团在世界各派驻机构和国内中远集运各分支机构及网点,联络有关客商和机构,为国内外船公司提供船舶供应和修理等服务。上远船管公司供应部根据船东要求安排船舶航修、厂修、船舶检验、备件和物资订购及伙食供应。至2004年底,上远船管公司已与欧洲、俄罗斯、日本、台湾、香港等18家船公司建立合作关系,创造较好的经济效益。(顾正辉)

【提高管理水平,加强成本控制】 2004年上远船管公司机务海务人员通过学习和掌握有关国际公约、新规范及各种特殊规定,提高自身业务素质和管理水平。机务海务人员经常登轮指导,查阅船舶各种报表,发现问题及时指导,同时加强对船舶跟踪,特别是恶劣天气和海况的安全航行指导。制定机务海务人员上船顶职制度。上远船管公司管理部注意加强对船舶管理成本的控制,备件供应做到货比三家,在保证质量的前提下,尽量使用国产替代品或二手备件,节约管理成本。物料、油漆、滑油、化学品等供应利用中远集运公司优势及渠道,取得优惠的供货价格。航修和厂修,采取预先报价和价格竞争,控制修理范围,把好质量关,认真审核修理费,为船东节约每一分钱。全年上远船管公司所管理船舶的各项费用都控制在预算以内。 (毛庆东)

（三）陆地产业单位

1. 上海远洋船舶供应公司

【上海远洋船舶供应公司】 上海远洋运输公司船舶供应公司(简称供应公司)成立于1973年,是一家综合性船舶生产和船员生活资料供应、船用救生筏销售检修、消防设施检测的专业公司,是中国及亚太地区最大的船用物资供应商之一,也是海外多家著名油漆、化学品、船舶备件制造企业在中国最大的代理商,供应网络遍布中国主要港口。供应公司占地4万平方米,拥有库场、冷库、办公楼等3.2万平方米,设有海关综合性保税仓库;有24辆各种运输车辆,全部安装GPS监控系统;有4艘水船(900吨位)、1艘港作船和1艘旅游交通艇。供应公司30年来形成完整的服务体系和计算机管理系统,通过了ISO9001:2000标准质量管理体系的认证,获得了海关综合性保税仓库"信得过企业"称号。救生筏检修站连续12次通过了中国船级社、国家海事局的认可,并且获得了美国ABS、英国LA等船级社的认可证书。目前与国内外200多家航运企业建立了良好的业务关系。供应公司内部机构设办公室、人保部、财务部、管理部和开发办。基层单位有食品供应部、物料供应部、代理部、综合销售部、采购部、储运部、百舸船队、万事达经营公司、救生设备销售维修中心、远供汽运公司、远林花木经营部等。供应公司现员497人,包括中专以上学历210人。其中,具有各类专业技术职称99人。

现任总经理孙定山、党委书记沈威新。（方　茵）

【概况】 2004年，供应公司实现主营业收入10805万元，与2003年同期相比增加12.18%；实现利润1201万元，为年考核利润的184.77%，奋斗目标的171.57%；毛利率为43.97%，与2003年同期相比，增加2.14个百分点；营业收入回收率90%以上，与2003年同期相比增加1.5个百分点；存货周转次数为4.94次(考核指标为3次)；实现了连续20年安全生产无大事故，综合治理工作保持稳定正常。员工收入较大幅度上升。圆满完成上级公司下达的经营管理的各项主要指标。公司获中远集运双文明单位称号；获2004年度上海市夏季安全生产百日无事故竞赛活动优胜单位称号；获杨浦区2004年度道路交通安全先进单位称号；方庆元同志的助学事迹，被评为上海市十佳好事；物料部的QC成果获交通行业质量管理小组成果发表优秀奖；工会开展的“围绕效益，服务中心”活动被评为“2004年度中远集运工会十佳特色工作”；获杨浦区文明交通格言创作三等奖。供应公司团委被中远集运公司评为2003年度“五四红旗团组织”，供应公司管理部计算机室被中远集运公司评为2003年度“青年文明号”，该部计算机室的叶耀辉、综合销售部的王华被中远集运公司评为2003年度“中远集运公司杰出青年岗位能手”。（方　茵）

【召开供应公司“两会”】 2004年2月10日，供应公司召开十届二次职工代表大会暨2004年度思想政治工作会议，74名正式代表、政工会代表和列席代表出席会议。中远集运副总经理刘昌龙、工会副主席徐道顺、陆产总公司党委书记过玲羽等领导到会祝贺并讲话。会议还认真听取和审议了党委书记孙定山同志作的题为《聚精会神抓效益，一心一意谋发展，全面推进公司两个文明建设再上新台阶》两会工作报告。（方　茵）

【机构调整】 2004年6月，供应公司为进一步适应船供市场变化的需要，对业务流程和组织机构进行优化组合，合并组建了可以统一集中采购的采购部；8月，撤销总务部，原该部管理职能重新整合归并；同时成立万事达属下的钮锁修理部和综合销售门市部。关闭了不盈利的家电中心和义卖中心。（方　茵）

【严格规范免税品销售程序】 2004年2月，供应公司针对免税品管理中存在的薄弱环节，制定“免税品管理补充规定”及“免税品从业人员守则”，并与销售业务员签订了“销售业务员承诺书”。

（方　茵）

【结合船供实际，开展安全系列活动】 供应公司3月份以“持之以恒，抓好安全，有效落实体系规则”为主线，开展“安全质量月”活动；6月份以“以人为本，安全第一”以及“坚持以人为本，夯实安全基础”为主题，开展“安全生产月”和“反三违月”活动；4—7月份以“学道路交通安全法，做都市文明交通人”为主题，开展“道路交通百日安全无事故竞赛”活动，通过系列活动，强化了广大员工安全生产的意识，实现了连续20年安全生产无大事故。

（方　茵）

【荣获杨浦区安全行车先进集体】 供应公司2004年度全年安全行驶119713公里，经杨浦区交巡警支队验收，又一次被评为杨浦区道路交通安全先进集体。杨福鑫、袁前卫被评为区交通安全优秀管理干部。（方　茵）

【举行驾驶员、机修工技能比武活动】 供应公司2004年8月31日，举行驾驶员、机修工技能竞赛，34位职工参加比赛。徐国权、刘林明获驾驶技术第一名，沈万华获第二名，杨林贵、范明新获第三名；吴贵谦获机修技术第一名，戴良峰获第二名，施永斌获第三名。（方　茵）

【供应公司工商管辖权从市局转入虹口

区】 从2004年开始，根据国家新的公司注册法规定，供应公司的工商管辖权从市局转入虹口区。 （方 茵）

【QC项目获奖】 供应公司2003年度选送的"提高物料供应满足率"QC项目，获集运公司TQC三等奖，并被选送参加上海市和集团的TQC评奖，并荣获交通行业质量小组成果发表优秀奖。

（方 茵）

【召开经营工作务虚会】 2004年10月29日，供应公司召开以"开动脑筋，追求新上远及COSCO利益最大化；苦练内功，增强公司核心竞争力"为主题的2005年度经营工作务虚会。供应公司党政工领导及中层以上干部参加会议，上远公司副总经理任勇青代表徐政军总经理到会祝贺并讲话。公司总经理孙定山、党委书记沈威新分别在会上就2005年度的工作提出具体要求。 （方 茵）

【企业网站与相关网站成功链接】 供应公司为了向外推广企业网站，进一步扩大知名度、加强影响力、打响"上海远供"品牌以及方便与外界的沟通与联络，2004年2月份，与中远集运思想政治工作网、航交所中华航运网和上海经济信息网实行友情链接；4月份，加入上海经济网。

（方 茵）

【顺利通过ISO换版审核】 2004年12月6日—7日，供应公司接受中国船级社质量认证公司的ISO9001—2000版换版第三方审核，并顺利通过审核。

（方 茵）

【开发绿色、环保食品采购渠道】 供应公司从2004年起把船舶伙食供应列为创"远洋供应"服务品牌的优先项目之一。6月份成立采购部，8月份专门成立万事达经营公司综合销售蔬果、海鲜、河鲜、肉类、禽蛋、南北干货、调味品和饮料等，从源头开发无公害的、绿色的、环保的、以蔬菜为主项的食品采购渠道，让船员吃得放心、安心和舒心。 （方 茵）

2. 上海远洋通信导航分公司

【上海远洋通信导航分公司】 上海远洋运输公司通信导航分公司（SHANGHAI MARINE COMMUNICATION & NAVIGATION CO.）简称通导公司，是隶属于上海远洋运输公司集科、工、贸一体化的综合性专业化公司。前身是上海远洋运输公司通信站，主要从事船舶通信导航设备和机舱自动化设备部件的研制、生产、销售和安装、维修、调试以及陆上的通信、计算机网络等工程的设计和施工。通导公司辖有中远海上电子设备工程公司、中远自动化服务中心、上海捷讯科贸发展公司、上海远华通信导航发展公司、深圳上远电子公司和中外合资越洋无线电有限公司，内部设立办公室、财务部、通信服务部。通导公司1998年通过了中国船级社ISO9001质量管理体系认证。通导公司现有通信实验室、导航实验室、电航实验室和一个保税仓库并承担自理报关企业的职责。目前，通导公司还是RAYTHEN—ANSCHUTZ、SAM—ATLAS、YOKOGAWA、TOKIMEC、JRC等世界著名厂商在中国口岸的专业维修代理，是经CCS、NK、ABS、DNV、LR、KR船级社认可担当船舶无线电安全设备检验的公司。现员98人，其中具有高中级职称的专业技术人员35人，占员工总数的36%。

现任总经理陈其安，党总支书记苌建军（原党总支书记王益民2004年5月离任）。 （刘伟鸿）

【概况】 2004年，通导公司内抓管理强实力，外树形象争市场。党政领导班子审时度势，向管理要效益，致力于内部改革。先后出台《关于规范处理公司生产经营所需有关费用的规定》、《关于规范对外包工程管理的通知》、《上远通导公司工程技术人员聘任制度的实施细则》等一系列规章制度,保证了公司的管理有章可循。深化内部管理,加强成本核算,采用金碟软件借助计算机网络信息系统等支撑工具,把采购、库存与财务的材料成本核算连结起来,保证账物一致,有效控制成本,增加了经济效益。通导公司对计算机通信业务、仓库管理进行整合,把计算机通信业务全部划入自动化中心,更名为通信服务部;对原通导公司内各部门仓库按专业划分组建保障部,实施统一管理,在公司内形成了资源共享、设备共享、人才共享。年初,通导公司改革业绩工资分配办法,在公司内拉开差距,使收入向有效益且表现突出的员工倾斜,在持续高温的7、8两个月,职工抢船期、显诚信,以优异的成绩争得来之不易的经济效益。通导公司始终坚持以人为本,用人性化的服务为各船东提供了全方位、全天候、全过程的服务,全年营业性收入比2003年提高11.88%。全年安装、维修、调试通导设备和自动化设备共计2939台次,其中外部市场占51%强。通信服务部收发各类电报共62971份。圆满地完成了全年的效益目标指标。 (刘伟鸿)

【承办技术讲座和演示会】 2004年4月26—27日,通导公司受中远集团的委托,承办了新加坡NEAR公司在通导公司举办了"COSCO—NEAR—WESTGOLD—TECH—TRAINING"技术讲座和NEAR公司的通信导航产品的演示会。中远集团内各兄弟单位和各大船东的通信导航设备的管理工程部和有关通信导航方面的技术人员参加了这次技术讲座。 (刘伟鸿)

【捷讯科贸公司受让股权】 上海越洋无线电有限公司原股东荷兰航海电子公司2004年4月退出合资公司,并将其拥有的35%股权转让。通导公司下属上海捷讯科贸发展公司受让了荷兰航海电子公司转让的股权。上海市外国投资工作委员会以沪外资委批字[2004]第590号批复同意了上海越洋无线电有限公司股权转让和延长经营期限的申请。2004年6月29—7月1日,上海越洋无线电有限公司召开了第十届董事会,就股权调整后的越洋公司经营方针进行了专题研讨。通过市场规范操作,年底收到了良好的投资效益,也为通导公司培育了新的利润增长点。 (刘伟鸿)

【全年员工培训率达到81%】 2004年9月4—16日,通导公司自动化服务中心副经理顾延军同志去英国利物浦,参加Rydex主要客户的技术人员培训,提高系统管理人员的业务水平,适应Rydex技术更新,完善Amos mail和Redex系统的操作技术。电子公司通信导航专业的工程技术人员也分两批分别参加了JRC、NERA相关技术培训。全年通导公司有92人次参加了业务技术、安全质量等培训,全员培训率达到81%。同时还多次组织内部讲座,由部门经理和技术骨干授课。通过培训,技术人员的专业技能和业务水平有了很大提高,也提高了公司的核心竞争力。 (刘伟鸿)

【打造凝聚力工程】 通导公司积极开展丰富多彩的企业文化活动,陶冶职工情操,把帮困送温暖、家访、疗休养等凝聚力工程建设活动作为团结职工凝聚企业人员的重要方面。全年共慰问职工33人次,补助困难职工14人次,补助款共计4000元人民币。公司在新年的第一个工资发放日开展"一日捐"和为工伤职工李进方献爱心募捐活动,募集捐款共计5930元。通导公司工会全年组织职工参加旅游共计102人次,组织退休职工参加旅游19人次。 (刘伟鸿)

3. 上海远洋医院

【上海远洋医院】 上海远洋医院(简称远洋医院)是中远集装箱运输有限公司所属的一所综合性职工医院,创建于1978年5月5日。主要承担社会和公司船员、职工的医疗、保健、体检等工作，是上海市二级乙等医院，市医保局定点医疗机构。医院临床医技科室有16个：内科、外科、中医科（含推拿、针灸）、妇科、皮肤科、口腔科、眼科、耳鼻喉科、放射科、药剂科、检验科、特检科（心电图、B超、各种内窥镜）、理疗科、病理科、营养室、供应室；医院设有6个管理职能部门：办公室、医务科、护理部、财务科、防保科、防疫站。现有床位100张，人员185人（其中医技人员109人、行政管理人员38人、后勤人员36人）。医技人员中副主任医师12人，主治医师66人（包括主管医师、主管技师、主管药剂师、主管护师）；职工中具有大专以上学历70人，中专学历64人，高中以下学历51人。

现任院长、党委书记许仲麟。

（田启良）

【概况】 2004年，上海远洋医院门急诊70948人次，比2003年减少5.19%；住院1404人次，比2003年减少3.84%；出院1416人次，比2003年减少2.75%；手术638人次，比2003年减少18.83%；出院诊断符合率99.52%；手术前后诊断符合率100%；无菌手术化脓率0；院内感染率0.8%；床位使用率（按卫生局核定的42张床位统计）157.08%；全年为社会和船员、职工体检30857人次；为船舶电报会诊79人次；为船舶供药421船次；全年医疗业务收入2113万元，比2003年增加4.8%；医疗收入盈余548万元，比2003年减少0.63%；全年继续保持无医疗事故发生、党风廉政无违纪、治安综合治理无事故。2004年被中远（集团）总公司评为双文明先进单位。（田启良）

【从四方面入手抓好民主管理】 医院重视民主管理，从四方面入手。一是从加强民主管理制度建设入手，制订《医院服务规范》、《惩罚条例》、《业绩工资分配方案》等均交职代会审议，并经无记名投票通过后才执行。二是从加强民主管理组织建设入手，建立院务公开、干部评议、职代会提案等民主管理工作小组。三是从抓院务公开入手，建立院务公开领导小组，以职代会为主，向职工公开，接受职工的审议监督。四是从抓民主评议干部入手，职代会每年开展一次民主评议干部工作，评议结果向干部本人反馈，向职工群众通报。（田启良）

【开展社区文明共建活动】 医院积极开展与社区的文明共建活动，利用自身优势，为社区单位和居民进行医疗咨询，送医送药上门，免费为孤老进行每年一次的健康体检，团总支还负责开展一对一助残帮困活动，同时还积极参与"双拥"工作，"八一"建军节上门慰问武警官兵，社区的"体育节""文化节"等活动医院积极组织参加，并多次获得参赛名次和社区党工委的表扬。（田启良）

【上海远洋运输公司卫生防疫站】 上海远洋运输公司卫生防疫站（简称：远洋卫生防疫站）成立于1983年11月7日。对内是上海远洋医院下属的一个科室，对外是相对独立的卫生机构。业务上接受上海市疾病预防控制中心指导。防疫站现有卫生防疫专业人员8人,其中具有中级职称3人。工作职责是对中远集装箱运输有限公司所属船舶及辖区陆地单位实施疾病预防控制、病媒控制、卫生技术指导和健康教育工作。

远洋卫生防疫站站长由上海远洋医院院长许仲麟兼任。 (叶仁荣)

【疾病预防控制和健康教育】 2004年,远洋卫生防疫站防疫人员根据疾病流行情况进行预防控制。针对国内外一些地区发生的禽流感、登革热、传染性非典型肺炎、西尼罗热、鼠疫等疫情,先后制订《预防人禽流感工作预案》、《呼吸道传染病防制工作方案》,撰写卫生简报、宣传资料发放到船舶和陆地单位,又以黑板报、专栏等形式,加强宣传教育。并对陆地单位开展"人禽流感的防治"、"艾滋病的预防"、"传染病预防与控制"等培训。全年跟踪疫情并出疫情动态5期,刊写卫生防疫简报10期,通过网络等方式发送给船员公司、船舶及辖区陆地单位。利用版画、黑板报(全年共26期)、横幅、专栏(全年共14期)等进行健康教育,并开展健康教育咨询活动,增强职工对疾病的防范意识。2004年全公司范围内收到肝炎发病报告4例。 (叶仁荣)

【病媒控制】 2004年,远洋卫生防疫站防疫人员根据船舶动态,对到沪港船舶有计划地进行监测检查。并对船舶有关兼职人员开展防灭鼠及虫媒控制技术培训、指导。全年鼠情监测检查121船次,阳性率0.04%。符合全国爱国卫生运动委员会规定的卫生标准,从而继续保持"无鼠害船队"荣誉称号。全年蜚蠊监测121船次,测定房间数3703间,侵害率0.32%,密度指数1.08,均符合全国爱国卫生运动委员会规定的卫生标准。防疫站还开展对公司陆地单位虫媒控制的技术指导。 (叶仁荣)

【上海远洋运输交通卫生监督所】 上海远洋运输交通卫生监督所(简称远洋卫生监督所)成立于1997年5月7日,与上海远洋运输公司卫生防疫站是两块牌子、一个机构的管理体制。对内是上海远洋医院下属的一个科室,对外是独立的卫生监督机构。行政及业务工作受中国远洋运输交通卫生监督处领导,并接受上海市卫生局卫生监督所业务指导。远洋卫生监督所组成人员与上海远洋运输公司卫生防疫站为一套班子。具体工作是:对中远集装箱运输有限公司所属船舶和陆地单位进行食品卫生监督、环境卫生监督、消毒监督和检验室工作四大类。主要职责:对中远集运公司所属船舶、陆地单位及中远(集运)在沪陆地单位、控股单位实施食品卫生、环境卫生、消毒监督,并行使《中华人民共和国食品卫生法》、《公共场所卫生管理条例》、《中华人民共和国传染病防治法》等规定的监督执法职责。

远洋卫生监督所所长由上海远洋医院院长许仲麟兼任。 (叶仁荣)

【食品卫生监督】 2004年,为保障远洋船员、辖区陆地职工及社区就餐人员饮食卫生,远洋卫生监督所加大对船舶及陆地食品卫生监督力度。全年,对船舶、陆地单位食品卫生宣教及监督检查分别为121船次和70次,船舶卫生状况逐年好转。过期食品现象从2003年的4.51%下降至1.8%;餐具消毒采样全年合格率较2003年上升1个百分点;陆地单位食品采样513支,合格率较2003年上升1个百分点。为辖区陆地食品经营单位及食堂发放食品卫生许可证1份、许可证审核贴花17份。每季度发1期卫生监督简报,通报船舶及辖区陆地单位食品卫生状况。全年未发生食物中毒事件。

(叶仁荣)

【环境卫生监督】 2004年,远洋卫生监督所继续对管辖范围内的陆地单位和客轮公共场所实施环境卫生监督。分别对远洋宾馆、东虹大酒店、众城大酒店、众城俱乐部、新鉴真轮、苏州轮6家单位进行公共场所卫生监督监测、审核验证，卫生许可证贴花6份。为促进饮水卫生，提高职工健康水平，加强饮用水监测，对38艘船舶饮水柜和净水器水进行采样对比监测76只，合格率95%；对中远物业管理有限公司自管公房23个居住点的水箱水进行监测采水样107只，检验结果符合饮用水的标准；对陆地基层单位6家二次供水、1家冷饮水监督监测，采水样22只，检测结果合格率均为100%。

（叶仁荣）

【消毒监督】 2004年，远洋卫生监督所对陆地单位上海远洋教育中心、上海远洋船务工程公司、船员管理公司等7家医务室及远洋医院进行消毒监督，以防传染病传播。（叶仁荣）

【培训从业人员】 2004年，远洋卫生监督所为管辖范围的陆地单位培训食品卫生从业人员2274人，培训公共场所从业人员271人。督促从业人员健康检查，办理食品卫生从业人员健康证2274份，办理公共场所从业人员健康证271份。为辖区公共场所和食品生产经营的远洋宾馆、东虹大酒店、众城大酒店（俱乐部）、“新鉴真”轮和“苏州号”轮等14家单位作卫生技术指导。（叶仁荣）

【检验室工作】 2004年，检验室对到港船舶及管辖范围内的陆地单位的餐具、水、空气等采样本共3060件，对大肠杆菌、大肠菌群、细菌总数、余氯、浊度、空气细菌总数、细菌定性试验等项目进行检验，为远洋卫生监督所及远洋卫生防疫站提供科学数据。（叶仁荣）

4. 上海远洋航海图书公司

【上海远洋航海图书公司】 上海远洋航海图书公司（简称海图公司）是英国皇家海军海道测量局设在中国大陆的代理机构，成立于1984年1月，专门经销英国皇家海军海道测量局出版的英版海图及航海资料。1997年5月18日由外滩中国银行大楼迁至东大名路1062号临江大厦2号楼新址办公。为了提供远洋船舶在全球开辟各条新航线所需用图，公司不断扩充和更新资料。目前公司可为航海界提供英版海图、航海图书、英版航海通告三大类航海资料。公司拥有全世界各条航线所需的5000多个英版、澳版、新西兰版海图图号，备有航行于全球各大洋、各海区、各港口所必需的航海图书资料，以及对所有英版海图及其他航海图书的改正资料。公司现员11人，包括大专以上学历7人。其中，高级职称1人，中级职称7人。

现任总经理季俊龙。

（张鹤鸣）

【概况】 2004年海图公司本着“客户至上，服务为本”的精神，健全服务规范，加强现场管理，全心全意为客户提供满意、周到的服务。全体员工急客户所急，想客户所想，不分昼夜，客有所求，我有所应，热忱接待，为国防科研、远洋运输、海难救助、院校教研及时正确提供相关资料，得到了客户好评。窗口工作人员熟悉本职业务，掌握应知应会，如有些客户需求资料，但不能提供相关的编码，业务人员废寝忘食帮着查索引找资料，使其满意而归，为客户纠正错号、废版、改版图号更是经常发生的事。开展增收节支活动，降低成本，多揽业务，动脑筋多方挖潜，如付汇结算一项，在汇率上下波动剧烈的情况下，抓住时机，适时操作，节约成本效果明显，全年营业收入创历史新高。安全生产无等级事故，服务工作无责任事故。全年实现利润为年度考核指标的117%，超额完成上级公司下达的利润指标。开展“人人尽职，事事用心，天天进取”的道德、作风教育活动，培养职工爱岗敬业和遵纪守法自觉性。全体员工无受党纪、政纪处分和刑事处分。（张鹤鸣）

【为已故职工父母送温暖】 海图公司关心无固定收入的已故职工父母,派专人走访,关心他们的生活,落实每年给他们500元的生活补贴。 (张鹤鸣)

【郊游活动】 为丰富职工的业余生活,开展形式多样的职工疗休养活动,安排全体职工赴近郊春、秋游。 (张鹤鸣)

5. 上海中远缩微技术服务公司

【上海中远缩微技术服务公司】 上海中远缩微技术服务公司(简称缩微公司),成立于1985年5月,隶属上海远洋运输公司,全民所有制性质,是上海远洋运输公司内部独立核算单位,公司总资产420万元。地址在上海市政民路415号。经营范围:缩微制作、技术服务、图片摄影、光学仪器、零件排版、名片印刷、电脑打字、彩扩精放、声像复制、轻印刷、摄像,兼营代购代销、服务、零售、批发等业务。现有生产设备:对开单色平版胶印机、二平一凸胶印机、小胶印机、晒版机、切纸机、电脑名片机、电脑苹果机,以及摄像彩扩精放、数码照相、影印、电脑刻字、光盘刻录等设备。机构设有办公室、财务部、经营部。下属单位(部门):远洋印刷厂、缩微中心、远航彩印社、复印机维修中心。现员59人,其中管理人员11人。包括大专以上学历10人;中级职称2人,初级职称9人。

现任总经理徐明生,党总支书记沈友其。 (高建华)

【概况】 2004年缩微公司面对市场竞争,本着"以提高效益为主线,以业务开拓为动力"的原则,围绕降本增效两大主题,抓开拓经营、增加收入、降低成本三大任务,全年完成总收入698万元,利润总额31.5万元,实现了全年安全生产无事故,无违法乱纪案件。公司狠抓生产经营,积极参与市场竞争,拓宽业务渠道,提高市场份额;增加了业务板块,改变业务单一阻碍企业发展的瓶颈问题;重点从提高服务质量抓起,积极发展新业务;加强管理,向管理要效益,强调从节约一张纸、一度电入手,以达到降本增效的目的;狠抓安全,突出防火防盗,以建立健全安全网络管理体系为手段,加强监督检查力度,坚持"安全第一,预防为主"的方针和"谁主管谁负责"的原则,层层落实,确保安全。

(沈友其)

【年度工作会议】 2004年1月7日召开年度工作务虚会,总结2003年工作,分析2004年面临的严峻市场形势,研究应对措施,提出年度工作要求,达到统一思想,完成效益的目的。 (高建华)

【年中工作会议】 2004年7月17日召开由中层干部、业务骨干参加的年中会议,面对由于历史遗留问题和政策变数给公司带来的经营困难,提出具体工作对策措施,要求全体员工克服一切困难,提高服务质量,拓宽业务渠道,加强内部管理,确保完成年度上级下达的效益奋斗指标。

(沈友其)

【职代会、工代会】 2004年2月20日召开四届一次职工代表大会暨工会会员代表大会。会议审议通过了总经理工作报告、工会工作报告和财务工作报告。会议选举产生了新一届工会委员会。选举沈友其同志为工会主席。

(高建华)

【关闭天隆储运公司】 2004年11月17日,工作小组根据上级有关要求,对缩微公司工会三产上海天隆储运公司进行清理关闭。 (沈友其)

【帮困送温暖】 2004年,缩微公司共慰问家访职工10人次,发放慰问金4350元;帮困1人次,帮困金额2800元;组织好"捐一日工资,献一片爱心"一日捐活动,共捐款2380元,列入公司帮困基金。

(沈友其)

6. 上海远洋泛奥发展有限公司

【上海远洋泛奥发展有限公司】 上海远洋泛奥发展有限公司(简称泛奥公司)于1993年5月成立。注册资金为660万元。经营范围:船舶租赁及修理,揽货、拆船的技术咨询,劳务输出,船舶物料,建筑材料,木材,汽车配件,五金交电,文具用品,日用百货,服装鞋帽,劳防用品,工艺美术品,润滑油,船舶残油、油污水水上接收,船舶清舱作业,国际船舶代理。泛奥公司股东由上海远洋运输公司,上海远洋运输公司机关职工持股会,泛奥公司职工持股会组成,所占股比分别是16.7%,78.8%,4.5%。泛奥公司下设一部一室:办公室(党政合署办公)、财务部。泛奥公司所辖下属单位包括上海远洋泛奥商贸公司、上海泛奥船务公司、上海远申经济技术合作有限公司、上海远洋泛奥报关服务公司、上海远洋泛奥发展有限公司经营部、上海远洋泛奥发展有限公司国际船舶代理部、上海远洋泛奥涂料厂。截至2004年底,公司现员159人,包括大专以上学历50人。其中,中级职称21人,高级职称2人。

现公司总经理范俊良、党委书记吴槟。 (贾新强)

【概况】 2004年,泛奥公司领导班子团结、依靠广大职工,积极开拓市场,狠抓内部管理,圆满完成公司董事会下达的各项指标任务。全年实现营业收入5126.21万元,比2003年增加30.14%;实现主营业务利润1149.78万元,比上年增加18.6%;实现利润总额357.47万元,完成公司董事会下达经济指标和奋斗指标;全年回收3年以上应收账款40.60万元;对外创汇53万美元;公司净资产3734.35万元,资产增值保值率18.6%,实现了股东权益的增值。全年没有发生任何安全生产责任性事故和违法乱纪案件,保持了公司健康稳定发展的良好局面。2004年,泛奥公司获中远集运公司2003年度“文明单位”、“改革创效好班子”等光荣称号。 (贾新强)

【召开二届一次职代会和政工会】 2004年2月13日,泛奥公司召开二届一次职代会暨2004年政工会,出席“两会”代表共37名。会议听取并审议通过了总经理工作报告、2004年财务工作报告等;政工会听取了党委书记作的思想政治工作报告,会议取得了圆满成功。(贾新强)

【获得船舶保安证书】 2004年2月27日,泛奥公司所属船务公司“北戴河”轮通过了船舶保安体系审核,并获得“国际船舶保安证书”。 (贾新强)

【召开第十九次董事会】 2004年3月19日,泛奥公司召开第十九次董事会。全体董事对泛奥公司所作的总经理工作报告、2003年财务决算报告和2004年财务预算报告、以及有关请示进行了研究讨论,形成了会议纪要,并提出具体要求。

(贾新强)

【岗位竞聘和经营承包】 2004年3月25日,泛奥公司举行下属商贸公司废油部经理岗位竞聘会。这次竞聘共有4名职工报名参加,竞聘依据公开、公正、公平原则,采取现场答辩的形式进行。经泛奥公司和商贸公司组成的考核小组认真考评,后经公示,聘任袁文康为商贸公司废油部经理,并签订经营承包合同。

(贾新强)

【召开临时董事会】 2004年4月16日,召开泛奥公司临时董事会。经全体董事表决,一致通过公司董事变更事宜,由范俊良接替陈大龙出任泛奥公司董事,并聘任范俊良担任泛奥公司总经理。

(贾新强)

【船代部成立并营业】 2004年4月29日,泛奥公司举行国际船舶代理部开张仪式,上海市海事局、港务局等有关单位50

多位贵宾应邀到会祝贺。从9月1日起对外营业以来,已先后为厦远、中散等公司代理了6艘船舶业务。（贾新强）

【船务公司通过年度审核】 2004年6月25日,泛奥公司所属船务公司通过了中国海事局对船舶安全管理体系的年度审核。（贾新强）

【王居仁援藏工作】 2004年7月26日,接中远集团总公司通知,泛奥公司副总经理王居仁同志进京参加培训,并于7月31日赴西藏自治区昌都地区洛隆县任县委常委、常务副县长职务。他是这次中远集团派出的2名援藏干部之一,将在西藏自治区工作一年半。（贾新强）

【签订美孚代理协议】 2004年7月27日,泛奥公司与EXXON美孚香港有限公司签订了进口代理协议。泛奥公司作为埃克森美孚香港有限公司在华东、华北地区的润滑油分销商,不仅树立了自身品牌,而且增强了参与市场竞争的能力。（贾新强）

【技术改造】 2004年初,为降低成本,提高租船竞争力,泛奥公司对所属"凌昌河"轮进行了主机"轻"改"重"技术改造并获得成功。经过改造,该轮每天可节约燃油费1万多元。（贾新强）

【劳务输出】 2004年11月16日,泛奥公司下属远申公司接台湾新造的1艘17万吨级散货船,所需18名船员全部由泛奥公司配备,这不仅拓展了新的劳务外派业务,而且首创大陆50年来直接派员在台湾接新船的先例。（贾新强）

【开展一日捐活动】 2004年1月15日,泛奥公司组织员工开展"一日捐"活动,有110人参加了募捐,捐款5150元人民币。（贾新强）

【广泛开展凝聚力工程】 2004年,泛奥公司为在生产第一线的职工办理了人身意外保险;安排了3名职工重新上岗;安排了职工的年度旅游和身体检查;家访职工54人次、慰问职工34人次、困难补助34人次,共计使用经费25368元;组织职工参加假日垂钓、"泛奥杯"象棋比赛和"迎国庆"扑克比赛,以及陆产"供应杯"乒乓球赛、"通导杯"羽毛球赛,进一步增强了企业的凝聚力。（贾新强）

7. 上海远洋国际贸易有限公司

【上海远洋国际贸易有限公司】（简称远贸公司)前身为上海远洋贸易有限公司,成立于1995年11月8日。为上海远洋运输公司和中远国际贸易有限公司合资成立的有限责任公司,注册资本人民币1000万元。2000年4月更名为上海远洋国际贸易有限公司。经上海市对外经济贸易委员会批准,享有中华人民共和国进出口企业资格及进出口贸易经营权。公司现注册地址:浦东新区航津路658号8楼,办公地址:东大名路1062弄2号5楼。公司实行董事会领导下的经理负责制。

远贸公司为专业外贸企业,公司的经营范围:经营和代理按市外经贸委核准的进出口业务,承办中外合资、合作生产业务;开展"三来一补"(即来样加工、来料加工、来件加工和补偿贸易)业务,经营转口贸易和外销贸易,船舶、化工原料及产品(除危险品)、百货、五金交电、建筑装潢材料、机电设备、仪器仪表及配件、针纺织品、金属材料、工艺品、珠宝、金银首饰、钻石的销售,室内装潢(以上项目涉及许可经营的凭许可证经营)。

上海外高桥远洋贸易发展有限公司(简称外高桥公司),成立于1997年3月18日,为上远公司和中远国贸公司合资成立的有限责任公司,注册资本人民币100万元,注册地址:外高桥保税区基隆路1号C区705室,法定代表人李敏,董事、总经理王征宇。外高桥公司的经营范围:区内仓储及商业性简单加工,区内运输及运输咨询服务，国际贸易，保税区企业间贸易及区内贸易代理。

上海中远国际贸易经营部(简称国贸经营部)，成立于1995年6月27日，为中远国际贸易公司在上海的分支机构，注册资本人民币300万元，注册地址：东大名路1062弄2号，法定代表人、总经理王征宇。国贸经营部的经营范围：原辅材料(除专项规定)，建筑材料、机械设备，仪器仪表及零配件，代理北京中远国际贸易公司的有关业务。

远贸公司、外高桥公司、中远经营部自1997年起实行“三块牌子，一套班子”的经营管理模式。公司下设一室六部，即党政合一的办公室，财务部、业务一部、业务二部、业务三部、油贸部和钻饰部。公司现员29人，其中大专以上文化程度20人。

公司董事长陈大龙(法定代表人)，副董事长李敏，董事、总经理王征宇(兼党支部书记)，副总经理陈烈敏。

(欧阳苏)

【概况】 2004年远贸公司积极调整经营结构，业务重点由服务贸易转向品牌贸易，把公司部分主营、长效业务产品进行商标注册(如“奥希尼”钻石饰品；“众鑫”工业、建筑用铜管；“翠竹”竹地板等)，并以公司自主品牌进行定牌生产，扩大品牌贸易销售和出口，努力提高企业产品和服务的附加值，增强企业赢利能力，提升企业的品牌效应和市场核心竞争力。拓展了主营业务工业、建筑用铜管及为日本大金空调器定牌生产的空调铜质连接管的出口；机电设备、化妆品原材料进口代理业务；手动工具出口美国等国家和地区小五金市场的业务，确保公司获得稳定的经营效益。同时努力开拓澳大利亚、新西兰等发达国家出口业务，先后拓展了工业、建筑用铜管、宾馆设备、家具、办公家具、办公用品和建筑装潢材料等业务。经过近2年的努力，公司“众鑫”牌工业、建筑用铜管及其衍生产品获得澳大利亚政府官方质量认证机构颁发的产品质量认证证书。这是澳大利亚政府官方质量认证机构颁发给中国铜管生产企业的第一张产品质量认证证书，扩大了知名度和国际市场竞争力，也为公司的“众鑫”牌工业、建筑用铜管及其衍生产品尽快打开澳、新二国市场奠定基础。随着我国经济的持续高速发展，国民收入的不断提高，国内钻石饰品的消费市场很大。经过市场调查、评估和积极的准备，在2004年下半年适时进入钻石饰品零售行业。引进美国一线“奥西尼”钻饰品牌，以“奥西尼钻饰，倡导奢华、时尚生活”的品牌经营理念，首先，在浙江杭州顶级商厦时代广场开设“奥西尼钻饰”浙江旗舰店，全力打造国内顶级钻饰品牌，填补国内高档钻饰的空白。2004年远贸公司完成经营利润达人民币178万元，比2003年增加13.5%；全年销售收入人民币6.24亿元，比2003年增加33%；其中出口贸易额约2000万美元，比2003年增长43%；进口贸易额3244万美元，比2003年增长19%；2004年公司被上海远洋运输公司评为文明单位，公司党支部被中远集运公司党委评为“先进基层党组织”；公司总经理王征宇被中远(集团)总公司评为2003—2004年度“劳动模范”、被中远集运公司评为2004年度“优秀员工”。 (欧阳苏)

【奥西尼钻饰品牌浙江旗舰店开业】 2004年9月13日在杭州市顶级商厦时代广场举行“奥西尼钻饰”浙江旗舰店开业典礼仪式，上海远洋运输公司总经理、党委书记徐政军，中国船舶燃料有限公司总经理冷平，上海市钻石管理办公室主任方雄及浙江广厦集团公司楼剑锋出席开业典礼活动，并为“奥西尼钻饰”浙江旗舰店开业剪彩。出席开业典礼和酒会的上级公司领导，钻石、珠宝首饰业内专家以及浙江省、杭州市有关方面负责人和社会各界名流，影视、体育界明星，媒体记者等嘉

宾共100多人。 （欧阳苏）

【第四届二次董事会】 2004年4月20日，公司在南京市丁山香格里拉大酒店召开了第四届二次董事会，董事长陈大龙，副董事长李敏，董事、总经理王征宇，董事曹纪红（女）、赵桂杉，监事王世平、徐艳（女）等出席会议。会议审核通过公司总经理王征宇所作的《经理工作报告》。董事会认为公司2003年的工作有很大进步，超额完成董事会下达的利润指标。对存在的问题及下一步的工作提出了意见。

（欧阳苏）

8. 上海远洋宾馆

【上海远洋宾馆】 上海远洋宾馆（简称远洋宾馆）是一家涉外四星级酒店，1988年11月开张营业。2002年1月宾馆经营期到期，董事会讨论决定，延长2年经营期。2003年12月宾馆外方股东香港海通有限公司将持有的25.6%的股份转让给中资企业上海远洋实业总公司，宾馆正式由中外合资企业转制为中中合资企业，经营期限为30年。宾馆实行董事会领导下的总经理负责制，设行政办公室、财务部、人事培训部、市场销售公关部、前台部、客房部、餐饮部、工程部、车队、保安部、采购部和精品商店等12个部门。1991年6月，被国家旅游局评定为"三星级"酒店，1996年7月经国家旅游局批准晋升为"四星级"酒店。宾馆位于上海市东大名路1171号。宾馆注册资金为人民币1.8亿元，其中上海远洋运输公司占82.63%股份，上海远洋实业总公司占17.37%股份。总建筑面积5.1万余平方米，主楼高105米，共30层，拥有豪华套房、连通房、行政商务房、豪华房、高级房、标准房等各类客房共575间，设有旋转餐厅、宴会厅、中/西餐厅、日本料理、酒吧等7个餐厅1000多个餐位，有出租车、洗衣、健身、商场、航空机票代售及商务中心等多项服务及设施。现有员工800多人。开业以来，曾多年被国家旅游局评为优质服务优胜单位，1994年被国家旅游局评为"全国最佳星级饭店"，1995年被评为"百优五十佳星级饭店"，1996年被评为"全国百家优秀星级饭店"。

现任总经理陈大龙，党委书记缪兔根。 （黄家玮）

【概况】 2004年远洋宾馆克服了非典和禽流感对旅游行业的冲击，努力开拓，全力出击，积极抢占市场份额，扭转了经营效益不理想的局面。5月，公司调整了宾馆的主要领导，新的领导班子上任后，肩负公司和员工赋予的重任，明确提出一手抓经营效益，着力提高宾馆的创收能力，以管理促效益，以服务促创收；另一手抓凝聚力工程，稳定队伍，鼓舞人心，采取了各种实实在在的举措。经努力，完成收益7509万元，超出董事会指标801万元，创造了自1997年以来的历史最好纪录。

（黄家玮）

【董事会成员变更】 2004年4月因工作需要，董事会推荐陈大龙、毛建良担任宾馆董事，解聘蒋韬、朱德璋董事职务，同时董事会聘任陈大龙担任宾馆总经理。

（黄家玮）

【上海远洋宾馆、东虹大酒店合并】 2004年3月，陆产总公司派出工作组进驻东虹大酒店，具体指导远洋宾馆和东虹大酒店的合并事宜。经各方努力，两家宾馆的合并工作已全部完成，从6月1日起，东虹的所有资产和收入全部转入远宾，东虹员工的分流工作也正常有序，实现了平稳过渡。 （黄家玮）

【上海远洋宾馆获市旅委顾客满意率问卷调查第一名】 2004年10月，在上海市旅委举办的全市星级宾馆顾客满意率问卷调查中，上海远洋宾馆荣获四星级宾馆组第一名，体现了宾馆服务质量止跌回升的良好势头。 （黄家玮）

【企业文化建设】 上海远洋宾馆十分重

视企业文化建设,2004年创办的《远宾小报》出版12期,同时积极办好《员工之窗》。通过这些载体向员工宣传宾馆的管理理念、经营思路、通报重大事件、弘扬先进、鞭挞落后,《远宾小报》已成为宾馆思想道德文化建设的有效载体。

(黄家玮)

【参加市旅游行业技能比赛】 2004年5月28日在上海远洋宾馆三楼水晶殿举办了"2004年上海旅游行业青年技能大赛餐厅服务比赛北区选拔赛",餐饮部派出了5名员工参加了此次选拔赛,京华楼的王洁箐和璇宫的林梅分别获得了中餐比赛的第二、第三名,咖啡厅的黄璐伟获得了西餐比赛的第三名。赛事评委还表扬了上海远洋宾馆参赛员工的摆台质量高,而且在台面设计上有创新。最后,王洁箐、林梅、王莹三位员工和其他宾馆的五名选手代表北区宾馆参加全市的技能大赛。 (周　华)

【第二届中远联盟厨艺交流会】 2004年5月25—29日,第二届中远联盟宾馆厨艺交流会在上海远洋宾馆举行。此前,上海远洋宾馆各厨房均作了充分的准备工作,展出的所有菜肴均获得了同行的一致好评。此次交流会,激发了上海远洋宾馆员工对专业技能的求知欲,也吸收了其他宾馆菜肴的精华和特色。(周　华)

【党委对流动党员开展排摸,对支部重新进行调整】 上海远洋宾馆、东虹大酒店合并之后,原东虹大酒店的党员有的调离、有的离职、有的退养。上海远洋宾馆党委根据实际情况,对流动党员进行了排摸,为20多名调离党员转出了组织关系,规范了党员的转接手续,同时对下属党支部进行了调整。 (徐玉琴)

【接待美国飞虎队访华团】 2004年3月,上海远洋宾馆接待了曾为中国人民抗日战争作出巨大贡献的陈纳德将军所在的飞虎队客人。飞虎队访华团一行147人,既有鹤发童颜的老人,也有年过半百的第二代,更有充满朝气的第三代。此次接待任务非同寻常,不仅人数众多,而且身份也较特殊,根据客人的情况,宾馆有针对性的做好计划,以热情的服务,精湛的技能,周到的安排,赢得了全团客人的一致好评。临走时,这批客人纷纷在远洋宾馆的招牌下合影留念,作为在华旅游的美好记忆带回美国。 (张　洁)

9. 中日国际轮渡有限公司

【中日国际轮渡有限公司】 中日国际轮渡有限公司(简称中日轮渡公司)系中国远洋运输(集团)总公司与日本日中国际轮渡株式会社创办的合资企业,成立于1985年5月30日。最初办公地点为上海大厦422室,工作人员6名。投资总额500万美元,注册资本240万美元,中日双方各占50%股份,在中日航线投入客货轮渡"鉴真"轮,从事国际客货运输及相关业务。该轮为周班轮,轮流挂靠上海—神户/大阪/横滨,是中日两国恢复建交后的第一艘中日航线客货班轮。1992年,中日轮渡公司为购买950TEU干货箱,增资210万元,投资总额为800万美元。随着改革开放的深入发展和中日两国之间人员交往及贸易的迅速增长,经交通部、外经贸委、中远(集团)总公司批准,1993年底再次增资1436万美元,建造"新鉴真"轮。至此,中日轮渡公司注册资本增加为1886万美元,投资总额5100万元。在日本建造的"新鉴真"轮,于1994年4月取代"鉴真"轮,投入中日航线营运。该轮拥有集装箱箱位250TEU(其中冷藏箱100TEU),客位345个,每航次挂靠上海—神户、大阪。中日轮渡公司自成立起,坚持安全第一,准班准点,旅客至上,优质服务的宗旨,在中外旅客中树立了良好的信誉。"新鉴真"轮不仅是首家获得并连续三次蝉联交通部"五星级"文明客船殊荣的先进船舶，而且还是多次荣获上海市交通邮电系统服务最佳窗口、一级服务明星，中远系统"华铜海"式船舶、上海市卫生标兵单位等多项荣誉称号，并于2003年5月1日获得全国总工会颁发的"全国五一劳动奖状"的涉外优质服务窗口。中日轮渡公司下设经理办公室、货运部、客运部、市场部、安技部、财务部。现员25人，其中具有高级专业技术职称3人，中级专业技术职称8人，初级专业技术职称6人。公司总部设在上海东大名路908号金岸大厦18楼C-G座，日本总代理为日中国际株式会社，设在日本东京都涉谷区猿乐町10番14号，在神户、大阪设有事务所。

现任董事长吴树雄，副董事长福罗正都(日籍)，总经理曹致俊。(沈行正)

【概况】 2004年，中日轮渡全体员工积极工作，努力拼搏，克服了世界油价大幅上涨和中日航线运价由极低价往高位运行及频繁波动带来的巨大影响，深入开展安全生产管理和降本增效活动，坚持"精心、精到，全程、全面"的品牌服务，公司生产经营持续、稳步发展，各项生产指标再获佳绩，荣获了上海市劳动模范集体和上海市职工最满意企业称号，取得了经济效益和社会效益的双丰收。2004年"新鉴真"轮累计完成102个航次，其中进出口各完成51个航次。公司累计完成集装箱重箱运量14694.5TEU，为2003年的101.7%；其中完成快箱4538TEU，为2003年的157%。累计完成旅客运量11457人次，为2003年的131%。完成散货2535.04立方吨，车辆1128.2计费吨。严格执行SMS管理体系规定，狠抓企业本部和船舶各项安全措施的落实到位，全年未发生任何机损、海损、火灾及旅客和船员伤亡事故，"新鉴真"轮安全营运无事故，达到了安全面100%，防抗台100%，设备完好率100%，准班准点率100%的显著成效，顺利通过了交通部2004年的安全管理体系年度审核。12月13日"新鉴真"轮首次在日本大阪接受神户、大阪联合组成的PSC和ISPS的综合大检查，并获无缺陷通过。2004年"新鉴真"轮第三次蝉联交通部一级客船。中日轮渡公司被上海市人民政府评为2001—2003年度劳模集体，并获得上海市总工会"职工最满意企业"称号。2004年5月1日"新鉴真"轮船长郁国华被上海市评为2003年度劳动模范。(沈行正)

【第二十四次董事会议】 中日国际轮渡有限公司第二十四次董事会议于2004年4月23日在日本大阪凯悦饭店举行。公司董事长吴树雄、副董事长福罗正都、总经理曹致俊、副总经理吉本副雄、董事任勇青、董事前田则幸、董事奥山岩夫、监事金茂春、监事进腾昭一出席了会议。董事厉传民因事未能出席，委托曹致俊先生全权代表。中日轮渡公司总经理办公室主任沈行正、财务部长白莉玲、日中轮渡株式会社顾问神野纯一以及公司驻日代表冯衍君列席会议。董事会听取、审阅并通过了中日轮渡公司总经理曹致俊所作的2003年度工作报告和副总经理吉本富雄所作的2003年度日方工作报告，以及财务部长白莉玲女士所作的2003年财务收支报告和2004年财务预算报告。充分肯定了中日轮渡公司全体员工所做的各项工作，尤其是在非典和禽流感的严重影响下，中日双方经过共同努力，克服了重重困难，完成了董事会下达的各项目标，取得了良好的经营成果，并希望在新的一年中创造更好的成绩。董事会还一致通过中方人事变更和2003年的分红方案。

(沈行正)

【董事会中方人员更换】 因工作调动的原因，何家乐先生不再担任中日国际轮渡有限公司董事会监事，其职务由金茂春担任。(沈行正)

【深化服务，实现出口货量创新高】 为保持货运量持续增长的良好势头，2004年中日轮渡在加大揽货力度的同时,努力做好货运延伸服务。由总经理带队,定期拜访外地客户,竭诚宣传公司的HDS、快速通关、准班准点率等特色服务。对公司的核心客户,实行差异化服务,及时帮助解决货运上的问题,并确保他们的箱位需要,即使在旺季出现爆箱,也一定首先满足核心客户的需要。同时公司出资48.6万美元,建造250个20英尺干货箱,以进一步提高货运质量,缓解货箱紧张的矛盾,满足客户的用箱需要。9月份出口平均每航次运量高达251.75TEU,创造了单月单航次箱位利用率的历史新高;11月份出口运量完成1252TEU,创单月出口历史新高。（沈行正）

【提前一个月完成年度客运指标】 2004年11月底,“新鉴真”轮已累计完成客运量10659人次,这是全体船岸员工努力提高客运服务质量,重点开发团体旅客和中国公民赴日旅游项目,不断吸引回头客、慕名客,辛勤工作所获得的成果。至此,中日轮渡公司已提前一个月完成了年度客运计划指标。全年承运旅客11457人次,比2003年增加31%。

（沈行正）

【加强安全管理】 2004年,中日轮渡公司加强安全工作,坚持长效管理,严格检查制度,保证了公司SMS体系的正常、规范运作,顺利通过了交通部的ISM年度审核。开展船舶反恐工作,制定保安计划,获CCS审核通过,取得保安证书。船舶严格按海事局要求,做好“开航前的检查工作”,做好设备的维修保养,定期进行应急演练,及时落实防季风、防抗台、防雾、防冻等各个不同阶段的措施,确保船舶设施的安全技术状况始终良好。海事局全年进行5次“开航前检查”,“新鉴真”轮均获无缺陷通过,并连续获得免检。“新鉴真”轮还无缺陷通过了3月22日和7月5日在日本神户的PSC检查,并于12月13日首次在大阪接受了神户、大阪两港联合组成的PSC及ISPS的联合检查,在严格的综合检查中,“新鉴真”轮作为第一艘在日本港口获得无缺陷通过的客船,受到了日方检查人员好评。今年遭受10次强台风袭击,“新鉴真”轮仍保持了100%的安全准班率,全年安全运输无事故。

（沈行正）

【认真抓好增收节支工作】 2004年,扩大船舶自修,全年自修主机缸头、副机吊缸等工程项目600多个,节约船舶修理费人民币2.2万元,节省燃油1730.8吨,滑油16.2吨,共计节省油费40万美元。与2003年相比,多节省燃油317.4吨,滑油0.8吨。另外还采取在淡季退掉多余冷箱的措施,减少租箱费用,降低运输成本。全年共退冷箱20TEU,节省租箱费人民币30多万元。（沈行正）

【中日轮渡合营期延期10年】 中日轮渡公司中日双方的合营期限至2005年5月29日到期,且日方大股东小山健一先生因年事已高准备退股。为确保原有的经营管理模式维持不变,使公司良好的经营状况得以持续、稳定的发展。在中远集团领导和吴树雄董事长的关心、支持下,中日轮渡积极做好小山先生和日方各位股东的交流和沟通工作,同时以吴董事长的名义分别给小山和日方其他股东写信,诚恳提出继续合作的建议,动之以情,晓之以理,终于说服了小山和日方其他股东。2004年8月23日,83岁高龄的小山先生亲赴北京,与中远集团总裁魏家福签定了中日轮渡公司合营期再延期10年的合营合作协议。（沈行正）

【“船舶保安计划”通过外审】 2004年2月20日,“新鉴真”轮通过ISPS外审,标志着“新鉴真”轮SPS正式投入实施。为确保“计划”顺利实施,早在2003年11月中日轮渡公司就成立了《船舶保安计划》评估小组,对试运行的《船舶保安计划》及时进行评估和修改,并聘请任命了“新鉴真”轮的船舶保安员。2004年又完成了

《船舶保安计划》的内审工作和保安员的培训考证工作，为一次性通过外审奠定基础。　　　　(马英俊)

10. 上海国际轮渡有限公司

【上海国际轮渡有限公司】 上海国际轮渡有限公司(简称国际轮渡公司)由中国远洋运输(集团)总公司与日本11家世界知名船公司(日本邮船、第一中央汽船、川崎汽船、大阪商船三井船舶、M. O. SEAWAYS LTD.、商船三井客船株式会社、NAVIX LINE LTD.、新河海运、东京船舶、昭和海运、饭野海运)联合组成的上海货客船株式会社，按各50%的比例合资组建，成立于1992年10月29日。投资总额4500万美元，注册资金1800万美元。同年，国际轮渡公司从日本购入一艘新造的现代化客货轮"苏州号"轮，该轮总吨位14410吨，全长154.73米，营运航速22海里/小时，可载运集装箱229TEU，其中冷藏箱可载100TEU，40尺箱可载30FEU，并可承运挂衣箱、10英尺集装箱及特种车辆和杂货等。旅客定员316人，设有从贵宾室到自由散席等多种等级标准客舱。船上各类设备齐全，还配有高级厨师，可为广大旅客提供舒适、温馨、安全的服务。根据股东之间的协议，"苏州号"轮采用了船东/经营公司双重体制经营。国际轮渡公司作为船东公司，将"苏州号"轮租赁给相同股东在日本组建的另一家合资公司——上海轮渡株式会社经营，同时代理该轮在上海港的业务。考虑到作为经营公司的上海轮渡株式会社无力承担上海方面的经营业务，为增加股东收益，作为船东公司的上海国际轮渡有限公司全面承担了"苏州号"轮在上海方面的经营业务。上海国际轮渡有限公司以"高速、准确、客户至上"作为企业经营宗旨，坚持"创新经营，服务制胜"的经营理念，信守"精确到小时"的承诺，并推出了多项航运首创：10英尺迷你集装箱，HDS(快速交货系统)，IDS(拼箱快运服务)等，使"苏州号"轮上海/大阪航线成为名副其实的中日精品航线，在货运、客运、旅游服务上创出了品牌——"海上之家苏州号"。"苏州号"轮每周二11:00从上海开往大阪，周四09:00抵大阪，上午10点起就可提货；周五12:00从大阪返回，周日抵上海，抵离港时间准确到小时，并做到了100%客户满意率、100%安全率、100%准班准点率、100%货物完好率、100%人员无案率，先后获得上海交通邮电系统十大窗口竞赛"最佳优质服务窗口"三连冠、"全国优质服务窗口"两连冠、中远系统和上海远洋公司"华铜海式船舶"、上海市"安全生产先进单位"、上海市"消防安全规范船舶"、"全国模范职工之家"、上海出入境边防检查总站"'绿'牌诚信船舶"、交通部"五星级文明客船"、中华全国总工会"全国五一劳动奖状"、中华人民共和国海事局"安全诚信船舶"、中华全国总工会、国家安全生产监督管理局"安康杯优胜企业"、中华全国总工会、共青团中央、中国质量协会"客户满意服务明星班组"等荣誉称号。

国际轮渡公司下设总经理办公室、业务部、安技部、财务部。机关现员19人。"苏州号"轮船员由上远公司外派部派遣。

公司现任董事长：任勇青；现任总经理：林宗清。　　　　(徐丽霞)

【概况】 2004年，公司全体员工团结一心，努力拼搏，坚持"长期稳定老客户、积极开发新客户"的工作方针，稳住一批老客户，努力开发新客户，成功开发了非季节性货和空运货源：苏州夏普LCD、常熟箱包、上海夏普电器、苏州索尼电器以及原先利用空运的批量服装类货物。通过不断提升服务，确保"苏州号"的服务始终处于领先水平，从9月21日起，公司在中日航线上推出了出口IDS(拼箱快运服务),由船公司自行拼箱拆箱,缩短交货时间,满足了特殊需求客户的要求。"苏州号"轮进出口平均单航次 HDS 货量分别占重箱量的 20%和 46%,单航次 HDS 箱连续多次超过 100TEU。积极开拓赴日旅游和研修生团体,并且以优质服务把新客户变成回头客、老客户、长期客户。4 月份首次开发了"夕阳红"赴日旅游团,取得了良好的效果;9 月份开发了航空与轮渡相结合的旅游方式,增加了赴日旅游的新途径。还首次开发了欧洲(丹麦)游客的旅游团和 F1 赛事专项旅游团等,进一步扩大了公司服务品牌的知名度。2004 全年,在市场形势相当严峻的情况下,经过全体船岸职工的拼搏,超额完成了年初董事会下达的效益指标和奋斗目标。

(徐丽霞)

【召开 2004 年董事会】 2004 年 4 月 7 日,上海国际轮渡有限公司和上海轮渡株式会社第 12 届联合董事会在苏州西山宾馆召开。出席会议的中方人员有:中远集运副总经理(上海国际轮渡有限公司董事长)刘昌龙、中远(集团)总公司运输部副总经理王诚(董事)、中远(集团)运输部运管处处长葛一川(董事)、中远集运财务部总经理邓黄君(监事)、上远陆上产业总公司副总经理陈大龙(董事)、上海国际轮渡有限公司总经理林宗清、财务部经理鲍方、总经办主任徐丽霞(兼翻译);日方人员有:上海货客船株式会社社长金盛启太郎、上海轮渡株式会社社长安枝真司等。董事会分别听取并通过了两家公司总经理所作的 2003 年度工作报告、财务决算报告及 2004 年度预算案,两家公司都超额完成了董事会下达的 2003 年度利润指标。中日双方股东对两家公司在 2003 年所取得的良好业绩表示赞赏,并期待 2004 年做出更好的成绩。为享受浦东的优惠费率,董事会同意由上海国际轮渡有限公司在浦东购买办公房的提案。

(徐丽霞)

【"苏州号"轮获《国际船舶》保安证书】 2004 年 1 月 5 日,经中国船级社(CCS)对"苏州号"轮进行 ISPS 审核并通过后,"苏州号"轮取得《国际船舶保安证书》,成为国内取得该证书的首艘客轮。

(徐丽霞)

【通过 SMS 年度审核】 10 月 22 日,公司顺利通过了交通部海事局对 SMS 管理系统所作的年度审核。 (徐丽霞)

【董事长更换】 因工作原因,刘昌龙自 2004 年 10 月 29 日起不再担任上海国际轮渡有限公司董事长,董事长一职由上海远洋运输公司副总经理任勇青接任。

(徐丽霞)

11. 上海远实房地产开发有限公司

【上海远实房地产开发有限公司】 上海远实房地产开发有限公司(以下简称远实公司)的前身为上海远实房地产开发公司,成立于 1994 年 5 月,2002 年经改革重组为所属企业二级公司,并使用现名。是一家以"房地产开发经营为主、物业管理、销售建筑材料以及商务信息咨询等经营业务"的国内有限责任公司,注册资本金 2800 万元,上海远洋运输公司出资 1960 万元,占 70%,上海夏海实业公司出资 840 万元,占 30%。经营地点在虹口区。自 1995 年起先后开发经营建设了榆林路 840 弄职工住宅、国权路 322 弄职工住宅、浦东金桥"金苑楼"综合办公楼、虹口区东长治路 299 号"扬子江大厦"商品房住宅等项目,并代理中远集装箱运输有限公司开发建设"远洋大厦"。其中扬子江大厦被评为上海市建筑最高奖"白玉兰奖",远洋大厦除被评为上海市"白玉兰奖"、上海市智能化建筑外,还于 2003 年 11 月被授予国家建筑业最高荣誉奖"鲁班奖"。公司机构设置为:总经理办公室(含人力资源部)、财务部、市场部(含市场信息部)、投资管理部、工程部以及下属项目公司——上海扬子江家园房地产开发有限公司。公司现员32人,包括大学大专学历19人,硕士研究生学历2人。其中,高级职称3人,中级职称14人,初级职称4人。

公司现任董事长王世平,总经理王友龙,党支部书记兼副总经理肖亮。

(张政纲)

【概况】 2004年,远实公司战胜了来自资金、市场、施工条件、宏观调控等方面的困难和挑战,紧扣安全、质量、进度"三控制"目标,着力强化了工程现场管理,坚持"事前控制,事中控制,事后控制"的安全制度,重点抓好原材料质量和隐蔽工程的验收工作,确保按照节点抓好项目建设。"扬子江家园"工程在恶劣的施工条件和沉重的工期压力下,不仅提前完成了结构封顶,还赢得了"文明工地"、"标化工地"、"优质结构"等荣誉称号;公司进一步完善、调整、修改了管理制度,理顺了工作流程,强化了人力资源管理,改进了信息工作,优化了基于因特网的集远程办公、销售管理、公共信息管理等于一体的信息处理平台,企业内部管理迈上了新台阶;在融资和资金运作上,针对央行政策因素的影响和公司资金规模有限的特点,认真编制现金流量计划表,周密制定融资借贷计划,保证项目需要;在市场营销上采取SWOT方法细分上海房地产市场,结合打浦桥地区房价走势和消费需求的变化,确定了扬子江家园"精致、典雅、智能化——市中心的国际化社区"的产品定位和"本地企业高管和高级公务员为主、二外(外地、境外)人士为辅"的目标客户定位,整合营销方案,全面构思营销准备、项目推广、定价策略、销控手段、销售执行、应急处置等预案,提出了分期推市、高开高走的推市计划,"扬子江家园"项目首期开盘三天即告售罄。此外,公司结合自身具体情况,把开发经营的目光投向上海外围及周边地区,组织人员陆续考察了盐城、南通、泰州、扬州等外地的房地产市场,形成了向外拓展市场的工作思路。在对姜堰刘埭公园地块的可行性研究和洽谈过程中,公司还积极探索引进外资合作开发的路子,与西班牙投资者进行了合作洽谈,为后续的开发积累经验,锻炼队伍。公司还以打造"白玉兰"质量品牌楼盘为抓手,开展了贯穿全年的"我为'家园'建设作贡献,我为主业增效添光彩"主题活动,全面促进了企业两个文明建设。2004年公司主营业务收入131万元,主营业务成本119万元,税金5万元,管理费用77万元,扬子江家园一期预收账款11612.7万元,超额完成了上级公司下达经营利润和各项任务指标。公司全年安全面达到100%。公司总经理王友龙荣获上海市总工会颁发的"2003年上海市员工信赖的好经理(厂长)"称号,党支部书记肖亮荣获上海市建设系统优秀思想政治工作者称号,公司工程部被上海市总工会授予"上海市文明班组"荣誉称号,公司被评为中远集装箱运输有限公司"文明部室(单位)"。 (张政纲)

【调整公司监事会成员】 根据上海远洋运输公司2004年10月19日通知精神,远实公司对监事会成员进行了调整。调整后的公司董事会成员为:董事长王世平,董事王友龙、徐惠民;监事宋振庭、黄圣兵。 (施　冰)

【召开一届三次工会会员大会】 2004年2月18日,公司一届三次工会会员大会在公司多功能厅召开。大会审议并通过《总经理工作报告》和《财务工作报告》;大会表决通过新的《集体合同》文本;表彰了先进工作者。党支部书记肖亮对会议进行总结。中远集运工会、上远陆产总公司纪委派人参加了会议。 (朱身祺)

【开展"双庆"纪念活动】 2004年4月恰逢上海远洋运输公司成立四十周年(1964.4—2004.4)和远实房产公司成立

十周年(1994.5—2004.5)。公司在4—5月份开展了"双庆"纪念活动。公司除组织员工参加上级的有关活动外,在公司内部开展了《我与远洋(远实)》征文和"我为'家园'建设作贡献,我为主业增效添光彩"岗位劳动竞赛活动。公司"家园"电子刊物刊出了优秀征文作品,并对"劳动竞赛"活动进行了总结表彰,《中远集运》报还刊发了题为"岁月峥嵘看今朝——写在上海远实房地产开发公司成立十周年"纪念专版。 (齐频捷)

【工会活动丰富多彩】 2004年,工会组织员工在职培训17项,参加培训93人次。召开各类员工座谈会10个,通过座谈会、专项活动、个别访谈、网上论坛等形式征集各类合理化建议30余条。并结合企业实际组织员工带薪旅游,开展羽毛球比赛等活动。工会还积极开展送温暖活动,先后看望退休员工13人次,慰问患病员工及家属11人次,凝聚了人心。

(朱身祺)

【举行特别党日活动】 2004年6月17日下午,公司组织全体党员在兴业路党的"一大"会址举行特别党日活动,重温中国共产党成长、壮大的光辉历程,缅怀以毛泽东同志为代表的老一辈革命家的丰功伟绩。全体党员在大厅里举行了向党旗宣誓仪式,聆听了党史资料讲解,并观看了附设在"一大"会址的"邓小平同志光辉一生"影展,大家睹物生情,倍感革命成功来之不易,作为一名共产党员肩负着继往开来,不断推进党的事业前进的重大历史责任,必须努力工作,不辱使命,以实际行动为党旗争光添彩。 (张伟敏)

【员工培训】 2004年,远实房产公司积极落实《远实房产公司教育培训三年规划》,制定和实施2004年度教育培训计划,采取走出去、请进来的方式,有步骤地推进教育培训工作。年内,完成各类员工培训17项,参加培训人员达93人次,全员培训率达291%,2名员工读完了专升本,1名员工在职攻读研究生,8人次通过考试取得了各类执业资格证书。

(张伟敏)

【"扬子江大厦"业主委员会成立】 2004年12月15日通过差额选举产生了"扬子江大厦"小区业主委员会。业主委员会的成立是"扬子江大厦"小区步入物业管理正规渠道的首要条件和公司经营、扶植、延伸"扬子江"品牌系列的重要保证,标志着物业公司与上海上远物业管理有限公司签订的"扬子江大厦"前期物业管理服务合同终止。 (朱身祺)

【探索上海周边地区项目开发】 2004年8月,远实房产与西班牙投资者就姜堰刘棣公园东侧地块开发事宜进行了商洽,这是公司对异地开发和联合开发模式的尝试。姜堰地处江苏省苏中泰州地区,当地房地产市场处于启动阶段,有着很强的市场开发潜力。公司对该项目进行了多次考察,与当地政府进行开发意向谈判,并作了详细的《投资可行性分析》。目前,正在进一步跟踪该项目的开发可行性。

(吴 炯)

【公司电子刊物《家园》创刊】 在公司信息系统的三个子系统(异地办公系统、远程销售管理系统、公共信息系统)建设的基础上,公司在市场部编发《房产信息参考》并取得一定经验后,决定充分利用公共信息系统这一平台,尝试创办电子刊物。《家园》电子刊物采用员工自创为主,双月编发的形式,主要面向内部员工,同时,送达相关领导和相关部门。为加强领导,公司成立了《家园》编辑组,各部门选派一名员工参加采编工作。《家园》自2月份发刊后,全年共编发了六期,除公司要闻、项目动态等固定栏目外,共刊登文字稿件58篇,图片稿件57幅,其中图片稿件均为员工作品。 (齐频捷)

【参加中远集运"多助一"帮困助学活动】 公司团支部积极参与中远集运帮困助学"多助一"活动,并于2004年8月18日与困难职工子女、就读于某中学预备班的朱同学签订了帮困结对“多助一”协议书，根据协议书的内容，公司团支部对朱同学初中阶段每学期资助学费500元，高中阶段1000元，帮助朱同学顺利完成学业。 （张 晶）

【陆产总公司直属联合团委成立】 2004年4月，根据陆产总公司团委关于开展联合建团的工作要求，由远实房产公司牵头，在区域相对接近的远实房产、国贸公司、中日轮渡、国际轮渡和陆产总公司机关五家单位联合建立团组织，名称暂定为“上海远洋陆上产业总公司直属联合团委”。经过这五家单位党支部同意，联合团委于2004年4月17日正式成立。第一届联合团委由张晶（女）、金蕾（女）、李丹丹（女）、尹捷（女）四人组成，张晶担任书记。 （张 晶）

【开展“一日捐”和“扶贫济困送温暖”活动】 2004年1月15日，公司组织员工开展“一日捐”活动，35人参加募捐，共捐款1450元。款项用于企业内部员工的帮困。10月28日，为贯彻落实上海市政府扶贫济困工作会议精神，公司开展“扶贫济困送温暖”捐助活动，全体职工向灾区和贫困地区捐助棉衣、棉裤、毛衣裤等共计112件。 （朱身祺）

【召开退休职工中秋联谊会】 2004年9月16日中午，远实房产公司领导和10名退休人员在“苏浙汇”酒店欢聚一堂召开退休职工中秋联谊会。公司向老同志致以节日的问候，介绍了公司今年以来的发展情况以及打浦路“扬子江家园”项目的开发进程、公司改制情况和可持续性发展的计划及所采取的一系列举措，并介绍了中远集运体制改革和上远公司筹备成立情况。与会的老同志，为公司所取得的经营成就和发展前景感到高兴，为公司领导没有忘记他们感到激动，也纷纷为公司的改革发展献计献策。 （张永宽）

【扬子江家园项目】 “扬子江家园”项目位于上海市卢湾区打浦路252号，是以远实房产公司为投资主体运用“扬子江家园房产公司”为名称的项目公司开发的。该项目东依打浦路，北临斜土路，南近瞿溪路，小区绿化率35%以上。规划中小区内有一幢18层、一幢跃14层（13层复14层）住宅，总占地面积10452平方米，实测建筑总面积31007.3平方米（不包括小区门卫、输变电环网室等小区辅助用房）。其中1号楼13197.5平方米、2号楼11981.9平方米、沿街商铺600.9平方米、经营管理楼519.7平方米、社区服务和物业管理用房298.7平方米，地下建筑面积4408.7平方米（其中地下机动车库2481平方米），建成并交付后的家园共有205套商品房住宅（其中包括3户办公用房），地下机动车位73个，机动车位14个，2004年3月1日正式开工，预计将在2005年底交付使用。 （张政纲）

【扬子江家园项目1号楼、2号楼主体结构封顶】 2004年10月10日，通过项目部、总包、监理等各方的协作努力，克服了持续高温、避峰让电等不利因素的影响，提前8天顺利完成了1号楼的结构封顶。继1号楼完成结构封顶后，11月8日，2号楼在比原计划晚开工20天的基础上，提前2天完成结构封顶，为11月的项目预售奠定了基础。 （张 晶）

【扬子江家园1号楼获评市优质结构】 2004年11月15日，卢湾区质监站对工地质量进行了全面检查，评定结果符合区优质结构标准。11月24日，市、区质监站共三十几位专家对1号楼主体结构进行了全面的检查，评定1号楼为市优质结构。 （张 晶）

【扬子江家园2号楼盘销售成功】 2004年11月26日，“扬子江家园”项目2号楼正式公开发售。公开的楼盘共计88套，面积从80平方米到140平方米不等，房型以二房二厅为主，辅以少量的一房二厅和三房二厅。预售采用了今年起实施的

《上海市网上房地产登记备案制度》规定的规范销售流程。随着销售进程的展开，销售工作进展顺利，至11月28日下午，88套房源销售完毕。（吴 炯）

12. 上海上远物业管理有限公司

【上海上远物业管理有限公司】 上海上远物业管理有限公司（简称物业公司）成立于2001年11月。是由上海远洋运输公司和上海远洋实业总公司共同出资的合资企业，注册资金300万元。其中，上海远洋运输公司出资240万元，占注册资金的80%；上海远洋实业总公司出资60万元，占注册资金的20%。公司注册地址和办公地址为虹口区东大名路388号210室。公司拥有上海市房屋土地资源管理局颁发的物业管理三级资质证书。公司经营范围主要涉及物业管理、销售日用百货、建筑装潢材料、金属材料等业务。公司设四部一室：办公室、财务部、综合管理部、市场信息部（含物资部）；下辖4个管理处：远洋大厦管理处、长阳大楼管理处、扬子江大厦管理处、新中苑小区管理处。受委托管理的物业建筑面积计18.41万平方米。公司现员266人，其中原远洋系统员工69人、外聘合同员工37人、劳务工160人，女员工105人。其中，具有大专学历以上33人，含中级以上职称13人。

现任总经理马智君，党总支书记余文华（2004年4月任职）、缪兔根（2004年4月离职）。（陈 鹍）

【概况】 2004年，上海上远物业管理有限公司落实上级下达的各项指标，完成董事会提出的各项任务。全年未发生大小责任性安全事故，达到了预期的经营、管理、服务目标，实现利润5.1万元，完成利润指标102%。公司资产负债率为39.6%，流动资金比率为3.09%，应收账款回收率为100%，小区的物业管理费收缴率为92%以上。公司为业户提供诚信服务，做了大量艰苦而又细致的工作，经抽样调查，业户满意率达98%。物业管理中，发扬艰苦创业精神，严格控制管理成本，物料采购，实行归口管理，统一采购，货比三家，做到确保物料质量，确保价格低廉。办公用品做到物尽其用，勤俭节约思想贯穿于日常物业管理之中。公司加强员工教育培训力度，不断提高员工素质，2004年，外培训52人次，内培训1526人次（其中，新进员工岗前教育培训32人次），全年教育培训1578人次。公司以各项安全活动为抓手，确保安全措施落实，先后组织员工参加"全国职工安全知识百题竞赛"答题活动、举办"安全生产知识竞赛"活动等。年初，组织相关人员对公司危险源重新进行辨识和评价，确定了4个重大危险源，并研究控制措施，完善操作规程。2004年，公司加大市场开发力度，注重收集物业市场信息，开展物业市场调研，积极参与物业市场招投标活动，先后对"四季沙龙、姜堰市府大厦、南汇大学城、扬子江家园"等10余处楼盘进行现场调研，并积极参加竞标，经过努力，"扬子江家园"中标"四季沙龙"，签订了前期物业管理合同，全年开发物业管理面积达5.28万平方米（其中，已签订合同的物业管理面积为2.67万平方米）。

（华国清）

【召开第二届一次董事会】 2004年3月5日，上海上远物业管理有限公司召开第二届一次董事会。董事长过玲羽主持会议，董事过玲羽、黄圣兵、周益良、马智君，监事王世平出席会议。中远集运公司副总经理刘昌龙应邀出席会议。董事会听取并通过了《总经理工作报告》、《2003年财务决算和2004年财务预算》、《2004年精神文明建设规划》。（陈 鹍）

【召开二届一次职代会】 2004年3月27日，公司在远洋大厦六楼多功能厅召开二届一次职代会，出席大会正式代表38名，听取《总经理工作报告》、《财务工作报告》、《2004年度思想政治工作报告》。中远集运工会副主席徐道顺、上远陆产总公司工会主席沈威新到会并讲话。

（华国清）

【承接酒店式公寓物业管理业务】 2004年4月28日，公司与上海帝仁置业有限公司签订了《上海四季沙龙公寓前期物业顾问及前期物业管理服务合同书》，合同期限自2004年4月28日起，至成立小区业主委员会止。上海四季沙龙公寓为酒店式公寓，管理的物业建筑面积达2.67万平方米，物业管理服务标准和物业管理收费标准都比较高。承接上海四季沙龙公寓，填补公司从事酒店式公寓物业管理业务空白。（陈　杰）

【调整公司董事会、监事会成员】 2004年11月26日，上海上远物业管理有限公司召开临时董事会。会上，根据2004年10月29日上海远洋运输公司对上海上远物业管理有限公司董事会和监事会成员变动的决定，将公司董事会和监事会成员进行了调整。因工作原因，过玲羽不再担任董事长、王世平不再担任监事。新一届董事会成员：董事长王世平，董事黄圣兵、周益良、马智君，监事范宝成。

（陈　鹃）

【行业先进榜上有名】 2004年度，公司员工受上海市房屋土地资源管理局表彰的先进个人有："上海市住宅物业优秀小区经理"张晓和，"上海市住宅物业服务能手"徐晓纯、郑国良；公司员工受黄浦区房屋土地资源管理局表彰的先进个人有："黄浦区住宅物业优秀小区经理"季秀荣；公司员工受虹口区房屋土地资源管理局表彰的先进个人有："虹口区住宅物业服务能手"张晓和。（余文华）

13．上海远洋教育中心

【上海远洋教育中心】 上海远洋教育中心（简称教育中心）成立于1995年1月1日，原属中远集运船舶管理公司，2004年9月26日，归重组后的上海远洋运输公司。教育中心位于上海浦东大道2594号（栖山路1805号），占地面积33973平方米，建筑面积16450平方米，内设教学楼、图书馆、阶梯教室、学生公寓、餐厅、浴室、多功能活动室、田径场、篮球场等基础设施；拥有GMDSS实验室、大型船舶操纵模拟器、轮机模拟器、模拟自动化电站、模拟电力拖动实验室、轮机工艺实验室、轮机动力实验室、水手工艺实验室、高级消防训练舱、救生艇筏操作架以及计算机教室、语音室、智能化教室、多媒体教室等教学设施。教育中心是中远集团船员教育和培训基地之一，是中华人民共和国政府认定并提交国际海事组织（IMO）备案的十九家培训单位之一。1998年8月，经考核评估，教育中心取得国家海事局依据STCW78/95公约要求颁发的GMDSS无线电电子员培训等八项培训许可证。1999年3月、2003年11月，先后两次通过中华人民共和国国家海事局的"船员教育和培训质量体系"认证。教育中心还具有上海市安全监督管理局认定的特种作业人员安全技术（金属切割、焊接）培训机构资质，以及国家职业技能鉴定所资质。教育中心依托中远集装箱运输有限公司的人才优势，建立了一支相对稳定的专、兼职教师队伍。积极开拓对外培训和交流渠道。教育中心开办的各类培训项目有：大副、大管轮考证培训；乙类值班水手、值班机工考证培训；GMDSS通用操作员培训；滚装客船船员特殊培训；大型船舶操纵培训；熟悉和基本安全培训、高级消防培训；精通艇筏培训；精通急救培训、船上医护培训；轮机长（员）精通船电业务培训；船舶保安员培训；知识更新（法规部分）培训；驾驶员、轮机员英语强化培训；水手长、机工长业务英语培训；计算机应用初级、中级培训、办公自动化培训；驾通合一培训；机电合一培训；轮机模拟器初级培训；厨工服务业务培训；船员六级英语考前培训；焊工初证培训、焊工复证培训；企业领导干部工商管理培训及船岸干部、党员和职工各类政治理论培训及岗位培训。

现任教育中心主任、党委书记叶志为，原主任殷焕宇于2004年9月21日离任。（常　艺）

【概况】 2004年，教育中心围绕公司下达的目标任务积极开展工作，全年办班184期，培训5478人，比2003年分别增长39.7%和28.3%。其中对外培训1403人，比2003年增长15%，创收增长48.5%，培训总量创履约培训以来的新高。举办船员英语适岗考试4期，参加考试船员531人次；机电合一培训教材修改定稿；开办集装箱船驾驶员业务培训，三副、三管轮综合业务培训，轮机模拟器设备操作（初级）培训，GMDSS考证补习培训，船舶厨工业务服务员业务培训等项目；2004年第二期大副考证培训8个考试项目中，有6个项目的合格率均达到100%；圆满完成中远集运公司委托参加中远集团船员技能竞赛集训任务；实施GMDSS设备、轮机模拟器升级、多媒体教室、闭路电视系统等24个更新改造项目，办学条件得到进一步改善；通过上海市安全生产监督管理局的审核，获得“上海市特种作业人员安全技术培训机构资格许可证”；完成了清产核资工作；党建、思想政治工作和群众工作服务保障作用发挥较好。（常　艺）

教育中心2004年培训情况一览表

统计日期：2004年1月1日至2004年12月31日

类别	序号	班级名称	班次	总人数	外单位
船员技术业务培训	1	大副考证班	2	78	7
	2	三副综合业务培训班	3	66	
	3	大管轮考证班	2	45	3
	4	三管轮综合业务培训班	3	64	
	5	驾驶员GMDSS考证班	6	175	175
	6	船上医护培训班	3	80	8
	7	大型船舶操纵	15	110	6
	8	危险品证书培训班	1	28	
	9	精通救生艇筏救助班	9	326	61
	10	集装箱船驾驶员培训班	1	12	12
	11	精通快速救助艇	1	8	
	12	客船船员特殊培训班	10	266	266
	13	客船知识更新培训班	4	108	107
	14	滚装客船知识更新培训	10	364	226
	15	熟悉基本安全培训班	18	644	276
	16	值班机工培训班	6	185	33
	17	值班水手培训班	9	222	50

（续表）

类别	序号	班级名称	班次	总人数	外单位
船员技术业务培训	18	电焊初证培训班	2	92	2
	19	电焊复证培训班	9	410	5
	20	滚装客船船员特殊培训班	3	52	19
	21	机电合一培训班	1	15	
	22	机工大比武培训班	1	4	
	23	水手大比武培训班	1	6	
	24	船舶保安员培训班	29	1032	124
	25	驾驶英语考前培训班	3	57	
	26	轮机英语考前培训班	3	34	
	27	SMIS 管理信息培训班	7	254	
	28	船舶厨工服务专业	3	107	6
	29	驾通合一培训班	5	107	
	30	GMDSS 考证补习班	1	5	5
	31	轮机员补电培训班	1	12	12
	32	轮模设备操作（初级）	1	10	
	33	水手业务英语培训班	1	33	
		小　计	174	5011	1403
其他	34	新进员工岗前培训班	2	97	
	35	劳动保护培训班	4	202	
	36	党支部书记岗位培训班	2	94	
	37	入党积极分子培训班	1	36	
	38	业务经理管理技能培训班	1	38	
		小　计	10	467	
合　计			184	5478	1403

（蒋伟炯　吴定栋　吴功银）

【上海远洋教育中心成立十周年】 2004年12月31日晚，上海远洋教育中心举行成立十周年庆祝会。上海远洋运输公司副总经理韩超及公司有关职能部门负责人，原公司教育处老领导，上海远洋教育中心历任领导与全体员工及退休职工欢聚一堂，庆祝上海远洋教育中心成立十周年，共祝上海远洋教育中心再创辉煌。韩超在庆祝会上讲话。

（常　艺、吴功银）

【庆祝第二十届教师节】 2004年9月10日，上海远洋教育中心举行第20届教师节庆祝大会，中远集运公司党委书记吴树雄出席会议并讲话。吴树雄在宣读中远集团和中远集运公司的贺信后，向教育中心全体教职员工介绍公司生产经营状况、近期发展、改革形势，并对教育中心工作和发展提出要求。当晚，船管公司领导邀请教育中心全体教师到“中远之星”号游轮进行浦江游览。（吴功银）

【推进质量体系管理】 2004年，教育中心通过质量体系再有效审核，并加强对质量管理过程的控制，确保质量体系有效运行。3月25日，召开质量体系管理评审会议，通报2003年质量体系运行情况总结、再有效审核不合格项纠正工作完成情况、质量目标分析报告、各部门对质量体系的改进建议等情况，对各部门质管员进行调整；4月中旬至6月底，进行质量体系建立运行后的第一次文件、记录归档管理工作；9月1日至12月6日，进行质量体系年度内审；对学员、委培客户、内部职工进行客户满意度调查，为质量体系管理的方针、目标落实提供数据支持。

（吴功银）

【学习“驾通合一”先进典型】 上海远洋教育中心航海教研室教师，开发并实施“驾通合一”培训项目，取得显著培训效果，深得学员好评，为航海业务培训教学的创新和发展作出积极贡献。2月份，上海远洋教育中心党委专门发文，号召全体教职工向“驾通合一”教学组学习，人人争创一流工作业绩。（吴功银）

【取得房地产权证】 2004年7月9日，上海远洋教育中心校址所在地及地上建筑取得上海市房地产权证，权利人为上海远洋运输公司。经测绘院测量，该地块面积为33973.0平方米（合50.96亩），地上建筑面积为16450.78平方米。

（吴功银）

八 Overseas & Hong Kong

海外及中国香港地区

COSCO Container Lines Almanac 2005

（一）澳洲分部

【中远集运澳洲分部】 中远集运澳洲分部成立于2003年7月，设总经理1名，副总经理2名；分部以五星航运代理有限公司（Five Star Shipping & Agency Company Pty. Ltd.）为管理平台，管辖中远（新西兰）有限公司（COSCO（New Zealand）Ltd）、中远澳洲箱管有限公司（TECO Oceania Pty Ltd），以及五星航运代理公司所属昆士兰冷箱服务有限公司（QLD Reefer Services Pty Ltd）和宾氏菲利国际运输有限公司（BPSC International Shipping & Cargo Services Pty Ltd）等四家公司的生产经营活动；负责大洋洲区域内集装箱运输业务的销售、操作、成本控制和服务质量。2004年中远（集团）总公司启动LUCKY项目，实行中远集装箱运输有限公司（COSCO CONTAINER LINES CO.，LTD）的海内海外机构业务重组与股权转让。根据LUCKY项目的总体安排，五星航运代理有限公司作为第二批转股公司于2005年3月1日完成公司股权由中远（澳洲）有限公司（COSCO Oceania Pty Ltd）100%转让给中远集装箱运输有限公司所属中远集运（香港）有限公司（COSCO Container Lines（HONGKONG）Co.，LTD）的股份转让工作；同时从中远（澳洲）有限公司全资收购了中远（新西兰）有限公司（COSCO（New Zealand）Ltd）；于4月1日起，办理了中远澳洲箱管有限公司（TECO Oceania Pty Ltd）"休眠"手续，将其所有人员和业务归入了五星航运代理有限公司；并根据澳大利亚集装箱业务管理需要，成立了中远澳洲集装箱航线经营管理事业部，将原来五星航运代理有限公司澳洲集装箱航

中远集运澳洲分部机构设置：

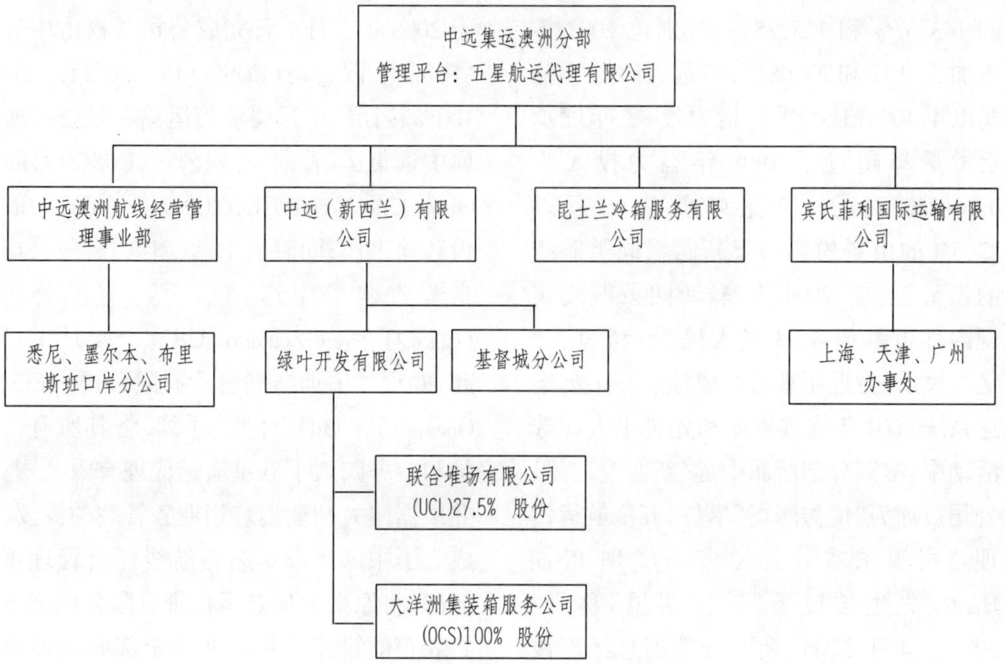

线经营管理业务全部归入该事业部，实行公司化管理。

中远集运澳洲分部现有中、澳、新员工 145 人，其中硕士学历 7 人，大学学历 51 人，大专学历 25 人。

现任总经理刘昌龙，副总经理钱龙君、刘枫。 （徐 荣）

【概况】 2004 年，中远集运澳洲分部根据总部开展《我为效益作贡献》活动的通知精神，发动所属各单位全体员工以饱满的热情和昂扬的斗志，积极投身到活动中去。结合中远澳/新航线工作实际，从我做起，从小事和身边事做起，全员参与，贯穿全年，务求实效。通过努力，1—12 月份澳/新航线累计完成北行揽货量 60,762TEU 和运费收入 5,691.8 万美元，分别为中远集运下达的年度指标的 111% 和 119%，分别比 2003 年增加 31.86% 和 20.54%。其中，五星航运代理公司全年共完成出口揽货 37,629 TEU，运费收入 2,744 万美元，分别为总部下达年度指标的 113.34% 和 139.28%，分别比 2003 年增加 28.4% 和 26.5%；揽货量和运费收入均达到近年来最好水平。中远（新西兰）公司全年完成出口揽货 23,878TEU，运费收入 3,202 万美元，分别为年度指标的 143.67% 和 125.25%，分别比 2003 年增加 57.9% 和 27.08%；中远（新西兰）公司以 4,400TEU 的平均运力投入，年度承运货量却超过了 1998 年运力投入为 6,600TEU 时的历史最好水平，并且以 23.5% 的市场份额居于新西兰同类航线的领头地位。2004 年澳/新四条航线实现内部贡献值 4.03 亿人民币，利润 2.5 亿人民币，为近年来最好成绩。在中远集运系统 2004 年先进集体和先进个人评选活动中，澳洲分部所属中远（新西兰）有限公司被评为"优秀网点"单位、五星航运代理公司墨尔本分公司市场经理 Bryce Henley 先生被授予"销售明星"称号。2004 年 4 月 27 日，澳洲分部副总经理钱龙君荣获中远集团"十大杰出青年"称号。

（徐 荣）

【五星航运代理有限公司】 五星航运代理有限公司成立于 1980 年 5 月 21 日，是第一家在澳设立的中澳合资公司。"五星"取自中国和澳大利亚国旗中的五星/五角星，同时也是一流服务的象征。公司建立初期主要经营中远游船"明华"轮，并为中远的第一条集装箱航线即中—澳线揽货和提供代理业务。随着中远在澳洲的业务发展特别是集装箱航线的增加，五星航运代理有限公司逐渐得到了发展壮大，并于 1994 年 1 月 1 日成为中远的独资企业，全权代理所有中远集团在澳大利亚的集装箱船货业务。在公司全体中外员工的共同努力下，五星航运代理公司所服务的中—澳、日—韩—澳两条集装箱航线以准班和优质的服务赢得了广大客户的信赖，两条航线自 1996 年以来，连续九年获得澳大利亚权威航运媒体《劳氏日报》颁发的"航运准班奖"和"客户服务奖"；公司连续五年获得中远集运授予的"先进服务网点"称号，并曾获得中远集团授予的"文明示范窗口"称号。

根据 LUCKY 项目的整体安排，五星航运代理有限公司作为第二批转股公司于 2005 年 3 月 1 日完成公司股权由中远（澳洲）有限公司（COSCO Oceania Pty Ltd）100% 转让给中远集装箱运输有限公司所属中远集运（香港）有限公司（COSCO Container Lines (HONGKONG) Co., LTD）的股份转让工作；同时从中远（澳洲）有限公司全资收购了中远（新西兰）有限公司（COSCO (New Zealand) Ltd），于 4 月 1 日起，办理了中远澳洲箱管有限公司（TECO Oceania Pty Ltd）"休眠"手续，将其所有人员和业务归入了五星航运代理有限公司；并根据澳大利亚集装箱业务管理的需要，成立了中远澳洲集装箱航线经营管理事业部，将原来五星航运代理有限公司澳洲集装箱航线经营管理业务全部归入该事业部。中远澳洲航线经营管理事业部以“COSCO Australia”名义开展业务，实行公司化管理，具体负责中远澳洲航线在澳洲所挂靠港口的货物揽取、现场船舶代理服务等各项工作，现任总经理 Alan Brundish，副总经理 Alison Mahoney，共有中、澳员工 69 人（悉尼 43 人，墨尔本 17 人，布里斯班 9 人）。

五星航运代理有限公司实行董事会制度下的总经理负责制。现任总裁钱龙君，公司总部设在澳大利亚悉尼（Sydney）。为适应集装箱区域管理职能的需要，设立了管理部、企划部、财务部、箱管部和保障部等管理部门。管理部主要职责是负责公司行政、文秘、宣传、接待、档案管理、固定资产实物管理、科技信息、保密工作及内外联络等工作。企划部主要职责是负责下属单位、部门业务考核、法律、税务、ISO 管理标准贯彻等工作。财务部负责整个公司及下属单位财务指标下达、考核、统计和报表合并上报工作。箱管部主要负责与总部箱管部门的联络并监督、指导、协助口岸箱管部门落实总部的要求和任务，确保各项指标的完成，负责对使用堆场的合约签署和会同口岸对堆场服务的评估，并重点抓好澳新两地箱体的平衡和各口岸出口用箱需求。保障部主要负责澳/新地区船舶总调度、澳/新地区中远船舶装卸、作业安全、运使费审核管理、商务成本控制等工作。

五星航运代理有限公司机构图

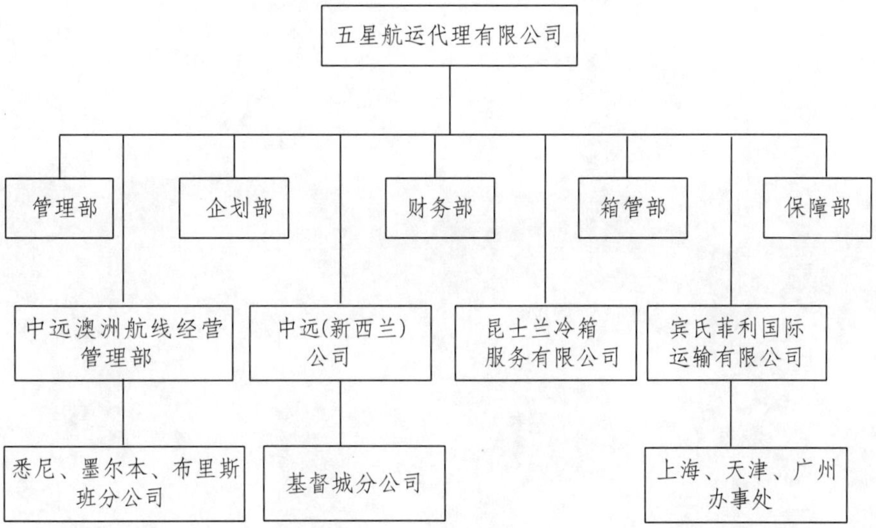

（徐　荣）

【概况】 2004 年，五星航运代理公司按照总部的部署和要求，积极开展“我为效益做贡献”活动，通过全员发动，全员参与，全面完成和超额完成了总部下达的各项任务指标，其中全年共完成出口揽货 37,629 TEU，运费收入 2,744 万美元，分别为总部下达年度指标的 113.34% 和 139.28%，分别比 2003 年增加 28.4% 和 26.5%；港口费、货物费和箱管费三项成本指标均低于总部要求；揽货量、运费收入和航线盈利均达到近年来最好水平。

（徐　荣）

【新航线开设】 2004 年 6 月 30 日，中远澳大利亚—中国北方港口航线（简称 NCX）顺利开通，该航线港序为：大连—青岛—上海—宁波—墨尔本—悉尼—布里斯班—大连。10 月 28 日，该航线在澳洲权威航运媒体《劳氏日报》举行的 2004 年度澳洲航运奖颁奖大会，荣获了“航运准班奖”。这一奖项表明，通过五星航运代理有限公司与船舶的共同努力，这条新航线逐渐得到澳洲广大客户的认可，同时这也是中远在澳洲连续第九年获得澳洲航运大奖，为中远澳洲精品航线增添了新的荣誉。2004年12月22日,中远集装箱运输有限公司正式对外宣布,为了满足澳大利亚及东南亚之间逐渐增长的进出口需求,将于2005年2月底与汉堡南方、金星航运及中海合作开辟东南亚/澳大利亚航线。新辟东南亚/澳大利亚航线。新航线港序将为:巴生、新加坡、布里斯班、悉尼、墨尔本、阿德雷德。该航线将配置4艘1700—2000 TEU的船舶。至此,中远在澳洲已开设了澳大利亚—中国北方港口、澳大利亚—中国南方港口、澳大利亚—日本—韩国、澳大利亚—东南亚四条周班航线。(徐　荣)

(二)韩国分部

【中远集运韩国分部】 中远集运韩国分部成立于2003年7月,以远城海运有限公司(COSHAN CO., LTD.)为管理平台,管辖远城海运有限公司(COSHAN CO., LTD.)、京汉海运有限公司(COHEUNG SHIPPING CO., LTD.)及中远韩国物流公司(COSCO KOREA LOGISTICS CO., LTD.)三家公司的生产经营活动,负责韩国区域内集装箱运输业务的销售、操作、成本控制和服务质量,对集装箱航线或舱位效益负责,与中远集运成为了真正的利益共同体。2004年中远集团总公司激活LUCKY项目,实行中远集装箱运输有限公司(COSCO CONTAINER LINES CO., LTD)的海内海外机构业务重组与股权转让。在LUCKY项目的进程中,远城海运有限公司于2004年12月15日第一批转股公司中第一个顺利签约完成了公司股权由中远韩国有限公司(COSCO KOREA CO., LTD.)100%转让给中远集装箱运输有限公司的转股工作,并根据总部的部署,全资收购并100%控股远明海运有限公司(COSKOR SHIPPING CO., LTD.)(原中远韩国物流有限公司),从2005年1月1日起,开始正式运作。原中远韩国物流有限公司于2004年12月15日第二个顺利签约完成了公司股权由中远韩国有限公司100%转让给远城海运有限公司的转股工作,从2005年1月1日起正式更名为远明海运有限公司并开始运作。形成了远城海运有限公司作为中远集运在韩国的船代业务公司和远明海运作为在远城海运有限公司控股下的在韩国的公共货代公司。京汉海运有限公司是经营中韩航线的集装箱公共支线班轮公司,主要经营中国华北、华东至韩国的支线班轮服务。韩国分部现有中、韩员工81人,其中硕士学历1人,大学学历60人,大专学历9人。含高级职称2人,中级职称5人。

现任总经理龚上理,副总经理黄存迅。(黄存迅)

中远集运韩国分部机构设置:

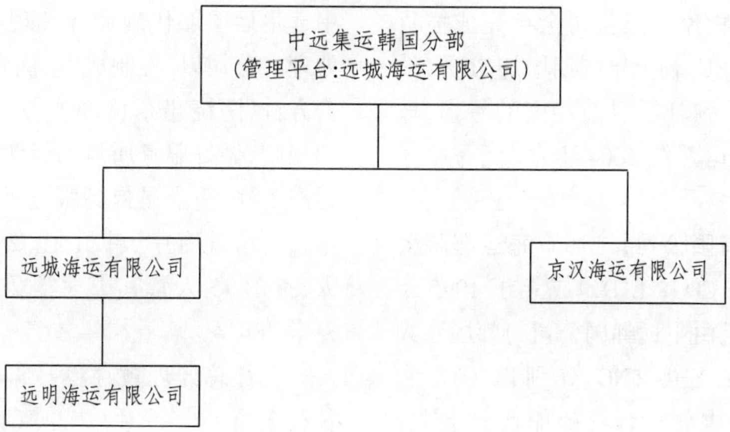

(黄存迅)

【概况】 2004年,根据集运总部关于开展的"我为效益作贡献"主题活动,围绕中远集运一个中心,全体员工团结一致,奋力拼搏,较好地把握了美国航线舱位逐步扩大、澳新航线运价攀升、中韩航线运价恢复等市场良机,克服了人手短缺、部分航线舱位受限等不利条件与困难,很好地完成了年度生产经营任务。通过积极与码头装卸公司谈判磋商,力争获得相对优惠的码头协议费率,为中远集运控制经营成本作贡献,并积极推进多条航线的运价上涨和恢复。IRIS-2系统使用操作顺利,绩效明显,在总部历次的应用质量评估中名列前茅。随着韩国地区的北美服务航线舱位的逐步放大,加大货源开发力度,实现北美航线舱位放大情况下的货量满舱位出口。运费催收及汇付及时,运费回收率达到99%。班轮现场服务情况良好,合理安排船舶港内作业,及时妥善处理有关问题,船舶的PSC和ISPS实施均一次通过,无滞留船舶事件发生。分部各公司全年的经营业绩通过加强管理和协调,都有喜人的表现。远城海运有限公司全年总揽货量40104TEU,完成指标的156%,比上年增加39%,完成运费收入指标的168%,比上年增加32%,全年集装箱处理量83580TEU。京汉海运有限公司在下半年运力缩减的情况下,加大营销力度,提高舱位利用率,全年完成运输量304167TEU,保持上年同期的运量水平。原中远韩国物流有限公司全年完成揽货箱量29309TEU,较上年同期增加26%,效益再创新高,弥补了以前年度的亏损,被评为中远集运系统2004年度"优秀服务网点"。 (黄存迅)

【远城海运有限公司】 远城海运有限公司(COSHAN CO., LTD.)成立于1995年年底,当时是由中远韩国公司与韩国私人企业EAGLE SHIPPING分别以60%和40%的股份成立的合资船舶代理公司。1998年6月,由中远韩国公司收购了韩方40%的股份,成为中远韩国公司的全资公司,全权代理所有中远集运在韩国的船货业务。根据集团LUCKY项目的部署和要求,2004年12月15日在第一批转股公司中第一个顺利签约,完成了公司股权由中远韩国有限公司100%转让给中远集装箱运输有限公司的转股工作,并根据总部的部署,全资收购并100%控股远明海运有限公司(原中远韩国物流有限公司),从2005年1月1日起,开始正式运作。公司的业务板块也随之进行重组与归并,远城公司的全部销售人员并入远明公司,形成了远城海运有限公司作为中远集运在韩国的船代业务公司和远明海运作为在远城海运有限公司100%控股下的在韩国的公共货代公司。远城海运有限公司实行董事会制度下的总经理负责制,并对远明海运公司行使投资管理权。公司总部设在汉城(Seoul),下设出口业务部(Export Division)、进口业务部(Import Division)、企划管理部(Planning Management Division)和远城海运釜山事务所。出口业务部负责出口货物的业务处理;进口业务部负责进口货物的业务处理和集装箱设备的管理;BPS TEAM由各业务部门的相关人员组成,负责IRIS-2系统的实施和协调维护工作;企划管理部负责公司的财务管理和行政、人事管理;釜山(Pusan)事务所设有2个部门,为航运管理部和业务管理部,分别负责港口现场的中远集运船舶代理业务和现场业务单证处理。公司以"控制成本、优质服务"为经营方针,围绕船东代理业务,遵循ISO管理规则,做好服务质量与经营管理质量的提高工作,重点是提高服务意识与单证质量。公司现有中、韩员工32人(汉城17人,釜山15人),其中大学学历17人,大专学历4人。

现任总经理黄存迅。釜山事务所所长朴东殖。 (黄存迅)

远城海运有限公司机构图

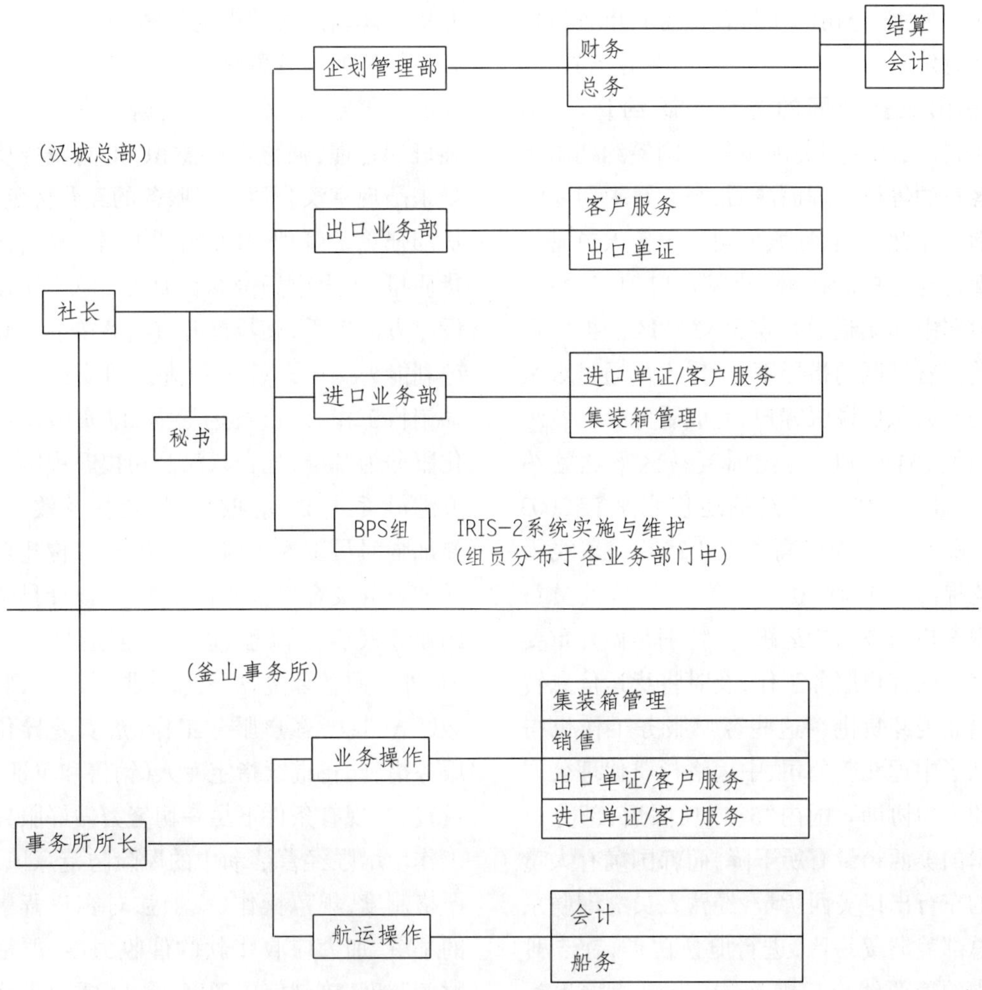

(黄存迅)

【概况】 2004年,远城海运有限公司较好地完成了年度生产经营任务。全年总揽货量40104TEU,完成指标的156%,比2003年增加39%,完成运费收入指标的168%,比上年增加32%,全年集装箱处理量83580TEU。在经营成本控制上,积极与码头装卸公司谈判磋商,力争获得相对优惠的码头协议费率。与GGCT(GLOBAL ENTERPRISES, LTD.世邦堪蛮码头)的2004年新协议获得了10%的回扣优惠,使得费率水平在原涨价的幅度下降低了50%;与DPCT(DONGBU PUSHAN CONTAINER TERMINAL东部釜山集装箱码头)的2004年新协议涨幅控制在集运总部的要求之内;通过不懈努力和友好磋商,使KE(THE KOREA EXPRESS CO., LTD.大韩通运)的装卸费率维持不涨;2004年韩进码头的装卸费率上涨幅度由原先的8%下降到5%。并按照中远集运指示,加大货源开发力度,实现北美航线舱位放大情况下的货量满舱出口,同时抓住机遇,积极推进多条航线的运价上涨和恢复,运费催收及汇付及时,运费回收率达到99%。IRIS-2系统实施工作顺利,在总部的应用质量评估中名列前茅,GDC的使用率大于85%。班轮现场服务情况良好,合理安排船舶港内作业,及时妥善处理有关问题,船舶的PSC和ISPS实施均一次通过,无滞留船舶事件发生。切实做好经营管理工作,向管理要效益。2004

年6月,顺利通过了公司ISO9001:2000的年度外审,公司的质量管理得到审查机构的肯定。（黄存迅）

【美国服务合同的签约与履约】 2004年,韩国地区的美国服务合同签约期由于客户的等待心理而滞后,至5月中旬才激活。在此期间,远城公司的销售人员密切保持与客户的接触,掌握客户动态,并及时向中远集运总部美洲贸易区汇报。在美洲贸易区的指导下,销售人员通过艰辛的努力积极说服客户,完成服务合同签约箱量13450TEU,为美洲贸易区下达签约指标的112%。签约的运价水平较2003年美西线平均提高了USD250、美东线平均提高了USD300。签约后,经营人员重视客户服务与货运跟踪,特别是做好重要客户的客户服务工作,及时将货运信息转给北美卸货港。这些客户服务工作也得到了中远北美公司、中远洛杉矶代理公司的大力协助。国内"5·1"长假后,部分口岸的美西箱量有所下降,而韩国确有大量的东行出口美西货量,经营人员立即联系总部美洲贸易区,进行舱位协调,在5月中的美西线出口航次中,当地货物出运330TEU。全年完成出口北美的货量为15930TEU,取得了理想的效果。

（黄存迅）

【落实中远集运系统2004年年中工作会议精神】 为贯彻落实中远集运2004年年中工作会议的精神,韩国分部根据自身的特点,对员工进行会议精神的传达,遵照"细化经营,提升实力,锐意变革,实现飞跃"十六字方针,结合集运的运力发展规划和下半年起大船陆续上线的契机,在总结了上半年经营情况后,对下半年及以后的工作进行了布置:远城公司应转变观念,在中远集运一个利润中心下,树立船东观念,在开拓市场、加强管理和降本增效上取得更好的成绩。把握住大船上线带来的经营舱位扩大的良机,围绕舱位经营理念,进一步提高营销能力,加大揽货力度,做好并做大美国航线的服务,稳定并提升澳新航线的市场份额,调整并改善韩中航线的经营思路,开拓并发展欧洲航线的新服务。京汉公司应通过进一步加强班期管理,强化班轮意识,提高服务质量来凸现京汉公司支线服务的经营特色;从加强箱子管理、降低经营成本、提高揽货质量、扩大市场份额和加快信息系统建设等方面着手,逐步提升市场竞争能力和盈利能力。中远韩国物流公司应推进主动销售工作,以市场为导向,以实施差异化服务为基础,配合京汉公司提升中国北方港口货量,以增加公司揽货量及效益;要加强对员工的培训工作,并通过构建合适的业务及客户服务管理体系,设计科学的业务及服务流程,进一步创造良好的内、外部服务环境,提升整体服务质量;要做好V.I.P.客户服务工作,落实差异化服务措施,将继续指定专人(销售和单证)负责,在现有条件下尽一切努力做好服务工作。增强经营活动中的风险防范意识,严格制度,规范操作,应加强对客户背景的了解,加大应收账款的催收力度,严格财务制度,控制信用额度,重大、重要事情坚持集体讨论、慎重决定,并按制度上报。树立全局意识,加强责任,注重机遇,提高把握市场能力和经营安全管理能力,围绕经济效益这个中心,以优异的成绩完成集运总部下达的经营管理目标任务。

（黄存迅）

【为直接大客户提供差异化服务】 为进一步做好对直接大客户提供差异化服务的工作,京汉公司组织相关业务人员对丽水港SAPO码头以及装卸公司、拖车公司等有关业务单位进行现场视察和拜访,于2004年3月为韩国LG CHEMICAL提供了丽水港SAPO码头(隶属于LG CHEMACAL)至上海、宁波的直航服务,使客户充分体会到公司的服务诚意。为巩固效果,公司组织业务人员进行定期的客户拜访,听取客户的意见,了解客户的需求，提供优异的服务。并根据韩国开发光洋港的优惠政策，用足韩国政府的有关政策。船舶在同一航次中挂靠釜山和光洋，光洋港的船舶吨税与码头费可减免80%，釜山港减免100%。SAPO码头位于光洋港池的南岸（地理位置属于丽水地区），为争取享受同等待遇，积极与釜山海洋水产厅等有关政府部门协商，经过不懈的努力，获得了同光洋港的同等待遇，并退还以前多收费用。（黄存迅）

【提前一个季度完成年初下达的经营指标】 随着“我为效益作贡献”活动的开展和中远集运总部的正确领导和决策，韩国分部提前一个季度完成中远集运年初下达的经营指标。根据COSCON－MIS统计资料，截至9月份，已完成的出口重箱为指标的109%，运费收入为指标的119%，单箱运费收入为指标的105%。在2004年航运形势喜人的情况下，韩国分部在加大揽货力度、提高服务质量、多种渠道节控成本上下功夫。充分利用美国航线大船上线、舱位逐步扩大的正确决策，主动出击，开发客户，确保分配舱位的充分利用；在澳新舱位紧张的情况下，积极协调，做好对客户的解释工作，从集运整体利益出发合理处理好本地出口货物与中转货物的比例。根据COSCON目前在韩国均是合作航线、码头的选择上较被动的情况，通过与码头装卸公司的诚意谈判，对装卸公司提出的涨价计划进行磋商，达到降低涨幅的目的。对于抵港货物，要求进口业务操作人员及时通知收货人和合理安排中转，尽可能在码头免费堆存期内提货，以减少货物外移场站的操作费。

（黄存迅）

(三)东南亚分部

【中远集运东南亚分部】 东南亚分部的管理平台设在富华货运有限公司,该公司成立于1995年4月,注册资本20万新元,是一家以国际货运为主的私人有限公司。业务种类包括货运代理、拼箱业务、船舶代理和集装箱运输等。具体业务内容有货物保管、报验、订轮、配载、装拆箱、拼箱等。作为一家NVOCC公司,公司承运的服务网络从印度洋地区延伸到东南亚、南亚,已形成一个较为完整的网络体系。此外,富华公司又承担了中远集运东南亚箱管分中心,东南亚、南亚和西亚等地区的运使费结算中心和新加坡集装箱理货等业务。该公司在马来西亚(东马)设有分公司,在中国上海、青岛和天津等地设有代表处。2003年7月10日,根据中远集运实行体制改革的总体要求,将东南亚分部纳入中远集装箱运输管理体系,成立了中远集运东南亚分部,直接隶属中远集运管理,同时结合富华公司的具体情况,以富华公司作为东南亚分部的操作管理平台。机构设置为四个部:综合部、业务发展部、箱管部和财务部,履行中远集运赋予的生产协调职能、人事管理职能、财务和生产统计职能和绩效考核职能等四项职能。东南亚分部所属的公司有远星公司、远泰公司、远球公司、远凌公司、萨伊卡拉奇公司、远飞公司、缅甸公司、印度公司、柬埔寨公司、孟加拉公司和斯里兰卡代表处等11家单位。作为东南亚分部管理平台的富华公司,现有员工21人(当地员工18人,中远外派员工3人)。其中,硕士研究生学历以上1人,大学学历5人。

现任总经理顾其昌,副总经理郁正辉、刘洪海。 (郁正辉)

【概况】 中远集运东南亚分部于2003年7月成立。2004年,在分部全体员工的共同努力下,立足实际,抓住工作重点,注重平稳过渡,克服"非典"疫情造成的不利影响,较好地完成了各项经营管理目标任务。全年完成重箱箱量出口236153 TEU,完成指标的151%;运费等累计收入31016万美元,完成指标的238%。分部各公司的舱位利用率均达到95%—100%;成本方面,分部全年累计港口费425.5万美元,完成指标的76%,实际完成比指标节约24%即136.5万美元;累计完成箱管费498万美元,完成指标的78%,节约费用139万美元。分部各公司均能做到严格执行中远集运的运价政策,并自觉推动运价的维护和上调,保护船东利益。在管理上,抓定位,一是日常管理,二是上传下达,三是协调监督。在业务上,主要抓加强销售、抓好揽货,尤其是基础工作,进一步完善客户档案,特别是直接客户,建立营销体系,指定考核激励办法,加强各条航线的揽货能力;做好服务、运费催收工作,建立客户规范和制度,提高服务质量和水平;抓好船期,保班、抢班,特别是在新加坡要充分利用同PSA的关系;安全工作,确保船、人员、货物的安全;成本工作,做好成本分析、成本控制,切实提高航线效益;统计工作,配合运输生产、财务效益确保统计工作的及时准确。体现在日常管理上:周报信息上报、下达、督办、考核。体现在人事管理上,按中远集运组织人事的要求细化人事管理考核办法执行。按照中远集运赋予东南亚分部的生产协调职能、人事管理职能、财务和生产统计职能和绩效考核职能等四项职能来开展工作。按照中远集运的要求,在现场积极协助总部各贸易区和相关职能部门做好集装箱运输业务扁平化的管理;着重处理和协调好分部所属各代理公司的工作,主动关心和了解代理公司生产经营中的主要难点和问题,并及时反映,积极协调,努力帮助解决,切实体现分部工作职能,起到能解决问题的桥梁作用,维护中远集运整体经济效益。抓队伍建设,指导思想明确,尽量不增加编制。目前分部的所有员工都是身兼双重职责。东南亚分部所属的远星船务私人有限公司获得2003年度中远集运系统"优秀服务网点"的称号,公司2名员工分别获得"销售明星"和"服务明星"的奖励。

(郁正辉)

【信息系统实现转换】 稳步推进IRIS-2系统的实施,并落实升级和优化工作,保证系统的安全运转,技术创新,业务流程优化,使东南亚地区生产经营、客户服务、财务管理水平上了新台阶,业务流程再造已初现成果。目前,远星公司从出口、进口、中转到箱管、运费已经全部切换到了IRIS-2系统中操作,实现了由旧系统到新系统的转换。 (郁正辉)

【积极参与大讨论活动】 中远集运决定,于2003年8月28日—9月28日,在全系统开展"保持公司可持续盈利、提升核心竞争力"大讨论活动,东南亚分部各单位认真组织、积极发动、人人参与。东南亚分部召开总经理办公会就大讨论活动进行了专题动员和部署,要求分部各单位应好好利用这次大讨论的契机,增强危机意识和责任意识,立足本岗,找出瓶颈问题,提出切实可行的意见和措施,确保今年任务目标的实现,同时也为明年的工作夯实基础。远星公司作为东南亚分部的领头羊,通过这次大讨论,该公司每一个员工进一步统一了思想,达成共识:困难面前,主动出击,不等不靠,能自己解决的问题决不上交。每一名职工都能保持清醒的头脑,并以当家作主的企业主人翁姿态去思考问题解决问题。远泰公司通过大讨论,倡导整个系统应该更好地树立一盘棋思想,大力提倡总部与口岸代理之间相互尊重、信任、理解和支持。规范函电的礼貌用语,鼓励换位思考,建立起和谐友好的内部氛围,从而增强凝聚力,树立良好的对外形象。印尼远球公司则将讨论成果运用在实际工作中。他们以"悟空精神"选择能人,使加里曼丹坤甸合资代理公司经过短时期的紧张筹备如期开张。缅甸公司面对一些贸易制裁等不利的客观因素,没有伸手向上,而是自力更生,抓住FOB、CIF的散杂货揽货工作,努力开拓公司的业务。卡拉奇公司未雨绸缪,早在8月份,他们就从当地海关购买到今年4月至7月份巴国出口数据,通过分析这些数据为下一季寻找市场切入点做准备。大讨论是在东南亚分部成立一个多月时开展的,对白手起家的东南亚分部而言是一次绝好的统一思想、理清思路的良机,大讨论因此显得尤为及时和有效,意义也更加深远。 (郁正辉)

附表

中远集运东南亚分部

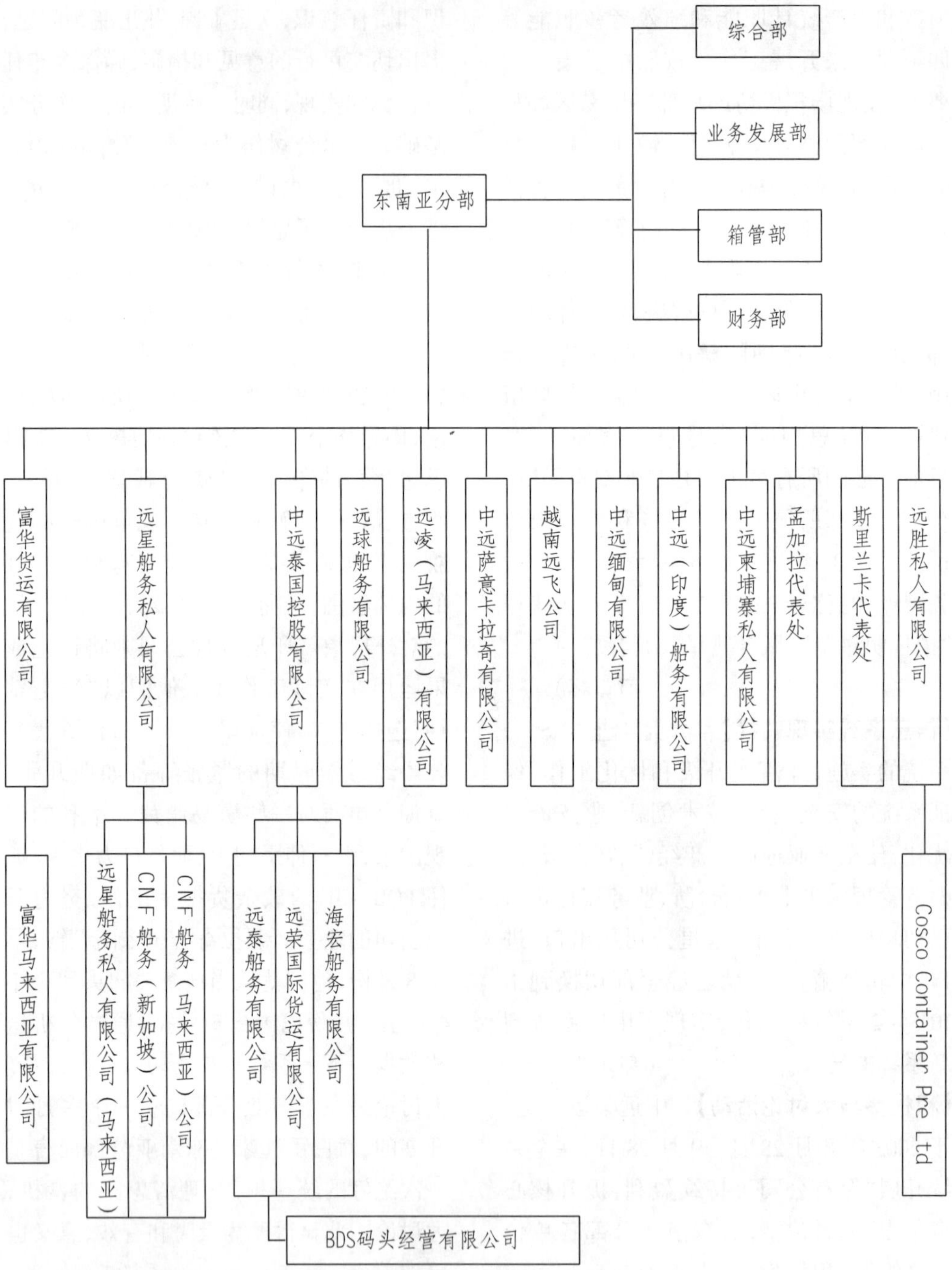

(四)香港分部

【中远集运香港分部】 对外又称中远货柜代理有限公司(简称中远货柜),成立于1987年7月24日,原名招商局货柜有限公司,注册资本100万港币,于1997年由中远全资收购,开始纳入中远体系,并隶属中远香港集团有限公司管理。至2003年8月,根据中远集运实行体制改革的总体要求,结合中远货柜的具体情况,纳入中远集装箱运输管理体系,直接隶属中远集运管理,并以中远货柜作为香港分部的管理平台。2005年1月,随着中远集团兴运项目的推进,中远货柜的100%股权顺利转让到中远集装箱运输有限公司,中远货柜正式成为中远集运全资直属子公司。中远货柜是中远集运在香港地区的总代理,主要从事以香港地区为主的集装箱船的船舶和货运代理业务,代理网络覆盖全球,已跻身全球航线最多、箱量最大的代理公司之一。此外,中远货柜还担负中远集装箱船舶在香港港口的代理职责,对船舶的进港、开航、靠泊、装卸货、船期等进行现场调度,保证定期班轮在香港地区按时、安全运作,保证船东取得最佳的经济效益。中远货柜并代表船公司现场处理船舶的各种货运业务及运使费的审核、结算,还具有集装箱调运监督管理信息跟踪、集装箱维修等业务功能。

香港分部机构设置为1室、9部和1办事处,分别是:总经理室、市场部、进口中转部、单证部、船务部、预配部、箱管部、商务部、财务部、人事/行政部以及深圳办事处。香港分部下辖中远货柜代理有限公司、景华峰国际货运代理有限公司、汇利船务有限公司、中远菲律宾代理有限公司以及内地合营公司—天津富景国际货运有限公司及天津捷利国际运输有限公司。(参见香港分部组织架构图)

截至2004年底,香港分部现员483人,其中香港当地员工220人,香港内派人员12人,内地员工218人(主要是景华峰公司的员工),中远菲律宾公司33人(含外派人员2人)。全体员工当中,硕士研究生学历以上5人,大学学历88人,大专学历108人。根据中远集团和中远集运的人事安排,公司在2004年底至2005年初进行了内派管理人员轮换,9位内派人员安排调返内地工作。

现任总经理吴湛樵,副总经理张富元、王明峰、倪高明。(原副总经理周传喜、王连欣于2004年12月离任,副总经理林俊英于2005年3月离任。)

(谢秀灵)

【概况】 2004年中远集运香港分部把握航运市场转旺的良好势头,全年完成LOCAL重箱量182,200TEU,完成下达指标的107.3%。完成中转出口箱量201,000TEU,进口中转箱量209,000 TEU。全年运费收入为下达指标的117.1%。集装箱处理量659,980TEU。全年整体舱位利用率为91.02%。保持全年无坏账的优良纪录,运费回收率平均达98%。做好船舶代理工作,全年共处理大小船舶6146艘次,比2003年同期增加222艘次。为中远船舶节省船期共3560小时,包括为抵港时已脱班的船舶抢回班期共1500小时。继续保持船舶在港安全作业率100%,未发生任何大小事故;没有客户投诉或出现工作差错,船舶保班率100%;

防抗台成功率100%，充分发挥了“保班枢纽港”的调节作用，维护了船东商誉。努力增收节支，在安全运载的大前提下，精密计算尽量多装，全年成功多装货38,348TEU。又努力节省引水、锚泊费、拖车费，缩短集装箱在岸周转天数，全年共增收节支超过2.1亿港元。中远货柜代理有限公司获得中远集运系统2004年度“优秀网点”的称号；景华峰公司市场部获得中远集运系统2004年度“文明窗口”称号；公司4位员工分别获中远集运授予“优秀员工”、“销售明星”及“服务明星”的奖励；景华峰北京分公司获得中远集团总公司评为“治安综合治理良好单位”。

(谢秀灵)

【做好市场营销，圆满完成美线签约工作】

美线签约工作是2004年销售工作的重点，年初开始便多次组织美国、上海、深圳及香港四方签约专题会议，并对美国及远东市场进行调研，重点加强直接货主的开发力度，成功签订24家直接货主及24家货代客户合约，总合约货量为81,180TEU，较2003年增加17%。公司又积极推动互动销售工作，由公司领导带领多次组织揽货小组赴北美及欧洲、东南亚地区开展揽货工作，欧美地区的代理也多次回访香港，拜访本地客户。(谢秀灵)

【完成大船上线货源组织工作】 2004年7月开始中远美西线8,000TEU大船正式上线，在总部组织及配合下，分部完成下达指标，其中COSCO LONG BEACH及COSCO SHENZHEN第一航次在香港装载为1250TEU及1800TEU，完满达标。

(谢秀灵)

【开辟马尼拉至香港支线】 2004年3月1日开辟菲律宾—香港支线顺利首航，在马尼拉举办了盛大的首航庆典活动。中远集运公司副总经理史美思、中远集运公司亚太贸易区总经理辜伟峰等赴马尼拉出席，大会邀请了中远韩国公司总经理龚上理、中国驻菲律宾大使、VIP客户、有关业务单位嘉宾、新闻媒体、“怀集河”轮等共160人出席。 (谢秀灵)

【中远集运澳新线的香港代理】 2004年1月18日中远货柜正式接管中远集运澳新航线在香港的代理业务，成为中远集运所有集装箱航线在香港的独家代理。此举方便客户理顺了业务流程。交接后成功拓展了该线的客户，增加了整体货载，航线的货量和服务质量效益均有显著增长。 (谢秀灵)

【中远货柜成为中远集运全资子公司】 自2004年8月中远集团展开LUCKY项目起，香港分部积极配合LUCKY项目的总体部署，在公司内部专门成立LUCKY项目推进小组，并设立每天汇报、沟通制度，根据上级要求按时报告并开展有关工作。按LUCKY项目安排，12月1日在香港成立了中远集运(香港)有限公司。2005年1月7日顺利将中远货柜代理有限公司的100%股权转让到中远集装箱运输有限公司，中远货柜正式成为中远集运全资直属公司。 (谢秀灵)

【做好内派人员轮换工作】 根据中远集团和中远集运的人事轮换制度，香港分部12位内派员工中，9位于2004年底至2005年初到期离任，香港分部按照集团的安排，倪高明接替周传喜担任公司副总经理；王明峰接替王连欣担任公司副总经理；袁健接替徐保东担任行政部总经理；周敢飞接替白文芳担任单证部总经理；檀卓群接替周炜担任市场部总经理；黄晨接替吴怀宝担任财务部总经理；林俊英副总经理离任；商务部总经理岳周敏离任；汇利船务总经理汤继军离任。

(谢秀灵)

【举办中远集运粤深港第二届(2004年)职工运动会】 2004年11月28日香港分部联同深圳分部以及广州分部在广州联合举办了“中远集运粤深港第二届(2004年)职工运动会”，分部员工和家属230人赴广州参加比赛，夺得团体第二名；拔河、

男子篮球夺得第一名。（谢秀灵）

【下属汇利、景华峰公司在厦门召开年终会议】 2004年12月15日香港分部在厦门召开"汇利、景华峰2004年年终工作会暨2005年工作务虚会"，邀请了中货总公司傅海潮副总经理以及中远香港集团金忠明副总裁参加。各级领导对汇利、景华峰公司在2004年所取得成绩给予了高度评价，会议对公司日后发展工作作了部署。（谢秀灵）

远航归来

Advanced Collectives & Individuals

九 先进集体 先进个人

COSCO Container Lines Almanac 2005

(一)2004年度上级表彰的先进集体、先进个人名单

首届中国地方志年鉴奖特等奖
中远集运公司

首届中国地方志年鉴奖特等奖(主编)
许立荣

2004年全国"五一"劳动奖章获得者
吴树雄

全国老干部先进个人
陆少华

2004年度全国用户满意服务班组
"苏州号"轮

2004年中央企业劳动模范
梁波

中央企业优秀共产党员
宋金玉

2004年度上海市职工职业道德"十佳单位"
"锦云河"轮

2003—2004年度上海市"三八"红旗手
李显恩

2001—2003年度上海市劳动模范(4名)
郁国华、仇鑫尧、万敏、罗海林

2001—2003年度上海市劳模集体(4个)
欧洲贸易区、企业资讯发展部、上海远洋对外劳务有限公司、中日国际轮渡有限公司

2004年度上海市建设交通系统党风廉政建设"六比"活动工作先进单位
中远集运公司

2004年度上海市社会治安综合治理工作先进单位
中远集运公司

2003—2004年度中远集团双文明建设先进单位(2个)
中国部(中远国际货运有限公司)
上海远洋医院

2003—2004年度中远集团华铜海式船舶(10艘)
大河轮、锦云河轮、裕固河轮、子牙河轮、晋河轮、聪河轮、民河轮、中远香港轮、竹子轮、海后轮

2003—2004年度中远集团劳动模范(9名)
欧洲贸易区总经理　梁　波
企业资讯发展部电子商务部经理　叶晴园(女)
上海远洋船舶管理有限公司总经理　李德水
中远集运船长　宋金玉
中远集运轮机长　王锦秋
上海远洋国际贸易公司总经理　王征宇
中国部厦门分部泉州分公司经理　刘

东辉
中国部天津分部河北公司经理　王宁波
中国部大连分部开发区分公司经理　彭守民

2003—2004 年度中远集团文明示范窗口(7 个)
贸易保障部调度室
新鉴真轮
苏州号轮
中国部广州分部沿海运输部
中国部青岛分部营销中心
中国部上海分部代理部欧地科
上海远洋航海图书公司

2003 年度中远集团先进基层党组织
中远集运纪委党支部
上海远洋医院党委
竹子轮党支部
船管公司船管一部党委
中国部上海分部江苏分公司党委

2003 年度中远集团优秀共产党员
上远对外劳务公司船长　宋金玉
贸易保障部商务部经理　冯波鸣
上海远洋陆上产业总公司财务总监　王世平
中国部青岛分部副总经理　于英诺

2003 年度中远集团优秀党务工作者
中国部深圳分部党委书记　王学良
中国部广州分部监督部部长兼党工部部长　黄志成

(二)2004年度中远集运公司先进集体、先进个人名单

1．“华铜海式船舶”(36艘)

中河轮　珍河轮　山河轮
磐河轮　洛河轮　彩云河轮
密云河轮　子牙河轮　裕固河轮
青云河轮　哈尼河轮　景颇河轮
纳西河轮　粤河轮　聪河轮
丽河轮　玉河轮　春河轮
冰河轮　庄河轮　丽涛轮
民河轮　川河轮　中远上海轮
中远香港轮　中远鹿特丹轮　鲁河轮
汉江河轮　松城轮　海后轮
潮汕河轮　腾云河轮　竹子轮
中远兰花轮　中远樱花轮　中远菊花轮

2．文明单位(部室)(18个)

亚太贸易区　企业策划部
财务部　总经理办公室
审计监督部/纪委　泛亚公司
上远公司职工保障部
上远公司船舶管理一部
上海远洋对外劳务有限公司
上海远洋船舶供应公司
上海远洋通信导航分公司
上海远实房地产开发有限公司
上海远洋国际贸易有限公司
中国部上海分部(上海中货)
中国部青岛分部(青岛中货)
海南中货　河北中货
中国部综合业务部

3．文明窗口(24个)

美洲贸易区市场营销部
组织/人力资源部统筹中心
贸易保障部总调度室
公司工会综合室
计算机中心PC项目组
新鉴真轮　苏州号轮
上海远洋兰波技术服务公司
上海远洋航海图书公司
中日国际轮渡有限公司客运部
上海国际轮渡有限公司业务部
上海远洋医院内科病房
上海中货船务部现场办事处
青岛中货箱管部　天津中货箱管部
厦门中货业务部
深圳盐田船代分公司
四川中货乐山分公司
北京中货计财部　景华峰公司市场部
中国部市场部商务处
广州中货拼箱部操作科
大连中货进口部
上海远洋泛奥发展有限公司商贸公司油品部

4．优秀服务网点(18个)

中远北美公司　中远加东代理公司
中远考斯里奇合营代理公司
中远欧洲有限公司德国分公司
丹麦鹏达航运集团公司
中远新西兰有限公司
中远韩国物流公司　远星船务有限公司
广州分部南海分公司
大连分部开发区分公司
上海分部宁波分公司
上海分部张家港分公司

新疆中远国际货运有限公司
天津分部开发区分公司
厦门分部泉州分公司
深圳分部盐田分公司
武汉分部荆州分公司
中远货柜代理有限公司

5. 优秀船代(3个)

一等奖 天津中远集装箱船务代理有限公司
二等奖 厦门中远集装箱船务代理有限公司
三等奖 深圳中远集装箱船务代理有限公司

6. 优秀员工(79名)

张晓岚 刘 隽 翁 林 郭武斌
朱 前 秦永娟 徐晓莹 陆 坚
史福珍 何凤莲 王永明 裴耀华
田 茔 沈凤兰 张古强 裴 锋
张佳音 罗海林 耿贤春 傅 玲
樊桂春 王宁波 刘 军 王国良
陈毅鹏 刘东辉 朱 琳 王 丹
雷长清 黄 红 李 珍 黄 莹
金星石 马 波 郑 冰 杨任重
晏建军 徐建飞 金德明 王力明
沃伟忠 吴璀强 潘 峰 黄卫浩
余大同 戴玉坤 袁晓东 马丹阳
龚士忠 丁文学 任明魁 王海清
郝善胜 陈雪云 吴志荣 李振虎
李金国 方 健 侯 鹏 黄恺萍
赵建军 范俊良 张瑞珍 陈大龙
季方明 俞真列 季秀荣 朱卫民
王征宇 吴振兴 林宗清 柳 景
董关法 殷焕宙 江国强 谢宗海
胡彦放 施庆忠 汪有才

7. 优秀代理个人(6名)

船舶现场服务奖:蔡启杰 蔡学品
商务单证服务奖:蒋恩明 尉淑华
箱体管理服务奖:张天伟 殷 涛

8. 销售明星(23人)

汪 正 葛 铭 Gene Johnson
谭 兵 徐宇峰 李克强
Girish Nair 小须田贤司
Bryce Henley 马少忠 彭守民
许永杰 林治安 张 震 王迎芳
周建农 汪 涛 肖宇烨 谭智恒
宋海燕 许中华 黄 海 王绫云

9. 服务明星(26人)

李晓婷 Dominio Dai 华福俊
杜韶军 松泽雄一郎 孟海樵
叶丽君 傅承辉 张 杰 赵铁军
赵 爽 阎 菲 万 里 常 城
于 晔 孔少玲 汪 扬 舒国仪
吴建国 茅建勋 周 兰 马 达
杨品中 刘侠铭 龚小才 帅亚敏

10. 模范执行经营纪律优胜单位(3个)

宁波中货 潍坊中货 厦门中货

11. 公司2003—2004年先进基层党支部(34个)

总部机关:
中远集运总经理办公室党支部
中远集运财务部党支部
中远集运纪委党支部
中远集运亚太贸易区党支部

船管公司:
船管一部山河轮党支部
磐河轮党支部
船管二部子牙河轮党支部
裕固河轮党支部
船管三部皖河轮党支部
聪河轮党支部
船管四部民河轮党支部
中远上海轮党支部
船管五部海后轮党支部

兰花轮党支部
劳务公司新鉴真轮党支部
纪委党支部
教育中心远中技术贸易公司党支部
海监室党支部　造船中心党支部

陆产总公司：
上海远实房地产开发有限公司党支部
上海远洋国际贸易有限公司党支部
供应公司上海远供汽车运输有限公司党支部
上远物业管理公司远洋大厦管理处党支部

中国部：
广州分部本部第六党支部
广州分部本部第三党支部
大连分部进口部党支部
上海分部机关第二党支部
上海分部奥吉公司党总支部
青岛分部河南公司党总支部
天津分部河北公司党支部
武汉分部机关第一党支部
深圳分部船代党支部
厦门分部第三党支部
北京分部第一党支部

12．公司 2003—2004 年优秀共产党员(37 名)

总部机关：
贸易保障部商务部经理　冯波鸣
宣传/企业文化部业务主管　陆　涛

船管公司：
船管一部船长　庄林忠　政委　孙荣福　轮机长　丁鸿亮
船管二部轮机长　王锦秋　船长　王力明　政委　马海黎
船管三部船长　顾明章　船长　黄洪家　轮机长　陆志平
船管四部机工　陆云生　电机员　崔廷斌　大副　陆生林
船管五部船长　裘　荣　轮机长　王银兴　服务员　吴锦芳
劳务公司　船长　王和平　政委　李金国　船长　周小敏
政委　郜慕安　服务员　陆善富　船长　周福生
教育中心财务科长　黄克纲
组织/人事部科员　夏保雷
财务部科员　刘祥亮
管理部业务主管　陈宝坤

陆产总公司：
通导公司总经理　陈其安
海图公司工会主席　张鹤鸣
人力资源部主任科员　顾兴宝

中国部：
广州分部人事组织部人事科经理　孙师恒
大连分部综合业务部副经理　张正刚
青岛分部菏泽分公司经理　王铁良
武汉分部操作服务部经理　殷　涛
厦门分部党群部经理　王亚滨
深圳分部财务部结算科副经理　张　田
北京分部经理办公室主任　王月琳

13．公司 2003—2004 年优秀党务工作者(16 名)

总部机关：
党委办公室调研督查员　陈雪良
贸易保障部党支部副书记　龚伟龙

船管公司：
政委　武家堂
政委　李金根
政委　张国防
政委　马永山
政委　王宝龙
政委　马英俊
政工主管　郭志森

教育中心党委书记　叶志为
船管公司宣传部长　赵添球

陆产总公司：
党群工作部主任　韩　飞
供应公司党委书记　孙定山

中国部：
广州分部党工部干事　吴梓斌
大连分部党工部部长　王　旭
上海分部党委副书记兼纪委书记　彭葆

14．公司改革创效好班子(6个)

船管公司：
上海远洋对外劳务有限公司
上海远洋教育中心

陆产总公司：
上海远洋泛奥发展有限公司
上海国际轮渡有限公司

中国部：
上海分部
青岛分部

15．职工公认好干部(共7名)

总部机关：
欧洲贸易区总经理　梁波

船管公司：
船管一部总经理　蔡德清
上远船管公司总经理　李德水

陆产总公司：
中日国际轮渡有限公司总经理　曹致俊
上海远实房地产开发有限公司总经理　王友龙

中国部：
上海分部宁波公司总经理　江卫星
天津分部河北公司总经理　王宁波

十

附录 Appendix

COSCO Container Lines Almanac 2005

(一)2004年1—12月公司班轮准班率统计表

1 月

航　　线	挂港数	准抵数	准离数	准班率
SEA线	23	21	22	93.48%
CEN线	26	21	21	80.77%
CES线	15	13	13	86.67%
AWE2线	31	30	29	95.16%
PNW线	30	29	28	95.00%
TAS1线	8	7	7	87.50%
欧洲线	62	60	60	96.77%
AMX线	38	36	36	94.74%
美东地中海线	12	11	11	91.67%
海湾线	22	18	18	81.82%
南非南美线	8	7	7	87.50%
中澳线	36	36	36	100%
日香新线	25	25	25	100%
远东红海1线	4	4	4	100%
远东红海2线	8	7	7	87.50%
华北东南亚线	38	37	37	97.37%
中日线	226	220	216	96.46%
台湾线	32	31	30	95.31%
内支线	40	38	38	95.00%
内贸线	133	127	126	95.11%

备注:主船队2004年1月份班轮综合准班率为94.80%。其中,班轮抵港778班次,准班率为95.23%;班轮离港771班次,准班率为94.37%。

2 月

航　　线	挂港数	准抵数	准离数	准班率
SEA线	25	24	24	96.00%
CEN线	27	25	25	92.59%
AWE2线	23	19	19	82.61%
PNW线	27	25	24	90.74%
TAS1线	9	8	8	88.89%
欧洲线	58	54	53	92.24%
AMX线	38	34	34	89.49%
美东地中海线	11	9	9	81.82%
海湾线	21	20	19	92.86%
南非南美线	10	9	9	90.00%
中澳线	32	32	32	100%
日香新线	22	21	21	95.45%
远东红海1线	5	4	4	80.00%
远东红海2线	8	8	8	100%
华北东南亚线	38	36	37	96.05%
中日线	204	195	193	95.10%
台湾线	33	31	31	93.94%
内支线	26	25	25	96.15%
内贸线	111	106	105	95.05%

备注:主船队2004年2月份班轮综合准班率为93.75%。其中,班轮抵港728班次,准班率为94.09%;班轮离港728班次,准班率为93.41%。“准班准点流动优胜杯”获得者为船舶管理三部。

3　月

航　　线	挂港数	准抵数	准离数	准班率
SEA 线	23	22	22	95.65%
CEN 线	32	28	28	87.50%
CLX 线	5	4	5	90.00%
AWE2 线	27	27	26	98.15%
PNW 线	26	24	24	92.31%
TAS1 线	11	10	10	90.91%
欧洲线	61	58	58	95.08%
AMX 线	36	34	33	93.06%
美东地中海线	11	11	11	100%
海湾线	25	24	25	98.00%
南非南美线	7	6	5	78.57%
中澳线	36	34	34	94.44%
日香新线	25	22	22	88.00%
远东红海 1 线	5	5	5	100%
远东红海 2 线	8	8	8	100%
华北东南亚线	41	39	39	95.12%
中日线	228	225	225	98.68%
台湾线	41	39	39	95.12%
内支线	30	29	29	96.67%
内贸线	132	126	125	95.08%

备注:主船队 2004 年 3 月份班轮综合准班率为 95.56%。其中,班轮抵港 810 班次,准班率为 95.68%;班轮离港 810 班次,准班率为 95.43%。本月“准班准点流动优胜杯”获得者为船舶管理一部。

4　月

航　　线	挂港数	准抵数	准离数	准班率
SEA 线	25	24	24	96.00%
CEN 线	29	26	26	89.66%
CLX 线	9	9	7	88.89%
AWE2 线	31	27	27	87.10%
PNW 线	28	26	26	92.86%
TAS1 线	11	11	10	95.45%
欧洲线	62	59	59	95.16%
ADX 线	10	10	10	100%
AMX 线	37	33	34	90.54%
美东地中海线	12	11	11	91.67%
海湾线	25	24	24	96.00%
南非南美线	8	7	6	81.25%
中澳线	33	32	30	93.94%
日香新线	25	25	25	100%
远东红海线	4	3	3	75.00%
华北东南亚线	36	34	34	94.44%
中日线	139	189	189	97.93%
台湾线	43	43	43	100%
内支线	31	30	30	96.77%
内贸线	138	132	132	95.65%

备注:主船队 2004 年 4 月份班轮综合准班率为 95.25%。其中,班轮抵港 755 班次,准班率为 95.57%;班轮离港 750 班次,准班率为 94.94%。本月“准班准点流动优胜杯”获得者为船舶管理二部。

5　　月

航　　线	挂港数	准抵数	准离数	准班率
SEA 线	28	27	27	96.43%
CEN 线	27	22	22	81.48%
CLX 线	7	6	7	92.86%
AWE2 线	27	27	26	98.15%
PNW 线	27	26	26	96.30%
TAS1 线	10	10	10	100%
欧洲线	61	56	56	91.80%
ADX 线	18	18	18	100%
AMX 线	38	36	36	94.74%
美东地中海线	11	10	10	90.91%
海湾线	20	19	19	95.00%
FAX 线	2	2	1	75.00%
南非南美线	7	6	6	85.71%
中澳线	35	31	32	90.00%
日香新线	24	23	23	95.83%
远东红海线	7	6	6	85.71%
华北东南亚线	37	35	35	94.59%
中日线	193	189	190	98.19%
台湾线	43	43	42	98.84%
内支线	31	29	29	93.55%
内贸线	132	127	126	95.83%

备注:主船队 2004 年 5 月份班轮综合准班率为 95.21%。其中,班轮抵港 783 班次,准班率为 95.27%;班轮离港 783 班次,准班率为 95.154%。本月"准班准点流动优胜杯"获得者为船舶管理五部。

6　　月

航　　线	挂港数	准抵数	准离数	准班率
SEA 线	30	30	30	100%
CEN 线	26	23	23	88.46%
CLX 线	10	10	10	100%
AWE2 线	32	31	30	95.31%
PNW 线	26	25	25	96.15%
TAS1 线	9	8	8	88.89%
欧洲线	59	56	54	93.22%
ADX 线	15	13	13	86.67%
AMX 线	37	36	36	97.30%
美东地中海线	12	11	11	91.67%
海湾线	26	24	23	90.38%
FAX 线	2	2	1	75.00%
南非南美线	7	6	6	85.71%
中澳线	34	32	32	94.12%
日香新线	22	22	22	100%
远东红海线	5	4	4	80.00%
华北东南亚线	37	35	35	94.59%
中日线	196	188	191	96.68%
台湾线	43	42	41	96.51%
内支线	27	26	25	94.44%
内贸线	136	131	129	95.59%

备注:主船队 2004 年 6 月份班轮综合准班率为 95.07%。其中,班轮抵港 791 班次,准班率为 95.45%;班轮离港 791 班次,准班率为 94.69%。本月"准班准点流动优胜杯"获得者为船舶管理四部。

7　月

航　　线	挂港数	准抵数	准离数	准班率
SEA 线	31	27	27	87.10%
CEN 线	26	23	23	88.46%
CLX 线	9	9	8	94.44%
AWE2 线	27	26	26	96.30%
PNW 线	30	28	28	93.33%
TAS1 线	9	9	8	94.44%
欧洲线	64	61	61	95.31%
ADX 线	9	8	8	88.89%
AMX 线	38	38	38	100%
美东地中海线	13	12	13	96.15%
海湾线	27	26	26	96.30%
FAX 线	2	2	1	75.00%
南非南美线	11	11	11	100%
中澳线	36	33	33	91.67%
日香新线	25	25	25	100%
远东红海线	5	5	5	100%
华北东南亚线	35	33	33	94.29%
中日线	194	188	185	96.13%
台湾线	40	38	38	95.00%
内支线	32	30	30	93.75%
内贸线	158	151	151	95.57%

备注:主船队 2004 年 7 月份班轮综合准班率为 95.07%。其中,班轮抵港 821 班次,准班率为 95.37%;班轮离港 821 班次,准班率为 94.76%。本月"准班准点流动优胜杯"获得者为船舶管理一部。

8　月

航　　线	挂港数	准抵数	准离数	准班率
SEA 线	33	30	30	90.91%
CEN 线	26	24	24	92.31%
CLX 线	7	7	7	100%
AWE2 线	26	25	25	96.15%
PNW 线	28	26	26	92.86%
TAS1 线	10	10	10	100%
欧洲线	62	58	58	93.55%
ADX 线	4	3	3	75.00%
AMX 线	38	36	36	94.74%
美东地中海线	13	11	11	84.62%
海湾线	25	23	23	92.00%
FAX 线	2	2	2	100%
南非南美线	8	8	7	93.75%
中澳线	31	30	29	95.16%
日香新线	23	23	23	100%
远东红海线	7	7	7	100%
华北东南亚线	38	35	36	93.42%
中日线	182	167	167	91.76%
台湾线	44	42	42	95.45%
内支线	30	29	29	96.67%
内贸线	156	147	147	94.23%

备注:主船队 2004 年 8 月份班轮综合准班率为 93.63%。其中,班轮抵港 793 班次,准班率为 93.69%;班轮离港 793 班次,准班率为 93.57%。本月"准班准点流动优胜杯"获得者为船舶管理二部。

9 月

航 线	挂港数	准抵数	准离数	准班率
SEA 线	28	24	25	87.50%
CEN 线	26	21	21	80.77%
CLX 线	10	7	6	65.00%
AWE2 线	29	29	28	98.28%
PNW 线	27	24	24	88.89%
TAS1 线	13	12	12	92.31%
欧洲线	59	55	55	93.22%
ADX 线	9	8	8	88.89%
AMX 线	36	35	35	97.22%
美东地中海线	13	12	12	92.31%
海湾线	26	25	25	96.15%
FAX 线	2	2	1	75.00%
南非南美线	9	9	9	100%
中澳线	35	35	35	100%
日香新线	25	25	25	100%
远东红海线	5	4	4	80%
香港东南亚线	21	21	21	100%
华北东南亚线	33	33	33	100%
中日线	177	171	171	96.61%
台湾线	39	37	37	94.87%
内支线	28	27	27	96.43%
内贸线	138	134	137	97.10%

备注:主船队2004年9月份班轮综合准班率为95.05%。其中,班轮抵港788班次,准班率为95.18%;班轮离港788班次,准班率为99.92%。本月“准班准点流动优胜杯”获得者为船舶管理一部。

10 月

航 线	挂港数	准抵数	准离数	准班率
SEA 线	24	22	20	87.50%
CEN 线	21	19	19	90.48%
CLX 线	7	6	4	71.43%
AWE2 线	31	31	31	100%
PNW 线	30	27	27	90.00%
TAS1 线	10	9	9	90.00%
欧洲线	63	61	61	96.83%
ADX 线	7	7	6	92.83%
AMX 线	38	37	37	97.37%
美东地中海线	14	13	13	92.86%
海湾线	23	23	23	100%
FAX 线	2	1	2	75.00%
南非南美线	9	8	8	88.89%
中澳线	37	36	36	97.30%
华北中澳线	5	5	5	100%
日香新线	24	24	24	100%
远东红海线	5	5	5	100%
香港东南亚线	22	21	21	95.45%
华北东南亚线	36	34	34	94.44%
中日线	169	158	159	93.79%
台湾线	39	37	37	94.87%
内支线	32	31	32	98.44%
内贸线	158	152	153	96.52%

备注:主船队2004年10月份班轮综合准班率为95.10%。其中,班轮抵港806班次,准班率为95.16%;班轮离港806班次,准班率为95.04%。本月“准班准点流动优胜杯”获得者为船舶管理四部。

11　月

航　　线	挂港数	准抵数	准离数	准班率
SEA 线	19	19	19	100%
CEN 线	25	22	22	88.00%
CLX 线	9	9	7	88.89%
AWE2 线	29	28	28	96.55%
PNW 线	26	24	24	92.31%
TAS1 线	9	9	9	100%
欧洲线	66	63	62	94.70%
ADX 线	10	10	10	100%
AMX 线	34	31	31	91.18%
美东地中海线	12	11	11	91.67%
海湾线	27	27	27	100%
FAX 线	2	2	1	75.00%
南非南美线	6	6	6	100%
中澳线	31	30	30	96.77%
华北中澳线	3	3	3	100%
日香新线	23	22	22	95.65%
远东红海线	4	4	3	87.50%
香港东南亚线	21	19	19	90.48%
华北东南亚线	33	33	33	100%
中日线	170	167	167	98.24%
台湾线	38	38	37	98.68%
内支线	28	26	26	92.86%
内贸线	152	147	147	96.71%

备注:主船队 2004 年 11 月份班轮综合准班率为 96.15%。其中,班轮抵港 777 班次,准班率为 96.53%;班轮离港 777 班次,准班率为 95.75%。本月"准班准点流动优胜杯"获得者为船舶管理三部。

12　月

航　　线	挂港数	准抵数	准离数	准班率
SEA 线	25	25	25	100.00%
CEN 线	28	26	26	92.86%
CLX 线	10	8	8	80.00%
PNW 线	28	27	27	96.43%
AWE2 线	30	28	28	93.33%
欧洲线	62	59	59	95.16%
AMX 线	39	37	37	94.87%
TAS1 线	9	8	8	88.89%
美东地中海线	12	11	11	91.67%
ADX 线	6	5	5	83.33%
波斯湾线	20	20	20	100.00%
中澳线	35	32	32	91.43%
华北中澳线	5	5	5	100.00%
远东红海线	4	4	4	100.00%
南非南美线	8	7	7	87.50%
FAX 线	2	1	1	50.00%
日香新线	24	24	24	100.00%
华北东南亚线	35	31	31	88.57%
香港东南亚线	21	21	21	100.00%
日本线	173	171	171	98.84%
内支线	31	29	29	93.55%
台湾线	44	43	43	97.73%
内贸线	182	176	176	96.70%

备注:主船队 2004 年 12 月份综合准班率为 95.80%。其中,班轮抵港 798 班次,准班率为 95.80%;班轮离港 798 班次,准班率为 95.80%。

(二)2004年公司退休职工名录

徐元根	朱林兴	张龙弟	商树泉	张东宝	张守成	黄福梅	张茂松	陈廷礼
陈明钦	常胜利	高　方	华庆安	于洪成	包文昌	于元彬	高慕林	金雪龙
单连建	徐承波	何玉飞	陈文章	陆礼明	栾士国	沈永江	刘明凤	葛万成
党进耀	徐文芳	王芋根	吕振宗	朱　林	王建华	王宗海	俞士良	李合官
王才元	盛双喜	黄镇之	程学启	尹家斌	孙兆坤	宗智余	沈学龙	陈荣辉
马瑞平	刘永祥	刘　军	张在华	谢树正	潘力辉	陈银松	管永法	黄伯春
刘文喜	孟　兴	杨思明	徐振荣	朱惠明	陈建庞	殷如根	沈金宝	王松柏
马海良	赵雪荣	叶坤龙	张龙伯	冯九娣	陈　林	徐永法	褚林生	金阿塔
简灼基	黄天泉	周德全	龚培新	张居田	丁希柱	宋美珍	金菊华	施其郎
孙其星	褚如根	任若谦	黄振良	李金龙	袁　丹	郑振忠	刘金弟	赵敬礼
闫文良	张明星	王兴安	王中华	姚志强	贾忠新	陈海根	秦雪良	隋国礼
吴卫平	金兴荣	丁来木	张梅华	应国富	沈金兴	薛华明	孙凤昌	赖新生
庄龙信	王因贤	陈祖明	吴于莲	翟连江	侯阳发	朱　平	陈锦达	陈汝良
徐惠兴	周建柱	张芝鹏	李阿道	戚保仓	张炳根	顾秀龙	张鹤生	冯龙德
龚宇涛	朱学林	李玉明	卞敬堂	张卫忠	高妙荣	邓生焕	张良达	晋治卿
刘名奇	张海祥	张祥兴	鞠祯芝	鲍斯华	陈春生	李国叹	耿式地	顾海英
季登彩	周锡月	金以忠	丁发根	李顺荣	陆惠明	倪建忠	周富兴	刘金钟
张根明	周文泉	顾兴年	张德明	王俊生	王仁忠	王耀凌	徐春林	王兆坤
王化柱	吴新根	陈潮波	王福顺	董树森	徐庆和	肖时义	李春伟	王长正
黄向党	张正龙	刘文亮	张关良	唐鼎瑞	林金水	刘玉田	王殿久	朱永兴
陶吉松	李美明	尤保如	贾海清	王岳龙	王广成	张志贵	易光余	曲立春
沈开荣	唐银泉	陈五辈	蒋万岭	于占钢	闵培根	薛正兴	盛忠义	纵兆月
陈治宝	崔增达	高良忠	王庭友	关法卷	孙景贵	王德功	俞国定	孟均安
施惠中	王浩江	钱银生	凌宏鸣	许荣坤	陆庆荣	黄永林	徐广良	陆永兴
张显忠	徐振辉	卢成忠	周木生	王永高	李锡林	黄庆生	袁雪华	费金根
黄　兵	曲城东	顾金龙	孔　斌	刘金恩	张士新	赵家祥	靳先明	张道生
张华福	张安亮	陆永坤	王树楼	周荣林	蔡志明	杨伟彪	赵树贵	唐金官
张庆文	唐克银	张士昌	张洪印	朱志成	金希明	严会明	白春华	周竹林
石汉家	陈连涛	尹教过	吴樟根	许福龙	张家光	葛书权	徐雪元	王士民
施祖康	江明友	陆广松	周俊庭	汤顺祥	谭远志	刘年荣	朱祥其	熊有娣
唐学苏	姜云新	王泗余	谭惠德	孙文进	孙伯祥	黄谷良	庄志军	丁俊西
徐照明	张瑞生	胡文成	陈其高	刘桂春	奚新民	汤必玉	王双根	夏林海
陈正腾	周顺德	杨苏荣	沈万昌	陆惠昌	王锦凤	黄宏成	陈厚官	凌俊文
蔡克兴	瞿定世	张景贵	张立德	陈振耀	黄德顶	朱学忠	施邦顺	刘锦华

王裕福	金耀明	石志德	薛永兴	杜丁海	徐进高	蔡福清	胡从平	朱秀英
王庆瑞	顾大银	蒋火林	黄祖贤	陆云生	陆连伯	陈贤德	傅金麟	车朝恩
陆勤章	徐明根	郁福兴	贺文治	赵启福	张牛娃	何炳根	孙农家	尚久和
陆桂龙	郭顺昌	朱玉林	周永明	魏忠安	陈德祯	刘克普	夏国永	李扣娣
朱乃元	朱林夫	杨昌林	盛秀生	李学芳	喻国才	杜万勋	周学元	黄木兴
张树华	王念芳	张开金	钱坤忠	陈水发	张志龙	沙万青	陆竹江	贾兴源
袁龙达	朱明东	祝春茹	郭维良	秦福增	单国聪	刘连芳	吴国霖	吴国正
施正金	黄太佩	邓仁海	姚明祥	李德春	王步章	沈南弟	张荣忠	翟汉如
李德福	李培安	蔡锡祥	李国栋	张思权	刘士玉	乐佩娟	邱殿成	李春亮
陈进芳	孙金余	胡国建	尹有良	张炳兴	许玉印	金卫敏	董　顺	赵友根
胡太宣	沈松祥	祁德保	陆长根	张金初	刘金华	陈怀成	徐德明	陈金钳
张国茂	唐志良	杨成华	何启明	何欧明	李锡荣	吴永康	王砚清	罗云贵
万炳华	张　煜	姜建华	林火金	刘品祥	路文武	彭根杰	高继学	林德龙
汪富明	郭再明	仇广新	施雪昌	常文江	张九生	金振祥	黄进军	冯顺根
倪汉生	郭长德	陈洪亮	杨耀光	顾和锦	张勤学	柏剑连	赵忠运	陈天容
金学农	管忠山	张金祥	张文惠	阳传顺	许良松	张富堂	朱立清	郁金奎
丁华友	王永福	宋国华	杨维忠	李长平	林三太	曹龙英	顾永华	史定彪
李林森	郭顺昌	庄伟南	盛卫国	刘鹏飞	刘永强	王家驹	吴宗金	李祖兴
许家兴	陆光亚	杨名汉	俞妙根	王　政	刘进喜	张科堂	吴振明	陈　元
饶大明	蒋福弟	扈圣太	丁善宽	王松岭	金昌德	邱和生	张勤荣	祝梅芳
周流虎	徐美潮	李国民	黄绍云	汪正光	张长生	蒋明祥	宋忠瑞	鲁孝慈
黄三德	嵇长安	王宝勤	吴有生	叶金陵	陈汉忠	朱俊法	顾永瑞	尹文聚
王仲华	冯志崇	陈　亮	马　莉	董维明	盛汉高	雷祥林	吴福堂	方荣章
李仁根	沈卫兵	宣森锋	王广丰	彭保先	徐学铭	严扣林	徐永康	刘志常
龚正祥	吴龙章	张美芳	左雨胜	滕建标	张耀辉	洪伟华	刘成龙	张从东
江丽雅	陶大元	申福林	陈为仁	李方友	蔡良美	唐步华	甘源镕	曹菊珍
石海清	朱连贵	叶金棋	林金寿	杨同国	高福全	兰维枞	殷煜亮	陈以铭
丁贵友	周德明	邹汝政	陈燕平	张海龙	季德生	张雪明	宋鼎培	王东方
陈柏忠	夏枝建	忻智敏	许宝弟	郭仕修	霍汝坤	赵全法	徐　银	程有甫
沈连涛	张学成	江财金弟						

（史晓丽）

(三)2004年公司在职职工亡故名录

姓名	单位	原职务	出生年月	死亡日期	死亡性质	死亡原因
刘美清	社保部	机工	1951.05.20	2004.01.14	病故	肝癌
汪光荣	社保部	机工	1950.05.05	2004.01.19	病故	肠癌
王清元	五部	水手	1951.12.01	2004.01.24	比照工伤	交通事故
刘恩华	四部	船长	1955.07.30	2004.03.19	航病	胃癌
施兴标	劳务公司	厨工	1949.12.11	2004.04.27	航病	猝死
蒋善荣	劳务公司	水手	1957.10.04	2004.05.24	航病	猝死
张洪义	社保部	机工	1952.09.29	2004.06.11	病故	肺癌
沈小康	社保部	水手	1949.08.06	2004.06.22	病故	肝癌
徐庆峰	五部	水手	1958.04.04	2004.07.05	病故	哮喘
兰德和	劳务公司	厨工	1953.04.01	2004.08.30	航病	食道癌
刘良官	劳务公司	轮机长	1947.01.07	2004.10.15	工伤	机舱着火
李扣祥	四部	服务员	1955.10.29	2004.10.20	病故	淋巴癌
王荣富	社保部	水手	1958.02.12	2004.11.07	病故	瘫痪
贺良华	社保部	机工	1955.01.08	2004.12.23	病故	脑癌

(陈定维)

（四）2004年公司离退休职工亡故名录（＊为离休干部）

姓　名	原职务	出生年月	病故时间	病故原因
孙永兴＊	轮机长	1925.7.13	2004.2.1	心脏病
宋树常＊	正　处	1931.6.20	2004.4.25	糖尿病
李星三＊	享　处	1931.6.10	2004.9.14	心　梗
吕星武＊	副　处	1929.11.4	2004.11.7	肠　癌
潘伯炎	一　水	1948.9.3	2004.1.1	肝　癌
徐天乐	厨　工	1943.3.12	2004.2.19	心脏病
田老廖	政　委	1939.10.15	2004.3.1	肺　癌
李继烈	船　长	1933.2.8	2004.3.7	脑溢血
李志涛	大管轮	1938.1.5	2004.3.9	重症肝炎
孙洪峰	船　长	1936.2.2	2003.11.29	心机梗塞
余子春	水手长	1933.12.1	2004.3.6	高血压
叶云海	厨　工	1944.7.13	2004.3.31	肺　癌
赵志兴	轮机长	1940.1.13	2004.4.3	心　梗
朱勇亮	厨　工	1920.6.16	2004.4.9	前列腺
宋介仁	服务员	1933.12.30	2004.4.13	呼吸衰竭
孙增璋	电机员	1946.4.18	2004.3.28	肝　病
陈汉忠	电　工	1952.3.9	2004.5.30	肝　癌
陈怀丰	船　长	1946.6.5	2004.5.3	肺　癌
盛锡明	报务主任	1939.10.25	2004.6.3	脑溢血
曹永泰	轮机长	1918.3.1	2004.6.7	呼吸衰竭
罗兆碧	船　长	1947.12.22	2004.7.29	淋巴癌
甄永祥	木　工	1934.11.1	2004.7.30	肝　癌
陈　元	一　水	1952.7.27	2004.8.1	肝　癌
张勤荣	轮机长	1950.8.9	2004.8.25	肝硬化
张庆林	大管轮	1947.9.7	2004.9.6	血管瘤
张凤鸣	轮机长	1936.8.1	2004.9.23	肝　癌
郭照亭	大　副	1935.11.30	2004.9.30	肺　癌
梅宗标	轮机长	1941.3.12	2004.10.4	肠　癌
陶阿南	木　工	1917.2.3	2004.10.5	胰腺癌
周庆来	船　长	1923.7.21	2004.10.23	脑　梗
王守富	大管轮	1934.10.19	2004.10.24	胰腺癌
芮强彬	轮机长	1940.7.7	2004.10.31	脑　梗
赵传玉	政　委	1933.10.30	2004.11.4	胃　癌
蔡洪虎	一　水	1950.11.6	2004.11.16	肠　癌
茅志苗	水手长	1940.12.1	2004.12.27	脑溢血

索引

Index

COSCO Container Lines Almanac 2005

[说明]

1. 本索引采用主题分析索引法,按主题词首字汉语拼音字母顺序排列。

2. 索引主题词后的数字表示内容所在的页码,数字后面的 a、b 表示栏别。

3. 表格标题和表格内容索引的页码后注有“表”字;图片索引的页码后注有“图”字。

M

N

O

P

Q

X

Z

图书在版编目(CIP)数据

2005中远集装箱运输有限公司年鉴/《中远集装箱运输有限公司年鉴》编纂委员会编.
—上海：上海人民出版社，2005
ISBN 7-208-05894-6

Ⅰ.2... Ⅱ.中... Ⅲ.远洋运输-运输企业-上海市-2005-年鉴
Ⅳ.F552.61-54

中国版本图书馆CIP数据核字(2005)第117796号

责任编辑 张 珏
装帧设计 陈 楠

2005中远集装箱运输有限公司年鉴
《中远集装箱运输有限公司年鉴》编纂委员会 编

出　版 世纪出版集团 上海人民出版社
(200001 上海福建中路193号 www.ewen.cc)
发　行 世纪出版集团发行中心
印　刷 上海商务联西印刷有限公司
开　本 889×1194毫米 1/16
印　张 25.25
插　页 22
字　数 537,000
版　次 2005年12月第1版
印　次 2005年12月第1次印刷
ISBN 7-208-05894-6/Z·164
定　价 200.00元